JN297576

会社更生の実務〔新版〕上

東京地裁会社更生実務研究会 [編著]

一般社団法人 金融財政事情研究会

新版の刊行に当たって

　本書は、東京地方裁判所民事第8部（商事部）において会社更生事件の実務に携わっている裁判官及び書記官が、同部における統一的な解釈とこれに基づく実際の運用を紹介することを目的として公刊され、幸いにして、会社更生事件を担当する裁判官や書記官はもとより、会社更生事件の実務に関与される弁護士その他の関係者の方々にも広く読まれ、活用されてきた。

　本書が出版されたのは現在の会社更生法の施行後2年を経過した平成17年6月であり、早いもので、その後9年余りが経過したが、その間の会社更生事件の実務の発展・変容には目を見張るものがある。例えば、近年、スポンサー支援による再建型事件が一層増加し、一括弁済方式を採用する事件が増加するとともに分割弁済方式を採用する場合でも弁済期間が短縮化し、全体として更生手続の迅速化が図られている。また、事業再生ADRからの移行事例の増加、国際的な視野での検討を要する会社更生事件の増加等、新たな動きも目に付くところである。さらに、東京地方裁判所においては、平成21年1月から、いわゆるDIP（Debtor In Possession）型による更生手続の運用を開始したが、導入から5年半以上を経て、事案ごとの特殊性を勘案した多様な運用が定着しつつある。

　そこで、今回、こうした会社更生事件の実務の発展・変容を踏まえつつ、初版の叙述をアップトゥデートなものにするため、東京地方裁判所民事第8部で最近まで実際に会社更生事件を担当したか又は現に担当している裁判官及び書記官が執筆を担当して、新版を刊行することとした（担当者は、後記「新版執筆者一覧」のとおりである。）。執筆に当たっては、同部において蓄積された資料や運用の経験を基にしつつ、執務時間後に執筆担当者以外の者も参加した打合せにおいて協議を重ね、全章にわたって初版の記載内容を確認し、改めるべきところは改め、説明が足りない部分等についてはこれを補充するように努めた。なお、初版の執筆に当たった裁判官及び書記官は後記

「初版執筆者一覧」のとおりであるが、今回の新版は、初版の執筆者の成果に全面的に依拠していることを付言する。

　初版のはしがきにもあるとおり、もとより、実務の運用は、裁判所のみならず関係者の意見や批判を十分に踏まえてこそ、これが妥当なものとなり、現実に機能するものであるから、本書が紹介する運用も決して固定的なものではなく、今後、関係者の意見を踏まえて不断にその在り方を見直していくべきものである。

　本書が、初版と同様、企業の倒産処理に関与される実務家その他の関係者の方々に幅広く活用され、更生手続を利用する際の道標となるとともに、会社更生事件の実務の在り方につき議論が深まるための一つの契機となれば幸いである。

　最後に、新版の刊行作業に当たり、多大なる尽力をいただいた一般社団法人金融財政事情研究会の田島正一郎氏、伊藤雄介氏ほかの方々に厚く御礼申し上げる次第である。

　平成26年8月

東京地裁会社更生実務研究会

大竹　昭彦

氏本　厚司

はしがき

　会社更生手続の迅速化と合理化を図り、再建手法の強化を目的とする新しい会社更生法が施行されてから2年が経過した。その間の会社更生事件の申立ての状況をみると、長期にわたる日本経済の厳しい状況下にあって、活用実績が着実に積み上げられるとともに、申立対象企業の中規模化、事件の広域化、業種の多様化の傾向が顕著になっている。幸いにして、管財人をはじめとする関係者の理解と協力により、大多数の事件が開始決定から1年以内に更生計画の認可に至っており、また、計画認可から終結までの期間もかつてと比較すると大幅に短縮化が図られるなどの成果が得られている。

　一方で、倒産に瀕した企業の再建をめぐっては、近年は、私的整理ガイドラインや産業再生機構の活用にみられるように、法的手続によらない様々な再建手法の取組みがなされるに至っている。今後、会社更生法のもとで、法の意図したような企業の再建を図るためには、これらの法的手続によらない企業再建のための取組みの実情をも踏まえた上で、会社更生法の法律の解釈、運用を如何に現実に則したものとして適正かつ柔軟に行うかが、課題となっているといえよう。

　本書は、会社更生事件全般について、現時点で実際に考えられる実務上の論点について、東京地方裁判所民事第8部において会社更生事件の実務に携わっている者がそれぞれ解説を加えたものであるが、これらの論点に関する現在の民事第8部における統一的な解釈と、これに基づく実際の運用について紹介することを心がけた。もとより、実務の運用は、裁判所のみならず関係者の意見や批判を十分に踏まえてこそ、これが妥当なものとなり、現実に機能していくものである。その意味で、本書の紹介する運用は決して固定的なものではなく、今後、関係者の意見を踏まえて更なる改善に努めていくべきものであることをお断りしておきたい。

　本書が企業の倒産処理に関係する実務家に幅広く利用され、会社更生手続

を活用するにあたっての一助となれば幸いである。

　最後に、本書の刊行にあたり多大なる尽力をいただいた社団法人金融財政事情研究会の大塚昭之氏、田中弘道氏、平野正樹氏ほかの方々に厚くお礼を申し上げる次第である。

　平成17年3月

　　　　　　　　　　　　　　　東京地裁会社更生実務研究会
　　　　　　　　　　　　　　　　　　　西　岡　清一郎
　　　　　　　　　　　　　　　　　　　鹿子木　　　康
　　　　　　　　　　　　　　　　　　　桝　谷　雄　一

新版執筆者一覧 （所属・肩書は平成26年8月現在）

■編　集
- 大竹　昭彦　　東京地方裁判所判事
- 氏本　厚司　　東京地方裁判所判事

■執筆者（50音順）
- 合田　智史　　東京地方裁判所人事課管理係長
- 氏本　厚司　　東京地方裁判所判事
- 梅澤　邦子　　東京地方裁判所書記官
- 小川　美加　　東京地方裁判所書記官
- 葛西　功洋　　東京地方裁判所判事
- 北川　　伸　　東京地方裁判所主任書記官
- 木間　淳一　　東京地方裁判所書記官
- 佐藤　大司　　東京地方裁判所書記官
- 鈴木　謙也　　司法研修所教官
- 高橋　貞幹　　神戸地方裁判所社支部判事補
- 谷口　安史　　大阪地方裁判所判事
- 豊島　愛佳　　東京地方裁判所書記官
- 馬場　　潤　　福島地方裁判所郡山支部判事
- 林　　純子　　東京地方裁判所書記官
- 日置　朋弘　　最高裁判所事務総局行政局第二課長
- 福島　法昭　　東京地方裁判所書記官
- 福與　輝彦　　東京地方裁判所主任書記官
- 目黒　大輔　　福島地方裁判所郡山支部判事
- 矢作　　健　　東京地方裁判所書記官
- 山本　佐智子　東京地方裁判所書記官
- 山本　健央　　東京地方裁判所書記官

初版執筆者一覧 （所属・肩書は平成17年3月現在）

■編集
- 西岡 清一郎　東京地方裁判所判事
- 鹿子木 康　東京地方裁判所判事
- 桝谷 雄一　東京地方裁判所総括主任書記官

■執筆者（50音順）
- 浅井 潔　東京地方裁判所書記官
- 池下 朗　東京地方裁判所判事
- 市川 惠理子　東京地方裁判所書記官
- 大寄 久　東京地方裁判所判事補
- 忍足 政子　東京地方裁判所書記官
- 押見 文哉　東京地方裁判所主任書記官
- 鹿子木 康　東京地方裁判所判事
- 河本 晶子　東京家庭裁判所八王子支部判事
- 神戸 由里子　東京地方裁判所書記官
- 木村 史郎　東京地方裁判所主任書記官
- 今 玲子　東京地方裁判所書記官
- 佐々木 宗啓　司法研修所教官
- 宍戸 由洋　東京地方裁判所書記官
- 白崎 直彦　東京地方裁判所書記官
- 鈴木 和成　東京地方裁判所書記官
- 永野 厚郎　東京地方裁判所判事
- 名島 亨卓　東京地方裁判所判事補
- 名雪 泉　東京地方裁判所書記官
- 西岡 清一郎　東京地方裁判所判事
- 西林 崇之　東京地方裁判所書記官
- 新田 和憲　法務省大臣官房財産訟務管理官付検事
- 船橋 寿之　東京家庭裁判所書記官
- 前田 利江　東京地方裁判所書記官
- 桝谷 雄一　東京地方裁判所総括主任書記官
- 真鍋 美穂子　東京地方裁判所判事
- 村松 忠司　東京地方裁判所書記官
- 森岡 泰彦　東京地方裁判所書記官
- 山口 和宏　東京地方裁判所判事補
- 渡邉 千恵子　東京地方裁判所判事補
- 藁谷 恵美　東京地方裁判所書記官

凡　例

《文献の引用方法》

① コンメンタール（ただし、執筆分担不明のものは③へ）
　　　題名○○頁［執筆者名］
【例】
　注解更生法3頁［加藤哲夫］
　条解再生法×頁［○○○○］
【二度目の引用の例】
　加藤・前掲注解3頁
　○○・前掲条解×頁

② 雑誌論文or論文集
　　　執筆者名「論文名」出典　頁
【例】
　新田和憲「担保権の目的財産の価額決定手続」瀬戸ほか・新理論と実務203頁
　伊藤眞「更生手続開始と継続的供給契約」青山ほか・実務と理論119頁
　長谷部幸弥ほか「会社更生手続・会社整理手続の運用手引き⑴」判時1663号3頁
　門口正人「会社更生及び会社整理の概要」現代裁判法大系20・1頁
　徳田和幸「清算型倒産処理手続」高木ほか・事典2頁
【二度目の引用の例】
　新田・前掲論文203頁
　伊藤・前掲論文119頁
　長谷部ほか・前掲論文3頁
　門口・前掲論文1頁
　徳田・前掲論文2頁
　※ただし、例えば、文中に伊藤眞「更生手続開始と継続的供給契約」青山ほか・実務と理論119頁と、伊藤眞「会社更生手続の意義」瀬戸ほか・新理論と実務6頁がある場合には、二度目の引用のときに筆者のみでは特定できないので、前者を伊藤・前掲実務と理論119頁、後者を伊藤・前掲新理論と実務6頁としている。

③ 単独執筆の教科書or共著で執筆分担の不明なもの
　　　執筆者名or編者名・書名　頁
　※ただし、文献略語で執筆者名等が省略されている場合は、執筆者名等は不要。

【例】
　　松田二郎・会社更生法〔新版〕××頁
　　小林ほか・Q＆A更生法××頁
　　条解更生法（上）××頁
　　一問一答更生法××頁
【二度目の引用の例】
　　松田・前掲書××頁
　　小林ほか・前掲書××頁
　　前掲条解（上）××頁
　　前掲一問一答××頁

4　共著の教科書で執筆分担の明確なもの
　　　編者名・書名　頁〔執筆者名〕
【例】
　　伊藤ほか・更生法42頁〔桃尾重明〕
　　東弁・更生法1頁〔才口千晴〕
【二度目の引用の例】
　　桃尾・前掲更生法42頁
　　才口・前掲更生法1頁

5　座　談　会
　　　出席者ほか「テーマ」雑誌名　号　頁〔○○発言〕
【例】
　　伊藤眞ほか「研究会・新会社更生法第1回」ジュリスト1252号92頁〔深山発言〕
【二度目の引用の例】
　　前掲座談会92頁〔深山発言〕

（注1）　改訂版や新訂版が出ている文献については、最新版のページ数で引用し、版表示も記載している（例：松田二郎・会社更生法〔新版〕××頁）。
（注2）　姓が同じ筆者については、名前の頭一文字まで入れている（例：山本克己→山本克、山本和彦→山本和）。

《文献の略記表》

1 に分類されるもの	
注解更生法	宮脇幸彦＝井関浩＝山口和男編・注解会社更生法
条解再生法	園尾隆司＝小林秀之編・条解民事再生法
注釈再生法（上）（下）	伊藤眞＝才口千晴＝瀬戸英雄編・注釈民事再生法〔新版〕上、下
破産法	竹下守夫編集代表、上原敏夫＝園尾隆司＝深山卓也＝小川秀樹＝多比羅誠編集・大コンメンタール破産法
注解破産法（上）（下）	斎藤秀夫＝麻上正信＝林屋礼二編・注解破産法〔第三版〕上、下
2 に分類されるもの	
高木ほか・事典	高木新二郎＝山崎潮＝伊藤眞編・倒産法実務事典
青山ほか・実務と理論	青山善充＝金築誠志＝山内八郎編・会社更生・会社整理・特別清算の実務と理論（判タ866号）
石川ほか・実務と理論	石川明＝田中康久＝山内八郎編・破産・和議の実務と理論（判タ830号）
伊藤ほか・新会社更生法	伊藤眞＝松下淳一＝山本和彦編・新会社更生法の基本構造と平成16年改正（ジュリスト増刊）
上谷ほか・実務2	上谷清編集代表、小川秀樹＝園尾隆司＝多比羅誠＝深山卓也編・新倒産法の実務2 会社更生法
上谷ほか・実務3	上谷清編集代表、小川秀樹＝園尾隆司＝多比羅誠＝深山卓也編・新倒産法の実務3 会社更生法
瀬戸ほか・新理論と実務	瀬戸英雄＝山本和彦＝山本克己編・新会社更生法の理論と実務（判タ1132号）
現代裁判法大系20	門口正人編・現代裁判法大系20会社更生・会社整理・特別清算
現代裁判法大系24	塩崎勤＝秦光昭編・現代裁判法大系24銀行取引・証券取引
裁判実務大系3	竹下守夫＝藤田耕三編・裁判実務大系3〔改訂版〕会社訴訟・会社更生法
裁判実務大系22	塩崎勤編・裁判実務大系22金融信用供与取引訴訟法
新裁判実務大系10	園尾隆司＝中島肇編・新・裁判実務大系10破産法
新裁判実務大系21	門口正人＝西岡清一郎＝大竹たかし編・新・裁判実務大系21会社更生法・民事再生法
新実務民訴13	鈴木忠一＝三ヶ月章監修・新・実務民事訴訟講座13倒産手続

3 に分類されるもの

一問一答更生法	深山卓也編・一問一答新会社更生法
伊藤・更生法	伊藤眞・会社更生法
位野木・要説	位野木益雄・会社更生法要説
小林ほか・Q&A更生法	小林信明＝三村藤明＝近藤泰明編・Q&A改正会社更生法のすべて
三ヶ月・更生法	三ヶ月章・会社更生法研究
深山ほか・更生法	深山卓也＝菅家忠行＝村松秀樹＝髙山崇彦・新しい会社更生法
宮脇＝時岡・更生法	宮脇幸彦＝時岡泰・改正会社更生法の解説
山本＝庄司・更生法	山本嘉盛＝庄司隆司・会社更生法の解説
条解更生法(上)(中)(下)	兼子一監修、三ヶ月章＝霜島甲一＝前田庸＝田村諄之輔＝青山善充・条解会社更生法上、中、下
条解会社更生規則	最高裁判所事務総局民事局監修・条解会社更生規則
谷口・倒産処理	谷口安平・倒産処理法〔第二版〕
花村・再生法	花村良一・民事再生法要説
上野ほか・再生法	上野正彦＝須藤英章＝宮川勝之＝山岸洋＝高木裕康編・詳解民事再生法の実務
一問一答破産法	小川秀樹編著・一問一答新しい破産法
法務省・要綱案補足説明	法務省民事局参事官室「会社更生法改正要綱案補足説明」事業再生研究機構編・事業再生研究機構・シンポジウム会社更生法の改正（別冊NBL70号）

4 に分類されるもの

伊藤ほか・更生法	伊藤眞＝西岡清一郎＝桃尾重明編・新しい会社更生法
東弁・更生法	東京弁護士会編・入門新会社更生法
永石ほか・更生法	永石一郎＝腰塚和男＝須賀一也編・解説改正会社更生法
時価マニュアル	事業再生研究機構財産評定委員会・新しい会社更生手続の「時価」マニュアル

5 に分類されるもの

再生法逐条研究	伊藤眞編集代表・民事再生法逐条研究

判例集・法律雑誌

【判例集】
　民録→大審院民事判決録
　民集→大審院民事判例集・最高裁判所民事判例集
　裁判集民事→最高裁判所裁判集民事
　高民集→高等裁判所民事判例集
　下民集→下級裁判所民事裁判例集
　労民→労働関係民事裁判例集
　刑集→最高裁判所刑事判例集
　裁時→裁判所時報

【法律雑誌】
　判時→判例時報
　判タ→判例タイムズ
　金法→金融法務事情
　金商→金融・商事判例
　銀行法務→銀行法務21
　民商→民商法雑誌

上巻目次

1 手続一般

- Q 1 更生手続の流れ　更生手続は、どのような流れで進行するのか……2
- Q 2 更生手続の特徴と今後の課題　更生手続は、他の法的倒産手続に比較してどのような特徴があるのか……………………………13
- Q 3 会社更生法の改正点　平成14年及び平成16年の会社更生法改正などにより、更生手続はどのように変わったのか………………19
- Q 4 再建手法の種類と更生手続の位置付け　会社の再建手法にはどのようなものがあるのか。更生手続は、どのような会社について申立てをするのが適切なのか…………………………………28
- Q 5 DIP型更生手続の導入と運用　DIP型更生手続の導入の趣旨、その運用の特徴はどのようなものか…………………………36
- Q 6 会社更生法における裁判所と更生裁判所　会社更生法において、裁判所と更生裁判所はどう違うのか……………………………40
- Q 7 更生手続の裁判に対する不服申立て　不服申立ての対象となる裁判はどのようなものか。不服申立ての手続はどのようなものか……42
- Q 8 更生事件記録の閲覧謄写　更生事件記録の閲覧謄写はどのような手続でするのか。誰が閲覧謄写を求めることができるのか………48
- Q 9 更生事件記録の閲覧謄写の制限　更生事件記録の閲覧謄写の制限は、どのような場合に、どのような手続でされるのか……………51
- Q10 他の手続から更生手続への移行について　他の手続から更生手続への移行は、どのような場合に、どのような手続でされるのか……55

2 申立て

Q11 申立権者　更生手続開始の申立ては、誰がどのような場合に行うことができるのか ………………………………………………………… 64

Q12 更生手続開始の申立義務　更生手続開始の申立てについては、破産手続開始の申立てにおけるような申立義務者は存するのか。また、破産手続開始申立ての申立義務者は、更生手続開始の申立てをすることができるのか ………………………………………………… 67

Q13 解散後の株式会社による更生手続開始の申立て　解散後の株式会社が更生手続開始の申立てをするには、特別の要件があるのか …… 69

Q14 更生事件の管轄　更生事件の管轄裁判所はどこか ……………… 71

Q15 更生事件等の移送　更生事件等の移送はどのような場合にされるのか ………………………………………………………………… 76

Q16 申立ての事前相談　更生手続開始の申立てをするに当たって、事前相談が必要か ……………………………………………………… 78

Q17 更生手続開始の原因　更生手続開始の申立てをすることができるのは、会社がどのような状況にある場合か ……………………… 87

Q18 申立書の記載事項　更生手続開始申立書には何を記載するのか …… 91

Q19 申立書の添付書類　更生手続開始申立書の添付書類として何が必要か …………………………………………………………………… 96

Q20 予納金　更生手続の予納金の額はどうなっているか。また、予納金はどのように扱われるのか …………………………………… 99

Q21 更生手続開始申立ての取下げの制限　更生手続開始申立ての取下げが制限されるのは、どのような場合か ……………………… 103

3 開始前の保全措置

Q22 保全措置の選択(1) 開始前会社自身が管理型での更生手続開始を申し立てた場合、どのような保全措置が採られるのか …………… 108

Q23 保全措置の選択(2) 開始前会社自身がDIP型での更生手続開始を申し立てた場合、どのような保全措置が採られるのか …………… 114

Q24 保全措置の選択(3) 債権者が更生手続開始を申し立てた場合、どのような保全措置が採られるのか ……………………………… 120

Q25 保全管理命令 保全管理命令は、どのような場合に発令されるのか。その効力は、どのようなものか ……………………………… 124

Q26 保全管理命令の公示 保全管理命令はどのように公示されるのか ……………………………………………………………………………… 129

Q27 保全管理人 保全管理人はどのような地位及び権限を有するのか ……………………………………………………………………………… 131

Q28 保全管理人代理 保全管理人代理はどのような地位及び権限を有するのか ………………………………………………………………… 139

Q29 開始前会社の業務及び財産に関する保全処分 開始前会社の業務及び財産に関する保全処分はどのような場合に発令されるか。その種類及び効力はどのようなものか ……………………………… 141

Q30 他の手続の中止命令・取消命令 他の手続の中止命令・取消命令の発令の要件、中止・取消しできる手続の種類及び命令の効力は、どのようなものか ………………………………………………… 147

Q31 包括的禁止命令 包括的禁止命令はどのような場合に発令されるのか。その効力はどのようなものか …………………………… 152

Q32 更生手続開始前における商事留置権の消滅請求 更生手続開始前における商事留置権の消滅請求の要件及び命令の効力は、どのようなものか ………………………………………………………… 156

Q33 監督命令 監督命令はどのような場合に発せられるのか ………… 159

Q34　監督委員　監督委員はどのような地位及び権限を有するのか…… 162
Q35　更生手続開始前の調査命令　更生手続開始前の調査命令はどのような場合に発せられるのか………………………………………… 166
Q36　更生手続開始前の役員等の財産に対する保全処分　更生手続開始前の役員等の財産に対する保全処分の要件及び効力は、どのようなものか………………………………………………………… 170

4　開始決定

Q37　更生手続開始決定の手続　更生手続開始決定はどのような手続で行われるのか……………………………………………………… 174
Q38　更生手続開始の条件　更生手続開始申立ての棄却事由には、どのようなものがあるのか………………………………………… 177
Q39　更生手続開始　更生手続開始決定には、どのような事項が記載されるのか。開始と同時に定める事項にはどのようなものがあるのか………………………………………………………………… 184
Q40　更生手続開始（DIP型）　DIP型での更生手続開始は、管理型と異なる点はあるか……………………………………………… 190
Q41　更生手続開始決定後の手続　開始決定はどのようにして公示されるのか…………………………………………………………… 194
Q42　更生手続開始申立てに関する裁判に対する不服申立て　不服申立権者は誰か。即時抗告の手続はどのようなものか…………… 197

5　開始決定の効果

Q43　更生手続開始決定の更生会社の組織に対する効力　更生手続開始決定がされた場合、更生会社の組織はどのような影響を受ける

のか ……………………………………………………………… 202

Q44　計画外事業譲渡　事業譲渡に関する裁判所の許可は、どのようにして行われるのか ……………………………………………… 210

Q45　更生債権等の弁済の禁止　更生手続が開始された場合、更生債権等の弁済はどのように制限されるのか ……………………… 217

Q46　少額債権の弁済　少額債権の弁済はどのような場合に行われるのか …………………………………………………………………… 220

Q47　相　殺　権　更生手続が開始された場合、反対債権を有する更生債権者等の相殺はどのように制限されるのか ……………… 230

Q48　破産手続等の他の手続の中止　更生手続が開始された場合、破産手続等の他の手続はどうなるのか …………………………… 238

Q49　中止された強制執行手続等の取消し　更生手続開始により中止された強制執行等の手続が取り消されるのはいかなる場合か ……… 242

Q50　担保権の実行禁止の解除・中止された強制執行手続等の続行　更生手続開始により禁止された担保権実行の一部解除決定、中止された強制執行等の手続の続行命令がされるのはどのような場合か。その場合の配当等はどのようになるのか ………………… 244

Q51　訴訟手続の中断　更生手続が開始された場合、更生会社について係属している訴訟手続はどうなるのか。行政庁に係属する事件はどうか ……………………………………………………………… 249

Q52　更生手続開始後の更生会社の行為　更生手続開始後に更生会社の代表者がした法律行為の効力はどうなるのか。商業使用人の行為はどうか …………………………………………………………… 257

Q53　更生手続開始後の権利取得　更生手続開始後に更生債権者等が会社の行為によらずに、会社財産に関して権利を取得した場合の効力はどうか ……………………………………………………… 261

Q54　更生手続開始後の登記、登録、弁済等　更生手続開始後に更生債権者等が会社財産に関してした登記、更生会社の債務者が会社に対してした弁済等の効力はどうか …………………………… 263

Q55 共有物分割　更生会社が他人と共有する財産を分割することができるのか……………………………………………………………………266

Q56 双務契約　更生手続が開始された場合、双務契約はどのように取り扱われるのか……………………………………………………268

Q57 継続的給付を目的とする双務契約　更生手続が開始された場合、継続的給付を目的とする双務契約はどのように取り扱われるのか……………………………………………………………………273

Q58 更生手続と不動産賃貸借契約　不動産賃貸借契約は更生手続においてどのように取り扱われるのか………………………………277

Q59 更生手続とライセンス契約　ライセンス契約は更生手続においてどのように取り扱われるのか……………………………………282

Q60 更生手続と労働契約　労働契約は更生手続においてどのように取り扱われるのか……………………………………………………285

Q61 更生手続とリース契約　リース契約は更生手続においてどのように取り扱われるのか……………………………………………290

Q62 更生手続と更生会社資産の証券化　更生会社の資産が証券化されている場合、更生手続においてどのように取り扱われるのか……296

Q63 更生手続と根抵当権　根抵当権は更生手続においてどのように取り扱われるのか……………………………………………………303

Q64 更生手続と保証・物上保証　保証・物上保証は更生手続においてどのように取り扱われるのか…………………………………307

Q65 更生手続と所有権留保特約付売買　所有権留保特約付売買は更生手続においてどのように取り扱われるのか…………………313

Q66 更生手続と集合債権譲渡担保　集合債権譲渡担保は、更生手続においてどのように取り扱われるのか…………………………317

Q67 更生手続と動産売買先取特権　動産売買先取特権は更生手続においてどのように取り扱われるのか……………………………327

Q68 更生手続と銀行取引　更生手続が開始した場合、銀行取引はどのような影響を受けるのか……………………………………………333

Q69 更生手続と委任契約　委任契約は更生手続においてどのように取り扱われるのか ………………………………………………… 337

Q70 更生手続と請負契約　請負契約は更生手続においてどのように取り扱われるのか ………………………………………………… 341

Q71 更生手続とゴルフ会員権　ゴルフ会員権は更生手続においてどのように取り扱われるのか ………………………………………… 346

Q72 取戻権　更生会社に属しない財産を更生会社から取り戻す権利は、更生手続の開始により影響を受けるのか ………………… 352

Q73 更生会社の役員の地位　更生手続開始決定がされた場合、更生会社の役員はどのような地位に立つのか ……………………… 355

Q74 更生会社の役員の報酬　更生手続中、更生会社の役員は報酬を受けることができるのか ………………………………………… 359

6　管財人

Q75 管財人の選任　更生手続において、管財人や保全管理人の選任はどのように行われるのか ……………………………………… 364

Q76 管財人の監督　管財人の監督はどのようにして行われるのか …… 370

Q77 数人の管財人　数人の管財人があった場合、その職務はどのように遂行されるのか。職務分掌があった場合はどうか ………… 377

Q78 管財人代理・補佐　管財人代理・補佐とは、どのような者か …… 381

Q79 法律顧問　法律顧問とは何か。管財人とどう違うのか ………… 384

Q80 管財人の権限　管財人の権限は、どのようなものか。裁判所の許可を得なければならない行為は何か ……………………………… 387

Q81 管財人の当事者適格　管財人は更生会社の訴訟についてどのような地位を有するのか ………………………………………………… 400

Q82 管財人の調査　管財人は更生会社について何を調査するのか …… 404

Q83 管財人の自己取引・競業避止義務　管財人が更生会社と取引す

る場合や競業する場合、どのような規制があるのか……………408
Q84　管財人の注意義務　管財人は職務を行うについてどのような注
　　意義務を負うのか……………………………………………………412
Q85　管財人の報酬　管財人の報酬は、どのように定められるのか……416
Q86　管財人の任務終了　管財人は、任務終了に際して何をしなけれ
　　ばならないのか………………………………………………………419

■事項索引……………………………………………………………………424

【下巻主要目次】

7　管財人の職務（Q87～Q97）

8　その他の機関（Q98～Q101）

9　共益債権・開始後債権（Q102～Q103）

10　更生債権等（Q104～Q106）

11　更生債権等の届出（Q107～Q114）

12　更生債権等の調査（Q115～Q121）

13　更生債権等査定（Q122～Q131）

14　株　　主（Q132）

15　更生計画（Q133～Q159）

16　手続の終了（Q160～Q162）

17　外国倒産・雑則（Q163～Q165）

1

手 続 一 般

Q1 更生手続の流れ

更生手続は、どのような流れで進行するのか

1 更生手続の概要

　更生手続は、窮境にある株式会社について、債権者、株主その他の利害関係人の利害を調整しつつ、その事業の維持更生を目的とする手続である。再生手続と並ぶ再建型の倒産処理手続であり、再生手続と比べると、対象となるのが株式会社に限られること、必置機関である管財人の下で会社の再建が進められること、担保権者も更生担保権者として手続に組み込み、その担保権に係る権利実行を禁止し、権利内容を更生計画で変更できること、更生計画の内容として、新株発行、会社分割、合併、資本の減少・増加等多様なものが認められていることなどの点に特徴がある。更生手続は、以下述べるように、通常、①事前相談と申立て、②保全処分・保全管理命令、③更生手続開始決定、④債権の届出・調査・確定、⑤更生会社の財産の調査（財産評定）・確保、⑥更生計画案の提出・決議・認可、⑦更生計画の遂行、⑧更生手続の終結という流れで進行する。

2 事前相談・申立て

　更生手続は、申立てによって開始する。①破産手続開始の原因となる事実が生じるおそれがある場合、又は②弁済期にある債務を弁済することとすれば、その事業の継続に著しい支障を来すおそれがある場合には、債務者（会社自身）は更生手続開始の申立てをすることができ（法17条1項）、前記①の事実がある場合には、資本金の額の10分の1以上に当たる債権を有する債権者又は総株主の議決権の10分の1以上を有する株主も申立てができる（法17条2項）。なお、実務では、申立てによる混乱の回避と事業価値の劣化を最小限にとどめるため、申立ての2週間程度前から裁判所と申立権者との間での事前相談が行われている。事前相談では、①申立ての確度・予定、②更生

手続開始の見通し（更生手続を選択する理由、申立てを前提とした資金繰り、申立て後に予想される事態、スポンサー選定等を含めた更生の見通し）等について事情を聴取した上、③保全措置の関係では、管理型かDIP型か、管理型であれば、保全管理人の人選、保全管理人団の規模、DIP型であれば、監督委員兼調査委員の人選、監督委員兼調査委員団の規模、さらに、④保全処分の内容といった申立て後の保全処分の準備に関する事項を打ち合わせ、⑤予納金納付の見込み等についても確認するのが通例である。

3　保全処分・保全管理命令

　債務者申立ての場合には、東京地裁では、事前相談を前提にして、申立てと同時に弁済禁止等の必要な保全処分（法28条）の決定を行うとともに、管理型であれば、更生事件の申立てと同時にされる保全管理命令（法30条）の申立てについて、現経営陣を活用するDIP型であれば、同じく監督命令兼調査命令（法35条、39条）の各申立てについて、それぞれ即日発令するのが通例である。これに対し、債権者申立ての場合には、申立債権者が大口債権者であるか否か、現経営陣に問題があるか否かといった点を考慮し、保全管理命令を即日発令するか、あるいは調査命令（法39条）から入るかを判断することになる。

　なお、開始決定までの間の会社財産の維持のために、他の手続の中止あるいは取消命令（法24条）や強制執行等の包括的禁止命令（法25条）の制度が設けられており、債務者申立ての場合には、通常、これらの命令は即日発令される。

4　更生手続開始決定

　裁判所は、更生手続開始の原因となる事実（法17条1項）があると認められ、しかも申立棄却事由があると認められないと判断した場合には更生手続開始決定をする（法41条1項）。開始決定は、公告され、知れたる債権者等に通知される（法43条）が、その確定を待たず、決定の時から効力を生じる（法41条2項）。開始決定がされると、その効果として、更生担保権者や更生

債権者は原則として更生計画によらなければ弁済を受けることができなくなる（法47条1項）。

　なお、平成14年の現行法の制定により、更生手続開始の申立ての棄却事由が、「更生の見込みがないとき」（旧法38条5号）から「事業の継続を内容とする更生計画案の作成若しくは可決の見込み又は事業の継続を内容とする更生計画の認可の見込みがないことが明らかであるとき」（法41条1項3号）に変更された。これにより、従来は経営判断を伴う実体的事項の判断が要求されていたものが、手続的事項に改められただけでなく、棄却するためには更生計画の認可等の見込みのないことの明白性が要求されることになり、判断が容易になった。その結果、東京地裁に申立てがされた事件については、早い事件では申立てから1週間程度、遅くとも1か月程度で開始決定がされるようになっている。

　更生手続開始決定により、更生会社の事業の経営権及び財産の管理処分権は裁判所が選任した管財人に専属し（法72条1項）、管財人は、更生手続の機関として、善良な管理者の注意をもって、その職務を行う義務を負うことになる（法80条1項）。

5　債権の届出・調査・確定

　更生手続開始決定がされると、更生計画案の策定に向けて二つの手続が行われる。一つは、債務者会社の債務の種類と額を確定するための債権の届出・調査・確定の手続であり、もう一つは、後記6で述べる更生会社の資産の内容を明らかにするための財産の調査・確保の手続である。債権の届出・調査・確定の手続については、更生手続開始前の原因に基づいて生じた債権は原則として更生債権、また、更生会社財産上に存する担保権により担保された債権は更生担保権とされ、更生手続に参加しようとする更生債権者及び更生担保権者（以下「更生債権者等」という。）は、更生手続開始の効果として、それぞれが本来認められる法律上の権利行使が否定される。更生債権及び更生担保権（以下「更生債権等」という。）については、更生計画の定めるところによらなければ、弁済をし、弁済を受け、その他これを消滅させる行

為（免除を除く。）をすることができない（法47条1項）。そのため、更生手続に参加しようとする更生債権者等は、債権届出期間内に権利の届出をする必要がある（法138条）。届け出られた更生債権等については、裁判所書記官が更生債権者表及び更生担保権者表を作成し（法144条）、管財人が一般調査期間前の裁判所の定める期限までに、認否書を作成して裁判所に提出する（法146条）。その後、一般調査期間内には、更生債権者等が届け出られた更生債権等について書面で異議を述べることができる（法147条）とされ、管財人が認め、一般調査期間内に更生債権者等から異議が述べられなかった更生債権等は、届出どおり確定する（法150条）。これに対し、管財人が認めず、あるいは更生債権者等が異議を述べた更生債権等については、その債権者は、裁判所（法2条5項）に査定の申立てができ（法151条）、さらに査定決定に異議のある者は更生裁判所（法2条4項）に対し異議の訴えを提起して（法152条）、最終的には訴訟手続を通じて債権が実体的に確定する。なお、更生担保権の目的である財産の価額について管財人が認めず、あるいは更生債権者等が異議を述べた場合には、当該更生担保権を有する更生担保権者は裁判所（法2条5項）に対し価額決定の申立てができ（法153条）、裁判所が評価人による評価に基づき価額を決定することになり、この決定には即時抗告ができる（法154条）。このように、更生手続では、実体的に債権を調査・確定することになる（担保目的財産の価額については価額決定手続によって確定する。）が、実務では、管財人以外から異議が述べられることはまれである上、更生債権等の存否・内容や更生担保権の目的である財産の価額についての争いは、管財人の認否の過程での交渉や査定手続における和解等で早期に解決するのがほとんどであり、価額決定手続で争われたり、最終的に訴訟まで争われたりする例は多くないのが実情である。

　なお、東京地裁では、債権調査の標準的なスケジュールとして、管理型の場合には、債権届出期間の終期を開始決定から2か月後、管財人の認否書の提出期限を開始決定から5か月後、債権調査期間を認否書提出後の2週間として運用しており、DIP型の場合には、債権届出期間の終期を開始決定から6週間後、管財人の認否書の提出期限を開始決定から14週間後、債権調査期

間を認否書提出後の1週間として運用している。

6 更生会社の財産の調査（財産評定）・確保

次に、更生会社の財産の調査・確保に関しては、管財人は、更生会社の財産を調査し、更生手続開始後、遅滞なく更生会社に属する一切の財産につきその価額（更生手続開始時における時価）を評定し、この財産評定の結果に基づいて、更生手続開始時における貸借対照表及び財産目録を作成する（法83条）。この財産評定の結果により、更生会社の財産が正確に把握され、更生会社の会計の具体的な基礎が与えられることになる。また、この結果に基づいて、管財人は更生担保権者と交渉の上、更生担保権についての認否を行うとともに更生債権者等へ配分される財産の範囲を判断するなど、利害関係人の権利範囲の明確化が図られる。

その一方で、管財人は、更生会社による詐害行為や偏頗行為がある場合には否認権を行使し（法86条以下）、また、更生会社の取締役等が違法行為をして更生会社に損害を与えていた場合には、役員等責任査定の申立て等によって損害賠償請求をするなどして、更生会社の財産の確保を図ることになる（法99条以下）。

7 更生計画案の提出・決議・認可

前記5と6で述べた、更生会社の負債、資産の確定等の手続を踏まえて、管財人は、更生計画案策定の作業を進め、債権届出期間満了後の裁判所の定める期間内に更生計画案を裁判所に提出する（法184条）。更生計画は、更生手続の中核であり、更生会社の事業の再構築とその収益の予測に基づいて更生債権者等の利害関係人の権利を変更し利益の分配を図ることを内容とするもので、更生計画により定めなければならない具体的な内容は法に定められている（法167条参照）。更生計画は、適法で、公正衡平かつ遂行可能でなければならない（法168条、189条1項3号、199条2項）。

更生計画案が提出されると、裁判所は、これを更生計画案決議のための関係人集会による決議に付するか、書面等投票による決議に付するか、それと

も議決権者においていずれの方法によるかを選択させる（両者の方法を併用する。）かを決めることになる（法189条）。東京地裁においては、議決権の行使は、近時、会社更生手続が選択される一般的な事件の規模や債権者数等に照らし、可決の見込みが確実でなく、否決の場合に続行期日を定めて更生計画案の変更を行う可能性があるというような事情のない限り、書面等投票による方法により行うこととしている。なお、東京地裁の標準的なスケジュールでは、管理型の場合には開始決定の日から9か月以内（短縮型の場合は6か月以内）に、DIP型の場合には開始決定の日からおおむね18週以内に、それぞれ更生計画案の提出を求めるものとしている。

　更生計画案の決議は、権利の種類によって組分けし、それぞれの組ごとに分かれて行う（法196条1項）。実際には、更生会社の多くは債務超過であるため株主には議決権が与えられず、更生債権者と更生担保権者についても、細かな組分けは行わず、更生債権者と更生担保権者の二つの組に分けて決議が行われるのが通例である。組ごとの可決要件は、更生債権者の組においては、議決権を行使することができる更生債権者の議決権の総額の2分の1を超える議決権を有する者の同意であるが、更生担保権者の組においては、更生計画案の定め方によって異なる。すなわち、更生担保権の期限の猶予の定めをする更生計画案については、議決権を行使することのできる更生担保権者の議決権の総額の3分の2以上、更生担保権の減免等の定めをする場合には議決権の総額の4分の3以上、更生会社の事業の全部の廃止を内容とする場合には議決権の総額の10分の9以上の同意が必要となる（法196条5項）。

　可決された更生計画案は、更生手続又は更生計画が法規に適合すること、更生計画の内容が公正かつ衡平であること、更生計画が遂行可能であること、更生計画の決議が誠実かつ公正な方法でされたことなどの要件を満たした場合には、裁判所に認可され（法199条）、認可決定の時から効力を生じ（法201条）、遂行の段階へ移行する。実際には、裁判所は更生計画案を決議に付す際に、これらの要件の検討を行っており、可決された更生計画案は、特段の事情がない限り、速やかに認可されているのが通例である。

8　更生計画の遂行

　更生計画が認可されると、管財人は速やかに更生計画の遂行又は更生会社の事業の経営並びに財産の管理及び処分の監督を開始しなければならない（法209条1項）。更生計画の定め又は裁判所の決定によって管財人の更生会社の事業経営及び財産の管理処分権限が排除された場合には、取締役会の権限が回復し、管財人は、その監督を行うことになる（法72条4項）が、実際には、管財人が自ら更生計画の遂行に当たるのが通例である。

　更生計画の遂行には、まず、組織的事項の変更として、役員、定款、資本金の額等の変更があり、資本金の額等の変更に当たっては、債務超過会社の場合には100％減資が行われるのが通例である。また、スポンサーとの間の組織再編を伴う場合には、事業譲渡や合併、会社分割などの組織変更をし、更生会社は清算することになる。次に、更生計画に従った更生債権等の弁済が行われる。更生計画では、通常、更生債権等の一部の減免と、残額の履行期限の猶予を内容とする条項が設けられ、弁済期限の猶予は、原則として、15年を超えてはならない（法168条5項）とされているが、実際には、スポンサーからの拠出金による一括弁済を定める更生計画や、分割弁済型であっても、比較的短期間内に弁済を完了するよう定める更生計画が多くなっている。また、実際の更生計画の遂行の過程で、計画の前倒し弁済を実施し、後記9で述べる更生手続の早期終結に結び付ける例も増えてきている。

9　更生手続の終結

　更生手続は、その目的である更生会社の事業の維持更生が達せられた場合には、裁判所の更生手続終結決定によって終了する。終結決定の要件は、①更生計画が遂行された場合、②更生計画の定めによって認められた金銭債権の総額の3分の2以上の額の弁済がされた時において、当該更生計画に不履行が生じていない場合、③更生計画が遂行されることが確実であると認められる場合のいずれかに当たることであり、その場合には、裁判所は、管財人の申立てにより又は職権で、更生手続終結の決定をする（法239条1項）。終結決定に対しては即時抗告ができない（法9条）。そして、終結決定により

管財人の権限は消滅し、更生会社は通常の会社に戻り、会社の取締役が会社の事業の経営権及び財産の管理処分権を行使することになる。

東京地裁では、更生計画の遂行の確実性を期するため、上記①又は②のいずれかの場合に当たるとして終結することが多いが、近時は、その期間も認可後1年から2年以内という比較的短期間で終結する事例が増加している。

10　更生手続の標準的スケジュール

東京地裁における更生手続の標準的なスケジュールは、別表のとおりである。管理型、DIP型で異なり、管理型では、規模が比較的小さく、意見調整等の必要な更生担保権者等の数も少ないケースでは、更に迅速な進行が見込まれることもあるため、このようなケースを想定して短縮型スケジュールを作成している。なお、これらの標準的スケジュールは、東京に拠点を有する再建に大きな支障や困難のない会社による債務者申立ての場合を想定したものである。

（西岡　清一郎・日置　朋弘）

管理型スケジュール

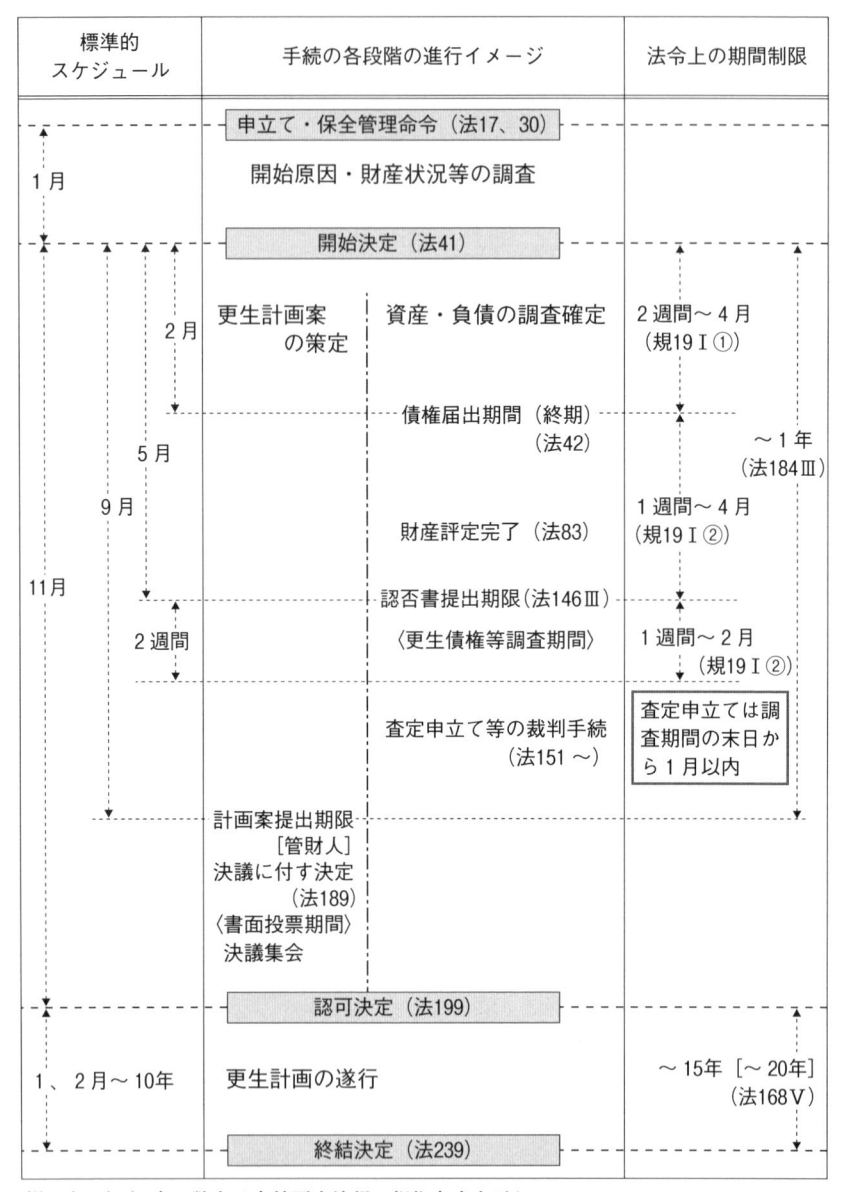

標準的 スケジュール	手続の各段階の進行イメージ	法令上の期間制限
1月	申立て・保全管理命令（法17、30） 開始原因・財産状況等の調査	
2月	開始決定（法41）	
5月 9月 11月	更生計画案　資産・負債の調査確定 の策定 債権届出期間（終期） （法42） 財産評定完了（法83） 認否書提出期限（法146Ⅲ） 〈更生債権等調査期間〉 査定申立て等の裁判手続 （法151〜）	2週間〜4月 （規19Ⅰ①） 〜1年 （法184Ⅲ） 1週間〜4月 （規19Ⅰ②） 1週間〜2月 （規19Ⅰ②） 査定申立ては調査期間の末日から1月以内
2週間	計画案提出期限 [管財人] 決議に付す決定 （法189） 〈書面投票期間〉 決議集会	
	認可決定（法199）	
1、2月〜10年	更生計画の遂行	〜15年［〜20年］ （法168Ⅴ）
	終結決定（法239）	

（注1）　（　）内の数字は会社更生法規の根拠条文を示している。
（注2）　上記のスケジュールは、会社申立てに基づき手続が開始され更生計画が遂行されて終結に至る標準的なケースを想定して作成したものである。

管理型（短縮型）スケジュール

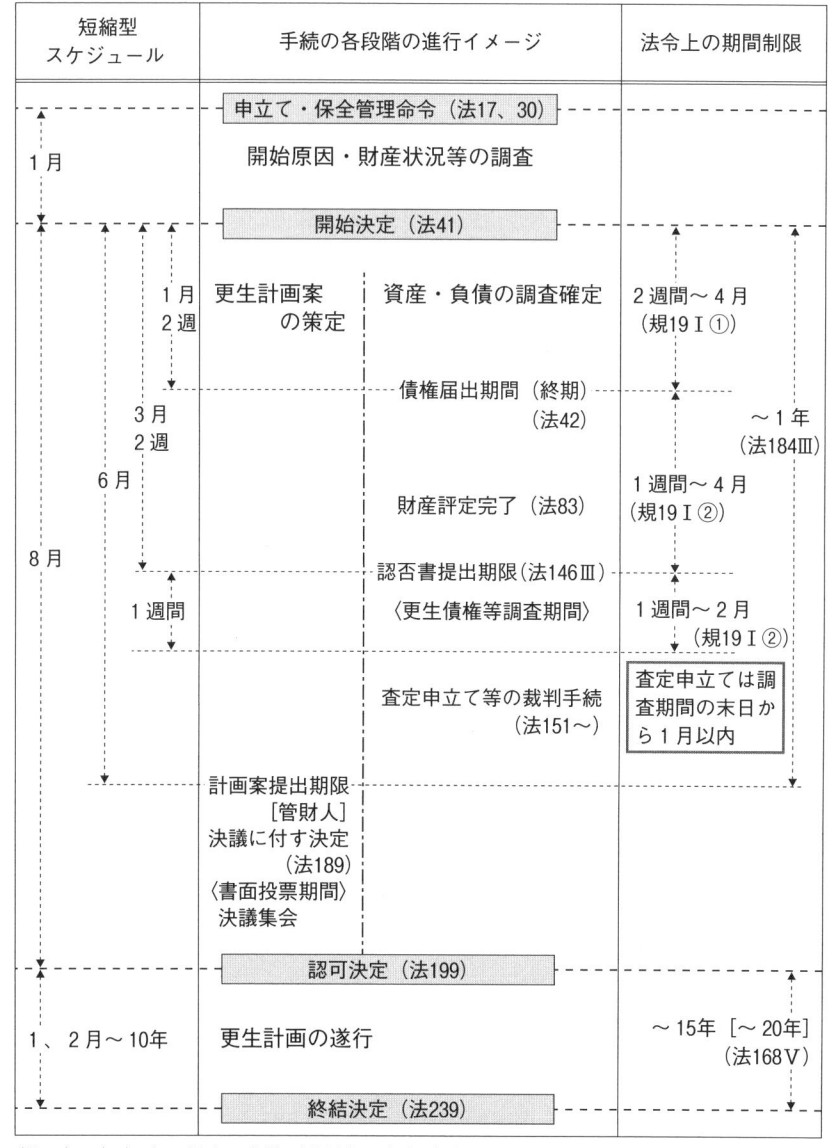

短縮型スケジュール	手続の各段階の進行イメージ	法令上の期間制限
1月	申立て・保全管理命令（法17、30） 開始原因・財産状況等の調査	
	開始決定（法41）	
1月2週	更生計画案の策定　資産・負債の調査確定	2週間～4月（規19Ⅰ①）
3月2週 / 6月 / 8月	債権届出期間（終期）（法42）	～1年（法184Ⅲ）
	財産評定完了（法83）	1週間～4月（規19Ⅰ②）
1週間	認否書提出期限（法146Ⅲ） 〈更生債権等調査期間〉	1週間～2月（規19Ⅰ②）
	査定申立て等の裁判手続（法151～）	査定申立ては調査期間の末日から1月以内
	計画案提出期限 [管財人] 決議に付す決定（法189） 〈書面投票期間〉 決議集会	
	認可決定（法199）	
1、2月～10年	更生計画の遂行	～15年［～20年］（法168Ⅴ）
	終結決定（法239）	

(注1)　（　）内の数字は会社更生法規の根拠条文を示している。
(注2)　上記のスケジュールは、会社申立てに基づき手続が開始される事件のうち、開始決定から更生計画認可決定までを短期間で進行することが可能なケースを想定して作成したものである。

DIP型スケジュール

標準的スケジュール	手続の各段階の進行イメージ
1〜2週	【申立代理人】 事前相談
	調査命令・監督命令、弁済禁止の保全処分 （法39・35・37、28）
3週	【監督委員兼調査委員（法35・39）】 開始原因・財産状況・管財人の適性等の調査 現経営陣の経営状況の監督 【現経営陣】 会社経営全般（事業経営・財産管理処分権を留保） 【申立代理人】 現経営陣に対する法律的助言
	開始決定（法41）
6週 / 14週 / 18週 / 23週	【事業家管財人（現経営陣）】 更生計画案の策定　　　　資産・負債の調査確定 【申立代理人】 事業家管財人に対する法律的助言 【調査委員（法125）】 更生計画案に対する　　　会社財産及び財産の管理状況（債 当否の調査　　　　　　　権調査、財産評定を含む）の調査 　　　　　　　　　　　　債権届出期間（終期）（法42） 　　　　　　　　　　　　財産評定完了（法83） 　　　　　　　　　　　　認否書提出期限（法146Ⅲ） 〈更生債権等調査期間〉 　　　　　　　　　　　　査定申立て等の裁判手続 　　　　　　　　　　　　（法151〜） 計画案提出期限 決議に付す決定（法189） 〈書面投票期間〉 （決議集会非開催）
5週	認可決定（法199）
1、2月〜3年	【事業家管財人（現経営陣）】 更生計画の遂行
	終結決定（法239）

Q2　更生手続の特徴と今後の課題

更生手続は、他の法的倒産手続に比較してどのような特徴があるのか

1　法的倒産処理手続の種類

(1)　再建型と清算型

　倒産処理手続は、その目的によって、債務者への事業又は経済生活を再建し、再建された事業等から生じる収益・収入を債権者の配当の原資とする再建型と、債務者の資産を処分換価して債権者に平等に配当する清算型に区分される。さらに、倒産処理手続には、手続の内容や権利者の処遇等が法律で定められている法的倒産手続（会社更生法による更生手続、民事再生法による再生手続、破産法による破産手続、会社法による特別清算手続）と、債権者の権利行使の制約や権利変更等が当事者の合意によって行われる私的倒産手続（私的整理、私的整理ガイドラインによる整理、事業再生ADR、中小企業再生支援協議会による再生支援等の倒産ADR）とがある。このうち、再建型の法的倒産手続としては、会社更生法による更生手続及び民事再生法による再生手続があり、清算型の法的倒産手続としては、破産法による破産手続及び会社法による特別清算手続がある。

(2)　管理型とDIP型

　また、法的倒産手続は、その手続の態様によって、債務者の財産・事業について、手続開始によりその管理処分権を債務者が喪失し、その管理等を担当する第三者を選任する管理型と、債務者自身が経営権及び財産の管理処分権を手続開始後も原則として保持するDIP（Debtor In Possession）型に区分される。管理型の手続としては更生手続及び破産手続があり、DIP型の手続としては再生手続及び特別清算手続がある。

　なお、DIP型更生手続は、現経営陣の中から管財人を選任するものであるが、更生手続は管財人を必置の機関とする手続であるから、更生手続におけるDIP型は債務者自身が経営権及び財産の管理処分権を保持するDIP型の手

続とは異なり、広い意味では管理型の範ちゅうに入ることに留意する必要がある。

(3) まとめ

以上を踏まえると、法的倒産手続としては、再建・管理型の更生手続、再建・DIP型の再生手続、清算・管理型の破産手続、清算・DIP型の特別清算手続があることになる。

2　更生手続と再生手続との比較

更生手続は、「窮境にある株式会社について、更生計画の策定及びその遂行に関する手続を定めること等により、債権者、株主その他の利害関係人の利害を適切に調整し、もって当該株式会社の事業の維持更生を図ることを目的とする」裁判上の手続である（法1条）。株式会社である債務者を対象とした手続であり、比較的大規模な企業を念頭に置いている。

再生手続は、平成12年に新たに施行された再建型手続であり、主に中小企業向けといわれているが、法人から個人までどのような債務者でも利用できる。

(1) 管財人の選任

再生手続はDIP型であり、従来の経営陣が経営権及び財産の管理処分権を維持した形で手続が進行するのに対して、更生手続は管理型であり、経営陣の経営権及び財産の管理処分権は失われ、裁判所が選任した管財人にこれらの権限が専属した形で手続が進められる。ただし、東京地裁では、更生手続においても、平成21年1月から現経営陣の中から管財人を選任するDIP型更生手続が導入された一方、再生手続においては、手続進行についての再生債務者の監督等のため、監督委員が選任されることが通例であり、さらに、近年、債務者の経営権及び財産の管理処分権を失わせ管財人を選任する事案もあり、更生手続と再生手続において、経営権及び財産の管理処分権の帰属主体の観点からの相違は小さくなっている。

もっとも、更生手続において、現経営陣の中から管財人が選任された場合には、当該管財人は、引き続きその経営権及び財産の管理処分権を維持する

外観を呈することになるが、会社更生法上、裁判所の監督に服しつつ、管財人として利害関係人に対して善管注意義務を負うことになる点は再生手続と異なる。

(2) **担保権・租税債権に対する制約**

再生手続においては、担保権付債権は別除権として、租税債権等（国税、地方税、各種社会保険料等）の優先権のある債権は優先債権として、いずれも再生手続外での権利行使が可能であるのに対して、更生手続においては、担保権付債権も租税債権等の優先権のある債権も更生手続内に取り込まれ、更生計画に従った弁済しか受けることができない。なお、更生手続は担保権を手続内に取り込むため、更生担保権者の手続保障を図る必要があり、公正性、透明性の確保の観点から、慎重な手続とならざるを得ない面もある。

(3) **組織の変更の容易性**

再生手続においては、事業譲渡については株主総会の特別決議に代わる裁判所の代替許可の制度が設けられ、また、減資は再生計画により行うことができるが、他の会社組織の変更は会社法の規定に従って株主総会の特別決議等を要する。これに対して、更生手続においては、更生計画によらない事業譲渡は管財人が裁判所の許可を得て行うことができるほか、減増資、社債の発行、株式交換、合併、会社分割等の会社組織の変更等を会社法の規定によることなく更生計画によって行うことができる。実際にも、100％減資とスポンサーに対する増資を組み合わせた更生計画や、スポンサーに対する事業譲渡や合併、会社分割を行う更生計画が一般的である。

(4) **計画案の可決要件の厳格性**

再生手続においては再生計画案の可決要件が、再生債権の議決権総額の2分の1以上かつ出席した再生債権者の頭数の過半数となっている。これに対して、更生手続の可決要件は、現行法への改正により若干緩和され、株主については議決権総数の過半数、更生債権については議決権の総額の2分の1超、更生担保権については、期限の猶予を定める場合は議決権の総額の3分の2以上、減免等を定める場合は議決権の総額の4分の3以上、清算を内容とする場合は議決権の総額の10分の9以上の賛成となっている。一般債権者

では頭数要件が不要なため更生手続の方が有利なようにも見えるが、更生担保権者の組についても可決されなければ全体として計画案が可決されたことにならないことに留意する必要がある。

(5) 計画の遂行の確実性

再生手続においては、監督委員が再生計画の遂行を監督するが、監督は再生計画認可決定の3年後までに限定されているのに対し、更生手続では、更生計画が遂行された場合のほか、更生計画の遂行が確実と認められるまで裁判所による監督が継続する。その意味で計画の履行がより確実になっているといえる。

なお、再生手続においては、再生計画の履行確保の最後の手段として、再生計画取消しの制度が設けられており、再生債務者が履行を怠った等のため再生計画が取り消された場合には、再生計画によって変更された再生債権は原状に復し、再生計画によって生じた権利変更、失権の効果は失われる。これに対し、更生手続においては、更生計画の遂行の見込みがないため廃止になった場合であっても、更生計画によって生じた権利変更、失権の効果は失われない。

3 現行法の下での会社更生法の運用上の基本方針

以上のとおり、再生手続と比較した更生手続の特徴としては、適用対象が株式会社に限定されること、更生手続上の必置機関である管財人を選任する管理型であること、担保権・優先債権に対する制約があること、スポンサーを引き入れたダイナミックな組織変更が可能であること、計画遂行が確実と認められる段階まで裁判所の監督が継続することなどが挙げられる。もっとも、更生手続は、担保権をも手続内に取り込み、関係人の権利変更のみならず会社組織の変更をも一体的に処理することから、手続が複雑とならざるを得ず、また、担保権の確定等のために一定程度時間を要するため、ユーザーサイドからは、手続に信頼性がある半面、時間が掛かり、手続が硬直的であるなどの指摘がされてきた。

東京地裁では、更生手続の利点を最大限生かしつつ、その問題点を最小化

するため、現行法の施行以来、会社更生法の運用として、以下の3点に力点を置いてきた。

(1) **手続進行の迅速化**

旧法下においても手続や事務の簡素化・合理化及び管財人に対する行為規制の緩和等の運用改善が行われ一定の効果を上げていたが、現行法ではこれらの運用改善の成果を取り入れるとともに、例えば債権の調査・確定制度（管財人の認否書を基にした書面による債権調査手続、争いのある更生債権等の確定のための査定決定手続、更生担保権の価額を時価とすることによる基準の明確化、更生担保権の目的物の価額決定手続）など手続の迅速化に資する新たな制度が導入されたことから、その活用により、手続の一層の迅速化を図ることとしている。そのために、申立てから1か月以内に開始決定、開始決定から1年以内に認可決定を行うことを目標として標準的なスケジュールプラン（管理型では11か月、短縮型では8か月であり、DIP型では23週である。）を作成しており、現行法施行後の事件を見ると、早いものでは開始後5か月、それ以外の事件もほとんどが1年以内に認可決定されており、申立て後1年以内に更生手続終結に至る事件も少なくない。

(2) **事件の多様化への柔軟な対応**

申立対象企業については、従来の大企業から中小企業へと広がるとともに、申立形態も、会社申立てのみならず、債権者申立て、他の倒産処理手続からの移行と多様化しており、その後の進行との関係でも事前にスポンサー候補が決まっているいわゆるプレパッケージ型申立ても見られるようになっており、さらに管轄の拡大により地方の事件の係属も増加しているなど、申立対象企業、申立形態、地域の面で多様化が生じている。これまでの運用は、主として、東京に営業の拠点がある一部上場等の大会社が自ら申立てをする場合を想定して組み立てられてきたが、事案に応じて柔軟に対応することとしている。

(3) **公正で透明な手続運用**

債権者申立事件などにおいては、会社の再建の方針について現経営陣と債権者、あるいは債権者間で鋭く利害が対立する事件が増加しているほか、倒

産を一つのビジネスチャンスと捉えるスポンサー間の競争も激化してきており、手続の公正さを維持する上で裁判所の役割が高まっている。手続の信頼性を高めるために債権者等への情報提供の在り方等も含めて公正で透明な手続運用を心掛けることとしている。

4 最近の会社更生事件の動向、DIP型更生手続の導入及び今後の運用上の課題

(1) 事件の大規模化とDIP型更生手続の導入

東京地裁における会社更生法の運用上の基本方針には、前記3に記載したところから特段の変更はないが、平成19年夏の米国のサブプライムローン問題に端を発した世界的な信用収縮の動きや、平成20年9月のいわゆるリーマン・ショックを契機とする世界的な金融経済危機の進行により、我が国においても上場企業を含む大企業の倒産事件が増え、会社更生事件としても大型の事案が増加し、業種も多様化するに至っている。

他方、同時に、グローバル経済が更に進展し、企業間の競争が激しくなる中で、金融機関を含む債権者側においても、破綻した企業との関係を経済合理性に従って処理する要請が高まっているように見受けられたことや、DIP型である民事再生手続による相当数の企業再建が図られてきたことから、これらを踏まえ、東京地裁では、管理型更生手続に加えて、平成21年1月から、一定の要件の下、現経営陣の中から事業家管財人を選任するDIP型更生手続の運用を開始した。DIP型更生手続は、経営の悪化した会社に事業価値の毀損の少ない早期の段階で更生手続開始の申立てを促し、違法な経営責任のない現経営陣の活用により、事業価値の毀損を可能な限り防止しつつ事業再建を図り、もって利害関係人の満足の最大化を図ることを目的としている。DIP型更生手続は、現経営陣を活用することから、手続進行の更なる迅速化を可能とするとともに、手続進行の在り方の選択肢を増やし、事件の多様化への柔軟な対応を可能とするものである。

(2) 今後の運用上の課題

DIP型更生手続の運用を開始してから、DIP型更生手続として申し立てら

れた事件は、累計でおおむね3分の1を占めるに至っており、中でも上場企業を含めて大型の案件が多くを占めるなど、DIP型更生手続は、更生手続全体の中でも、重要な選択肢の一つとして定着しつつあるといえる。他方、DIP型更生手続については、現経営陣が事業家管財人を務めることから、債権者から情報開示や手続参加への要請が強まることも予想され、前記3(3)で掲げた公正で透明な手続運用については、より一層債権者の意向にも配慮した運用を心掛ける必要があろう。

また、事業再生ADRは平成21年9月から運用が開始されたが、最近では、事業再生ADRから更生手続に移行する事例も散見されるようになっており、更生手続の円滑かつ迅速な進行を可能とすべく、事業再生ADRから更生手続への円滑な移行の在り方について引き続き検討する必要がある。

(鹿子木　康・日置　朋弘)

Q3　会社更生法の改正点

平成14年及び平成16年の会社更生法改正などにより、更生手続はどのように変わったのか

1　現行会社更生法の成立と概要

現行会社更生法（平成14年法律第154号。以下「現行法」という。）は、平成14年9月の法制審議会総会において決定された「会社更生法改正要綱」に掲げられた55項目の更生手続の実質的改正事項を実現するため、旧会社更生法（昭和27年法律第172号。以下「旧法」という。）を全部改正するものとして、平成14年12月6日に成立し、平成15年4月1日から施行された。

現行法においても、更生手続の基本的な構造、すなわち、株式会社のみを適用対象とする管理型の手続であり、無担保で優先権がない債権のみならず、担保権付債権、一般の優先権がある債権、株主の権利をも手続による制

約の対象とし、更生計画において、株式会社に関わる全ての権利関係をその権利の性質に応じて調整するとともに、株式会社の組織の在り方をも変更して事業の更生を図るという手続構造は何ら変更されていない。現行法の実質的改正事項は、大規模な株式会社の迅速かつ円滑な再建を可能とするため、更生手続の迅速化及び合理化を図るとともに再建手法を強化して、現代の経済社会に適合した機能的なものに改めるものである。

2　現行会社更生法の主要な改正点

　実質的な改正事項のうち主要な改正点は、①更生手続の迅速化に資するもの、②更生手続の合理化に資するもの、③再建手法の強化に資するものに大別される。改正点は多岐にわたるが、以下、現行法施行後の東京地裁における運用から見て、実務に大きな影響を与えている点を中心に説明する。

(1)　更生手続の迅速化に資するもの

　ア　手続の開始要件の緩和（法41条1項3号）

　現行法は、更生手続開始の申立ての棄却事由を改正し、開始要件を緩和した。すなわち、旧法では裁判所は「更生の見込み」という経営判断を伴う実体的事項の判断を行う必要があったが、現行法では「更生計画案の作成若しくは可決…又は…認可の見込み」という手続的事項に改められるとともに、棄却するためには右の「見込みがないことが明らかである」ことが求められることになり、裁判所の判断は容易になった。その結果、現行法での会社更生事件の実際の開始決定の時期を見ても、早い事件では申立てから1週間程度、多くの事件では1か月前後に更生手続が開始されている（Q38参照）。

　イ　書面による更生債権等の調査制度の導入（法145条～149条）、更生債権等の査定等の制度の導入（法151条及び152条）及び担保権の目的である財産の価額についての決定手続の創設（法153条～155条）

　旧法では、更生債権及び更生担保権の調査・確定について、債権者から一定期間内に債権の届出を受け、その後、債権調査期日を開き、そこで管財人が認否をし、債権者が異議を述べ合う手続が採られていた。この債権調査期日は何回か続行されることが多く、しかも、旧法では異議のある債権につい

ては、訴訟手続によって内容を確定するという方法が採られていたため、債権の確定までには相当の時間を要していた。

　これに対し、現行法では、この調査・確定の手続を迅速化するため、調査期日方式を期間方式に改めるとともに、債権届出期間及び調査期間について開始決定と同時に定めることとした。その上で、管財人は、債権調査期間に先立ち、裁判所が定める期限内に、全部の債権について認否書を作成して裁判所に提出することとされた。

　また、管財人又は他の債権者から異議等が出された債権については、更生債権又は更生担保権の査定手続という決定手続によって確定するという方法が採られることになった。さらに、更生担保権の目的である財産の価額について争いがある場合は、裁判所が選任した評価人の評価に基づいて、価額決定という決定手続で担保の目的物である財産の価額を定めることとされた（Q122～Q126参照）。

　現行法施行後の運用においても、速やかに認否を行い、更生債権者等、殊に更生担保権者との関係は査定手続等の中で交渉を行い決着を付けるようになっており、旧法下で時間が掛かっていた更生債権等の調査・確定はこれまでに比べて極めて迅速に行われるようになっている。

　ウ　更生計画案の提出時期の限定（法184条3項）

　更生計画案の提出期間について、旧法では、裁判所が定めることとされ、具体的な期限は定められていなかったが、現行法では、開始決定後1年以内の提出が義務付けられた。また、期間の伸長についても、特別の事情があるときは、当初定めた期間の伸長をすることができるが、やむを得ない事由がある場合を除き、2回を超えてすることができないとされた（Q138参照）。実際にも、現行法の下での会社更生事件では、更生計画案の提出は、早いものでは開始決定から3か月、遅くても11か月程度に定められている。

　エ　更生計画案の可決要件の緩和（法196条5項）

　現行法では、更生計画案の可決要件を緩和し、更生債権者については、議決権総額の3分の2以上から2分の1を超える議決権を有する者の同意に、更生担保権者については、①期限の猶予の定めをする場合は、議決権総額の

4分の3以上から3分の2以上の議決権を有する者の同意に、②減免等の定めをする場合は、議決権総額の5分の4以上から4分の3以上の議決権を有する者の同意に、③事業の全部の廃止を内容とする更生計画案（清算的更生計画案）の場合は、更生担保権者の全員の同意から議決権総額の10分の9以上の議決権を有する者の同意にそれぞれ緩和した（Q150参照）。

　オ　更生計画における債務の弁済期限の短縮（法168条5項）及び手続の終結時期の早期化（法239条1項2号）

旧法では、更生手続が遂行されたときに更生手続を終了することを原則としつつも、「更生計画が…遂行されることが確実であると認めるに至ったとき」には更生手続の終結ができるものとされ、東京地裁では、ほぼ3分の2から7割程度までの弁済が滞りなく行われてきて、その時点で弁済原資も十分に留保され、将来の債権者への弁済が確実であるという見通しが付くものについては、更生計画の完全な遂行を待たずに終結決定をするという運用を行っていた。現行法では、弁済期間の上限を最長20年から15年に短縮するとともに、従来の運用を明文化し、更生手続の終結についても、「更生計画の定めによって認められた金銭債権の総額の3分の2以上の額の弁済がされた時」には、当該更生計画に不履行が生じていない以上、更生手続を終結することとし、早期終結への道筋を明らかにした（Q162参照）。

(2)　更生手続の合理化に資するもの

　ア　東京地裁及び大阪地裁の競合管轄の創設等（法5条1項・2項）

旧法は、会社の本店の所在地（定款記載の本店）を管轄する地方裁判所を唯一の管轄裁判所としていたが、現行法は、種々の管轄裁判所の範囲を拡大したほか、東京地方裁判所及び大阪地方裁判所に競合管轄を認めた（Q14及びQ15参照）。この結果、東京地裁への事件の集中度も高まっており、全国の新受事件のうち東京地裁の占める割合は、平成14年には57％、平成15年には67％であったが、現行法施行後1年間では72％に上り、その後もその比率は高まっている。

　イ　事件関係書類の閲覧等に関する規定の整備（法11条及び12条）

旧法では更生事件に関する記録の閲覧謄写等に関する総則的規定が置かれ

ていなかった。現行法では、利害関係人に対して、原則として事件記録に対する閲覧・謄写権を認めつつ、閲覧により更生手続の円滑な進行が妨げられる場合には例外的に閲覧時期の制限及び支障部分の閲覧制限ができることとした（Q8及びQ9参照）。

　ウ　財産評定及び担保権評価の基準の明確化（法83条2項及び2条10項本文）

　財産評定における評価基準について、旧法は、継続企業価値によるべきものとしていた。しかし、継続企業価値を適切に把握することは極めて困難であり、また、評価の具体的方法についても様々な見解があった。現行法は、財産評定は、更生手続開始の時における時価によるものとし、また、更生担保権の範囲は、担保の目的である財産の更生手続開始の時における時価により定まることとした（Q87参照）。

　エ　関係人集会の任意化及び書面等投票制度等の創設（法85条4項、189条2項2号・3号）

　旧法では、管財人が関係人に対し更生手続の開始に至った事情や更生会社の財産状況を報告し、関係人が管財人の選任について意見を述べる第一回集会、更生計画案を審理する第二回集会、更生計画案を決議する第三回集会の計3回の関係人集会を更生計画認可までに開催するものとされていた（実際には第二回集会と第三回集会は同じ日に連続して開催されるのが通例であった。）。これに対し、現行法では、裁判所主催の関係人集会の開催は任意とすることになった。

　すなわち、財産状況の報告のための第一回集会については、機動的に情報提供するという観点から、管財人の主催する関係人説明会によることもでき、管財人選任についての意見も書面で述べられることになった。従来の第二回、第三回集会に相当する更生計画案の決議を行うための関係人集会についても、開催は任意とされ、集会を開かずに書面投票のみによる開催も可能となった。東京地裁では、現行法施行後平成21年頃までは、書面投票のみによる決議の場合は、付議後に更生計画案の変更ができず、また、更生計画案が可決されなかった場合に続行期日を定めることができないことを考慮し、

原則的には関係人集会を開催することとし、議決権者に対して、関係人集会の期日において議決権を行使するか書面投票により議決権を行使するかを選択させる運用を行っていたが、それ以降は、会社更生事件の一般的な事件規模や債権者数などを考慮し、更生計画案の変更が想定されるなどの特段の事情のない限り、書面等投票により議決権を行使させる方法による運用を行っている（Q144参照）。

(3) 再建手法の強化に資するもの

ア 包括的禁止命令の制度の創設（法25条～27条）

旧法は、更生手続開始の決定までの間の保全段階において個別の強制執行等の手続の中止を命じる制度を設けていた。しかし、個別の中止命令で対処していたのでは、手続の円滑な進行を図ることができないことから、現行法は、更生会社の財産に対する強制執行等を一律に禁止する包括的禁止命令の制度を設けた（Q31参照）。

イ 保全管理人の行為により生じた請求権の共益債権化（法128条1項）

旧法は、保全管理人が資金の借入れ、原材料の購入その他の行為をしたときは、その行為によって生じた請求権は、裁判所の許可を得ることを要件として共益債権としていた。しかし、現行法は、保全段階における会社の事業の維持継続をより一層円滑にするために、保全管理人がその権限に基づいてした行為によって生じた請求権は、裁判所の許可を得ることなく当然共益債権になるものとした（Q102参照）。

ウ 更生計画認可前の営業譲渡の制度の創設（法46条）

旧法では、更生計画によらない営業譲渡に関する規定は置かれていなかった。現行法は、営業譲渡（会社法の制定により事業譲渡に改められた。）が事業再編の手法として重要であることから、原則として、更生計画によらなければ事業譲渡をすることはできないとしつつ、更生計画認可前においても、裁判所の許可を得ることにより、更生計画外で事業譲渡を行うことができる制度を設けた（Q44参照）。

エ 担保権消滅制度の創設（法104条～112条）

更生手続においては、更生担保権に係る担保権は、更生計画に基づかなけ

れば消滅させることができないことが原則である。しかし、更生手続開始後、認可前の早期の段階での事業譲渡等を円滑に行うことができるように、現行法は、消滅請求制度の対象となる担保権の範囲を更生担保権に係る担保権一般に拡大し、管財人が担保権の目的である財産の価額に相当する金銭を裁判所に納付することにより担保権を消滅させる制度を設けた（Q97参照）。

3　平成16年改正法の主要な改正点

　平成16年改正法は、平成15年９月の法制審議会総会において決定された「破産法等の見直しに関する要綱」に基づき、現行法の一部を改正するものとして、平成16年５月25日に成立（平成16年法律第76号）し、平成17年１月１日から施行された。

(1)　倒産実体法の見直し

　ア　賃貸人が倒産した場合の賃借人の保護の強化

　賃借人が対抗要件を備えているときは管財人の解除権が制限され、賃料債権の処分の制限が廃止された（法63条が準用する破産法56条）。また、賃料債務を受働債権とする相殺の範囲については、再建型手続の特質から、相殺可能な範囲を賃料の６か月分に限ることとされた（法48条２項）。また、敷金返還請求権についても、手続開始後賃料を弁済期に弁済すれば賃料の６か月分の枠内（賃料債務との相殺に用いた分を除く。）で共益債権として取り扱うこととされた（法48条３項）。

　イ　約定劣後更生債権の導入（法43条４項１号）

　約定劣後更生債権（更生債権者と更生会社との間において、更生手続開始前に、当該会社について破産手続が開始されたとすれば当該破産手続におけるその配当の順位が破産法99条１項に規定する劣後的破産債権に後れる旨の合意がされた債権）の制度が導入され、所要の規定が整備された（法168条１項４号等）。

　ウ　否認権の見直し

　詐害行為に関する否認の要件（法86条）、偏頗行為に関する否認の要件（法86条の３）、適正価格による不動産等の処分等に関する否認の要件（法86条の２）、受益者が内部者である場合における証明責任の転換（法86条の２第２項

及び86条の3第2項1号）、支払の停止を要件とする否認の制限（法90条）、詐害行為の否認の効果（法91条～93条）、否認権のための保全処分（法39条の2）、保全処分の続行（法94条）、仮執行宣言（法97条5項）について、破産法と同様の見直しがされた。

　エ　相殺制限の見直し

　相殺の禁止（法49条及び49条の2）について、破産法と同様の見直しがされた。

(2)　**更生手続と他の倒産処理手続との間の移行等に関する規定の整備**

　破産手続又は再生手続から更生手続への移行について、①破産管財人又は再生手続における管財人による更生手続開始の申立て（法246条及び248条）、②破産手続又は再生手続において届出があった債権について更生債権としての届出を要しないものとする制度（法247条及び249条）が設けられた。

　また、更生手続から破産手続への移行について、①更生手続開始前に係属している破産事件を更生裁判所に移送する制度（法250条）、②更生手続廃止の決定等があった後その決定が確定するまでの間、更生裁判所に破産手続開始の申立てをすることができる制度（法251条）、③更生手続の終了に伴う職権による破産手続開始の決定の制度（法252条）、④更生手続の終了等に伴う破産手続開始前の保全処分等（法253条）、⑤更生手続において届出があった債権について破産債権としての届出を要しないものとする制度（法255条）等が設けられた。さらに、更生手続から再生手続への移行について、更生手続の終了により再生手続が続行されたときは、更生手続における共益債権は、再生手続における共益債権とするものとされた（法257条。Q159～Q161参照）。

4　その他平成17年改正法及び平成24年改正法

　平成17年改正法は、会社法の制定に伴い、会社更生法についても会社法の規定に合わせることとし、現行法を一部改正するものとして、平成17年7月26日に成立（平成17年法律第87号）し、平成18年5月1日から施行された。

　また、平成24年改正法は、外国租税債権の徴収共助に関する租税条約等実

施特例法の改正に合わせて、租税条約により共助対象となる外国租税債権を一般更生債権と扱うこととして、現行法を一部改正するものとして、平成24年3月31日に成立（平成24年法律第16号）し、平成25年7月1日から施行された。これは、従来、外国が有する租税債権は、租税債権に含まれるものの、外国租税債権不執行の原則（レベニュー・ルール）からその執行ができないと解されていたが、国際的な枠組みの中で実効的な課税・徴収を実現すべく、日本が平成23年11月に租税行政執行共助条約に署名したことを受けて国内法の整備がされたものである。更生手続との関係では、共助対象となる外国租税債権は、国内租税債権の有する優先性のない一般更生債権として扱われることとなり、具体的には相手国の税務当局の要請を受けて、徴収共助決定をした所轄国税局長が、債権届出をし、更生計画案への意見を述べることとなる。なお、外国租税債権については、租税債権の有する特殊性、すなわち、議決権の不付与、届出の特例、債権確定手続の不服申立ての限定等につき、国内租税債権と同様の扱いを受けることが規定されている。

（桝谷　雄一・日置　朋弘）

〔参考文献〕
　深山卓也「新会社更生法の特徴」瀬戸ほか・新理論と実務14頁
　西岡清一郎「東京地裁における新たな会社更生実務」瀬戸ほか・新理論と実務20頁
　伊藤・更生法26頁

Q4　再建手法の種類と更生手続の位置付け

会社の再建手法にはどのようなものがあるのか。更生手続は、どのような会社について申立てをするのが適切なのか

1　はじめに

　会社が倒産状態に陥った場合に、その事業を再建する手法には多様なものがある。株式会社の事業の維持更生を図ることを目的とする更生手続（法1条）も、その中の方法の一つである。そこで、債務者が株式会社であることを前提に、再建手法の選択に当たって考慮すべき観点ごとに各種の再建手法を概観し（以下の章立ては思考の論理的順序を表さない点に注意されたい。）、併せてその中における更生手続の位置付け等について付言する。

2　再建の主体の決定（DIP型又は管理型の選択）

　会社の事業を再建するに当たっては、法的倒産手続及び私的整理手続のいずれであっても、再建手続を担う主体を決定する必要がある。事業の遂行権及び財産の管理処分権の所在の問題である。

　すなわち、①従前の経営者をもって再建の任に当たらせることの適・不適、②仮に不適切であるとすれば、債権者委員会ないし債権者団からの派遣役員によって事業を債権者のコントロール下に置く債権者管理型の再建で足りるのか、あるいは裁判所の選任する管理者をもって再建活動を遂行させる裁判所管理型が必要なのかを検討することになる（なお、DIP型更生手続は、従前の経営者が管財人として裁判所の監督の下で事業の維持更生を図ることになるから、裁判所管理型に属する。）。

　①を適切とすれば、債務者（の経営者）に事業遂行権や財産の管理処分権を認めるDIP（Debtor In Possession）型（占有継続債務者型）の再建となる。これが適切でなければ、②の管理型の再建を選択すべきこととなる。そして、旧経営陣の任意の更迭が可能であり、かつ、派遣役員等が有する会社法

上の権限で再建が可能であれば、債権者管理型の手続となる。この場合、その後に法的倒産手続に入った際には、入れ替えられた新経営陣が継続して再建手続を担うため、DIP型の手続を選択することとなる。また、債務者（旧経営者）の有する事業遂行権や財産の管理処分権を強制的に剥奪し、又は株主の抵抗を排除すべく、新たな経営者に事業遂行権や財産管理処分権を専属させる必要があれば、管財人を立てる裁判所管理型の法的倒産手続を選択することになる。

①のDIP型の再建を適切とするケースは、大別し２類型が考えられる。第一は、積極的な選択対象となるものであり、事業の内容が経営者の個人的資質、技量、信用に依存しているため、他者による代替が困難であって、第三者に経営権を委譲することによって、当該事業の価値が下落するような場合である。その多くは中小企業であろうが、経営者の特殊な技能に負う製造業等が例に挙げられる。第二が、後述する管理型の適応状況となっていないため、消極的に容認することが可能な場合である。そして、DIP型を適当とする場合は、私的整理手続又は法的倒産手続である非管理型の再生手続が適応となる。ただし、この場合にはDIP型更生手続も、DIP型の再建を適切とするケースに含まれる。

②の管理型の再建は、(i)債務者（の経営者）による財産の管理処分に重大な不正がある場合、(ii)経営責任の追及を行う上で当該経営者を主体とする再建作業を継続することが不相当な場合、(iii)経営者が再建に必要な能力、意思、経験を欠き、あるいは債権者等に対する信用等を喪失している場合であって、かつ、債務者自身で適切な代替者を選任できない場合等に選択すべきことになる。また、経営者の個人的技量等の事情に事業の存続の帰趨が影響されないような、実質的に物的な会社であれば、従前の経営者に再建させても、債権者団の選任又は裁判所の選任に係る経営者に選任させても再建は可能であり、費用対効果の観点からいずれをもって合理的と判断するかという政策判断となる。そして、管理型を適切とするような旧経営陣を任意に更迭することができるときは債権者管理型に、強制的に更迭することを必要とする場合は、裁判所管理型の法的倒産手続である更生手続又は管理型の再生

手続を採用することになる。

3　法的倒産手続又は私的整理手続の選択

　法的倒産手続又は私的整理手続の選択に当たって考慮される要素には、前記2のDIP型又は管理型の要素のほか、任意的な債権減免の可能性の有無がある。仮に、任意的な債権減免により負債の整理確定が可能であれば、私的整理手続を選択することができる。私的整理手続の適合事案は、①全債権者の合意を得ることができるような、多くは中小規模の企業の場合であり、あるいは、②全債権者の合意は不可能なものとした上で、主要な大口債権者団が合意することで、存続に必要な債務免除高を達成できるような、多くは大中規模を有し、かつ、メイン銀行制の枠組みの下にある企業である。いわゆる私的整理ガイドライン（私的整理ガイドライン研究会「私的整理ガイドライン」金法1623号28頁）や事業再生ADR、地域経済活性化支援機構による支援は、後者の再建支援を対象とするものと考えられる。しかし、任意的な債権の減免ができないのであれば、法的倒産手続による多数決によって強制的な債務免除の実現を企図せざるを得ない。また、他の要素として、私的整理手続を行うには、通常のM&A（Mergers & Acquisitions）に要求される会社法上の手続履践が求められ、そのための負担を無視することもできない。さらに、手続の公正さを最大限担保するとすれば、事実上、法的倒産処理への移行しかないが、さりとて、法的倒産手続の選択は、法的倒産手続が要求する手続を履践する費用的・時間的な負担があるのみならず、現状にあっては法的倒産手続に入ったという評価自体の有する信用毀損の負担が存在することも否定できない。

　そして、法的倒産手続を選択する場合、さらに再生手続又は更生手続の選択を行うべきことになるが、その選択は、債務の減免という観点からは、担保権を別除権として手続外に置くこと又は担保権協定又は消滅請求による対応が可能であるか、あるいは、更生担保権として手続内に取り込みその行使を止める必要があるかの判断によることになる。なお、公租公課の額が大きい場合、その処置の問題もある。

4　自主再建型又はスポンサー選定型の選択

前記3の法的倒産手続又は私的整理手続の選択とともに、再建のスキームについて、自主再建型又はスポンサー選定型の選択をする必要がある。

(1)　自主再建型が可能となる条件

自主再建型の再建は、特定のスポンサーからの支援を前提とせずに、既存債務について一定の債務免除や期限の利益を得ることにより自力再建を目指すものである。債務者自身の資力・信用の中で再建作業を完結させるスキームであるため、一般的に極めて厳しい条件を充足しなければならない。すなわち、①偶発債務の発生等の既存債務の増大・過大化の原因が事業活動に関係しない場合、又は②不採算部門を切り離し、採算性のある部門を残すこと、あるいは容易に再構築（不採算部門の廃棄や事業の再構築に新規の一定の資金額が必要となれば、スポンサーが必要とならざるを得ない。）することが可能であって、経常収支の黒字の維持又は黒字化ができる場合でなければならない。そして、そのためには、金融機関と取引先の理解と協力を得て信用を維持することができることも必要である。換言すれば、優良な事業部門が維持できており、業種・業界自体が衰退ないし不況の局面にないこと、これらのことを金融機関や取引先が理解し信用及び取引の継続を了承していることが必要な条件となる。

(2)　スポンサー選定型の選択

前記(1)の自主再建型を選択するための条件が整わない場合には、スポンサーの支援が必要であり、スポンサー選定型の再建を選択せざるを得ない。スポンサーの信用供与を基にして、優良な事業の再構築を行う原資とし、さらには再構築された事業の優良性の周知・理解による金融機関や取引先の再確保が可能になるまでの間の運転資金を賄う原資を得るためである。そして、このスポンサー選定型にあっても、支援の方法により、後見型、事業譲渡・組織再編型及び経営権譲渡型等に分類することができる。これは後記(3)で概観する。後二者は、M&Aの一環と位置付けることが可能であるが、事業の実態が従前の経営者個人の信用や技能に依存している場合等、第三者に経営権を委譲することによって、当該事業の価値が下落するような場合には

適当とは言い難い。また、優良な事業の再構築に用いる法的構成として、合併、会社分割、株式交換、株式移転、事業譲渡又は株式取得のいずれの方法が経済合理的なものであるかを検討することになる。これは後記5で概観する。

(3) スポンサー選定型を選択した場合の支援方法

前記(2)で触れたように、スポンサー選定型におけるスポンサーの支援方法には、後見型、事業譲渡・組織再編型及び経営権譲渡型等がある。

後見型とは、スポンサーが必ずしも資金援助や既存債務の弁済についての直接的な支援をしないが、スポンサーの持つ信用力（名声）を利用して将来の取引の維持・発展を図るという類型、あるいは、資金供与や資本参加で信用の増大を図ることで再建を支援するといった資金援助を伴う変形類型もあるが、その程度はスポンサーが事業の経営主体として登場しない限度にとどめられる類型である。後者の変形類型のバリエーションの中には、スポンサーが資本の一部を保有し、業務遂行に一定の責任を負うものもある。

事業譲渡・組織再編型は、スポンサーが事業譲渡を受けるか、合併・会社分割などの組織再編をして受け皿会社等に事業を包括的に移転することによって、スポンサーが新たに事業主体となるものである。債務者の事業に関わる積極資産の全部又は一部を、スポンサーに事業譲渡するか、スポンサーとの合併や会社分割などの組織再編行為によって包括的に移転し、採算性のある事業部門を譲受人又は受け皿会社等の主体となるスポンサーの下において存続させ、他方、既存債務については承継させず、スポンサーから支払われる事業譲渡代金又は組織再編行為の対価を用いて一定の弁済をし、不足分については債務免除を得て清算する形態が典型である。

経営権譲渡型は、スポンサーが、新たな出資者となることで事業主体として登場する。資本構成を再編成するものである。すなわち、通常は、資本の100％減資とともに増資を行い、スポンサーが新株主として債務者の事業を承継して再建させることになる。もっとも、増資の際には、100％の株式を取得しなくても支配株主となれば足りることもある。既存債務の弁済については、出資金又は出融資金をもって、一部債務免除を得た上で一括弁済又は

分割弁済を行う。分割弁済は、出資金又は出融資金のみで行う場合と、これに一定の事業収益金を加えて支払う場合がある。

5 事業の再構築に適する法的構成の選択
(1) 再構築が行われる法主体の選択

スポンサー選定型の再建は、多くの場合において、採算性のある事業の再構築に係る費用をスポンサーの支援で賄うというスキームである。そして、事業の再構築の方法には、再構築を債務者の下で行う方法（後見型・経営権譲渡型に対応。以下「自己再構築型」という。）、再構築を合併や会社分割等の組織再編行為により生じた法主体の下で行う方法（以下「組織再編再構築型」という。）、他の法主体の下で行う方法（事業譲渡型に対応。以下「他者再構築型」という。）がある。以下では、各々について私的整理手続と更生手続とを比較して概観する。

(2) 自己再構築型の適応事案
ア　適応の対象事案

自己再構築型は、再建方法の経済合理性という点では、組織再編再構築型・他者再構築型に比して、組織再編手続に伴う作業や事業の移転という作業が必要ないため、そのための手続的負担が発生しないという利点がある。しかし、組織再編再構築型と同様に、法人格の面での遮断がないため、予期しない偶発債務や訴訟リスクを解消できない点が欠点となる。そうすると、自己再構築型は、不要の不採算部門の切離し及び廃棄の費用が、組織再編再構築型・他者再構築型において要する移転費用より低廉であり、かつ、偶発債務や訴訟リスクの顕現化の予測値が低いことが、選択する上での条件となる。

また、経営戦略上の観点からは、スポンサーにおいて、①経営主体とならない程度の支援をするか（後見型）、又は②支配株主として経営主体になるか（経営権譲渡型）を選択することになる。後者の方法は、労働問題が存するなどして、事業譲渡や合併・会社分割等によって直接スポンサー企業に取り込むことを適当としない要因がある場合に意義を有する。なお、さらに完

全な経営支配を及ぼすことが望ましく、その利益が組織再編手続に伴う費用を上回る場合には、自己再構築型ではなく、組織再編再構築型が選択されることになる。

　イ　具体的な法的構成

　私的整理手続では、スポンサーが経営主体とならない場合の支援として、金銭贈与又は融資による運転資金の供与、保証又は担保提供による運転資金調達への便宜供与、第三者割当増資による資本参加等が想定できる。ただし、関係者間の合意を前提に、民法、会社法等の定めるところに従って、これらの支援を行うことになる。また、支配株主として経営主体になるには、減資手続（会社法447条、449条）及び株式総数増加の制限（会社法203条、113条3項、会社法施行規則41条）の範囲内での第三者割当増資手続を採ることになる。

　更生手続では、スポンサーが経営主体とならない場合の支援としては、更生計画上、一定数の株式取得のために減資（法174条3号）及び更生債権者等の地位を前提とする新株引受け又は第三者割当増資に類する条項（法175条）を設け（法45条1項1号・3号）、又は更生債権の弁済についての保証・担保提供をすることになる（法171条1項）。また、支配株主として経営主体になるには、更生計画により減資（法174条3号。100％減資も可能である〔法168条3項の趣旨及び東京高決昭37.10.25下民集13巻10号2132頁〕。）及び増資（法175条）を行う。増資は、第三者割当増資に類する手続をもって行う（法175条1号）。

(3) **他者再構築型の適応事案**

　ア　適応の対象事案

　他者再構築型（事業譲渡型）は、再建方法の経済合理性という点では、自己再構築型に比較すると、事業の移転作業が必要なため、移転等に要する手続的負担が発生してしまう欠点があるが、半面、自己再構築型及び組織再編再構築型（ただし、会社分割を除く。）とは異なり、法人格の面での遮断があるため、予期しない偶発債務や訴訟リスクの解消が可能となる利点がある。また、採算部門のみの承継・支配が可能であるため、当初から再構築に不要

な不採算部門を抱え込み、スポンサーの下で切離し・廃止の作業を行うという負担を回避できる。

イ　具体的な法的構成

事業譲渡の方法としては、採算性のある事業をスポンサー自体に譲渡する方法又はいわゆる第二会社を設立して事業を承継させる方法が考えられる。

私的整理手続では、会社法の定めるところに従って、事業譲渡（会社法467条1項1号・2号）を行う。第二会社を利用する場合、これが新設会社であれば現物出資等（会社法28条1号・2号、33条）、既存会社であれば事後設立（会社法467条1項5号）の規制を受ける。

更生手続では、スポンサーへの事業譲渡を更生計画又は裁判所の許可により行うことができる（法46条、174条6号）。会社法上の特別決議は行う必要がない（法210条）。第二会社の利用についても、更生計画によって新会社を設立し、その際に現物出資をし（法183条、225条）、又は設立時に事業譲渡をすることができる。検査手続（会社法33条）は省略される（法225条6項）。

(4)　**組織再編再構築型の適応事案**

ア　適応の対象事案

組織再編再構築型は、再建方法の経済合理性という点では、自己再構築型にはない組織再編手続に伴う作業・費用の負担があり、また、事業譲渡による偶発債務及び訴訟リスクの遮断を図り得る他者再構築型のような利点もない。組織再編再構築型は、組織再編費用が不採算部門の切離し・廃棄に要する費用を下回る場合には自己再構築型に優位するが、この優位は他者再構築型でも得られる。また、経営戦略上の観点からは、積極的な意義を有する場合として、更生会社の事業に対する完全な経営支配を及ぼすことが望ましく、その利益が組織再編手続に伴う費用を上回る事案が想定される。また、消極的な意義を有する場合としては、債務者がスポンサーの子会社・関連会社であるときに、これを救済するケースが想定できる。すなわち、子会社・関連会社を存続させたままではもはや自身の事業の信頼を得ることができず、偶発債務や訴訟リスクの遮断がスポンサー自身又はグループの信用に関わるような場合は組織再編再構築型の適応事案であろう。なお、近年の会社

更生事件では、組織再編再構築型の更生計画が立案される事件が増加しており、具体的には、親子会社等のグループ会社の組織再編を行うことを内容とする更生計画のほか、スポンサーの受け皿会社等に合併又は会社分割をして採算性のある事業を包括的に移転することを内容とする更生計画が多くなっている。

イ　具体的な法的構成

組織再編再構築型の主要なものとしては、新設合併・吸収合併と新設分割・吸収分割の方法がある。私的整理手続の下においては、会社法第5編第2章ないし第5章により、更生手続にあっては会社更生法180条ないし182条の4により、それぞれ可能である。

（佐々木　宗啓・日置　朋弘）

Q5　DIP型更生手続の導入と運用

DIP型更生手続の導入の趣旨、その運用の特徴はどのようなものか

1　DIP型更生手続の導入の経緯、趣旨

更生手続では、法律上、現経営陣の中から管財人を選任することは可能である（法67条3項、会社更生規則20条1項）が、従前は、利害関係のない弁護士を管財人に選任し、現経営陣を必ず総退陣させる運用が行われていた。このような運用は、会社更生の濫用的な申立てを規制することなどを目的として昭和42年に旧会社更生法の改正がされてからの経済社会の意識を反映したものと思われ、高度経済成長期には、現経営陣の活用によって企業価値の毀損防止を図ることよりも手続の公正性や厳格性を重視する必要があるということは、当然のこととして受け止められていたようである。しかし、グローバル経済が進展し、企業間の競争が激しくなる中で、金融機関を含む債権者側においても、破綻した企業との関係を経済合理性に従って処理する要請が

高まっており、他の先進諸国と同様、再チャレンジの機会を確保することも経済社会の発展のためには必要であるという認識も、徐々に広まりつつあるように思われる。また、DIP型の民事再生手続により相当数の企業再建が図られてきたこれまでの経験の積重ねから、DIP型手続に対する理解が浸透し、DIP型の会社更生手続を受け入れる社会的な土壌も次第に形成されてきたように思われる。そこで、東京地裁では、このような経済情勢や社会の意識の変化等を踏まえて、平成20年12月にDIP型更生手続の運用を導入するための方策を検討して公表し、平成21年1月から実際の運用を開始した。

DIP型更生手続は、①経営の悪化した会社に事業価値の毀損の少ない早期の段階で更生手続開始の申立てを促すこと、②違法な経営責任のない現経営陣の活用により、事業価値の毀損を可能な限り防止しつつ事業再建を図り、もって利害関係人の満足の最大化を図ること、③更生手続が倒産手続全体の中でふさわしい役割を果たせるよう事案に即した多様な選択肢を提供することを目的とするものである。

2 DIP型更生手続を開始するための4要件

東京地裁では、現経営陣が自ら再建に当たる意欲を有している会社申立ての事案において、DIP型4要件を満たす場合には、現経営陣の中から管財人を選任して再建に当たらせることを可能としている。

具体的なDIP型4要件は、①現経営陣に不正行為等の違法な経営責任の問題がないこと、②主要債権者が現経営陣の経営関与に反対していないこと、③スポンサーとなるべき者がいる場合はその了解があること、④現経営陣の経営関与によって更生手続の適正な遂行が損なわれるような事情が認められないことである。

①は役員等責任査定決定を受けるおそれがあると認められる者については管財人に選任することができない旨の法67条3項の規定から導き出されるものであり、②は更生計画案の作成及び可決の現実的な見通しを立てる上での前提となるものである。また、③は更生手続において重要な位置を占めるスポンサーからの協力を得ることが更生手続を円滑に進行させるために必要と

なるものであり、④は更生手続の公正かつ適正な遂行を図るために必要となるものである（これらの詳しい説明は、Q40参照）。

3 DIP型更生手続の運用の特徴

　DIP型更生手続の具体的な運用イメージは、別表「DIP型モデルパターン」のとおりである。

　すなわち、DIP型更生手続として申し立てられた事件については、事前相談の段階で、現経営陣から経営権を奪う管理型更生手続で保全措置を講ずべきことが明らかである事案を除いて、保全段階では、保全管理命令を発令せずに現経営陣に経営権を留保し、倒産事件に携わった経験が豊富な弁護士を監督委員兼調査委員に選任して、現経営陣の経営状況の監督を求める（法35条2項により、開始決定後の裁判所の要許可事項について、保全段階において監督委員の同意を要するものとしている。）とともに、開始要件の存否等の通常の調査事項に加えて、現経営陣の事業家管財人としての適正に関する調査を行うことを求めている。調査委員の調査の結果、更生手続の開始が相当であり、DIP型4要件を満たすものと認められる場合には、開始決定と同時に、現経営陣の中から事業家管財人を選任した上で、事業家管財人を公正中立な立場からチェックするため、保全段階の監督委員兼調査委員を調査委員として選任し、申立代理人が、法律家アドバイザーとして事業家管財人のサポートに当たるか、法律家管財人として事業家管財人と共に更生手続を遂行する職責を負い、主に法律上の問題を担当すること等を想定している。これらは、DIP型更生手続における原則的な態勢であるが、事案の特殊性や主要債権者その他の利害関係人の意向を踏まえて、監督委員兼調査委員を管財人に選任しつつ、現経営陣の中から管財人代理を選任したり、申立代理人のみを法律家管財人に選任したりした、いわゆる中間型といわれる事案もある。東京地裁では、これら原則的な態勢を基本としつつ、個別の事案に適した態勢を整備することを心掛けている（管財人の選任については、Q75参照）。

　また、DIP型更生手続の運用を求める会社申立ての事案においては、スポンサー選定の手続を前倒しで進めることが可能であり、選定の手続や内容が

DIP型モデルパターン

保全段階		開始決定後

保全段階

現経営陣
○会社経営全般

＊違法な経営責任の存在が明らかでない場合には、事業経営・財産管理処分権を現経営陣に留保する。
＊弁済禁止の保全処分
（事案によっては包括的禁止命令）

→

開始決定後

事業家管財人
○会社経営全般

＊違法な経営責任がない、主要債権者・スポンサーとなるべき者の反対がないなどの要件を満たせば、現経営陣の中から事業家管財人を選任する。

申立代理人
○債務者会社の代理人
○現経営陣に対する法律的助言
　＊保全処分を主体的に担当する。

→

法律家アドバイザー又は法律家管財人
○法律家アドバイザーとして、事業家管財人に対する法律的助言
　＊法律上の問題点につき積極的に助言し、特に財産評定、債権認否、更生計画立案等については、各業務の遂行に当たる事業家管財人を実質的に支える。
又は
○法律家管財人として、事業家管財人と共に更生手続を遂行

―――↑チェック↑―――　　　―――↑チェック↑―――

監督委員兼調査委員
○現経営陣の経営状況の監督
　・同意事項（スポンサー契約・FA契約の締結を含む）
　・借入れ等の共益債権化の承認
○調査
　・開始要件の存否
　・現経営陣の事業家管財人の適性
　＊必要に応じて補助者（「代理」の呼称可）を認める。

→

調査委員（法125条、公正中立な立場）
○管財人業務の当否の調査
　＊更生計画立案、財産評定、債権認否の当否の調査
　＊要許可事項について許可の当否の意見
　＊月額報酬制
　＊必要に応じて補助者（「代理」の呼称可）を認める。

適切なものであれば、債務者会社がスポンサー契約を締結した上で申立てをするという、いわゆるプレパッケージ型の申立ても考えられる。さらに、現経営陣の活用によって保全段階の調査や開始後の資産・負債の調査確定等に要する期間の短縮を期待することもできることから、東京地裁では、DIP型更生手続について別途モデルスケジュールを作成している（Q1「DIP型スケジュール」参照）。DIP型更生手続では、現経営陣を活用することによって更生手続の迅速な進行が期待できることから、DIP型スケジュールでは、申立てから更生計画認可決定までの期間を最短6か月程度と見込んでいるが、現実の事件の進行としてもおおむねこれに沿った運用がされている。もっとも、DIP型更生手続であっても、事案によっては、債権者の理解を得るために相応の期間を要することもあるので、更生計画認可決定までにそれなりの期間が必要となるケースもあり、開始決定の段階で相当程度判明していれば、ある程度柔軟にスケジュールを設定している。

　更生計画認可決定後は、認可前の事業家管財人が退任してスポンサーから派遣される事業家管財人に交替することもある。更生計画が認可された後は、裁判所の許可が必要とされる管財人の行為の範囲は縮小されるのが通常であり、これに応じて調査委員の任務も軽減されることになる。更生計画の認可後においては、管理型とDIP型との間で手続の運用、進行に格別異なるところはない。

（日置　朋弘）

Q6　会社更生法における裁判所と更生裁判所

会社更生法において、裁判所と更生裁判所はどう違うのか

　更生手続において、ある更生事件を担当している特定の裁判官又は合議体を、世上「更生裁判所」ということが多いようである。しかし、会社更生法

においては、それは単に「裁判所」と呼ばれる（法2条5項）。この意味での裁判所は、更生事件本体を担当するほか、それに付随するもろもろの手続、例えば、保全管理命令（法30条）等の開始前保全措置、更生計画外における事業譲渡手続（法46条）、更生会社役員等の責任の査定手続（法100条）、担保権消滅の請求における担保権消滅許可手続（法104条）、更生債権等査定手続（法151条）等を、原則として担当する。

会社更生法において「更生裁判所」とは、更生事件が係属している地方裁判所と定義されており（法2条4項）、特定事件の担当裁判官又は合議体を意味するものではない。更生裁判所という用語は、会社更生法の中では主に、更生事件に付随する事件の管轄を定める際に用いられている。会社更生法の中で、ある種の付随事件について「更生裁判所が管轄する。」と定められている場合は、本体である更生事件を担当している特定の裁判官又は合議体が、その付随事件を必ずしも担当しなくてよいことを意味する。そのような事件とは、例えば、否認の請求手続（法95条2項）、否認異議の訴え（法97条2項）、否認の訴え（法95条2項）、役員等責任査定決定に対する異議の訴え（法102条2項）、担保権消滅許可の決定に対する価額決定手続（法105条3項）、更生債権等査定異議の訴え（法152条2項）等である。

（池下　朗・日置　朋弘）

〔参考文献〕
伊藤・更生法131頁

Q7　更生手続の裁判に対する不服申立て

不服申立ての対象となる裁判はどのようなものか。不服申立ての手続はどのようなものか

1　即時抗告の認められる裁判

　更生手続に関する裁判については、手続の迅速な進行を図るため、利害関係人に対し、法に特別の定めがある場合に限り、即時抗告という手続での不服申立てが認められている（法9条前段）。

　即時抗告が認められている裁判は、別表のとおりであり、これらの裁判に対する不服申立ては、即時抗告によらなければならない。別表以外の更生手続に関する裁判に対する不服申立ては許されず、更生手続に関する裁判以外の裁判に対する不服申立ての可否及び種類については、民事訴訟法の規定によることになる（法13条、民事訴訟法328条以下）。

2　即時抗告の手続
(1)　申立権者

　即時抗告の申立権者は、その裁判について利害関係を有する者である。「利害関係」とは、法律上の利害関係をいい、その者の主張するところが真実であれば、その裁判によってその者の法律上の利益が不当に害されたことになるか否かを基準として個々に判断される。例えば、業務を監督する行政庁などは、即時抗告を申し立てる利害関係人とはいえないが、租税、罰金など公債権を行使する権限を有する立場としての市区村長、税務署長、検察官などは、利害関係人といえる。

(2)　即時抗告申立期間

　裁判の公告があった場合又は送達に代えて公告をした場合は、その公告が効力を生じた日（官報に掲載があった日の翌日）から起算して2週間（公告が効力を生じた日を算入）であり（法9条後段、10条2項）、公告をせず送達又は

即時抗告のできる裁判一覧

番号	即時抗告のできる裁判	根拠条文	申立権者	申立期間	執行停止効 ○あり ×なし（条文）	告知方法		
						公告	送達	相当方法
1	閲覧等制限申立ての却下決定	12条4項	保全管理人、管財人、調査委員	1週間	○			○
2	閲覧等制限決定の取消決定	12条4項	利害関係人	1週間	○			○
3	更生手続開始の申立てをする者に対する費用の予納命令	21条2項	申立人	1週間	○			○
4	他の手続の中止命令、同変更取消決定	24条6項	利害関係人	1週間	×（24条7項）		○	
5	包括的禁止命令、同変更決定	25条6項	利害関係人	2週間	×（25条7項）		○	
6	包括的禁止命令取消決定	25条6項	開始前会社（保全管理人）	2週間	×（25条7項）		○	
7	包括的禁止命令解除申立てについての裁判（認容）	27条4項	開始前会社（保全管理人）	1週間	×（27条5項）	×	○	
8	包括的禁止命令解除申立てについての裁判（却下）	27条4項	他の手続の申立人である更生債権者等	1週間	×（27条5項）	×	○	
9	開始前会社の業務及び財産に関する保全処分命令、同変更取消決定	28条3項	利害関係人	1週間	×（28条4項）	×	○	
10	保全管理命令、同変更取消決定	30条4項	利害関係人	2週間	×（30条5項）		○	
11	監督命令、同変更取消決定	35条5項	利害関係人	2週間	×（35条6項）		○	

番号	即時抗告のできる裁判	根拠条文	申立権者	申立期間	執行停止効 ○あり ×なし(条文)	告知方法 公告	告知方法 送達	告知方法 相当方法
12	否認権のための保全処分命令、同変更取消決定	39条の2第4項	利害関係人	1週間	×（39条の2第5項）	×	○	
13	更生手続開始前の役員の財産に対する保全処分命令、同変更取消決定	40条2項、99条3項	利害関係人	1週間	×（40条2項、99条4項）	×	○	
14	更生手続開始申立てについての裁判（開始）	44条1項	利害関係人	2週間	×（41条2項）	○		○
15	更生手続開始申立てについての裁判（棄却）	44条1項	申立人	1週間	○		○	
16	郵便物の管理についての嘱託決定、同変更取消決定	75条4項	管財人、更生会社	1週間	×（75条5項）			○
17	管財人の報酬決定	81条4項	利害関係人	1週間	○			○
18	役員の財産に対する保全処分命令、同変更取消決定	99条3項	管財人、利害関係人	1週間	×（99条4項）	×	○	
19	担保権消滅許可決定	104条5項	被申立担保権者	1週間	○	×	○	
20	担保権消滅許可申立てに係る財産の価額決定	106条5項	管財人、被申立担保権者	1週間	○	×	○	
21	更生計画認可前の剰余金等の管財人への交付決定	111条4項	管財人、被申立担保権者	1週間	○	×	○	

番号	即時抗告のできる裁判	根拠条文	申立権者	申立期間	執行停止効 ○あり ×なし(条文)	告知方法 公告	告知方法 送達	告知方法 相当方法
22	更生会社の事業の更生に貢献した者に対する報償金等支払決定	124条2項	管財人、利害関係人	1週間	○			○
23	調査命令、同変更取消決定	125条4項	利害関係人	1週間	×(125条5項)	×	○	
24	社債管理者の費用及び報酬の共益債権化とする許可決定	131条5項	利害関係人	1週間	○			○
25	共益債権に基づき更生会社財産に対してされている強制執行等の中止又は取消命令、同中止命令の変更取消決定	132条5項	管財人、利害関係人	1週間	×(132条6項)			○
26	更生会社財産不足の場合の、共益債権に基づき更生会社財産に対してなされている強制執行等の取消決定	133条4項	管財人、利害関係人	1週間	×(133条5項)			○
27	特別調査期間費用不予納者提出の更生債権等届出書却下決定	148条の2第6項	当該更生債権等届出人	1週間	○			○
28	担保目的物の価額決定	154条3項	当該価額決定事件の当事者	1週間	○	×	○	

番号	即時抗告のできる裁判	根拠条文	申立権者	申立期間	執行停止効 ○あり ×なし（条文）	告知方法 公告	告知方法 送達	告知方法 相当方法
29	記載又は記録のない株主に対する更生手続参加許可決定、同変更取消決定	165条5項	管財人、株主名簿に記載又は記録のない株主	1週間	○	×	○	
30	更生計画認可不認可決定	202条1項	利害関係人（ただし、更生手続開始時に、約定劣後更生債権を弁済できないときの約定劣後更生債権者、債務超過状態のときの株主は、いずれも即時抗告できない。なお、議決権のない更生債権者等又は株主は、更生債権者又は株主であることを疎明しなくてはならない。）	2週間	×（202条4項本文）○（202条4項ただし書（抗告人の申立てにより停止等ができる。））			○
31	更生計画の変更決定、変更後の更生計画認可決定	233条6項	利害関係人（ただし、更生手続開始時に、約定劣後更生債権を弁済できないときの約定劣後更生債権者、債務超過状態のときの株主は、いずれも即時抗告できない。なお、議決権のない更生債権者等または株主は、更生債権者等又は株主であることを疎明しなくてはならない。）	2週間	×（233条6項後段、202条4項本文）○（233条6項後段、202条4項ただし書（抗告人の申立てにより停止等ができる。））			○

番号	即時抗告のできる裁判	根拠条文	申立権者	申立期間	執行停止効 ○あり ×なし(条文)	告知方法		
						公告	送達	相当方法
32	更生手続廃止決定	238条2項	利害関係人	2週間	○			○

(注) （即時抗告についての裁判の）告知方法欄の「×」は、法10条3項本文（公告による送達の代用）の規定を適用しないことを明記されているもの。「相当方法」とは、民事訴訟法119条でいうところの「相当と認める方法」のこと。

通知その他相当と認める方法により告知を受けた場合は、告知を受けた日から1週間（告知を受けた日は不算入）である（法13条、民事訴訟法332条）。

(3) **即時抗告の手続**

即時抗告の申立ては、原裁判所に抗告状を提出して行う（法13条、民事訴訟法331条本文、286条1項）。

(4) **即時抗告の効力**

即時抗告がされても、その対象となった裁判の執行を停止させる効力が生じない場合については、個々に特別の定めが設けられている（別表参照）。この特別の定めがない即時抗告については、執行停止の効力を有する（法13条、民事訴訟法334条1項）。

(5) **即時抗告の取下げ又は即時抗告権の放棄**

抗告審の終局裁判がされるまでは、即時抗告の取下げ又は即時抗告権の放棄をすることができる（法13条、民事訴訟法331条、292条、284条）。取下げについては、相手方がある場合にも、その同意を得る必要はない。

(6) **即時抗告後の手続**

ア　更生裁判所は、再度の考案により、裁判を更正することができる（法13条、民事訴訟法333条）。

イ　抗告裁判所は、口頭弁論を命じ、又は抗告人その他の利害関係人を審尋して、即時抗告に対する裁判をすることができる（法13条、民事訴訟法335条）。

ウ　抗告裁判所は、抗告人の不服申立ての限度で裁判を行わなければなら

ず、抗告人に不利益に原決定を変更することはできない（法13条、民事訴訟法331条、304条）。

（忍足　政子・豊島　愛佳）

〔参考文献〕
条解更生法（上）198頁
小室直人＝賀集唱＝松本博之＝加藤新太郎編・基本法コンメンタール・民事訴訟法3〔第三版追補版〕98頁〔紺谷浩司〕

Q8　更生事件記録の閲覧謄写

更生事件記録の閲覧謄写はどのような手続でするのか。誰が閲覧謄写を求めることができるのか

1　閲覧謄写の手続

　更生手続においては、利害関係人は、会社更生法及び会社更生規則に基づいて裁判所に提出され、又は裁判所が作成した文書その他の物件（以下「文書等」という。）について、裁判所書記官に対し、閲覧、謄写、その正本・謄本・抄本の交付又は事件に関する事項の証明書の交付（以下「閲覧謄写」という。）を請求することができる（法11条、会社更生規則8条）。この閲覧謄写に関する規定は、更生手続に民事訴訟法91条及び92条の訴訟記録の閲覧謄写に関する規定が準用される（法13条）ことを前提に、更生手続に適合した閲覧謄写に関する制度を特則として定めたものである。その際、閲覧謄写を請求することができる者を「利害関係人」に限定したのは、更生手続が、判決手続とは異なり、公開法廷における対審が必ずしも必要ではない非訟手続であること（法8条1項）から、更生手続につき法律上の利害関係を有する者に限って閲覧謄写を認める趣旨である。利害関係人が閲覧謄写の請求をする場合には、請求を受けた裁判所書記官が、どの範囲の文書等が閲覧謄写の請求対象となっているかを識別できる程度に文書等を特定しなければならない

(会社更生規則8条2項)。

なお、閲覧謄写の請求は、更生手続の初期段階における密行性を確保する必要から、開始前会社以外の利害関係人については、中止命令、包括的禁止命令、保全処分、商事留置権消滅請求に係る許可、保全管理命令、監督命令、否認権のための保全処分及び更生手続開始の申立てについての裁判のいずれかがあるまで、また更生手続開始の申立人ではない開始前会社については、更生手続開始の申立てに関する口頭弁論又は審尋の期日の指定の裁判、又は前記の命令、保全処分、許可若しくは裁判のいずれかがされるまで、それぞれ閲覧謄写は認められない（法11条4項）。一方、いつまで閲覧謄写が認められるかについては明文上の制限は存しない。この点につき、旧法下の実務では、利害関係人に閲覧謄写を認めた趣旨が更生手続により法律上の影響を受ける者に対する情報開示にある点を重視し、更生手続終結後はもはや情報を開示する必要はないとして閲覧謄写を認めない運用がされてきた。しかし、現行法下の実務では、会社更生法に規定のない事柄は性質の許す限り民事訴訟法の規定するところに従って取り扱われること（法13条）を踏まえ、更生手続終結後も閲覧謄写を許す運用がされている。

2　閲覧謄写の主体

閲覧謄写が認められる「利害関係人」とは、更生手続によって直接的又は間接的に自己の私法上又は公法上の権利ないし法律的利益に影響を受ける者を意味し、単に事実上又は経済上の利益が影響を受けるにすぎない者は含まれないと解されている。具体的な利害関係人として、更生債権者、更生担保権者、株主、更生会社の従業員等が該当することには争いがない。

以下では、利害関係人として閲覧謄写を認めることの可否が特に問題になる者を個別に検討する。

(1)　更生手続開始決定後に更生会社との取引に入った者

更生手続開始決定後に更生会社との取引に入った者も利害関係人に該当すると解する。このような者も、共益債権を有するなど、更生手続により影響を受ける具体的法律関係に入ったことに変わりはないからである。

なお、この点につき、上記利害関係人の意義を、更生手続開始決定又は更生計画立案に関し、自己の権利や利益に影響を受ける者に限定して考え、債権者にあっては開始決定前の原因に基づく債権を有する者についてのみ利害関係が認められるのであって、開始決定後に取引に入った者は含まれないとの見解もあり得る。
　確かに、旧法下では、「利害関係人」の解釈として、旧法183条（財産評定後の財産目録、貸借対照表、裁判所が求めた月間報告書等の備置）に関し、ここでの書類は管財人等が提出した更生計画案の当否の判定や自ら更生計画案を作成する資料として閲覧（謄写）が認められるとの見解があった（条解更生法（下）154頁）。また、旧法49条（更生手続開始の申立書、疎明資料の備置）に関しては、届出期間経過後の無届更生債権者は、厳密にいえば利害関係人とはいえないが、債権者たることを疎明すれば書類の閲覧を許してよいとの見解があった（条解更生法（上）461頁）。これらの見解は利害関係人の意義を限定する考え方に立っていたものと思われる。
　しかし、現行法は文言上利害関係人に限定を加えていないし、閲覧謄写の終期についても制限はなく、更生計画認可決定後も閲覧謄写を認めているので、利害関係人の意義に関しては、更生手続開始決定又は更生計画策定に関する利害関係に限定する必要はないと解すべきであろう。実質的に見ても、開始決定後に更生会社と取引に入った者は共益債権者と考えられるところ、共益債権者も開始決定後に更生手続が廃止された場合に、手続的に不利益を受ける可能性があるため即時抗告権が認められること（法9条の利害関係人に当たる。）に鑑みても、この即時抗告権を実質的に担保するために閲覧謄写を認めるべきである。

(2) **更生債権者等に対して債権を有する者**
　更生債権者等に対して債権を有する者は、利害関係人に該当するものではないと解する。このような者は更生手続によって自己の権利ないし法律的利益に影響を受ける者とはいえず、単に事実上又は経済上の利益が影響を受けるにすぎない者だからである。

(3) 更生会社の資産を取得しようとする者

　更生会社の資産を取得しようとする者も、利害関係人に該当するものではないと解する。このような者はこれから更生会社との間で法律関係を生じさせようとする者でしかなく、事実上又は経済上の利益に影響を受ける者にすぎないからである。

（森岡　泰彦・豊島　愛佳）

〔参考文献〕
　一問一答更生法46頁
　伊藤ほか・更生法110頁〔多比羅誠〕
　東弁・更生法241頁〔佐藤正八〕
　伊藤・更生法158頁

Q9　更生事件記録の閲覧謄写の制限

更生事件記録の閲覧謄写の制限は、どのような場合に、どのような手続でされるのか

1　閲覧謄写の制限が認められる場合

　更生手続では、更生事件記録のうち、会社更生法及び会社更生規則の規定に基づき、裁判所に提出され、又は裁判所が作成した文書その他の物件（以下「文書等」という。）は、原則として、全て利害関係人の閲覧、謄写、正本・謄本・抄本の交付又はその複製（以下「閲覧等」という。）の対象となる（法11条、12条、会社更生規則8条、9条）。更生手続により自己の法的地位や権利関係に影響を受ける可能性がある利害関係人にとっては、更生事件の記録につき広く閲覧等の機会があることは望ましいことであるが、一方で、現に生きた株式会社として企業活動を継続している更生会社としては、取引先や債権者等に企業活動の機密に関わる事項を知られてしまう可能性があり、事業の維持更生にとっての支障を生じかねない。そこで、会社更生法及び会

社更生規則は、許可申請書や報告書等の重要文書につき、それらが閲覧等されることにより、更生会社の事業の維持更生に著しい支障を生じるおそれ又は更生会社の財産に著しい損害を与えるおそれがある部分（以下「支障部分」という。）があることについての疎明があった場合には、当該文書等を提出した保全管理人、管財人又は調査委員の申立てにより、裁判所は、当該書面の支障部分の閲覧等の請求をすることができる者を、当該申立てをした保全管理人、管財人、調査委員及び更生会社（管財人又は保全管理人が選任されている場合は、管財人又は保全管理人）に限ることができることを規定している（法12条、会社更生規則9条）。

2　閲覧等の制限の手続

(1) 閲覧等の制限の手続

　更生事件記録の支障部分に関する閲覧等の制限の申立ては、当該文書等を提出した者、すなわち保全管理人、管財人又は調査委員が申し立て、支障部分が閲覧等されることにより、更生会社（開始前会社及び開始前会社又は更生会社であった株式会社を含む。）の事業の維持更生に著しい支障を生じるおそれ又は更生会社の財産に著しい損害を与えるおそれがあることを疎明することになる（法12条1項）。また、申立ては、閲覧等の制限を求める支障部分を特定した上で（会社更生規則9条1項）、当該文書等を提出する際にしなければならず（会社更生規則9条2項）、申立ての際には、支障部分を除いた当該文書をも作成し提出しなければならない（会社更生規則9条3項）。もっとも、閲覧等の制限の申立てが当該文書の提出後に遅れてされたとしても、そのことだけで閲覧等の制限の申立てが不適法と取り扱われるわけではない（条解会社更生規則34頁）。

　閲覧等の制限が認められる対象文書は、法32条1項ただし書（保全管理人の常務外行為に関する許可）、法46条2項前段（計画外事業譲渡の許可）、法72条2項（管財人の裁判所が定めた要許可行為に関する許可、保全管理人の行為に準用する場合も含む。）の許可を得るために裁判所に提出された文書等及び法84条2項（更生会社の業務及び財産の管理状況その他裁判所の命ずる事項に関す

る報告)の規定による報告書、法125条2項(開始決定後の調査命令に基づく調査委員の裁判所に対する報告・意見陳述)に規定する調査・意見陳述に係る文書等に限られる(法12条1項各号)。

閲覧等の制限の申立てがされると、申立てに対する裁判が確定するまでの間、利害関係人は支障部分の閲覧等を請求することができなくなるが(法12条2項)、閲覧等を制限する決定がされた場合であっても、支障部分につき閲覧等の請求をしようとする利害関係人は、支障部分があるとの要件を欠くこと又はこれを欠くに至ったことを理由として、閲覧等を制限する決定の取消しの申立てをすることができる(法12条3項)。閲覧等を制限する決定を取り消す決定は確定しなければその効力を生じない(法12条5項)。なお、閲覧等の制限の申立てを却下した決定及び取消申立てに対する裁判に対しては即時抗告をすることができる(法12条4項)。

(2) 閲覧等の制限の運用

東京地裁では、裁判所が命じる事項の報告書については、基本的に利害関係人による閲覧に馴染む程度の内容のものを作成提出するよう管財人(保全管理人、調査委員)に指示しているので、報告書自体が閲覧等の制限の申立ての対象となることは考えにくい。主に閲覧等の制限の申立ての対象として問題となるのは、許可申請書である。

具体的に閲覧等の制限が認められた許可申請書としては、①計画外事業譲渡に関する基本合意書や事業譲渡契約書、②スポンサー契約締結許可やスポンサーからの融資許可、③FA(フィナンシャル・アドバイザー)契約締結許可やFAへの報酬支払許可、④いわゆるDIPファイナンスに関する許可、⑤更生会社の財産の処分や譲受けにおいて更生会社が取引先との関係で守秘義務を負う契約に係る許可申請書、⑥和解の条件に一定の合理的な幅を持たせた和解に関する包括的許可、その他の和解に係る許可申請書などが挙げられる。支障部分であることの要件に関して、①ないし⑤については、主として契約上の守秘義務とこれに違反して開示した場合の契約維持の可能性といった点を、⑥については、更生会社財産の維持・増殖の観点から和解交渉上の必要性や今後の更生手続の遂行への影響の有無・程度を考慮するという点を

踏まえて、支障部分と認めたものである。なお、閲覧等の制限の申立てに際しては、支障部分を特定して閲覧等に支障があることを疎明しなければならないとされるが、例えば、事業譲渡の許可申請書など、類型的ともいえる程度に内容の守秘が求められ閲覧等により支障があると考えられる文書については、支障部分の特定を文書全体とした上、一般的な説明を超えるような特段の疎明を求めることなく閲覧等の制限を決定することも可能と思われる。

　もっとも、近時、債権者による事件への手続関与の要請の高まりとあいまって、債権者から情報開示の要請がされることが増えており、このような債権者からの情報開示の要請が強い事案においては、更生手続の透明性を確保し、更生手続に対する信頼を維持するため、閲覧等の制限の申立主体となる保全管理人、管財人又は調査委員においても、債権者からの情報開示の要請を踏まえた対応を採ることや閲覧等の制限の必要性を十分に検討するとともに、例えば閲覧等の制限をする支障部分を許可申請書の一部分とするなど、許可申請書の閲覧等の制限について謙抑的な運用をすることが望まれよう。

（森岡　泰彦・豊島　愛佳）

〔参考文献〕本文掲載のほか
　一問一答更生法46頁
　伊藤・更生法159頁

Q10 他の手続から更生手続への移行について

他の手続から更生手続への移行は、どのような場合に、どのような手続でされるのか

1 破産手続、民事再生手続から会社更生手続への移行
(1) 概　説

　平成16年の破産法の全面改正に伴い、破産法の施行に伴う関係法律の整備等に関する法律（平成16年法律第76号）により、会社更生法に関しても所要の改正が行われた（以下、この改正を「平成16年改正」という。）。この平成16年改正において、複数の倒産手続の間の移行に関する規律の整備が行われたが、会社更生法に関しても、①破産手続から更生手続への移行、②再生手続から更生手続への移行、③更生手続から破産手続への移行、④更生手続の終了に伴う再生手続の続行に関する諸規定が整備された（法246条～257条）。

　ここでは、これらの規定のうち、破産手続又は再生手続から更生手続への移行に関する諸規定（上記①及び②）について概説する（上記③及び④については、Q159及びQ161を参照されたい。）。

(2) 破産手続から更生手続への移行に関する規定

ア　破産管財人の更生手続開始申立権

　破産管財人は、裁判所の許可を得て、破産者である株式会社について会社更生手続開始の申立てをすることができる（法246条1項）。裁判所は、更生手続によることが債権者の一般の利益に適合すると認める場合に限り、上記許可をすることができ（法246条2項）、また、原則として、許可をするか否かの決定をする前に労働組合等の意見を聴かなければならない（法246条3項）。

　これは、平成16年改正前は、破産者である株式会社にのみ会社更生手続開始の申立権があったところ、破産管財人にも申立権を認めることで、より円滑な破産手続から更生手続への移行を図る趣旨である。

イ　破産債権の届出の更生手続における利用

　破産手続中の会社につき更生手続開始決定がされた場合に、裁判所は、破産債権の内容及び原因、異議等のある破産債権の数、破産手続における配当の有無その他の事情を考慮して相当と認めるときは、当該決定と同時に、更生債権であって当該破産手続において破産債権としての届出があったものを有する更生債権者は当該更生債権の届出をすることを要しない旨の決定をすることができる（法247条1項）。この決定があった場合には、破産手続において届出があった債権については、更生手続における債権届出期間の初日に更生債権の届出をしたものとみなされる（法247条3項・4項）。

　もっとも、破産債権者であった更生債権者が、改めて更生債権の届出をすることは妨げられない（法247条5項）。

ウ　財団債権の共益債権化

　破産手続における財団債権は、更生手続開始決定があった場合には、共益債権とされる（法50条9項）。

(3)　民事再生手続から更生手続への移行に関する規定

　民事再生手続から更生手続への移行に関する規定としては、破産手続から更生手続への移行と同じく、①再生手続における管財人の更生手続開始申立てに関する規定（法248条）、②再生債権の届出の更生手続における利用に関する規定（法249条）が設けられた。その内容は、おおむね破産手続から更生手続への移行の場合と同様である。また、民事再生手続における共益債権は、会社更生手続においても共益債権とされる（法50条9項）。

　実務上は、ゴルフ場経営会社について民事再生手続から更生手続に移行するケースが散見され、東京地裁においては、そのような移行事案について、再生債権の届出の更生手続における利用に関する規定（法249条）が適用された事例が2件ある。なお、この規定の適用により更生債権の届出をしたものとみなされるのは、再生債権としての届出があったもの（法249条4項各号）であるから、届出がない再生債権を再生債務者等が自認した自認債権（民事再生法101条3項）はその対象とならない。

2 事業再生ADRから会社更生手続への移行

(1) 事業再生ADRとは

　事業再生ADRとは、裁判外紛争解決手続の利用の促進に関する法律（以下「ADR法」という。）により創設された民間紛争解決手続の業務の認証制度により法務大臣の認証を受けた民間事業者（認証紛争解決事業者）が、産業競争力強化法（以下「強化法」という。）（強化法は平成26年1月20日に施行され、これに伴い強化法の前身である産業活力の再生及び産業活動の革新に関する特別措置法（以下「旧産活法」という。）は廃止された。）に基づく経済産業大臣の認定を受けて行う事業再生に係る裁判外の紛争解決手続をいう。平成20年11月に事業再生実務家協会が初めて上記経済産業大臣の認定を受けて事業再生ADR手続を開始して以降、裁判外の事業再生手続として定着しつつある。

　法的倒産手続と比較した場合の事業再生ADRの特徴としては、①参加する対象債権者全員の同意が必要であること、②対象債権者が原則として金融機関に限定され、商取引債権者は対象とならないことが挙げられる。そのため、事業再生ADRが一部対象債権者の反対により打ち切られ、会社更生手続に移行した場合に、種々の問題が生じることになる。

(2) 事業再生ADRから会社更生手続に移行した場合の諸問題

ア　商取引債権の保護

　上記のとおり、事業再生ADRにおいては、商取引債権は手続の対象とはならず、通常どおりの弁済がされる。ところが、会社更生手続に移行すると、商取引債権も含めて更生債権とされ、弁済が制限される。しかし、商取引債権者は、事業再生ADRにおいては通常どおり弁済を受けることを前提に取引を行っているのに、会社更生手続に移行したとたん弁済が受けられなくなるのは不当であるとして、事業再生ADRにおいて手続の対象となっていなかった債権者の保護の必要性が指摘されている。

　現行法の下で、このような債権者を保護する手段としては、法47条5項後段の少額弁済の許可によることが考えられる。実際にも、東京地裁では、更生手続開始直後に、一定の取引債権の包括的な弁済許可がされている事例もある。

もっとも、法47条5項後段の少額弁済は、①当該更生債権を早期に弁済しなければ事業の継続に著しい支障を来すこと（事業継続支障性）、②少額の債権であること（少額性）が要件とされており、事業再生ADRから移行したからといって、全ての商取引債権が当然に保護されるわけではないし、弁済が許可されるためには、当該債権者が従前の取引条件を維持して取引を継続することが条件となる。また、事業再生ADRにおいては、社債やファイナンス・リース債権も手続の対象とはされずに全額弁済されるのが一般的であると考えられるが、これらの債権は、いずれも、特段の事情がない限り、法47条5項後段の少額弁済の許可の要件である事業継続支障性を認めることは困難であろう。このように考えると、事業再生ADRと会社更生手続とでは、弁済される商取引債権の額や範囲が必ずしも一致するとは限らないものと思われる。

　なお、事業再生ADRにおいて、対象債権者が商取引債権の全額弁済に同意していたという事実は、その弁済をしなければ事業の継続に著しい支障を来すことが債権者の共通認識となっていたことを示すものとして、事業継続支障性の存在を裏付ける事情となる場合があろう。

　一方、法47条5項後段の少額弁済の許可のほかに、和解許可に基づく弁済により商取引債権を保護することも考えられるが、和解については明確な許可の基準がなく、安易な和解許可による運用は望ましいものではないと思われる。なお、事情によっては、法168条1項ただし書により、更生計画の中で取引債権を優遇することも考えられよう。

　イ　事業再生ADR手続中の新規貸付債権（いわゆるプレDIPファイナンス）
　　の取扱い

　事業再生ADR手続中に、対象債権者の同意を得て新規貸付け（いわゆるプレDIPファイナンス）が行われることがある。これは、事業再生ADR手続において、対象債権者が、当該新規貸付けが債権者の共同の利益のために行われることを前提に、その弁済について優先性を与えることを承諾して行われるものであるので、会社更生手続に移行した場合に、これが通常の更生債権として扱われるというのでは、貸付債権者にとってあまりにリスクが高す

ぎ、円滑な事業再生ADRの運営に支障が出るおそれがある。

　そこで、このような新規貸付けに係る債権については、更生手続に移行した場合においても、できるだけ保護する必要があると考えられる。そのための方策としては、商取引債権と同様、法47条5項後段の少額弁済の許可による保護や和解許可に基づく弁済などが考えられる。

　なお、強化法58条1項（旧産活法52条）は、事業再生ADRによって事業再生を図ろうとする事業者が資金を借り入れようとする場合に、特定認証紛争解決事業者に対し、当該借入れが事業の継続に欠くことができないものとして経済産業省令で定める基準に適合すること、当該借入れに係る債権の弁済を他の債権の弁済よりも優先的に取り扱うことについて当該債権者全員の同意を得ていることの確認を求めることができる旨を定めており、強化法60条（旧産活法54条）は、このような確認がされた場合には、当該借入れに係る債権と他の更生債権との間に権利の変更の内容に差を設ける更生計画案が提出され、又は可決されたときは、当該更生計画案が会社更生法168条1項に規定する差を設けても衡平を害しない場合に該当するかどうかを判断するに当たり、当該確認がされていることを考慮するものとしている。もっとも、強化法58条1項（旧産活法52条）の確認がない場合であっても、更生計画における優先的取扱いが一切できないわけではなく、裁判所は、プレDIPファイナンスの必要性や、その結果他の債権者に対する弁済率が上昇したかどうかなどを総合的に考慮した上で、プレDIPファイナンス債権の優先的取扱いが許容されるかどうかを判断することができると考えられる。

　ウ　事業再生ADRにおける一時停止の通知と支払停止との関係

　事業再生ADR手続においては、正式受理後、対象債権者に対し、債務者と認証紛争解決事業者との連名により、対象債権者全員の同意によって決定される期間中に債権の回収や担保権の設定等を行わない旨の要請が行われるのが一般的であり、これを一時停止の通知と呼んでいる（経済産業省関係産業競争力強化法施行規則20条）。その後、事業再生ADR手続が打ち切られ、会社更生手続に移行した場合に、この一時停止の通知が会社更生手続における「支払の停止」に該当するか、すなわちその後に行われた弁済や担保提供等

が更生手続内で否認されるのかどうかが問題となることがある。

　この点、債務者が主要な債権者に対して債務の猶予や一部免除を求める行為は、「債務者が支払能力を欠くために一般的かつ継続的に債務の支払をすることができないと考えて、その旨を明示的又は黙示的に外部に表示する行為」（最判平24.10.19裁判集民事241号199頁参照）として「支払の停止」に該当すると解されるが、事業再生ADRにおける一時停止の通知については、認証紛争解決事業者が、債務者に事業再生の見込みがあり、それが債権者全体の利益の保全に資するものであるとの判断を表明したものという性質を有していることに照らすと、一般的には、「支払の停止」には該当しないということになるのではないかと思われる。

　さらに、学説では、このような一時停止の通知に先立ち、債務者が単独で主要な債権者に対して債務の猶予や一部免除を求める行為について、主要な債権者が債務者の要請を受け入れる合理的な見込みを伴うものであれば、「支払の停止」には該当しないとの考え方が有力に主張されており、裁判例には、近く事業再生ADRの利用申請をすることを予定した上で、債権者に対し、支払の猶予等への協力を依頼した行為について、合理性のある再建方針や再建計画が主要な債権者に示され、これが債権者に受け入れられる蓋然性があると認められる場合には、「支払の停止」に該当しないとしたものがある（東京地決平23.11.24金法1940号148頁）。また、前掲最判平24.10.19に付された須藤正彦裁判官の補足意見では、企業の事業再建のために金融機関等に一時停止の通知等がされる場合は、合理的で実現可能性が高く、金融機関等との間で合意に達する蓋然性が高い再建計画が策定、提示されるなど、一般的かつ継続的に債務の支払をすることができないとはいえないことも少なくないとして、「支払の停止」の肯定には慎重さが要求されるとの指摘がされている。

　もっとも、このように解する場合であっても、その後に行われた弁済や担保提供等に対する否認権行使等との関係では、状況によっては「支払不能」を理由とする否認が認められる場合があるほか、学説には、信義則等を根拠に「支払の停止」に該当しないとの主張が制限される場合があることを示唆

する見解もある。

　エ　登記留保

　事業再生ADRにおいては、登記留保の合意により登記されていない担保権についても、担保権として認めることがある。しかし、会社更生手続に移行した場合には、登記されていない以上、これを第三者に対抗することはできないから、手続上担保権者と認めることは困難であろう。

（谷口　安史）

〔参考文献〕
　難波孝一「事業再生ADRから会社更生手続に移行した場合の諸問題」松嶋英機弁護士古稀記念論文集・時代をリードする再生論235頁
　腰塚和男ほか「事業再生ADRから会社更生への手続移行に際しての問題点と課題(1)～(3)」NBL953号11頁、954号52頁、955号68頁
　松下淳一「更生手続と破産手続・再生手続との間の移行に関する規定の整備」伊藤ほか・新会社更生法245頁
　高木悠一ほか「産業競争力強化法の概要とその狙い」商事法務2022号15頁
　伊藤眞「「私的整理」再考―事業再生の透明性と信頼性の確保を目指して」金法1982号30頁
　松下淳一「偏頗行為否認の諸問題」田原睦夫先生古稀記念・現代民事法の実務と理論下255頁

2

申 立 て

Q11 申立権者

更生手続開始の申立ては、誰がどのような場合に行うことができるのか

1 申立権者

　株式会社について、①破産手続開始の原因となる事実が生ずるおそれがある場合、又は②弁済期にある債務を弁済することとすれば、その事業の継続に著しい支障を来すおそれがある場合に該当する事実があるときには、申立権者は更生手続開始の申立てをすることができる（法17条1項）。これを更生手続開始の原因という（詳細は、Q17参照）。

　更生手続開始の申立権者は、上記①の原因に基づく場合は、(i)当該株式会社（法17条1項）、(ii)当該株式会社の資本金の額の10分の1以上に当たる債権を有する債権者（法17条2項1号）、(iii)当該株式会社の総株主の議決権の10分の1以上を有する株主（法17条2項2号）、(iv)外国管財人（法244条1項）であり、上記②の原因に基づく場合は、当該株式会社だけである。

2 株式会社による申立て

(1) 開始原因

　株式会社は、①又は②のいずれの原因を理由としても申立てができる。弁済期にある債務を弁済することとすれば、その事業の継続に著しい支障を来すおそれがある場合に基づく申立ては、当該株式会社のみが行うことができる。この場合には、弁済資金を調達することが事業の継続に著しい支障を来すか否かという経営的判断を要し、それは会社の実情を知悉している会社自身しかできないと考えられたからである。

(2) 申立手続

　株式会社の申立ては、代表取締役が行う。個々の取締役は申立権者ではない。また、申立てについては、法19条の反対解釈として、通常の場合は、株

主総会の特別決議による必要はないが、会社法362条4項により取締役会の決議に基づくことが必要である。したがって、会社自身が申立てをする場合には、申立適格を明らかにするために取締役会議事録を添付する必要がある。

なお、清算若しくは特別清算中又は破産手続開始後の株式会社がその更生手続開始の申立てをするには、株主総会の特別決議によらなければならない（法19条）。

3 資本金の額の10分の1以上に当たる債権を有する債権者による申立て

(1) 開始原因

債権者は、破産手続開始の原因となる事実が生じるおそれがある場合のみ申立権がある。

(2) 申立資格

ア 債権者が申立てをするには、資本金の額の10分の1以上に当たる債権を有することが必要である（法17条2項1号）。債権は、金銭債権に限らないし（非金銭債権は評価額で算定する。）、履行期が到来していることも必要ではなく、また、条件付きか否か、担保付きか否かを問わない。

資本金の額とは、会社法445条1項に定める資本金の額をいう。資本金の額は、登記事項とされている（会社法911条3項5号）から、その額を基準に判断することになる。

イ 一定の額の債権の存在が申立資格の要件とされているところ、この要件は、更生手続開始申立て時から開始決定の時まで継続して存在することを要するとの説もあるが、開始決定の時に存在することを要し、かつ、それで足りると解すべきである。

ウ 一人の債権者では上記要件を充足しない場合でも、数人の債権者の債権を合算すればこの額に達する場合には、共同して申立てをすることができる。

4 総株主の議決権の10分の1以上を有する株主による申立て

(1) 開始原因

株主は、破産手続開始の原因となる事実が生じるおそれがある場合のみ申立権がある。

(2) 申立資格

株主が申立てをするには、総株主の議決権の10分の1以上を有することが必要である（法17条2項2号）。総株主の議決権の算定には、議決権制限株式（会社法115条）のうち議決権を行使できる事項の全くない株式があるときは、それを除く。

申立資格の存在すべき時期、数人の株主の持ち株を合算して申立てをすることができることは、債権者と同様（前記3(2)イ及びウ）である。

5 外国管財人

外国倒産処理手続（外国で開始された手続であって、破産手続又は再生手続に相当するもの）において株式会社の財産の管理及び処分をする権利を有する者（法242条1項）も、破産手続開始の原因となる事実が生ずるおそれがある場合には、更生手続開始の申立てをすることができる（法244条1項）。

6 申立権の濫用の防止

(1) 申立要件の疎明

更生手続開始の申立てをするときは、更生手続開始の原因となる事実を疎明しなければならず（法20条1項）、債権者又は株主が申立てをするときは、その有する債権の額又は議決権の数をも疎明しなければならない（法20条2項）。

申立人に疎明が要求されるのは、更生手続の本来の目的を逸脱した濫用的申立てを防止するためである。この疎明は申立ての適法要件であるから、疎明がない場合には申立ては不適法として却下される。

(2) 申立ての棄却事由

申立要件の疎明があった場合においても、①更生手続の費用の予納がない

とき、②不当な目的で更生手続開始の申立てがされたとき、その他申立てが誠実にされたものでないとき等には、申立ては棄却される（法41条1項1号・4号等）。例えば、債権者又は株主が更生手続開始の申立てをするためにその債権又は株式を取得したとき、破産回避又は企業担保権の実行回避を目的として申立てをしたとき、租税債務の履行を回避し、その他租税債務の履行につき利益を受けることを主たる目的として申立てをしたとき等が、②に該当する（詳細は、Q38参照）。

（押見　文哉・豊島　愛佳）

〔参考文献〕
条解更生法（上）293頁
永石一郎「更生手続開始の申立て」青山ほか・実務と理論53頁
伊藤・更生法45頁

Q12 更生手続開始の申立義務

> 更生手続開始の申立てについては、破産手続開始の申立てにおけるような申立義務者は存するのか。また、破産手続開始申立ての申立義務者は、更生手続開始の申立てをすることができるのか

1　更生手続開始申立ての義務者の存否

　破産手続開始及び特別清算開始の申立て（以下「破産手続開始等の申立て」という。）については、清算中の株式会社につき、会社法上、清算人に対し、清算中に債務超過が明らかになったときには破産手続開始の申立義務（会社法484条1項）を、債務超過の疑いがあるときには特別清算開始の申立義務（会社法511条2項）をそれぞれ課しており、これらの申立義務は、100万円以下の過料（会社法976条27号）の制裁によって担保されている。清算中に債務超過が明らかとなり又はその疑いが判明した以上、債権者間の衡平・平等を確保しつつ適正な清算手続を遂行する必要性が生じたというべきであって、

その手続としては、破産手続や特別清算手続に委ねるのが相当と考えられたためである。清算中でない株式会社については、事業活動により債務超過状態を解消する可能性もあり、申立てを義務的なものとしていない。

しかし、清算中の株式会社の更生手続開始申立てに関しては、更生手続開始の申立義務を定める規定は存在しない。更生手続開始原因がある株式会社については、会社自身も、一定の債権者も、株主も、更生手続という手法をとることが当該株式会社の事業が再建される最良の方法であると考えたならば、その判断に基づいて更生手続開始の申立てをすることができるものであり、この点は、再生手続開始の申立てについても同様である。このように、更生手続や再生手続において、申立ての義務を負う者が想定されていないのは、破産手続開始の申立ての義務を負わせた上で、次に述べるように、破産手続開始の申立てに代えて、更生手続開始の申立てを許容することで、法的な倒産処理の下で債権者間の衡平・平等を確保するという要請を満たすと同時に、法的な倒産処理の方法として再建型手続の選択の余地を与えることで足りると考えられるからである。

2 破産手続開始等の申立ての申立義務者において更生手続開始の申立てをすることの可否

清算中の株式会社の清算人において、その義務とされている破産手続開始等の申立てに代えて、更生手続開始の申立てをすることは妨げられない（法18条）。これは、更生第一主義の表れである。すなわち、破産手続及び特別清算手続による企業の解体よりも更生手続による事業の維持更生を選択することが社会経済的見地から見て合理的であると考えられることから、事業に再建の可能性がある限り、清算人に対し、その可能性の実現機会を与え、より多くの手続保障をすることが適切であるとの観点に立って規定されたものである。もっとも、清算人が単に更生手続開始の申立てをしただけで制裁を免れるというわけではなく、更生手続開始の申立てが棄却されれば、清算人は、改めて破産手続開始等の申立義務を負い、これを懈怠すれば制裁を受けることになる。したがって、更生手続開始申立てを選択するのであれば、更

生手続開始要件（法41条）を検討した上で、選択する必要があろう。ちなみに、清算人が申立てをする前に、一定の債権者や株主が更生手続開始の申立てをしたときには、その帰趨を待ってから破産手続開始等の申立てをすれば足り、これらの手続に係る申立義務懈怠の制裁を受けることはないと解される。

（忍足　政子・豊島　愛佳）

〔参考文献〕
　条解更生法（上）291頁、306頁
　注解更生法91頁［大隅乙郎］
　伊藤・更生法49頁

Q13　解散後の株式会社による更生手続開始の申立て

解散後の株式会社が更生手続開始の申立てをするには、特別の要件があるのか

1　趣　旨

　他の法律の規定により、株式会社の清算人が、当該株式会社に対して、破産手続開始又は特別清算開始の申立てをしなければならない場合においても、更生手続開始の申立てをすることができる（法18条）。

　清算中、特別清算中又は破産手続開始後の株式会社がその更生手続開始の申立てをするには、会社法309条2項に定める決議（発行済株式総数の過半数に当たる株主が出席する株主総会においてその議決権の3分の2以上の多数による決議）によらなければならない（法19条）。

　清算人は、清算株式会社に債務超過の疑いがあるときは特別清算開始の申立てをすることを要し（会社法511条2項）、清算株式会社の財産がその債務を完済するのに足りないことが明らかになったときは破産手続開始の申立てをしなければならないが（会社法484条1項）、清算人は、これらの場合においても、これに代えて更生手続開始の申立てをすることができ、そのために

は株主総会の特別決議が必要であることを明らかにしたものである。これは、更生手続開始申立てが、解散後の株式会社の代表機関（清算又は特別清算のときの代表清算人や、破産手続開始後の破産会社の代表取締役。後記2参照）の通常の権限を超えている行為であることから、改めて会社の構成員の意向を問い直すこととする趣旨である。この決議が得られないときは、清算人は、特別清算開始又は破産手続開始の申立てをしない限り、過料に処せられる（会社法976条1項27号）。

なお、清算中、特別清算中又は破産手続開始後の株式会社の債権者や株主が、更生手続開始の申立てをする場合は、特別決議を得る必要はない。

2 申立手続

(1) 申立権者

清算中又は特別清算中の株式会社については、代表清算人である。

破産手続開始後の株式会社については、破産管財人には破産法人の代表権はないので、代表取締役が会社を代表する。

(2) 申立手続

これらの者が会社を代表して申立てをするには、清算人会又は取締役会の決議（会社法489条2項、490条5項、362条2項、369条1項）を経た上で、株主総会を招集し、発行済株式総数の過半数に当たる株主が出席し、出席した株主の議決権の3分の2以上の多数による決議を得ることが必要である（法19条）。更生手続開始申立書には、この決議を経たことの疎明資料として、株主総会の議事録を添付する必要がある。

(3) 開始原因

清算中、特別清算中又は破産手続開始決定後の株式会社においては、従前の事業を継続することはないから、開始原因は、「弁済期にある債務を弁済することとすれば、その事業の継続に著しい支障を来すおそれがある場合」（法17条1項2号）ではなく、専ら「破産手続開始の原因となる事実が生ずるおそれがある場合」（法17条1項1号）に限られる。

（忍足　政子・小川　美加）

〔参考文献〕
条解更生法（上）306頁
注解更生法98頁〔本田耕一〕
伊藤・更生法46頁

Q14　更生事件の管轄

更生事件の管轄裁判所はどこか

1　専属管轄

　現行法は、更生事件の裁判所の管轄は専属管轄と定めている（法6条）。したがって、更生事件においては、通常の訴訟事件のように当事者の合意や態度によって管轄裁判所を選択変更することはできず、現行法に定められた管轄裁判所のみが当該更生事件の管轄権を有することになる。

　現行法においては、管轄権のうち、事物管轄については、地方裁判所のみが管轄裁判所とされているから、他の裁判所が管轄権を有することはない。しかしながら、土地管轄については、原則的な管轄裁判所の定めとともに、後述するように幾つか競合的な管轄裁判所を認める定めが置かれている。旧法においては、事物管轄はもとより、土地管轄についても「会社の本店所在地」を管轄する地方裁判所の専属管轄とされ、他の選択肢はなかったのであるが、現行法は、競合的な幾つかの専属管轄裁判所を定め、その中で手続を進める裁判所を選ぶことができるとすることによって、手続の利用しやすさと手続の安定性のバランスを図っている。以下、土地管轄について述べる。

2　原則的管轄

　更生事件の原則的な管轄裁判所は、株式会社の主たる営業所の所在地を管轄する裁判所である（法5条1項）。

　更生事件の申立ては、日本国内に営業所を有する株式会社についてのみで

きる（法4条）から、外国に主たる営業所がある株式会社についても、日本国内の主たる営業所の所在地を基準として土地管轄を定めることとして支障はない。そのため、外国に主たる営業所がある場合にあっては、日本における主たる営業所の所在地を管轄する裁判所が、更生事件の管轄裁判所とされている（法5条1項）。

　旧法においては、会社の本店所在地を基準として管轄裁判所が定められていた（旧法6条）。しかし、企業活動においては、会社の定款（登記簿）上の本店所在地とは別の場所が現実の営業の本拠地となっている例がしばしば見られるところである。そのような会社について更生手続が進められる場合、名目的な定款（登記簿）上の本店所在地を管轄する裁判所よりも、現実の実体ある営業活動の拠点を管轄する裁判所において更生手続を進める方が、通常は、更生会社・債権者その他関係人にとって利便であり、手続の円滑な進行に資する場合が多い。それ故実務の運用では、旧法下においても会社の実質的な本拠地を「本店所在地」と解釈して更生手続を進める例は広く行われていたところであった。このような実務の実態を踏まえ、現行法は、前記のとおり定款上・登記上の本店所在地ではなく、主たる営業所の所在地を基準として原則的な管轄裁判所を定めている。

3　競合的管轄

　先にも触れたとおり、現行法では、上記の原則的な管轄裁判所に加えて、次に述べる一定の裁判所にも競合的な土地管轄が認められている。更生手続開始の申立てをする者は、競合する複数の管轄裁判所がある場合、それらのうちいずれか任意の裁判所を選択して申立てをすることができる（法5条2項ないし6項）。旧法の手続に比べて、更生手続の利用しやすさがより配慮されているといえよう。

(1)　本店所在地

　まず、株式会社の本店所在地を管轄する地方裁判所に更生事件の管轄が認められている（法5条2項）。

　株式会社の営業活動の規模が大きく、広い地域に及んでいる場合には、特

に債権者等の会社外部の者にとって、どこが当該会社の「主たる営業所」であるのかを容易に判別し得ないこともあり得ることである。更生手続開始の申立ては、会社自身ばかりでなく一定の場合には会社の債権者等もすることができる（法17条2項）から、そのような者の申立ての便宜も考慮すると、外部から明確な土地管轄基準があるのが望ましい。このような考慮から、商業登記簿に記載され外部からも明確な「会社の本店所在地」を基準として、本店所在地を管轄する地方裁判所に競合的な管轄権が認められている（法5条2項）。

(2) **親子会社、連結財務諸表提出会社の特則**

事業規模の大きな企業では、株式会社が単体で事業を営むばかりでなく、複数の会社がグループ企業を形成して互いに有機的関連を持ち、一体となって企業活動を営んでいる場合もある。このようなグループ企業に属する会社のうちの全部又は幾つかが経済的に破綻して法的再建を図る場合には、グループ企業全体の活動を見通す視点が不可欠であり、再建の実効性の観点からグループ企業全体を一体として再建手続を進めることが必要となる場合が多い。実際に、グループ企業に属する複数の株式会社がそろって同時に更生手続開始の申立てをする例は、実務上よく見られるところである。また、グループ企業各社に共通する手続や問題点の処理については、それらを一括して進めるのが手続の効率的な進行にとって有益である。そこで、必要な場合には関連するグループ会社の手続を同一の地方裁判所で進めることができるように、以下のとおり親子会社・連結会社について競合的管轄の特則が認められている（法5条3項〜5項）。

会社法上の親子会社については、子会社の更生事件が係属している地方裁判所は、その親会社の更生手続に関しても管轄権を有し（法5条3項）、逆に、親会社について更生事件が係属している地方裁判所は、子会社の更生手続についても管轄権を有する（法5条3項）。例えば、B市に本店及び主たる営業所を置く乙会社が、A市に本拠地を置く甲会社の完全子会社である場合、甲会社、乙会社のいずれか一方について更生事件の管轄権を有する地方裁判所は、その他方についての更生事件の管轄権も有する。そのため、甲会

社と乙会社の双方に債権を有する債権者が甲乙両社に対して更生手続開始申立てをしようとする場合や、甲会社が自らの更生手続開始申立てをすると同時に株主の立場で乙会社の更生手続開始申立てをしようとする場合などには、甲会社についても乙会社についても、A市を管轄する裁判所とB市を管轄する裁判所のいずれにも申立てをすることができる。

　また、子会社又は親会社及び子会社が他の株式会社の総株主の議決権の過半数を有する場合には、当該他の株式会社を当該親会社の子会社とみなして、親子会社の上記管轄規定（法5条3項）が適用されることになる（法5条4項）。

　グループ会社間の資本上の結び付きが会社法上の親子会社の要件を満たすには至らない場合であっても、同一の裁判所でグループ会社全体の更生手続を進める必要性の大きさが会社法上の親子会社の場合と変わらない場合もあり得る。そこで、株式会社が最終事業年度について会社法444条の規定により当該株式会社及び他の株式会社に係る連結計算書類を作成し、かつ、当該株式会社の定時株主総会においてその内容が報告された場合には、当該他の株式会社の更生事件が係属する裁判所にも、当該株式会社の更生事件が係属している裁判所にも、親子会社の場合と同様の競合的な管轄権を認めている（法5条5項）。これにより、かなりの広範囲のグループ会社が同一の裁判所で同一歩調で更生手続を進めることが可能になっている。また、会社法施行前は、有限会社は更生手続を利用することができなかったが、会社法の施行により有限会社は株式会社として存続することになる（会社法の施行に伴う関係法律の整備等に関する法律2条1項、いわゆる特例有限会社）から、グループ会社の中に特例有限会社が含まれている場合にも、特例有限会社を含めて更生手続を利用することができる。もっとも、グループ会社の中には、グループ内の中核的な存在たる親会社等の意向とは別に、地域との密着性や親会社からの独立志向が強く、特に従業員や取引先の間で東京や大阪ではなく地元の裁判所での手続進行を望む意向が強い会社が含まれる場合もあるので、そのような場合には、どの範囲のグループ会社を一体のものとして同一の裁判所で手続を進めることとするなどの配慮が必要となる。

なお、この親子会社・連結財務諸表提出会社の競合管轄の特則は、これらの会社について同時に更生手続開始申立てをする場合に限られるものではないから、グループ会社の一つについて既に更生事件が係属している裁判所に対して、後から別の関連会社の申立てを追加することも可能である。

(3) 東京地裁及び大阪地裁の競合管轄

　さらに、日本国内に所在する全ての株式会社について、東京地裁及び大阪地裁に競合的な管轄が認められている（法5条6項）。これは、日本の全国どこに所在する株式会社でも、すなわち東京や大阪に何らの営業拠点も事務所も財産も有していない株式会社であっても、東京地裁あるいは大阪地裁に更生事件の管轄権が認められるということである。更生手続という強力な法的手続を利用して大規模な企業の再建を適正・迅速に進めるためには、更生手続の進め方に関しての知識・ノウハウの蓄積があり、かつ、大規模事件にも対応できる人的・物的体制が整っている東京地裁又は大阪地裁が適しているとの考慮によるものである。実際、平成14年改正によってこの規定が設けられる以前の実務においても、東京地裁又は大阪地裁で更生手続が進められるように、更生事件の申立てに際しあらかじめ本店所在地を移転したり、一旦本店所在地の管轄裁判所に申立てをすると同時に東京地裁や大阪地裁への移送の上申をし、東京地裁、大阪地裁を当該会社の「他の営業所所在地」「財産所在地」を管轄する裁判所として更生事件を移送する（旧法7条参照）などの実務上の工夫があった。このような実務上の指向を正面から取り入れたのが、この規定であるといえる。

　東京地裁及び大阪地裁に競合的管轄権を認める定めは、東日本所在の会社は東京地裁に、西日本所在の会社は大阪地裁に、というような地域割りをする規定ではないから、どこに所在する会社でも、東京、大阪のいずれかを選択することができ、例えば東日本所在の会社が大阪地裁に、あるいは西日本所在の会社が東京地裁に更生手続開始の申立てをすることも可能である。

　現行法が施行されてから、更生手続開始の申立ては、申立代理人や管財人の給源が多い東京地裁又は大阪地裁に集中しているのが実情であり、大規模な事件ではその傾向はより顕著である。

4　複数の管轄権がある場合の調整

このように、現行法が競合的な管轄を認めた結果、同一の会社について複数の裁判所が管轄権を有する事態が当然に生じることとなった。そこで、現行法は、このような場合についての調整として、先に更生手続開始の申立てがあった地方裁判所を当該会社の管轄裁判所とすることとしている（法5条7項）。

（河本　晶子・日置　朋弘）

〔参考文献〕
伊藤・更生法132頁

Q15　更生事件等の移送

更生事件等の移送はどのような場合にされるのか

1　更生事件の移送

更生事件の管轄裁判所の定めは、手続の適正・迅速な進行と関係者の利便を考慮して置かれているものである（法5条1項ないし6項）が、これらの規定によって定まった管轄裁判所に更生事件が係属した場合であっても、裁判所は、著しい損害又は遅滞を避けるために必要があると認めるときは、職権で更生事件を①開始前会社（更生会社）の営業所の所在地を管轄する地方裁判所、②開始前会社（更生会社）の財産の所在地を管轄する地方裁判所、③法5条2項～6項に規定された競合的管轄権のある地方裁判所、のいずれかに更生事件を移送することができる（法7条）。

旧法においても、裁判所が著しい損害又は遅滞を避けるために必要があると認めるときは、更生事件を、①更生会社の他の営業所を管轄する地方裁判所、又は②財産の所在地を管轄する地方裁判所、のいずれかに移送することができるとする定めが置かれていた（旧法7条）。現行法では、その移送で

きる範囲を前記のとおり拡大し、およそ管轄権を有する可能性のあった裁判所に対して更生事件を移送できることとしている。

　旧法では更生事件の専属的管轄裁判所が厳格に定められていたため、実務の運用においては、一旦管轄裁判所で更生事件の申立てを受理したのち、即時に他の裁判所（その多くは東京地裁や大阪地裁）へ更生事件を移送するという手法によって、専門的知識とノウハウの蓄積を生かし、かつ、大規模事件にも対応できる人的・物的体制で更生手続を進めることを可能とする工夫や、全国各地に本店を置くグループ会社各社の更生事件を集約して同一の裁判所で手続進行することができるようにする工夫が見られた。しかし現行法では、更生事件の管轄に関する規定において、既にこのような点を考慮した手当てがされているため、この目的での更生事件の移送は必要なくなっている。

　現行法の下において手続の「著しい損害又は遅滞を避けるために必要があると認めるとき」として想定されるのは、申立て時には明らかではなかった会社の実態・内情等が更生事件受理後に判明し、それらの実情を考慮すると、別の裁判所で更生手続を進めた方が更生会社と利害関係人の利益にとってより適切であると考えられる場合であろう。

　更生事件の移送は裁判所の職権によって行われるものであり、更生手続開始の申立人や利害関係人には更生事件移送の申立権はない。また、移送の裁判に対する不服申立権もない（法9条参照）。

2　更生債権等査定異議訴訟の移送

　なお、現行法では、更生事件自体の移送とは別に、更生事件から派生する手続である更生債権等査定異議訴訟の移送について、規定が置かれている。

　更生債権等の査定決定に対する異議の訴えは、当該更生事件が係属している地方裁判所（更生裁判所）が管轄することになっている（法152条2項）。しかし、更生事件について東京地裁と大阪地裁に無条件の競合的管轄権が認められた結果、東京地裁や大阪地裁に更生事件が係属していたとしても、当該更生会社が東京や大阪に何らの営業拠点も財産も取引関係も有していないと

いう場合が当然あり得ることになった。このような事案においては、更生債権等の査定異議訴訟を東京地裁、大阪地裁で審理することが、訴訟手続の進行にとって、あるいは、当事者・利害関係人の利益に鑑みて、適当ではない事態も想定される。そこで法は、更生事件の管轄権が東京地裁、大阪地裁にあるとされる根拠が法5条6項の規定のみによる場合で、更生債権等査定異議の訴えの第一審受訴裁判所が著しい損害又は遅滞を避けるために必要と認めるときは、職権で、当該更生債権等査定異議訴訟を更生事件の原則的管轄である主たる営業所の所在地を管轄する地方裁判所に移送できるものとしている（法152条3項）。

（河本　晶子・日置　朋弘）

〔参考文献〕
　伊藤・更生法134頁

Q16　申立ての事前相談

更生手続開始の申立てをするに当たって、事前相談が必要か

1　事前相談の意義

　会社更生申立てに伴う初期段階での混乱を回避し、会社財産や事業価値の劣化を最小限にとどめるためには申立て前の裁判所との打合せ（事前相談）が重要である。東京地裁では、かねてから、事前相談（大型事件にあっては、遅くとも申立ての2週間程度前までに事前相談の申入れをするようお願いしている。）がされることを前提に、更生事件の申立てと同時にされる保全管理命令の申立てについても即日発令する扱いが採られている。旧法下では、更生手続への信頼を意識した結果、更生の見込みについても厳格な事前審査が行われていたが、現在ではその簡素化が図られており、開始要件が緩和された現行法下での運用としては、その段階で更生の見込みについて見極めるとい

うのではなく、申立日の予定を確認するほか、管理型かDIP型か、管理型であれば、保全管理人の人選、保全管理人団の規模、DIP型であれば、監督委員兼調査委員の人選、監督委員兼調査委員団の規模のほか、管理型・DIP型の双方における保全処分の内容、予納金の金額など、申立て後の保全措置のための準備に力点が置かれるようになっている。もっとも、その場合でも、手続の進行中に会社の資金繰りのめどが立たなくなることが明らかであれば、申立てを維持することは困難なので、申立て当初の資金繰りの状況、さらに事業の収益性についても必要な確認を行っている。

なお、東京地裁においては、事前相談の段階では、会社更生の申立てをするか否かにつき不確定な部分があっても差し支えないので、早めの申入れをするようお願いしている。

2 事前相談の具体的ポイント
(1) 手続選択の理由
ア 再建型なのか清算型なのか

この点のおおまかな判断要素は、そもそも当該債務者がプラスの営業利益を上げているか、営業利益がマイナスの場合には、その原因が一過性のものであるか、又は不採算部門を閉鎖する等の措置によって、近い将来に営業利益が回復する見込みがあるか否かである。肯定できる場合には再建型手続を選択するメリットがあるが、そうでなければ清算型手続を選択する可能性が出てくる。再建型手続を選択するメリットがある場合でも、大口債権者や取引先等の利害関係人が再建に協力する見込みがあり、かつ当面の運転資金が確保できるのでなければ再建はおぼつかないことになるので、事前相談においては、まずこれらの点が検討されるべきファクターとなる。

イ 会社更生か民事再生か
a 経営権の変更

更生手続では、開始決定後、必ず管財人が選任され、管理型の場合には旧来の経営陣による経営権を存続させることはできないから、経営権の変更が妥当か否か、やむを得ないか否かは更生手続を選択するファクターとなる。

なお、DIP型更生手続の場合には、旧来の経営陣の中から管財人が選任されることになり、経営権の変更の当否、要否は決定的な判断要素とはならないから、下記の事情を総合的に考慮して、会社更生か民事再生かを選択することになろう。もっとも、DIP型で更生手続を選択できるか否かは、最終的には保全段階の監督委員兼調査委員の調査結果等によることになるから、この点の留意は必要である。

　　b　担保権者の協力

　更生手続では、開始決定後は更生手続外での担保権実行をすることができなくなり（法50条1項）、更生計画によって権利変更を受けることになる（法167条1項1号、法205条1項）。これに対して、再生手続では、競売手続の中止命令（民事再生法26条）と事業継続に必要な資産についての担保消滅請求（民事再生法148条）という担保権の制約が認められているものの、担保権者は、手続外で担保権を実行することができる（民事再生法53条）。したがって、担保権者の協力を得る見込みがないことは更生手続を選択するファクターとなり、逆に、担保権者の協力を得られる見込みがあることや、担保権が実行されても事業継続が不可能となるおそれがないことは、再生手続を選択するファクターとなる。

　　c　租税等の請求権及び労働債権の多寡

　更生手続では、これらの優先債権についても原則として更生債権等としての届出を必要とし、債権届出がない場合には最終的に失権（法204条1項）する。また開始決定後は、更生手続外での権利行使は許されなくなる（法47条1項）。これに対して、再生手続では、同手続外で自由に権利行使することが可能である（民事再生法122条）ことから、申立て前に顕在化している滞納金額、未払賃金及び未払退職金が多額にある場合には、更生手続を選択するファクターとなり、反対にそれらがさほど多くない場合には、再生手続を選択するファクターとなる。

(2)　**更生計画作成の見込み**（更生の実現性）

　事前相談の段階では、更生の見込みを見極めるということまでは必要ではないが、スポンサー選定などを含めた更生計画作成の見込みを立てる必要は

ある。そこで、申立予定会社についてどこに窮境に陥った原因があるのか、どのような更生計画を立案すれば、窮境に陥った原因を除去することができるのかが検討される。

　ア　窮境に陥った原因の究明

　申立予定会社は、運転資金や決済資金に窮しているのが通常であるが、このような状況に陥った根本的な原因の所在を把握することが第一歩であることから、この点につき過去の貸借対照表及び損益計算書に基づいて検討をすることになる（会社更生規則13条1項2号）。

　イ　収益力の回復方法及び事業損益計画概要の検討

　不採算部門の閉鎖や余剰人員の削減等の方策を講じることにより、要弁済額の弁済が可能となるだけの収益回復を図ることができるか否か検討される。

　また、申立て後も事業継続が可能であるかを検討するために、過去の実績と対比した事業損益計画概要等に基づき、今後の収益見通しを明らかにさせている。更生手続申立て後は、当該会社の信用力が低下して売上減少を免れないので、売上予測については過大評価せず、売上原価及び販管費は過小評価しないことが肝要である。収益弁済を予定している場合には、計画概要上から弁済額に見合う収益が上げられるかもポイントとなる。

　ウ　一般更生債権、優先的更生債権、更生担保権について

　債務免除益課税の回避に注意を払いつつ、弁済総額を算定して弁済計画が立案される場合もある。

(3) **資金の確保**

　申立てに必要な資金を確保する必要があることから、主に下記の点について検討を要する。

　ア　予　納　金

　裁判所の定める金額を予納しなければならない（法21条1項、会社更生規則15条1項）。費用予納決定に対しては、即時抗告をすることができる（法21条2項、具体的予納額に関する東京地裁の運用に関しては、Q20を参照されたい）。

イ 当座の運転資金

　申立て直後の混乱時期を乗り切るために、当座の運転資金を確保する必要がある。規則では申立ての日以後6か月間の資金繰りの見込みを明らかにする書面を添付する必要がある（会社更生規則13条1項8号）とされているが、東京地裁では、後記3(2)④記載の資金繰り表の提出を求めている。この中で、申立てを前提とした数か月間の資金繰りが最も重要であり、その後に資金ショートが見込まれるときは、その回避策及びその確度についての情報が必要である。

(4) 関係者対策

ア　申立予定会社は、主要金融機関や取引先と何らかの交渉をしている場合が多い。その交渉内容を踏まえると、申立て後にそれら関係者がどのような態度を取るか、事業の継続にはどのような隘路があるかが予想できることも多い。更生手続の進め方について、主要金融機関の理解が得られないような場合には、更生計画案が可決されることは困難である。また、会社更生に理解を示してくれると予想していた取引先も、現実に会社更生の申立てをすると、取引継続の可否、取引条件等について厳しい態度に出ることも少なくない。そこで、どの程度の事業毀損を織り込むべきか、資金繰りは大丈夫か、最終的に更生の見通しが立てられるかなどを検討しておく必要がある。

イ　申立予定会社の取引債権者のうち、当該会社の営業継続上必要な倉庫業者及び運送業者が存在する場合には、同債権者らから商事留置権を主張されると、倉庫に保管中の材料及び在庫商品、運送中の製品等が留置され、直ちに日々の業務に重大な支障を来す可能性がある。したがって、このような事態が想定される場合には、留置権の主張に備えたしかるべき対策を検討しておく必要がある（商事留置権消滅請求は、被担保債権額が留置物の価格より高い場合に意味を持つ手続である。被担保債権額が目的物価格より低額の場合には、あえて高額な目的物価格の方を支払うのでなく被担保債権額そのものを支払えばよいわけなので、その場合には同消滅請求制度を使うのではなく、例えば法47条5項後段の商取引債権の全額弁済許可による弁済や留置権者と保全管理人との間での和解許可による弁済を検討したり、弁済禁止の一部取消しを検討することに

なる。)。

(5) 資産の確保

当該会社の財産である現金、預金及び有価証券等の金銭等物、原材料及び在庫商品等、代表者印、手形小切手帳、商業帳簿類の適切な確保に関して検討しておく必要がある。また、資産確保が十分にされないおそれがある場合には、それに対応した会社財産に関する処分禁止仮処分その他必要な保全処分(法28条)を検討しておく必要がある(詳細については、Q22参照)。

(6) スポンサー候補の有無、見通し

東京地裁における運用としては、合理的な再建策がおおまかに描かれていれば、スポンサーが決定していなくとも、また再建の方向性について複数の選択肢がある状態であったとしても迅速に開始決定がされている。しかし、保全期間中のスポンサー候補発掘作業の進行見込みを想定したり、プレパッケージ型申立事案における当該スポンサー選定経緯が公平・透明にされているか否かを検討したりするため、この点についても事前相談の対象としている(保全期間中のスポンサー候補発掘作業の重要性につき、伊藤ほか・更生法70頁以下[池下朗]を参照)。

(7) 民事再生事件との競合事例や裁判外手続からの移行例

近年増加している民事再生事件との競合事案では、再生手続の進行状況や再生計画案の内容、可決の見込み等についても事情聴取を行うことになる。また、最近では、事業再生ADRや株式会社地域経済活性化支援機構等の関与する裁判外の倒産手続からの移行例も見られるが、このような事例では、移行に伴う混乱を防止するため、先行手続中に行われたプレDIPファイナンスやスポンサーの選定準備、再建計画案の内容等についても事情聴取を行った上、綿密な打合せを通じて更生手続への円滑な移行を図る必要がある(多比羅誠ほか「「私的整理ガイドライン等から会社更生への移行」への提案」金法1842号78頁、難波孝一「「私的整理ガイドライン等から会社更生への移行」への提案に対する検討」同84頁)。

(8) 保全措置の選択

更生手続による更生会社や債権者等に対する各種の制約は、開始決定をす

ることによって生じる。そこで、例えば、現経営陣に放漫経営の問題が認められる場合に、正式申立てから開始決定までの間に何らの措置を講じることなく事態を放置したならば、申立て後も放漫経営が継続されることとなり、その結果、申立て時よりもさらに経営状態が悪化する可能性もあるし、また、場合によっては会社財産が処分隠匿等されてしまい、開始決定後に事業の維持更生を図ることが困難となるおそれもある。

　このような事態に対処するために、法は、①開始前会社の業務及び財産に関して、「財産の処分禁止の仮処分その他の必要な保全処分」を命じることができる（法28条）、②更生手続の目的を達成するため必要があると認めるときは、開始につき決定があるまで「保全管理命令」（法30条）や「監督命令」（法35条）を発することができる、③必要があると認めるときは、開始につき裁判があるまで「強制執行等手続の中止命令等」（法24条）を発することができる、④特別な事情（中止命令によっては更生手続の目的を十分に達成することができないおそれ）があるときは、開始につき決定があるまで「強制執行等手続の包括的禁止命令」（法25条）を発することができるとする各保全措置に関する規定を定めているので、事前相談の段階から、当該案件でどのような保全措置を講じるべきかを検討する必要がある（詳細は、Q29～Q31参照）。

　管理型を想定した会社申立ての場合には、申立てと同時に保全管理命令を発令するのが通常である。これに対し、債権者申立ての場合には、債権者と現経営陣との間や、債権者相互間に利害対立が存し、会社申立ての場合に比較して、事前相談の段階では会社の経営状況及び財務状況に関する十分な情報が裁判所に収集されていないことが多い。このような制約のある債権者申立事案において講じるべき保全措置を検討するについては、直ちに保全管理命令又は監督命令を発令すれば会社の現経営陣の経営権を剥奪ないし制約することになり、一般的には会社経営の混乱や信用力の低下を招くことになりかねないから、申立ての段階では現経営陣を直ちに排除すべきことが明らかな場合であるか否かを基本的なポイントとしつつ、そこまでの事情があることが明らかでない場合には、監督命令の要否や調査委員の人選、その後の調

査の在り方に力点を置いて、事前相談を実施することになる（詳細は、Q24参照）。

　また、DIP型更生手続を想定している場合において、「現経営陣に不正行為等の違法な経営責任」の存否が明らかでないときには、申立て後も、保全管理命令を発令することなく、現経営陣に経営権を留保する。保全措置としては、申立て前の原因に基づいて生じた債務の弁済等を禁止するにとどめ、監督命令兼調査命令を発令し、監督委員の同意を要する会社の行為を指定する。また、調査命令には、事業家管財人及び事業家管財人代理の候補者である現経営陣がその職務を行うに適した者であるかという管財人の適性に関する事項も調査事項として明示することから、その候補者をあらかじめ特定しておかなければならない。

3　東京地裁における運用

(1)　事前相談の具体的な内容

　①申立ての確実性・予定を確認するほか、②更生手続開始の見通しとの関係で、(i)更生手続を選択する理由、(ii)主要金融機関や取引先との交渉状況や申立て後に予想される事態、(iii)申立てを前提とした資金繰り、(iv)スポンサー選定などを含めた更生の見通し、③保全措置の関係で、(i)管理型・DIP型更生手続のどちらを想定しているか、(ii)保全管理命令を発令する場合には、保全管理人団が押さえるべき拠点（支店や営業所、工場、仕掛かり現場など）、(iii)申立代理人側の協力態勢、(iv)少額弁済として弁済禁止から除外すべき金額、(v)他の手続の中止命令・包括的禁止命令の要否などが挙げられるが、事案に応じて必要な内容は異なることになる。

(2)　事前相談の流れ

　事前相談時には、通常、次の資料等が提出されている。①別紙「相談カード」などを用いて、申し立てる会社についての会社更生に関する概要が分かるメモ、②会社の登記事項証明書、③計算書類等（上場会社の場合は直近の有価証券報告書、非上場会社の場合は過去2年分の貸借対照表及び損益計算書）、④資金繰り表（申立日前1年間の実績（申立予定日前2か月間の日繰り表を含む。)、

相談カード

会社名		連絡先	
代表取締役			
代理人（連絡先）			
Ⅰ　会社概況			
1　設立年月日			
2　本店所在地			
3　目的			
4　資本金			
5　株主数			
主な株主			
6　役員数			
役員の持ち株			
7　支店・営業所			
8　工場			
9　従業員総数			
10　組合の状況	なし・あり	ありの場合：詳細	
11　事前協定の有無			
12　子会社			
13　関連会社			
Ⅱ　業務の状況			
1　主要営業種目			
2　業界のシェア			
3　取引金融機関			
4　仕入先			
5　納入先			
6　下請			
7　債権者数			
8　年間売上高			
売上原価		うち労務費	
販管費			
営業利益			
経常利益			
Ⅲ　資産負債の状況			
1　資産総額			
(1)　流動資産			
(2)　固定資産			
2　負債総額			
銀行借入		駆け込み担保　なし・あり　→	
高利借入		駆け込み担保　なし・あり　→	
融通手形			
Ⅳ　窮地に陥った事情			
Ⅴ　更生の見通し			
他の手続の検討			
Ⅵ　手形不渡	なし・あり	→期日・金額	
Ⅶ　申立予定日			
Ⅷ　手持ち現金			
運転資金			
予納金（可能な上限）			
Ⅸ　100％減資			
役員の辞任			
会社印・代表者印の保管状況			
Ⅹ　取付防止の処遇			
関係人集会等			

申立予定日後2か月間の日繰り予定表（成り行き及び申立て前提の2種類）、申立予定日の2か月後から4か月間の月繰り予定表）などが有用である。なお、申立てを前提とした資金繰りとは、会社更生の申立てのための代理人報酬の事前の支払や裁判所に対する予納金（保全管理人等の報酬支払のため）の納付を前提としたものである。

通常、事前相談は続行し、申立てが確実になり、保全管理命令（管理型）又は監督命令兼調査命令（DIP型）を発令する場合には、保全管理人団や監督委員兼調査委員団の候補者も交えて打合せをすることになる。

申立ての日時が決まり、申立書、添付書類・疎明書類の準備、予納金の納付、保全措置の段取りが決まった段階で事前相談は終了する。なお、申立書のドラフトや資料等は7部ずつ提出してもらっている。

（押見　文哉・北川　伸）

〔参考文献〕本文掲載のほか
　小林ほか・Q&A更生法
　伊藤ほか・更生法42頁以下［桃尾重明］
　上谷ほか・実務2・2303頁
　東弁・更生法12頁以下［永野厚郎］
　伊藤・更生法52頁

Q17　更生手続開始の原因

更生手続開始の申立てをすることができるのは、会社がどのような状況にある場合か

1　更生手続開始の原因

株式会社について、①破産手続開始の原因となる事実が生ずるおそれがある場合、又は②弁済期にある債務を弁済することとすれば、その事業の継続に著しい支障を来すおそれがある場合に該当する事実があるときには更生手

続開始原因があることとなり（法17条1項）、申立権者は更生手続開始の申立てをすることができる。これらの状態にある株式会社が、会社更生法1条に規定する「窮境にある株式会社」である。

更生手続開始の申立権者は、上記①の原因に基づく場合は、(i)当該株式会社、(ii)当該株式会社の資本金の額の10分の1以上に当たる債権を有する債権者（法17条2項1号）、(iii)当該株式会社の総株主の議決権の10分の1以上を有する株主（法17条2項2号）、(iv)外国管財人（法244条1項）であるが、上記②の原因に基づく申立権者は当該株式会社だけである。

会社更生法は、破産手続開始の原因が現に存在する場合はもとより、これが生じるおそれがあれば、更生手続開始の申立てをすることができると規定しているが、これは、会社の事業価値の毀損が少なく事業の維持再建について深刻な状況になる前に救済を求めることを可能とする趣旨である。

2　破産手続開始の原因となる事実が生ずるおそれがある場合

(1)　**破産手続開始の原因**

更生手続の対象となるのは株式会社（特例有限会社も含む（会社法の施行に伴う関係法律の整備等に関する法律2条1項)。）であるから、法人の破産手続開始の原因の規定が適用され、①支払不能又は②債務超過が破産手続開始の原因となる（破産法16条1項、15条）。

ア　支払不能

支払不能とは、債務者が、支払能力を欠くために、その債務のうち弁済期にあるものにつき、一般的かつ継続的に弁済することができない状態をいう（破産法2条11項）。

「支払能力を欠く」とは、一般に、財産、信用又は労務による収入のいずれをとっても、債務を支払う能力がないことを意味する。会社における労務による収入とは事業収益を意味する。返済の見込みが立たない借入れ、商品の投売り等を行うことによって、表面的には弁済能力を維持しているように見える場合であっても、客観的に弁済能力が欠けていれば、この要件に該当することになる。

「その債務のうち弁済期にあるもの」については、支払不能は、弁済期の到来した債務の支払可能性を問題とする概念であり、また、支払不能概念に一定の明確性を与えるという観点から、弁済期未到来の債務を将来弁済できないことが確実に予想されても、弁済期の到来している債務を現在支払っている限りは、支払不能ではないと考えられている（東京地判平19.3.29金商1279号48頁、東京地判平22.7.8判タ1338号270頁参照）。なお、近時は、基本的には弁済期の到来した債務の弁済可能性を問題としつつも、将来の債務不履行が確実に予測される事態になれば、現在の弁済能力の一般的欠乏を認めてよいとして、支払不能と見る考え方（伊藤眞・破産法・民事再生法〔第2版〕80頁、山本和彦・倒産法概説〔第2版〕290頁等）なども有力となっている。

　「一般的」とは、弁済することができない債務が債務者の債務の全部又は大部分を占めていることを意味し、「継続的」という要件は、いわゆる一時的な手元不如意によって弁済できない場合を支払不能から除外する趣旨である（小川秀樹ほか「新破産法の概要(4)」金法1715号72頁）。

　イ　債務超過

　債務超過とは、債務者が、その債務につき、その財産をもって完済することができない状態をいう（破産法16条1項）。

　債務超過が客観的状態である点は支払不能と同様であるが、債務超過は債務者の有する資産の価額と債務の額との計数上の数的関係のみにより判断され、財産、信用、技能といったものを考慮しない点、消極財産には期限未到来の債務が含まれる点で支払不能と異なる。

　債務超過の判断の基礎となる資産の評価に関しては、清算価値を基準とすべきであるとの見解と、継続企業価値を基準にするとの見解が対立する。事業活動が継続している場合には、債務の弁済は事業収益からされるものであるから、債務超過か否かは継続企業価値を基準とすべきであるという見解（伊藤・前掲書85頁）が有力であるが、いずれか高額となる方法によるべきであるとの見解（霜島甲一・倒産法体系105頁）もある。もっとも、更生手続開始原因としては、それが生じるおそれがあれば足りるから、実際上の差異はあまりない。

(2) 更生手続開始の原因

更生手続開始の原因としては、支払不能又は債務超過の事実が現に存在していることは必要でなく、生じるおそれがあれば足りる。「生じるおそれがある」とは、事態がそのまま推移すれば支払不能又は債務超過が生ずることが客観的に予測されることを意味する。破産の原因たる支払不能を推定させる支払停止（破産法15条2項）の状態になっていること（例えば、その典型例である資金不足による手形の不渡りの発生）までは必要ではなく、むしろ、より早い時期に更生手続開始の申立てがされることが望ましい。

3 弁済期にある債務を弁済することとすれば、その事業の継続に著しい支障を来すおそれがある場合

これは、支払不能の状態に陥る前の段階において、財産の一部を処分すれば容易に弁済資金を調達することのできる現実的可能性がある場合であっても、債務を弁済し、又はそのために資金を調達しようとすれば、事業の継続に重大な支障を生じる場合には、更生手続開始の申立てができるとするものである。具体的には、弁済期にある債務を弁済するためには、事業の継続に必要な財産の処分（例えば、現に使用している工場や特許権の処分、原材料の売却、製品の廉売）、短期返還の見込みの立たない高金利融資の利用をしなければならないといった場合が該当する。

この場合の開始原因は、一般には、破産手続開始の原因となる支払不能又は債務超過が生じるよりもかなり早い時点での状態を意味している。

弁済期にある債務の弁済不能を理由とする申立権者は会社だけであるが、これは、この理由に基づく申立ては弁済資金を調達することが事業の継続に著しい支障を来すかという経営判断を要し、会社の実情を知悉していない債権者や株主によることは馴染まないことによる。

4 東京地裁における審理の実情

更生手続開始の原因となる事実について、申立てをする者は疎明をしなければならない（法20条1項）。そのための申立書の記載事項及び添付資料につ

いては、Q18及びQ19を参照されたい。

　東京地裁では、開始原因については、支払不能及び債務超過の双方を認定しており、債務超過を認定する例がほとんどである。他の開始原因が認められる場合でも、以後の更生手続における株主の地位を明確にするために開始決定時点での債務超過の認定が重要であるので、債務超過が認定できる限りその旨の認定を欠かすことはない。債務超過の認定資料としては、保全管理人又は調査委員の報告書中に含まれる修正貸借対照表が使われることが多い。

　他の開始原因の場合には、保全管理人又は調査委員の調査報告書が主たる認定資料となるほか、必要に応じて関係人を審尋することになろう。

　　　　　　　　　　　　　　　　　　　　（村松　忠司・北川　伸）

〔参考文献〕本文掲載のほか
　条解更生法（上）293頁
　注解更生法93頁［本田耕一］
　河本晶子「更生手続開始申立ての審理・裁判」瀬戸ほか・新理論と実務78頁
　伊藤・更生法38頁

Q18　申立書の記載事項

更生手続開始申立書には何を記載するのか

1　更生手続開始申立書の作成方式

　更生手続開始の申立ては書面によることが必要で、口頭による申立ては認められない（会社更生規則1条1項）。更生手続が多数の利害関係人が関与する集団的な倒産手続であることから、申立てをする者の意思や申立ての内容を明確にさせ、申立ての内容を利害関係人に開示するためである。

2　更生手続開始申立書の記載事項

(1) 必要的記載事項

以下の必要的記載事項（会社更生規則11条）の記載を欠く申立ては不適法であり、補正命令の対象となり、補正に応じない場合には、申立ては却下される（法13条、民事訴訟法137条）。

① 申立人の氏名又は名称及び住所並びに法定代理人の氏名及び住所（会社更生規則11条1号）

② 更生手続開始の申立てに係る株式会社（以下「被申立会社」という。）の商号及び本店の所在地並びに代表者の氏名及び住所（会社更生規則11条2号）

③ 申立ての趣旨（会社更生規則11条3号）

④ 法17条1項に規定する更生手続開始の原因となる事実（会社更生規則11条4号）

　(i) 破産手続開始の原因となる事実が生じるおそれがあること

　(ii) 弁済期にある債務を弁済することとすれば、その事業の継続に著しい支障を来すおそれがあること

上記(i)又は(ii)記載の場合のいずれかに該当する事実についての記載が必要となるが、申立人が被申立会社以外の場合には(i)の事由を記載する必要がある。

⑤ 申立人が債権者であるときは、その有する債権の内容及び原因（会社更生規則11条5号）

当該株式会社の資本金の10分の1以上に当たる債権を有すること（法17条2項1号）を明らかにする。

⑥ 申立人が株主であるときは、その有する議決権の数（会社更生規則11条6号）

当該株式会社の総株主の議決権の10分の1以上の株式を有すること（法17条2項2号）を明らかにする。

(2) 訓示的記載事項

次の事項については、申立書の訓示的な記載事項とされており、その記載

がなくても、そのことで直ちに申立てが不適法となり、申立書が却下されるものではない。しかしながら、会社自体が申立てをする場合においては、これらの事項の記載が著しく困難であることは考えにくいので、全ての事項について記載することが期待される（会社更生規則12条1項柱書本文）。もっとも、予期しない連鎖倒産等で早期に申立てをしなければ事業の維持更生が困難になるなど、申立てに緊急性があって、時間的な制約から十分な記載をすることができないなど、やむを得ない事由があるときは下記①から⑫までに掲げる事項の全部又は一部を記載しないで申立書を提出することができるが、提出後速やかに、当該事項を記載した書面を提出しなければならない（会社更生規則12条2項）。

　また、債権者又は株主が申立てをする場合において、当該事項を知らず、かつ知ることが著しく困難なものに限り、記載しないで申立書を提出することができる（会社更生規則12条1項柱書ただし書）。

① 被申立会社の目的、取締役・会計参与・監査役・執行役・会計監査人・清算人の氏名又は名称、資本金の額、株式の状況その他の被申立会社の概要（会社更生規則12条1項1号）

　「株式の状況」とは、発行済株式の総数や発行済株式の種類及び数のほか、株主の分布等を含む。

　「被申立会社の概要」としては、設立年月、株式上場の有無、資本提携関係等を記載する。

② 被申立会社の事業の内容及び状況並びに使用人の状況（会社更生規則12条1項2号）

　「事業の内容及び状況」とは、主要な事業の内容や業績等のほか、被申立会社が非営利事業を行っている場合には、その内容及び状況を含む。

　「使用人の状況」としては、総従業員の数のほか、正社員の構成比や各営業所への配置状況等を記載する。

③ 被申立会社の営業所の名称及び所在地並びに当該営業所が主たる営業所であるかどうかの別（会社更生規則12条1項3号）

④ 被申立会社の資産、負債（更生債権等の数を含む。）その他の財産の状況

（会社更生規則12条1項4号）

　直近の貸借対照表に基づき、簿外債務を含めて判明している負債を全て計上し、不良債権や不良在庫等を資産から除外するなど、必要な修正を加えて、正確な財産状況を明らかにする必要がある。

　「その他の財産の状況」としては、例えば所有不動産に対する担保権設定の状況などを記載する。

⑤　更生手続開始の原因となる事実が生ずるに至った事情（会社更生規則12条1項5号）

　人的面（放漫経営等）、生産面（過剰設備等）、販売面（価格競争力の喪失等）、損益面（経費過剰等）、資金繰り面（借入金過大による資金繰りの悪化等）等から、背景事情を分析、整理して具体的に記載する。

⑥　被申立会社の財産に関してされている他の手続又は処分で申立人に知れているもの（会社更生規則12条1項6号）

⑦　更生手続に関して申立人の意見があるときは、その意見（会社更生規則12条1項7号）

　「意見」としては、例えば、保全措置や他の手続の中止命令等の要否、管財人の人選、役員等責任査定決定の要否や、更生手続の進行スケジュールに関する意見などが考えられる。

⑧　被申立会社について、(i)使用人で組織する労働組合があるときには、当該労働組合の名称、主たる事務所の所在地、組合員の数及び代表者の氏名（会社更生規則12条1項8号イ）、(ii)被申立会社の使用人の過半数を代表する者があるときには、当該者の氏名及び住所（会社更生規則12条1項8号ロ）

⑨　社債管理者又は担保附社債信託法2条1項に規定する信託契約の受託会社があるときは、その商号（会社更生規則12条1項9号）

⑩　法5条3項～5項に規定する関係のある会社、すなわち、子会社、親会社、連結財務諸表提出会社の更生事件があるときは、当該更生事件が係属する裁判所、当該更生事件の表示及び当該更生事件における更生会社又は開始前会社の商号（会社更生規則12条1項10号）

⑪　被申立会社について開始された外国倒産処理手続があるときは、当該外

国倒産処理手続の概要（会社更生規則12条1項11号）
⑫　被申立会社について会社更生規則7条2項の規定による通知をすべき機関があるときは、その機関の名称及び所在地（会社更生規則12条1項12号）
⑬　申立人又は代理人の郵便番号及び電話番号（ファクシミリの番号を含む。）（会社更生規則12条1項13号）

(3)　**留意事項**

　記載事項の順序については、規則の順序に従う必要はなく、むしろ、理解しやすいよう工夫する必要がある。

　更生手続開始の申立書であることから、開始原因があること（法17条1項）、棄却事由がないこと（法41条1項）、さらには、資金繰りの手当てがされていて再建の可能性があることなど、実体的な要件を中心として簡潔、明瞭に記載し、かつ、添付する疎明資料を引用した申立書が望ましいといえる。

　その他にも、次に掲げる事項は訓示的記載事項とされているが、開始決定をする上で重要な判断資料となるものであるから、債権者又は株主が申し立てる場合においても、できる限り詳しく記載しておくことが望ましい。

　ア　会社の概要、業務の状況、資産・負債その他の財産状況

　会社案内やパンフレットによって具体的事業の実情を理解し、直近の決算書や試算表によって損益や財産状況を捉え、粉飾を排して、簿外債務を含めて判明している負債を全て計上し、不良債権や不良在庫等を資産から除外するなどし、資産は時価評価して必要な修正を加え、修正の内訳書や修正貸借対照表を作って、被申立会社の現状を把握し、その内容を記載する。開始決定の可否、保全管理命令等の保全措置の要否等の判断、また、保全管理人の適任者等の選択の判断のために記載を求めるもので、更生手続の審査の基礎となるものである。

　イ　被申立会社が窮境に陥った事情

　被申立会社が窮境に陥った根本的中心的原因が何かを、被申立会社の沿革と損益計算書や貸借対照表によって数字をもって裏付けつつ、可能な限り具体的に明らかにする必要がある。

ウ 再建の見込み

現行法は、更生手続開始申立て棄却事由として「事業の継続を内容とする更生計画案の作成若しくは可決の見込み又は事業の継続を内容とする更生計画の認可の見込みがないことが明らかであるとき」を定めている（法41条1項3号）。この要件を充足しないこととして、申立人は、会社の事業についての再建の可能性を意見として示すことが必要であり、窮境に陥った原因を除去する方法を具体的に記載し、実現可能性がある再建策の概要を明らかにしなければならない。具体的には、例えば、収益弁済型の再建計画であれば、不採算事業からの撤退、遊休資産の売却、人員削減等を実施することによって一定の収益を上げ、その中から更生債権等の弁済をすることができることについて、スポンサーを得た上での再建計画であれば、収益の核となる採算事業の価値、スポンサーを探索できる具体的見通しの有無等について、それぞれ概要を記載する必要がある。そして、事業の収益性の評価に当たっては、その事業に関する過去の決算書等の数字からかけ離れたものであると説得力がなくなるので注意を要する。

（浅井　潔・北川　伸）

〔参考文献〕
条解会社更生規則36頁以下
伊藤・更生法50頁

Q19　申立書の添付書類

更生手続開始申立書の添付書類として何が必要か

1　添付書類の必要性

更生手続開始の申立書には、後記2①～⑧に掲記した書類を添付する（会社更生規則13条1項）。

ただし、株式会社が自己について更生手続開始の申立てをする場合において、やむを得ない事由により申立書に添付が必要な書類の全部又は一部を添付することができないときは、申立書の提出後速やかに、当該書類を提出することとされている（会社更生規則13条2項）。

　また、債権者や株主など、更生手続開始の申立てに係る株式会社（以下「被申立会社」という。）以外の者が申立てをする場合には、添付が必要な書類のうち当該申立人が保有しておらず、かつ、当該申立人において入手し、又は作成することが著しく困難なものについては、添付を要しない（会社更生規則13条1項ただし書）。しかし、入手又は作成することが「著しく困難」でない限りは、一定の調査等をして各号に掲げる書類を添付することとなる。

2　更生手続開始の申立書に添付すべき書類

① 　被申立会社の登記事項証明書（会社更生規則13条1項柱書本文）
② 　定款（会社更生規則13条1項1号）
③ 　更生手続開始の申立ての日前3年以内に法令の規定に基づき作成された被申立会社の貸借対照表及び損益計算書（会社更生規則13条1項2号）
④ 　株主名簿、新株予約権原簿及び社債原簿（会社更生規則13条1項3号）
⑤ 　被申立会社が労働協約を締結し、又は就業規則を作成しているときは、労働協約又は就業規則（会社更生規則13条1項4号）
⑥ 　更生債権者の一覧表及び更生担保権者の一覧表（会社更生規則13条1項5号・6号）
⑦ 　被申立会社の財産目録（会社更生規則13条1項7号）
⑧ 　資金繰り実績表及び資金繰り予定表（会社更生規則13条1項8号）
　　更生手続開始申立ての日前1年間の被申立会社の資金繰りの実績及び更生手続開始申立ての日以後6か月間の被申立会社の資金繰りの見込みを明らかにする。
⑨ 　会社財産の登記事項証明書等
　　裁判所は、必要と認める場合には、申立人に対し、被申立会社の財産に

属する権利で登記又は登録がされたものについての登記事項証明書又は登録原簿に記載されている事項を証明した書面の提出を求めることができる（会社更生規則2条5項）。

⑩　その他

　裁判所は、更生手続開始の申立てをした者又はしようとする者に対し、更生手続開始の決定がされたとすれば更生債権等となるべき債権及び開始前会社の財産の状況に関する資料その他更生手続の円滑な進行を図るために必要な資料の提出を求めることができる（会社更生規則13条の2）。

　実務上は、会社更生規則13条に定められている資料以外に、会社の概要・事業内容・財産状況等を把握するために必要な書類（会社案内、会社組織図、清算貸借対照表、修正貸借対照表、事業計画案等）が添付される（詳細については、長谷部幸弥ほか「会社更生手続・会社整理手続の運用の手引き(1)」判時1663号5頁以下参照）。

3　東京地裁の運用

　東京地裁においては、前記2記載の③については、(i)上場会社の場合は直近の有価証券報告書、(ii)非上場会社の場合は過去2年分の貸借対照表及び損益計算書、④については、株主名簿、新株予約権原簿及び社債原簿に代えて、株主、新株予約権者及び社債権者の氏名又は名称及び持株数等を記載した書類（住所及び電話番号の記載はしない。株主が多数の場合には、主要株主の氏名又は名称及び持株数等を記載し、その他は何名何株などと記載することで足りる。）の提出を求めている。⑥については、更生債権者一覧表には、氏名又は名称及び債権内容（種類及び債権額）のみを、金融債権者、リース債権者、租税等債権者、従業員債権者、一般債権者に分けて記載する。ただし、ゴルフ会員権者等特定の種類の債権者が多数存在する場合には、当該種類の債権者の人数、債権総額を記載した総括表で足りる。また、更生担保権者一覧表には、担保権者名、被担保債権額、担保権の種類及び担保設定財産を記載する。なお、いずれも住所及び電話番号の記載はしない。⑧については、(i)申立日前1年間の実績表（申立予定日前2か月の日繰り表を含む。）、(ii)申立

予定日後2か月の日繰り予定表(成り行き及び申立て前提の2種類)、(iii)申立予定日の2か月後から4か月間の月繰り予定表の提出を求めている。

4　添付書類の提出方法

前記2①の書類は証明書原本を提出する。

前記2②〜⑤の書類は、書面により原本が作成されている場合と、電磁的記録により原本が作成されている場合とが、他の法令上予定されているものであることから、「記録されている情報の内容を記録した書類」を提出する。

前記2⑥〜⑧の書類は、通常、もともと原本があるものというよりは、更生手続開始の申立てに当たって作成するものであると考えられることから、その書類自体を添付する。

（忍足　政子・北川　伸）

〔参考文献〕本文掲載のほか
　条解会社更生規則40頁以下
　伊藤・更生法50頁

Q20　予納金

更生手続の予納金の額はどうなっているか。また、予納金はどのように扱われるのか

1　予納金の額

更生手続開始の申立てをするときは、申立人は、更生手続の費用として裁判所の定める金額を予納しなければならない（法21条1項）。予納金額は、開始前会社の事業の内容、資産及び負債その他の財産の状況、更生債権者等となることが見込まれる者及び株主の数、保全管理命令、監督命令又は更生手続開始前の調査命令の要否その他の事情を考慮して定める（会社更生規則15

条1項)。開始決定後に発生する手続費用については、一律に更生手続開始の申立て時に予納を求めるものとすると額が大きくなり、しかも、その額を予想することが困難であることから、開始決定後に発生する都度、会社財産から直接に共益債権（法127条1号・2号等）として支払われるべきものであると考えられる。そのため、申立人に予納を命じる金額としては、申立てから開始決定までに要する手続費用を償うに足りる額が一応の基準となる。会社更生規則15条1項が、機関選任に関する要素として、「保全管理命令、監督命令又は更生手続開始前の調査命令」を列挙しているのも、基本的には、開始決定までの範囲の費用を予納すべきことを明らかにするものである（条解更生法（上）319頁、条解会社更生規則57頁など参照）。

　東京地裁では、管理型（保全管理人団）の場合は、更生会社を4ランク程度に分け（ランク分けの考慮要因としては、上場・非上場の別、負債総額、資本金額、債権者数等がある。）、これを一応の目安として、事前相談において開始前会社がどのランクに当てはまるかを検討し、申立人の意見も聴いた上で、事案ごとの特殊性に応じて修正し（例えば、遠隔地の企業で拠点が東京にない会社の申立ての場合や債権者申立ての場合等には増額要因となり、民事再生等の先行手続があり、保全管理命令が形式的なものであれば減額要因となる。）、具体的な予納金額が定まる。各ランクの目安となる予納金額は、2,000万円台、3,000万円台、5,000万円台、7,000万円台（この金額はあくまでも目安にすぎない。）となっている。ちなみに、東京地裁において、現行法施行後に申立てのあった事件の予納金額は、2,000万円台前半から1億円までとなっており、おおむね2,000万円台～5,000万円台のものが多い。

　また、DIP型更生手続（監督委員兼調査委員団）の場合、管理型の場合と同様、更生会社を4ランク程度に分け、各ランクの目安となる予納金額を、1,000万円台前半・後半、2,000万円台前半・後半として、これを一応の目安として、申立人の意見を聴いた上、予納金を定める運用をしている。東京地裁におけるDIP型更生手続の運用を始めた平成21年1月以後に申立てのあった事件の予納金額も、おおむね上記の目安金額によるものが多くなっている。

2　予納金の使途

　予納費用は、保全管理人・監督委員・調査委員等（以下「保全管理人等」という。）の報酬及び費用（この費用には、保全管理人等が調査の補助として使った公認会計士の報酬、旅費、債権者説明会で使用した施設使用料等がある。）、公告、通知、検証旅費等の各種費用を支弁するためのものである（長谷部幸弥ほか「会社更生手続・会社整理手続の運用手引き(2)」判時1665号3頁参照）。予納費用のうち使用額として大きな部分を占めるのは、保全管理人等の機関の報酬である。会社更生規則15条1項で「保全管理命令、監督命令又は更生手続開始前の調査命令の要否」を考慮要素として挙げているのはそのためである。更生手続が開始された場合には、これらの費用は共益債権となり（法127条1号）、全て更生会社が負担しなければならないが、もし更生手続開始の申立てが棄却された場合には、それまでに要した費用は最終的に申立人の負担に帰すべきものである（法13条、民事訴訟法61条、条解更生法（上）318頁参照）。

　なお、保全管理人等は、費用の前払を受けることができるため（法34条1項、38条、126条、81条1項）、申立人が開始前会社である場合は、直接開始前会社に費用を請求する（保全管理人が選任されているときは、保全管理人の計算で支出する。）ことができる。予納金から費用が支払われる場合、その時期は、東京地裁では、開始決定時（保全管理人等の報酬決定時）であることが通例であるが、費用の立替えが保全管理人等の重荷になるような場合には開始決定前でも費用の支払がなされることがある。

3　予納の方法

(1)　予納者

　予納者は申立人である（法21条1項）。第三者が予納をすることも可能であるが（注解更生法107頁参照）、第三者が任意に予納する場合には、予納を申し出た第三者と申立人との関係、第三者予納を申し出る事情等を考慮して、申立人と費用を予納した第三者との間で費用償還請求のトラブル（例えば、開始前会社が申立てをして、その申立てが棄却され同会社が破産手続開始決定を

受けた場合は、予納した第三者の同会社に対する費用償還請求権は必ずしも財団債権(破産法148条)になるとはいえないので、当該第三者は注意を要する。)が生じないような措置を講じておくべきであろう。

(2) 予納の方法

予納の方法は、専用の振込依頼書による銀行への口座振込みの方法による。

(3) 追　　納

更生手続開始の決定前に、予納された費用が足りなくなった場合には、裁判所は、一旦した予納額の決定(法21条1項)にかかわらず、再度必要な費用を定め、申立人に対して予納させることができる(会社更生規則15条2項)。

(4) 不服申立て

更生手続の費用として裁判所が定めた予納金額に不服がある者は、費用の予納に関する決定に対して、即時抗告をすることができる(法21条2項)。

4　予納金の返還

予納金残額については、実務上は、更生手続開始決定確定後、①会社申立ての事件では、保全管理人団の報酬等を支払った後に、その後に要する手続費用(公告等の費用)にこれを充てるのが一般的であり、②債権者申立て又は株主申立事件では、管財人から開始決定後に要する手続費用(この費用には、裁判所から直接支払うことになる、公告、通知、検証旅費等の費用がある。)を予納してもらった上で、裁判所から全額を一括して債権者又は株主(予納者)に返還する例が多い。更生手続が開始された場合、前述のように、申立てから開始決定までに要した費用は共益債権となるから(法127条1号)、予納者は、管財人に対してこれらの費用を共益債権として請求することができる。

(木村　史郎・北川　伸)

〔参考文献〕
伊藤・更生法51頁

Q21 更生手続開始申立ての取下げの制限

> 更生手続開始申立ての取下げが制限されるのは、どのような場合か

1 申立取下げの制限

　更生手続開始の効果は、更生手続開始決定の確定の有無を問わずその決定の時から、申立人のほか、会社、債権者、株主などの利害関係人全員のために生じる（法41条2項）ので、更生手続開始決定後は、更生手続開始の申立てを取り下げることはできない。

　他方、申立人は、更生手続開始前であれば、当該申立てを取り下げることができるが、更生手続開始決定前であっても、次の①〜⑦の保全措置が発令された後は、更生手続開始の申立ての取下げには、裁判所の許可が必要である（法23条）。

① 破産手続等他の手続の中止命令及び国税滞納処分等の中止命令（法24条1項・2項）
② 包括的禁止命令（法25条2項）
③ 会社の業務及び財産に対する保全処分（法28条1項）
④ 商事留置権の消滅請求及び弁済に対する許可（法29条3項）
⑤ 保全管理命令（法30条2項）
⑥ 監督命令（法35条2項）
⑦ 否認権のための保全処分（法39条の2第1項）

　保全処分発令後の取下げを制限するのは、(i)保全処分を得た開始前会社が債務の弁済禁止を交渉の武器として債務の免除・猶予を債権者に迫り、目的が達せられると申立てを取り下げるというような会社更生制度の濫用を防止するため、及び(ii)そもそも更生手続のような集団的債務処理のための裁判上の手続は利害関係人全ての利益のための手続なのであるから、更生手続開始前といえども保全処分等が発令されその効力が利害関係人に生じている以上、申立人の意思のみで手続を白紙に戻すことになる取下げを認めるべきで

はなく、利害関係人の保護を図る必要があるためである。

2 取下げの手続

　保全処分等が発令された後に申立人が更生手続開始申立てを取り下げようとするときは、裁判所に対する許可申立てを行い、許可を得た上で更生手続開始申立てを取り下げることになる。取下げ制限の目的は濫用の防止のみにあるのではないから、発令された保全処分等が申立てによるか職権によるか、申立人が開始前会社であるか保全管理人であるかを問わず、保全処分発令後は取下げについての裁判所の許可が必要である。なお、開始前会社の業務及び財産に関し保全管理人による管理が命じられている場合であっても、取下げは申立人が行う。

　取下げ許可の申立てと同時に更生手続開始申立ての取下げをすることもできる。この場合、後者の申立ては、前者について許可の裁判があることを条件とする取下げと解され、許可の裁判とともに更生手続開始申立ての取下げの効力を生じる。

3 取下げ許可の裁判

　裁判所は、取下げ許可の申立てについては、申立人に保全処分を濫用する目的があったか否か、他の法的又は私的手続で取下げ後の事態が公正に処理でき、その方が債権者の利益となる見込みが高いか否かといった事情に加え、利害関係人の意見も考慮して判断する。保全管理人が選任されている場合には、開始前会社の事情を最も把握している保全管理人の意見も聴くことになろう。

　利害関係人の多くが更生手続の開始を望む場合、裁判所は取下げを許可せず、開始要件である更生計画案の作成・可決、認可の見込みがあれば開始決定を行うことになろう。

　これに対し、利害関係人の多くが取下げに賛成している場合、保全処分の濫用等の問題がなければ、裁判所は取下げを許可することになろう。許可の申立てに対する裁判は、申立人に相当の方法により告知することにより効力

が生じる。この裁判に対しては不服申立てをすることができない。

　なお、許可の申立てに対する裁判がされることなく更生手続開始決定がなされたときは、裁判所は許可申立てに対する裁判をする必要はない。

（神戸　由里子・小川　美加）

〔参考文献〕
　　条解更生法（上）435頁、440頁
　　注解更生法160頁〔井関浩〕
　　佐藤順哉「更生手続開始申立ての取下げ制限」瀬戸ほか・新理論と実務72頁
　　伊藤・更生法53頁

3

開始前の保全措置

Q22　保全措置の選択(1)

> 開始前会社自身が管理型での更生手続開始を申し立てた場合、どのような保全措置が採られるのか

1　はじめに

　会社更生法は、更生手続開始の申立てに対する裁判所の判断がされるまでの間、開始前会社の業務を維持するとともに、財産の隠匿あるいは散逸が生じるのを防止し、将来、更生手続が開始されたときにその後の更生手続を円滑ならしめるために、更生手続開始の申立てに伴う保全措置について定めている。

　保全措置には、そのための機関を選任して行う保全管理命令（法30条1項）、監督命令（法35条1項）及び調査命令（法39条）があるほか、他の手続の中止命令等（法24条1項・2項）、包括的禁止命令（法25条1項）、開始前会社の業務及び財産に関する保全処分（法28条1項）などがある。

　会社申立ての更生事件であるか、債権者あるいは株主申立ての更生事件であるかを問わず、制度として利用し得る保全措置の種類には制約はないが、後に述べるように会社申立ての更生事件と債権者申立ての更生事件とでは、裁判所の入手可能な情報量や開始前会社をめぐる利益状況は大いに異なり、また、会社申立てであっても管理型を想定するかDIP型を想定するかによって手続遂行の主体が異なり、保全措置に求められる役割も異なってくることから、実際の保全措置の運用は、これらに応じて相当程度異なったものとなる。

　更生手続開始の申立てに伴う保全措置の実務の運用については、DIP型を想定した会社申立ての更生事件に関してはQ23に、債権者申立ての更生事件に関してはQ24にそれぞれ譲り、管理型を想定した会社申立ての更生事件についておおまかに述べると、開始前会社の業務及び財産につき、保全管理人による管理を命じる保全管理命令（法30条1項）を発令するほか、事案の必

要に応じ、保全管理命令と併せて、包括的禁止命令等他の保全措置を発令する運用を行っている。

以下において、順次、運用の実際について概略を述べる。

2 保全管理命令

(1) 概　要

会社申立ての管理型会社更生の事件においては、実務上、保全管理命令を発令し、利害関係のない第三者（弁護士）を保全管理人に選任する運用を行っている（開始決定と同時に利害関係のない第三者（弁護士）を管財人に選任することを念頭に置いており、通常、保全管理人に選任された者を管財人に選任している。）。

保全管理命令が発せられると、開始前会社の事業の経営及び財産の管理処分権は保全管理人に専属し、取締役はこれらの権限を失うのであって、保全管理命令は、開始前会社に対する保全措置としては最も強力なものである。したがって、これを発するときは、開始前会社を名宛人とする他の保全措置は、これを採る必要がないのが通常である。実務の運用においても、保全管理命令を発する場合には、命令の中で、債務の弁済及び財産の処分行為などを裁判所の許可を要する事項と指定することにより弁済禁止や処分禁止の目的が達成されるので、法28条1項の保全処分を併用していないのが通常である。

(2) 保全管理命令の即日発令

保全管理命令の発令の判断は、開始決定に至る見込みと保全管理命令によることの必要性及び相当性を総合的に勘案して行うこととなる。実務の運用においては、会社が更生手続開始の申立てをするときは、申立て前に実施される事前相談の段階で会社の破綻原因や業務及び財務の状況、当面の資金繰りや今後の再建の見通しについての情報が得られる場合が多く、かつ、保全管理人に対する会社の業務及び財産の引継ぎも円滑に行われることが期待できることから、原則として、更生手続開始の申立てと同時になされる保全管理命令の申立てに対して、即日、保全管理命令を発令する運用を行ってい

る。

　ただし、保全管理命令を即日発令するためには、事前相談において、保全管理人団候補者の選定を含む、事前準備が整っていることが前提であり、これが整わないまま更生手続開始の申立てに至った場合、保全管理命令を即日発令することはできない。その場合には、更生手続開始の申立てと同時に弁済禁止等の保全処分の申立てを受けて、即日、弁済禁止等の保全処分を発令した上で、保全管理人団候補者の選定を進め、申立て後速やかに（原則として申立日を含めた3日以内に）保全管理命令を発令することになる。この場合、更生手続開始の申立てから保全管理命令の発令までは、経営権の喪失が予定されている現経営陣が経営権を有することになり、取引先との対応等で保全措置に懸念もないではないが、申立代理人団が保全措置の徹底に努めてその懸念を払拭する必要があろう。いずれにしても、資金繰りをめぐって主要金融機関と交渉中であったり、他の企業の破綻に起因する連鎖倒産など、差し迫った事情に基づいて更生手続開始の申立てをする場合もあるので、東京地裁においては、申立ての数日前に迫った場合でも、保全措置の工夫をすることによって対応が可能となるような態勢を取っている。

(3)　**保全管理人の権限**

　開始前会社の事業の経営並びに財産の管理及び処分をする権利は保全管理人に専属する（法32条1項本文）が、保全管理人は、常務に属しない行為をするには裁判所の許可を得なければならず（法32条1項ただし書）、さらに、裁判所は、必要があると認めるときは、一定の行為につき、裁判所の許可を得なければならないものとすることができる（法32条3項、72条2項）。実際の保全管理命令においては、通常、①保全管理命令の発令の前日（事案によっては当日）までの原因に基づいて生じた債務の弁済、②法72条2項に掲げる行為のうち、保全段階においては関係がないもの（同項4号）を除くもの、③裁判所が特に指定する行為として、スポンサー契約及びスポンサー選定業務に関する契約（フィナンシャル・アドバイザリー契約）の締結については裁判所の許可を要するものと定めている。ただし、①債務の弁済については、従業員の雇用関係により生じた債務であって退職金支払債務以外のもの

を許可対象から除外するのが通常であり、また、開始前会社の資金繰り、業務や取引の実情等も考慮し、事案によっては、一定額の少額債務の弁済も許可対象から除外し、保全管理人が開始前会社の事業の維持・継続を図る上で機動性に欠けることのないようにしている。また、②法72条2項に掲げる行為を裁判所の許可を要するものとして指定するに際しても、同様の観点から、許可を要する財産の処分の範囲について、例えば販売用の不動産を除く不動産と定めるなど、保全管理人の職務遂行の機動性を阻害しないように配慮している。さらに、要許可事項について裁判所が許可をする場合にも、具体的に予測される範囲においては包括的な許可を与えることも行われている。

なお、東京地裁の実務においては、保全管理命令には明記していないが、保全管理人に対して、調査委員の調査事項のうち、法39条1号に規定する事項（更生手続開始の原因たる事実及び法41条1項2号～4号に掲げる申立棄却事由の有無、開始前会社の業務及び財産の状況その他更生手続開始の申立てについて判断するのに必要な事項並びに更生手続を開始することの当否）並びに法39条2号に規定する事項のうち法40条に定める役員等の財産に対する保全処分及び法100条1項に定める役員等責任査定決定を必要とする事情の有無及びその処分等の要否についても調査報告を求めており、これが会社更生手続開始の申立てに対する決定をするに当たっての重要な資料となっている。

3 その他の保全措置

保全管理命令が発令されたとしても、現経営陣の事業経営権及び財産管理処分権が失われるだけであり、債権者による法的手続を通じた個別的権利行使や他の法的倒産手続の進行は妨げられない。そのため、事案の必要に応じ、保全管理命令と併せて、他の手続の中止命令等（法24条1項・2項）や包括的禁止命令（法25条1項）を発令する場合がある。包括的禁止命令に当たっては、中止命令によっては更生手続の目的を十分に達成することができないおそれがあると認めるべき特別の事情があることが必要である（法25条1項本文）が、多数の債権者がおり、開始前会社が国内各地あるいは国外に

多数の資産を保有している事案等においては、そのような事情があると認められる例は少なくない。

他方、開始前会社の業務及び財産に関する保全処分（法28条１項）については、保全管理命令により、その目的を達することから、実務においては、通常、発令されていない。

なお、法28条１項は開始前会社以外の第三者を名宛人とした保全処分を認めるものであるか否かについては、解釈上議論のあるところではあるが、東京地裁の実務はこれを肯定しており、例えば、開始前会社の有する営業上の債権が譲渡担保に入っている場合に債権者に対して譲渡担保の実行禁止を命じる保全処分、あるいは開始前会社の預金が第三者名義となっている場合に、預金名義人に対して取立て禁止、金融機関に対して払戻禁止を命じる保全処分などの例がある。なお、前者については、他の手続の中止命令（法24条１項）又は包括的禁止命令（法25条１項）を発令することも考えられるが、特定少数の債権者による個別的権利行使を事前に禁止する必要がある場合には、中止命令では事前対応ができず、包括的禁止命令では対象が広範に過ぎることから、法28条１項の保全処分を発することが考えられる。

保全管理命令

　　平成　　年（ミ）第　　号　会社更生事件

　　　　　　　　　　　決　　　定

　　　　当事者の表示　　別紙当事者目録記載のとおり

　頭書事件について、保全管理命令の申立てがあったので、当裁判所は、申立てを理由あるものと認め、会社更生法30条１項及び２項、32条１項ただし書並びに同条３項において準用する72条２項の規定に基づき、次のとおり決定する。

　　　　　　　　　　　主　　　文
１　開始前会社につき保全管理人による管理を命ずる。
２　次に掲げる者を保全管理人に選任する。
　　　　東京都○○区○○○丁目○番○号　　○○ビル○階
　　　　　弁護士　　○　　○　　○　　○
３　保全管理人は、次に掲げる行為をするには、裁判所の許可を得なければ

ならない。
(1) 平成　　年　　月　　日までの原因に基づいて生じた債務の弁済。ただし、次に掲げるものを除く。
　ア　開始前会社とその従業員との雇用関係によって生じた債務であって退職金支払債務以外のもの
　イ　債務総額○○万円以下の債務
(2) 開始前会社が所有又は占有する財産に係る権利の譲渡、担保権の設定、賃貸その他一切の処分（○○万円以下の価額を有する財産に係る取引及び常務に属する取引に関する場合を除く。）
(3) 開始前会社の有する債権について譲渡、担保権の設定その他一切の処分（保全管理人による取立てを除く。）
(4) 財産の譲受け（商品の仕入れその他常務に属する財産の譲受けを除く。）
(5) 貸付け
(6) 借財（手形割引を含む。）又は保証
(7) 訴えの提起若しくは保全、調停、支払督促その他これらに準ずるものの申立て又はこれらの取下げ
(8) 和解又は仲裁合意
(9) 債務免除、無償の債務負担行為又は権利の放棄
(10) 開始前会社について更生手続開始の決定がされたとすれば○○万円を超える共益債権を生じさせる行為で常務に属しないもの
(11) 担保の変換（更新された火災保険契約に係る保険金請求権に対する担保変換としての質権の設定を除く。）
(12) 開始前会社の事業の維持更生の支援に関する契約又は当該支援をする者の選定業務に関する契約の締結
4　保全管理人が前項に掲げる行為のほか開始前会社の常務に属しない行為をするには、裁判所の許可を得なければならない。
　　　　　平成　　年　　月　　日
　　　　　東京地方裁判所民事第8部
　　　　　　　裁判長裁判官　　○　○　○　○
　　　　　　　裁判官　　　　　○　○　○　○
　　　　　　　裁判官　　　　　○　○　○　○

（永野　厚郎・高橋　貞幹）

〔参考文献〕
東弁・更生法12頁
上谷ほか・実務2・301頁、351頁、401頁〔永野厚郎〕
一問一答更生法64頁

Q23　保全措置の選択(2)

開始前会社自身がDIP型での更生手続開始を申し立てた場合、どのような保全措置が採られるのか

1　はじめに

　東京地裁の実務においては、会社申立ての事件で現経営陣が自ら事業再建を手掛ける意欲がある場合に、更生手続開始時にDIP型4要件（①現経営陣に不正行為等の違法な経営責任の問題がないこと、②主要債権者が現経営陣の経営関与に反対していないこと、③スポンサーとなるべき者がいる場合には、その了解があること、④現経営陣の経営関与によって会社更生手続の適正な遂行が損なわれるような事情が認められないこと。これらの詳しい説明は、Q40参照）を満たせば、現経営陣の中から管財人を選任して再建に当たらせることを許容する運用をしている。

　更生手続開始申立て段階では、DIP型4要件を全て満たしているかは判然としないことが通常であると考えられるので、要件①の「現経営陣に不正行為等の違法な経営責任の問題」（例えば、会社財産の私的流用・隠匿、粉飾決算など）の存在が明らかでない場合には、現経営陣に経営権を留保する保全措置を採ることとしている。もっとも、実務上は、事前相談における各種の情報から判断して、開始決定時にDIP型4要件を満たすことが困難であることが予想されるときは、管理型更生手続又はその他の法的整理手続を勧めることもある。

　DIP型更生手続における保全措置としては、当該運用の目的の一つが、違法な経営責任のない現経営陣の活用により経営の断絶を避け、事業価値の毀損を可能な限り防止しつつ事業再建を図り、もって利害関係人の満足の最大化を図ることにあることからすれば、申立て後も、保全管理命令を発令せず、現経営陣による開始前会社の事業の経営権及び財産の管理処分権を認めた上で、一定の保全措置を採ることが相当である。具体的には、更生手続開

始の申立ての当日に、いずれも会社の申立てにより、①現経営陣の経営権を留保するため、保全管理命令を発令することなく、弁済禁止等の保全処分（法28条1項）を発令し、同時に、②監督命令兼調査命令（法35条、39条）を発令する運用としている。

2　弁済禁止等の保全処分

　具体的な保全処分の内容は、事案によって異なる部分もあるが、開始前会社が保全処分の発令の前日（事案によって当日）までの原因に基づいて生じた債務を弁済するには、裁判所の許可を得なければならないとし、ただし、①開始前会社とその従業員との雇用関係により生じた債務であって退職金支払債務以外のものを除外するのが通常である。また、②開始前会社の資金繰り、業務や取引の実情等も考慮し、事案によっては、一定額の少額債務の弁済を許可対象から除外し、開始前会社が事業の維持・継続を図る上で機動性に欠けることのないようにしている。

　なお、保全処分の対象外の開始前会社の行為に対しては、監督命令における監督委員の要同意事項の指定により保全を図ることになる。

3　監督命令兼調査命令

(1)　監督命令兼調査命令の発令

　DIP型更生手続を想定した保全措置として、弁済禁止等の保全処分の発令と併せて、監督命令兼調査命令を発令して、更生手続の実務の経験が豊富な弁護士を監督委員兼調査委員に選任し、現経営陣による事業の経営及び財産の管理処分を監督しつつ、更生手続開始の条件の存否等の通常の調査事項に加えて、現経営陣の事業家管財人としての適正に関する調査を行うことを求めている。

(2)　監督命令

　監督命令は、開始前会社の事業の経営及び財産の管理処分を現経営陣に認めた上で、その権限行使について監督委員の監督に服させるものである（法35条1項）。監督命令においては、監督委員を選任し、その同意を得なけれ

ば開始前会社がすることができない行為を指定しなければならない（法35条2項）ところ、DIP型更生手続を想定した保全措置では、通常、①管財人の要許可事項（法72条2項各号に掲げる行為のうち、保全段階においては関係のないもの（同項4号）及び別途監督委員の承認権限を定めるもの（同項8号）を除くもの）に準じてこれに関連する行為のほか、②スポンサー契約及びスポンサー選定業務に関する契約（フィナンシャル・アドバイザリー契約）の締結を指定することとしている。また、開始前会社が事業の継続に欠くことのできない行為をすることによって生じるべき相手方の請求権を共益債権とする旨の裁判所の許可（法128条2項）に代わる承認をする権限を付与することとしている（法128条3項）。

監督委員は、上記のような同意事項及び開始前の借入れ等の共益債権化の承認等を通じて、現経営陣の監督をする。この場合、裁判所は、監督委員の同意については開始前会社から（会社更生規則17条2項、民事再生規則21条2項）、共益債権化の承認については監督委員から（会社更生規則34条）、それぞれ事後の報告を受けているが、重要な事項については、裁判所も監督委員あるいは開始前会社（申立代理人）から事前に相談を受けている。

また、開始前会社が監督委員に対する報告を要する行為を指定することもできる（会社更生規則17条2項、民事再生規則22条）が、実務の運用上は、監督委員はより積極的に開始前会社の経営等に関与しているので、特定の行為を報告を要する行為に指定することはしていない。

(3) 調査命令

調査命令においては、①更生手続開始原因事実及び申立棄却事由の有無、開始前会社の業務及び財産の状況、更生手続開始の当否といった一般的な調査事項（法39条1号・2号に掲げるもの）のほか、②DIP型に特有のものとして、現経営陣が事業家管財人又は事業家管財人代理の職務を行うに適した者であるかどうかという管財人の適性に関する事項も調査事項としている。②の調査では、主要債権者や従業員に対する面談及び書面による意見聴取（アンケート）を実施し、その他寄せられる各種の情報も踏まえ、また、補助者である公認会計士による調査結果（明白な粉飾の有無、当面の資金繰りの見通

し等の確認）などを総合し、その適正についての意見を述べることとなる。

　調査期間は、通常３週間程度としているが、調査途中であっても、保全管理命令その他の保全措置を必要とする事実が判明したときは、監督委員兼調査委員はその旨の中間報告を行い、裁判所はこれに基づいて必要な保全措置を発令することもあり得る。また、事情により、調査報告書の提出期限を変更する場合には、事前の協議を行った上で変更決定を行うこととしている。

(4) **監督委員兼調査委員の任務**

　監督委員兼調査委員は、DIP型を想定した会社申立ての事案において、現経営陣が経営権限を維持する開始前会社の監督をしつつ、DIP型の更生手続を開始する要件があるか否かを調査する任務を負っており、また、通常、①DIP型で開始決定がされるときは、引き続き調査委員に選任されること、②管理型で開始決定がされるときは、管財人に選任されることが想定されている。その意味で、監督委員兼調査委員はDIP型更生手続の運営において極めて重要な役割を担っており、当該運営に対して債権者を始めとする利害関係人の信頼が得られるよう、その任務を遂行すべきことになる。

DIP型・監督命令兼調査命令

平成　　年（ミ）第　　号　会社更生事件

決　　定

　　　当事者の表示　　別紙当事者目録記載のとおり

　頭書事件について、監督命令及び調査命令の各申立てがあったので、当裁判所は、各申立てをいずれも理由あるものと認め、会社更生法35条1項及び2項、39条、125条2項並びに128条3項の規定に基づき、次のとおり決定する。

主　　文

1　開始前会社につき、監督委員による監督及び調査委員による調査を命ずる。
2　次に掲げる者を監督委員兼調査委員に選任する。
　　東京都千代田区○○○○
　　　　弁護士　　○　　○　　○　　○
3　開始前会社が次に掲げる行為をするには、監督委員の同意を得なければならない。

(1) 開始前会社が所有又は占有する財産に係る権利の譲渡、担保権の設定、賃貸その他一切の処分（○○万円以下の価額を有する財産に係る取引及び常務に属する取引に関する場合を除く。）
(2) 開始前会社の有する債権について譲渡、担保権の設定その他一切の処分（開始前会社による取立てを除く。）
(3) 財産の譲受け（商品の仕入れその他常務に属する財産の譲受けを除く。）
(4) 貸付け
(5) 借財（手形割引を含む。）又は保証
(6) 訴えの提起若しくは保全、調停、支払督促その他これらに準ずるものの申立て又はこれらの取下げ
(7) 和解又は仲裁合意
(8) 債務免除、無償の債務負担行為又は権利の放棄
(9) 担保の変換（更新された火災保険契約に係る保険金請求権に対する担保変換としての質権の設定を除く。）
(10) 開始前会社の事業の維持更生の支援に関する契約又は当該支援をする者の選定業務に関する契約の締結
4 監督委員は、開始前会社が会社更生法128条2項に規定する行為によって生ずべき相手方の請求権を共益債権とする旨の裁判所の許可に代わる承認をすることができる。
5 調査委員は、次の各事項について調査し、その結果及び意見を平成　年　月　日までに書面で提出しなければならない。
(1) 更生手続開始の原因となる事実
(2) 開始前会社の会社更生法41条1項2号から4号までに掲げる事由の有無
(3) 開始前会社の業務及び財産の状況
(4) 更生手続開始の申立てについての判断をするのに必要な事項
(5) 更生手続を開始することの当否
(6) 保全管理命令又は会社更生法39条の2若しくは40条の規定による保全処分を必要とする事情の有無及びその処分又は命令の要否
(7) 会社更生法100条1項に規定する役員等責任査定決定を必要とする事情の有無及びその決定の要否
(8) 開始前会社の（代表）取締役○○○○が、管財人（代理）の職務を行うに適した者であるかどうか。
(9) その他裁判所が調査報告又は意見の陳述を求める事項

　　　　　　　　　平成　年　月　日
　　　　　　　　　東京地方裁判所民事第8部
　　　　　　　　　　　裁判長裁判官　　○　○　○　○
　　　　　　　　　　　裁判官　　　　　○　○　○　○
　　　　　　　　　　　裁判官　　　　　○　○　○　○

DIP型・保全処分

平成　年（ミ）第　　号　会社更生事件

決　　　定

当事者の表示　　別紙当事者目録記載のとおり

　頭書事件について、保全処分の申立てがあったので、当裁判所は、申立てを理由あるものと認め、会社更生法28条1項の規定に基づき、次のとおり決定する。

主　　　文

　開始前会社は、裁判所の許可を得なければ、平成　年　月　日までの原因に基づいて生じた債務の弁済をしてはならない。ただし、次に掲げるものを除く。
1　開始前会社とその従業員との雇用関係によって生じた債務であって退職金支払債務以外のもの
2　債務総額○○万円以下の債務
　　　　　　　平成　年　月　日
　　　　　東京地方裁判所民事第8部
　　　　　　　裁判長裁判官　　○　○　○　○
　　　　　　　　　裁判官　　○　○　○　○
　　　　　　　　　裁判官　　○　○　○　○

（高橋　貞幹）

Q24 保全措置の選択(3)

> 債権者が更生手続開始を申し立てた場合、どのような保全措置が採られるのか

1 はじめに

　債権者により更生事件の申立てがなされる場合は、会社の再建の方針について現経営陣と債権者あるいは債権者相互間に利害の対立があるのが通常である。また、債権者申立てにおいては、申立て段階では、会社申立ての場合と比較して、会社の経営・財務状況等についての十分な情報がない場合がほとんどである。このように債権者申立ての更生事件の手続運用においては、会社申立ての場合と異なり、情報の制約がある上に、時として緊急性が要求される状況下で、会社の経営の混乱を避けつつ、会社の再建方針について、関係者の公平感を損なうことなく、その利害の調整を図っていくという難しい判断を求められるが、その中でも特に初期段階での手続の枠組みである保全措置をどのようにするかが極めて重要である。求められる保全措置の内容は、事案ごとの判断ではあるが、利益状況に応じてある程度の類型化が可能であり、それぞれについてのポイントは以下のとおりである。

2 現経営陣を直ちに排除すべきことが明らかとまではいえない場合

　既に述べたとおり、債権者申立ての事件においては、会社申立ての場合と比較して、会社の経営・財務状況等についての十分な情報がない場合がほとんどである。更生手続開始の原因があるとの疎明があっても、開始前会社側が反論すれば、開始原因の存否自体が明らかとはいえなくなる場合も想定される。

　そのような事情を踏まえると、債権者申立ての事件においては、一般的には、直ちに、開始前会社の現経営陣の経営権を剥奪ないし制約するのは相当ではなく、調査委員を選任して更生手続開始の当否や保全管理命令の発令の

当否等に関する調査を命じるのが相当と判断される場合が多い。とりわけ、大口債権者ではなく、小口債権者のみの申立てであるような場合は、開始前会社側にも何らかの事情があることが少なくないであろう。

　調査委員の調査によって、保全管理命令の発令が適当であるとの事情が明らかになれば、その段階で、保全管理命令を発令すべきことになる。

3　現経営陣を直ちに排除すべきことが明らかとまではいえないが、現経営陣の経営権に監督を及ぼすべき事情がある場合

　上記2のような状況の下で、かつ、現経営陣が会社資産の流出など何らかの濫用的行為・妨害的行為をするおそれが否定できない事情があるときには、調査命令に加えて、監督命令を併せて発令するのが相当であろう。このような場合には、通常は、監督命令兼調査命令を発令し、同一人を監督委員兼調査委員に選任する扱いが採られている。債権者申立ての事件における監督命令兼調査命令に特有なものとして、開始前会社名義の預金口座からの出金及び送金を要同意事項とするなど、具体的な事案に応じて、要同意事項を個別に検討することが挙げられる。また、監督命令兼調査命令の発令に際しては、現経営陣に対し、監督命令の趣旨等について裁判所からも十分説明するなど、スムーズに手続が進行できるような配慮が求められる。

　監督委員兼調査委員の調査によって、保全管理命令の発令が適当であるとの事情が明らかになれば、その段階で、保全管理命令を発令することになるのは、上記2の場合と同様である。

4　現経営陣を直ちに排除すべきことが明らかな場合

　現経営陣が、反社会的勢力などの一部の債権者やスポンサーと通謀して偏頗的な再建計画を実行しようとしている場合、あるいは粉飾決算をしつつ偏頗弁済や会社財産の私的流用を行っている場合など、現経営陣を直ちに排除すべきことが明らかな場合には、保全措置として保全管理命令を発令して、現経営陣を直ちに排除するのが相当である。

　保全管理命令を発令するためには、現経営陣を排除すべき事情のみなら

ず、更生手続開始の見込みのあることや、現経営陣を排除することにより会社の経営がかえって混乱することがないかなどを確認する必要があるが、大口債権者からの申立ての場合には、それまでの現経営陣との交渉経過等からこれらについて疎明が得られる場合も少なくない。そして、事前に情報が漏れると現経営陣からの妨害工作が懸念される場合には、現経営陣を審尋することなく保全管理命令を発令することになる。もっとも、大口債権者といえども、第三者による申立てであるため、開始前会社からの反論の機会があれば、現経営陣を直ちに排除すべきとまではいえない事情が存在する可能性もあり、慎重な判断を必要とする。

　いずれにせよ、保全管理人が開始前会社の業務執行権及び財産管理・処分権をスムーズに掌握できるように、申立て段階で保全管理命令発令後の段取りを十分に詰めておく必要があり、経営に協力してくれるキーパーソンの目星、万が一の場合の業務代行者の手配、代表者印、銀行取引印、顧客情報の保管状況及びその確保、預金、現金等の保管状況及びその確保、運転資金不足の場合のDIPファイナンスの確保等を詰めておくことが必要である。これらの事案においては、現経営陣にも責任追及、否認や査定など弱みがあるので、保全期間をうまく乗り切れれば混乱は沈静化する場合が多いものと思われる。ただし、更生手続開始の決定によって、表立った対立は沈静化するが、関係者間の対立が完全には解消されず、火種を残している場合も想定されるので、例えば、否認の請求、役員等の責任査定、スポンサーの選定等に関し、手続の公正について批判を受けることのないよう、債権者等への情報開示や説明を丁寧に行うなどの配慮が必要となろう。

債権者申立て・監督命令兼調査命令

　　平成　　年（ミ）第　　号　会社更生事件

　　　　　　　　　　　決　　　定

　　　　当事者の表示　　別紙当事者目録記載のとおり

　　上記当事者間の頭書事件について、監督命令及び調査命令の各申立てがあっ

たので、当裁判所は、各申立てをいずれも理由あるものと認め、会社更生法35条1項及び2項、39条、125条2項並びに128条3項の規定に基づき、次のとおり決定する。

主　　文
1　開始前会社につき、監督委員による監督及び調査委員による調査を命ずる。
2　次に掲げる者を監督委員兼調査委員に選任する。
　　　　東京都千代田区○○○○
　　　　　弁護士　　○　　　○　　　○　　　○
3　開始前会社が次に掲げる行為をするには、監督委員の同意を得なければならない。
　(1)　平成　　年　　月　　日までの原因に基づいて生じた債務の弁済。ただし、次に掲げるものを除く。
　　　ア　開始前会社とその従業員との雇用関係によって生じた債務であって退職金支払債務以外のもの
　　　イ　債務総額○○万円以下の債務
　(2)　開始前会社が所有又は占有する財産に係る権利の譲渡、担保権の設定、賃貸その他一切の処分（○○万円以下の価額を有する財産に係る取引及び常務に属する取引に関する場合を除く。）
　(3)　開始前会社の有する債権について譲渡、担保権の設定その他一切の処分（開始前会社による取立てを除く。）
　(4)　財産の譲受け（商品の仕入れその他常務に属する財産の譲受けを除く。）
　(5)　貸付け
　(6)　借財（手形割引を含む。）又は保証
　(7)　訴えの提起若しくは保全、調停、支払督促その他これらに準ずるものの申立て又はこれらの取下げ
　(8)　和解又は仲裁合意
　(9)　債務免除、無償の債務負担行為又は権利の放棄
　(10)　担保の変換（更新された火災保険契約に係る保険金請求権に対する担保変換としての質権の設定を除く。）
　(11)　開始前会社名義の預金口座からの出金及び送金
4　監督委員は、開始前会社が会社更生法128条2項に規定する行為によって生ずべき相手方の請求権を共益債権とする旨の裁判所の許可に代わる承認をすることができる。
5　調査委員は、次の各事項について調査し、その結果及び意見を平成　　年　　月　　日までに書面で提出しなければならない。
　(1)　更生手続開始の原因となる事実
　(2)　開始前会社の会社更生法41条1項2号から4号までに掲げる事由の有無

(3)　開始前会社の業務及び財産の状況
　(4)　更生手続開始の申立てについての判断をするのに必要な事項
　(5)　更生手続を開始することの当否
　(6)　保全管理命令又は会社更生法39条の2若しくは40条の規定による保全処分を必要とする事情の有無及びその処分又は命令の要否
　(7)　会社更生法100条1項に規定する役員等責任査定決定を必要とする事情の有無及びその決定の要否
　(8)　その他裁判所が調査報告又は意見の陳述を求める事項
　　　　　　　平成　　年　　月　　日
　　　　　　　東京地方裁判所民事第8部
　　　　　　　　　裁判長裁判官　　○　○　○　○
　　　　　　　　　　　裁判官　　○　○　○　○
　　　　　　　　　　　裁判官　　○　○　○　○

（永野　厚郎・高橋　貞幹）

〔参考文献〕
　東弁・更生法12頁
　上谷ほか・実務2・301頁、351頁、401頁〔永野厚郎〕
　一問一答更生法64頁

Q25　保全管理命令

保全管理命令は、どのような場合に発令されるのか。その効力は、どのようなものか

1　保全管理命令の趣旨

　裁判所は、更生手続開始の申立てがあった場合において、更生手続の目的を達成するために必要があると認めるときは、利害関係人の申立てにより又は職権で、更生手続開始の申立てにつき決定があるまでの間、開始前会社の業務及び財産に関し、保全管理人による管理を命じる処分をすることができる（法30条1項）。これが保全管理命令である。保全管理命令が発せられる

と、開始前会社の事業の経営並びに財産の管理及び処分をする権利は保全管理人に専属し、現経営陣はこれらの権限を失う（法32条1項）。更生手続開始の申立てに対する裁判所の判断がされるまでの間に、開始前会社の財産が現経営陣により隠匿され又は散逸し、若しくは事業が劣化するのを防止し、将来の開始決定に備える目的で、昭和42年改正で設けられた保全措置である。会社の管理権限を制約するタイプの保全措置としては最も強力なものであるが、更生手続が、裁判所が選任する管財人が更生会社の事業経営権及び財産管理処分権を専属的に行使し事業再建を図る管理型の倒産手続であること、濫用的申立てを排除する機能もあることから、実務の運用上は、DIP型の運用を行う事件を除く、大部分の事件について発令されている。

2　保全管理命令の発令

(1)　申立権者

　保全管理命令は、利害関係人の申立てにより又は職権で発令される。ここにいう利害関係人には、開始前会社自身、個々の債権者及び株主が含まれる。更生手続開始の申立てには一定数量以上の債権額又は持株数が必要とされる（法17条2項）が、保全管理命令の申立資格にはかかる制限はない。したがって、更生手続開始を申し立てた者以外の者が保全管理命令を申し立てることも可能であるが、実際には、更生手続開始を申し立てる者が、同時に保全管理命令を申し立てるのが通常である。更生手続開始を申し立てた者又は開始前会社以外の者が保全管理命令を申し立てる場合には、申立資格である利害関係の存在について別途明らかにしなければならない。

(2)　審　　理

　保全管理命令発令の要件は、更生手続開始の申立ての存在と、更生手続の目的を達成するために必要があることである。必要性は、純然たる保全の必要性のみならず、保全管理命令によることの相当性や、更生手続開始決定に至る見込みを総合的に考慮して判断される。したがって、更生手続開始原因等の有無や、現経営陣を排除した場合の会社経営に対する影響も審理対象となる。

審理は口頭弁論を経ることを要せず、裁判所は職権で必要な調査をすることができる（法8条1項・2項）。申立資料が不十分である場合は、現経営陣を審尋する等の必要がある。

(3) 取下げ

保全管理命令の申立ては、当該申立てに対する裁判がされるまでは、これを取り下げることができる。保全管理命令の発令後は、もはや取り下げることはできない。保全管理命令の効力は、開始前会社を含めた全利害関係人のために生じるものであるから、一旦発令された以上、これを申し立てた者の一存でその効力を消滅させることができると解するのは相当でないからである。発令後は、裁判所の職権による取消し（法30条3項）により対処すべきである。

(4) 裁判

保全管理命令の申立てに対する裁判は、決定で行う。この裁判は、申立人（債権者申立ての場合は開始前会社にも）及び保全管理人に相当と認める方法で告知された時に、その効力を生じるものと解すべきである（法13条、民事訴訟法119条）。裁判所は、保全管理命令を発令したときは、当事者に送達しなければならない（法31条2項）が、これは、利害関係人が保全管理命令に対して即時抗告をすることができること（法30条4項）から定められたものであり、保全管理命令の効力を生じさせるための告知方法を送達に限った趣旨ではないと解される。特に、債権者申立て又は株主申立ての事件における保全管理命令は、会社に対して密行性を確保する必要があり、かつ、事前に準備した一定の時刻に保全管理命令の効力を生じさせ、保全管理人団が一斉に業務及び財産全般を掌握することを可能とする必要がある。

実務の運用においては、会社申立ての事件で管理型の進行を想定している場合は、更生手続開始の申立てと同時にされる保全管理命令の申立てに対し、即日、保全管理命令を発令するのが通例である。

3 保全管理命令の効果

(1) 開始前会社の機関の地位

保全管理命令の発令により、開始前会社の事業の経営及び財産の管理処分権は保全管理人に専属する。これにより、代表取締役を始めとする開始前会社の機関は、これらの権限を失う（法32条1項）。財産が日本国内にあるか否かを問わない。開始前会社の組織法上の権限は、保全管理人の権限や保全管理命令の趣旨に抵触しない限度で開始前会社の機関に留保されるが、組織法上の権限の行使にも会社財産の支出が必要であること、合併や解散等の更生手続開始の支障となるような組織法上の行為が可能であるとは解し難いことから、実際上、許容されるものは極めて限定される。

また、開始前会社の取締役、会計参与、監査役、執行役及び清算人は、開始前会社に対して、保全管理人が選任されている期間中の報酬等（会社法361条1項）を請求することができない（法34条5項、66条1項本文）。

さらに、更生会社の取締役、執行役又は清算人が、自己又は第三者のために更生会社の事業の部類に属する取引をするには、原則として、保全管理人に対し、その取引についての重要な事実を開示し、その承認を受けなければならず、これに違反してその取引をした場合、開始前会社に対して損害賠償責任を負い、損害額の推定も受ける（法34条4項、65条1項・3項）。この承認の有無にかかわらず、その取引をした後は遅滞なく、当該取引についての重要な事実を保全管理人に報告しなければならない（法34条4項、65条2項）。

(2) 開始前会社に対する弁済の禁止

保全管理命令発令後、開始前会社の財産の管理処分権は保全管理人に専属するから、開始前会社に対して債務を負担していた債務者は、保全管理人に対して弁済しなければ弁済の効力を主張し得ない。ただし、善意の弁済者を保護するために、保全管理命令の発令の事実を知らないで開始前会社に対して弁済をしたときは、更生手続の関係においても弁済の効力を主張することができる。また、保全管理命令の発令の事実について悪意である場合は、会社財産が利益を受けた限度で弁済の効力を主張することができる。保全管理命令の公告の前には善意が推定され、公告の後は悪意が推定される（法34条

1項、57条、59条)。

(3) 開始前会社の財産関係の訴えの中断等

保全管理命令の発令により開始前会社の代表機関の財産の管理処分権が失われ、開始前会社の財産関係の訴訟における当事者適格は保全管理人に移るから、当該訴訟手続は中断する(法34条2項、52条1項)。

これらの訴訟のうち更生債権等に関しないものについては、保全管理人又は訴訟の相手方が受継を申し立てることができる(法34条2項、52条2項)。なお、開始決定により、再度、訴訟手続は中断することに留意する必要がある(法52条1項)。

(4) 更生手続開始申立ての取下制限

保全管理命令がされたときは、更生手続開始の申立てをした者が、当該申立てを取り下げるためには、裁判所の許可を得なければならない(法23条)。保全措置だけを一時的に利用するための更生手続開始申立ての濫用を防止するためである。

4　保全管理命令の変更・取消し

裁判所は、更生手続開始の申立てにつき決定があるまでは、保全管理命令を変更し、又は取り消すことができる(法30条3項)。保全管理命令の変更とは、例えば、保全管理人の改任や、裁判所の許可を要する行為の変更である。

5　送達・公告・登記嘱託

裁判所は、保全管理命令及びこれを変更し又は取り消す決定をしたときは、当事者には送達し(法31条2項)、かつ官報にその旨を公告する(法31条1項、10条1項)。この公告には、一切の関係人に対して裁判の告知があったものとみなす効力はない(法31条3項)。また、裁判所書記官は、職権で、遅滞なく、その旨の登記を嘱託する(法258条4項・6項)。

6 即時抗告

　保全管理命令及びこれを変更し、又は取り消す決定に対しては、利害関係人は即時抗告をすることができる（法30条4項）。抗告権者である利害関係人は、保全管理命令の申立権者と同じである。即時抗告期間は、送達と公告の双方がされる場合であるから、多数関係者の早期画一的処理の観点から、一律に公告が掲載された日の翌日から起算して2週間と解する（法9条、10条2項）。この即時抗告は、執行停止の効力を有しない（法30条5項）。

　保全管理命令の申立てを却下する決定に対しては、即時抗告をすることはできない（法9条）。

7 失　効

　保全管理命令は、裁判所若しくは抗告裁判所による取消し・変更、更生手続開始決定又は更生手続開始の申立ての棄却若しくは却下決定の確定により、効力を失う。

　　　　　　　　　　　　　　　　　　　　（池下　朗・高橋　貞幹）

〔参考文献〕
　条解更生法（上）355頁
　瀬戸英雄「保全管理命令・保全管理人」瀬戸ほか・新理論と実務62頁
　伊藤・更生法78頁

Q26　保全管理命令の公示

保全管理命令はどのように公示されるのか

1　保全管理命令に関する公告
(1)　公告すべき場合

　裁判所は、保全管理命令を発したときは、直ちにその旨を公告しなければならない。保全管理命令を変更し、又は保全管理命令を取り消す決定があっ

た場合も同様である（法31条1項）。保全管理命令があると、開始前会社の事業経営権及び財産管理処分権は保全管理人に専属し、代表取締役を始めとする現経営陣（取締役、執行役、監査役を含む。）はこれらの権限を失う（法32条1項）ので、開始前会社と取引等の関係を有する第三者は重大な影響を受ける。保全管理命令の変更又は取消決定があった場合も同様である。そこで、会社更生法は、これらの決定があったことを公告して、関係人の保護を図ったのである。

更生手続開始決定がされたときは、保全管理命令は当然に失効し、改めて取消しの裁判を要しないが、特に取消しの裁判をしたときでも、改めて公告を要しない（条解更生法（上）375頁以下参照）。

(2) 公告すべき事項

公告すべき事項は、保全管理命令があった旨であり、具体的には、保全管理人による管理の命令があったこと、及び保全管理人の氏名・住所である。

(3) 公告の方法

公告は、官報に掲載して行う（法10条1項）。

公告に関する事務は裁判所書記官が取り扱う（会社更生規則6条）。公告に関する事務とは、公告事項を記載した原稿を作成し、独立行政法人国立印刷局へ官報公告の申込みをし、掲載に要した費用の払出しを行うことなどである（条解会社更生規則23頁参照）。公告の費用は、申立ての際申立人が予納した費用の中から支払われる。

(4) 公告の効力

この公告には、一切の関係人に対して裁判の告知があったものとみなす効力はなく（法31条3項）、保全管理命令の効力は、申立人（債権者申立ての場合は開始前会社にも）及び保全管理人に相当と認める方法で告知された時に効力を生じるものと解される（法13条、民事訴訟法119条）。

2 保全管理命令に関する登記

開始前会社について保全管理命令が発令されたときは、裁判所書記官は、職権で、遅滞なく、保全管理命令の登記を開始前会社の本店（外国に本店が

あるときは、日本における営業所）の所在地の登記所に嘱託しなければならない（法258条4項・1項）。保全管理命令の登記には、①保全管理人の氏名（保全管理人が法人である場合は名称）及び住所、②保全管理人が職務を単独で行うことについて許可があった旨、③職務分掌の許可があった旨及び分掌する職務の内容も登記しなければならない（法258条5項1号）。なお、②及び③は保全管理人が複数選任されている場合に法34条1項において準用する法69条1項ただし書の許可があったときの登記事項である。保全管理命令の変更若しくは取消しがあった場合又は登記事項に変更が生じた場合も、裁判所書記官は、職権で、遅滞なく、その旨の登記嘱託をしなければならない（法258条6項）。ただし、更生手続の開始決定がなされたときは、その登記の際に、保全管理命令の登記を抹消する記号が記録されるので（商業登記規則113条2項1号、1項1号）、改めて嘱託する必要はない。

以上の登記手続においては、登録免許税は課せられない（法264条1項）。裁判所書記官は、嘱託した登記がなされたかどうかを確認するためなどに、通常、登記の嘱託と同時に登記事項証明書の交付を申請する（商業登記法11条）が、この手数料も不要である（登記手数料令19条）。

(木村　史郎・矢作　健)

〔参考文献〕
伊藤・更生法78頁

Q27　保全管理人

保全管理人はどのような地位及び権限を有するのか

1　保全管理人の選任

裁判所は、保全管理命令を発するときは、その決定において保全管理人を選任する（法30条2項本文）。

2　保全管理人の員数

　保全管理人の員数には制限はない。一人でも数人でも選任することができる（法30条2項）。保全管理人が数人あるときは、共同してその職務を行うが、裁判所の許可を得て、それぞれ単独にその職務を行い、又は職務を分掌することができる（法34条1項、69条1項）。また、第三者からの意思表示は、その一人に対してすれば足りる（法34条1項、69条2項）。

　管財人が数人選任されるのは、法律家管財人のほかにスポンサーから事業家管財人を選任する場合が多いが、保全管理段階ではスポンサー選定が完了していない場合が通常であるから、実際に数人の保全管理人が選任されることはまれである。

3　保全管理人の資格

　保全管理人は、自然人に限らず、法人もまた選任することができる（法34条1項、67条2項）。法人が保全管理人に選任された場合には、当該法人は、役員又は職員のうちから保全管理人の職務を行うべき者を指名し、指名された者の氏名を裁判所及び開始前会社に通知しなければならない（会社更生規則17条1項、20条2項）。

　役員等責任査定決定を受けるおそれがあると認められる者は保全管理人に選任することができない（法30条2項ただし書、67条3項）。したがって、経営責任のない者であれば、開始前会社の役員又は旧役員であっても保全管理人となり得るのであるが、当該役員について役員等責任査定決定を受けるおそれがないかどうかは、更生手続開始申立て直後の段階では裁判所に明らかではないのが通常である上、その時期には、現経営者に対する関係人の反発が強いことが多いから、開始前会社の役員又は旧役員が保全管理人となることは、管財人となること以上にまれになると考えられる。

　保全管理人に選任される資格についての制限は、これ以外にはない。しかし、保全管理人には、その職務を行うに適した者を選任しなければならない（会社更生規則17条1項、20条1項）とされている。その職務を行うに適した者とは何かであるが、保全管理人は、開始前会社の事業経営権及び財産管理

処分権を自ら行使して、更生手続開始申立て直後の混乱を早期に収束させ、事業経営を軌道に乗せるとともに、開始前会社の財産の保全を図ることを職責とするものであり、更生手続開始決定があれば通常は管財人に選任されることが想定されるものであるから、法律的知識、経営的手腕及び会計的識見の全てが要求されるため、倒産実務に精通している弁護士の中から選任されるのが通常である。

4 保全管理人の報酬等

保全管理人及び保全管理人代理は、費用の前払及び裁判所が定める報酬を受けることができる（法34条1項、81条1項）。裁判所は、保全管理人の報酬を定めるに当たっては、その職務と責任にふさわしい額を定める（会社更生規則17条1項、22条）。前払費用及び報酬請求権は、共益債権となる（法127条4号）。

5 保全管理人の責任

保全管理人は、裁判所により選任された更生手続上の機関であり、開始前会社の事業経営権と財産管理処分権を有するものであるから、その職務を遂行するに当たって善良な管理者の注意をもって行わなければならず、これを怠るときは利害関係人に対し直接に損害賠償責任を負う（法34条1項、80条）。

保全管理人は、自己取引及び開始前会社との競業取引について、管財人と同様の規制に服する（法34条1項、78条、79条）。

保全管理人は、その選任後、開始前会社に対する債権又は開始前会社が発行した株式を譲り受け、又は譲り渡すには、裁判所の許可を得なければならず、許可を得ないでこれらの行為をしたときは、費用及び報酬の支払を受けることができない（法34条1項、81条2項・3項）。

また、保全管理人には収賄罪の規定がある（法272条）。

6 保全管理人の監督

保全管理人は、裁判所により選任された更生手続上の機関であるから、裁

判所の監督に服する（法34条1項、68条1項）。監督は、口頭又は書面による報告、相談、指示等の方法による。裁判所は、保全管理人の監督に係る事務を裁判所書記官に命じて行わせることができる（会社更生規則17条1項、21条）。裁判所書記官を通じた日常的な連絡・調整が、実際には重要である。

裁判所は、保全管理人が開始前会社の業務及び財産の管理を適切に行っていないとき、その他重要な事由があるときは、利害関係人の申立てにより又は職権で、保全管理人を審尋の上、解任することができる（法34条1項、68条2項）。

7　保全管理人の権限

(1)　事業の経営並びに財産の管理処分権

保全管理人は、開始前会社の事業経営権と財産管理処分権を専属的に有するから、これらに関する事項全般について権限を有する（法32条1項本文）。したがって、開始前会社の財産関係の訴えについては、保全管理人が原告又は被告となる（法34条1項、74条1項）。

ただし、開始前会社の常務に属しない行為をするには、裁判所の許可を得なければならない（法32条1項ただし書）。常務とは、当該会社の通常の業務行為である。仕入れ、販売、運転資金の調達、債務の弁済等が通常の規模と範囲で行われる場合は、常務に当たる。これに対し、事業譲渡、新規の大型設備投資、大規模な人員整理等は常務には当たらない。

また、裁判所は、必要があると認めるときは、保全管理人が財産の処分、借財など一定の行為をするには裁判所の許可を得なければならないものとすることができる（法32条3項、72条2項）。許可を得ないでした要許可行為は無効となるが、この無効は善意の第三者に対抗することができない（法32条2項・3項、72条3項）。

実務上は、保全管理命令において、①保全管理命令発令の前日（事案によっては当日）までの原因に基づいて生じた債務の弁済、②法72条2項各号に掲げる行為のうち保全段階では関係のないもの（法72条2項4号）を除くもの、③裁判所が特に指定する行為として、スポンサー契約及びスポンサー

選定業務に関する契約(フィナンシャル・アドバイザリー契約)の締結について許可を要するものと定め、従業員との雇用関係により生じた債務と少額債務の弁済を許可対象から除外するのが通常である。除外される少額債務の金額は、更生債権者等の数を有意に減少させて手続コストの軽減に寄与し、かつ開始前会社の資金繰りを圧迫しないという観点から、開始前会社の実情に応じて個別に定めている。要許可行為についてする裁判所の許可も、行為類型によっては包括的に許可することによって、保全管理業務の機動性を損なわないようにしている。

(2) **調査権**

保全管理人は、開始前会社の取締役、会計参与、監査役、執行役、会計監査人、清算人及び使用人その他の従業者並びにこれらの者であった者並びに発起人、設立時取締役及び設立時監査役であった者に対し、開始前会社の業務及び財産の状況につき報告を求め、開始前会社の帳簿、書類その他の物件を検査することができる(法34条1項、77条1項)。また、保全管理人が職務を行うために必要があるときは、子会社に対しても報告を求め、検査をすることができる(法34条1項、77条2項)。

8 保全管理人の任務

保全管理人の任務は、開始前会社の経営陣に代わって指揮命令系統を掌握し、申立て直後の混乱を静めて会社の業務及び財産を保全し、同時に開始決定の可否を調査して、開始決定があった場合の道筋を付けることである。

(1) **開始前会社の業務及び財産の管理**

ア 指揮命令系統の全権掌握

保全管理人は、就職の後直ちに開始前会社の業務及び財産の管理に着手しなければならない(法34条1項、73条)。「会社の業務及び財産の管理」とは、会社組織を自らの指揮命令の下に置いて、会社の業務及び財産全般を掌握し、その保全を図ることをいう。保全管理人は、現経営陣・従業員、主要債権者その他の利害関係人から聴取して開始前会社の業務及び財産の状況を把握し、会社印、社長印、会計帳簿、財産等の引継ぎを受けるとともに、従業

員に対し保全管理命令の趣旨を周知徹底しなければならない。その際に、現経営陣のうち、保全管理人による指揮命令系統の全権掌握と保全管理業務の遂行に支障となる者は、これを排除しなければならない。

　現経営陣のうちどの範囲の者を排除すべきかは、一律に基準があるわけではなく、組織掌握の鍵になる人物は誰か（会社によっては、組織運営が現経営陣の人的要素に依存している等の原因で、指揮命令系統や財産の管理態勢が曖昧である場合があり、このような場合には、組織掌握の鍵になる人物を把握することが特に重要である。）、経営責任のない役員であって企業の維持更生のために必要と認められる者は誰か、現経営陣の関与によって手続の透明性が疑われないかなど、個別事案の状況を見極めて行わなければならない。その関与のさせ方も、任意の協力にとどめるか、一定の時期まで顧問として嘱託する形式を採るか、従業員（執行役員等）として再雇用する形式を採るか、保全管理人代理又は補佐として選任するかなどについて、裁判所と協議することが求められる。

　　イ　事業の維持・継続
　　　a　取引先及び従業員への周知

　保全管理人は、保全管理命令発令の直後に記者会見を行うなどして、従業員、取引先を含む関係人及び社会一般に対して、保全管理命令の趣旨の周知を図る。

　債権者、取引先等に対しては、書面を送付し又は説明会を開催するなどして、保全管理命令の趣旨を周知し、従前の取引を継続する等の協力を要請する。取引上重要な債権者に対しては、個別の説明と協力交渉を要する場合も多い。今後の取引を継続するか否かは取引先の任意であるから、交渉の場面では、保全管理人は一定の譲歩を余儀なくされる場面もある。

　従業員に対しても、説明会を開き、また労働組合の意見を聴取するなどして不安を取り除き、手続に協力させるよう努める。

　また、事案によっては、保全管理命令発令直後に、保全管理人が開始前会社の現経営陣や申立代理人と共に記者会見を行うなどして、広く保全管理命令の趣旨の周知徹底を図ることもある。

b　取引関係の継続と運転資金の調達

　更生手続開始申立て直後には、開始前会社の信用は著しく低下しているから、取引先は、今後の取引の継続に難色を示すところも少なくない。また、開始前会社においては運転資金が不足し、主要債権者やスポンサーとなる意思を有している者から緊急に融資を受けたい場合がある。この種の緊急融資は、DIPファイナンスと呼ばれる。これら、保全管理人と取引をしようとする者は、従前の債権が更生手続による制約を受けるのはやむを得ないが、今後の取引によって生じた債権だけは最優先で弁済してもらいたいと考え、それが確約されることを取引条件としたいと考えるであろう。旧法では、保全管理人の権限に基づいてした行為によって生じた債権を共益債権とするには裁判所の許可を要したが、現行法では法律上当然に共益債権となることとされている（法128条１項）。これにより、相手方の信頼を高め、保全管理人の職務執行が機動的となることが期待できる。

(2)　**更生手続開始の当否等に関する調査報告**

　東京地裁では、保全管理人に対し、調査委員の調査事項のうち、法39条１号に規定する事項（更生手続開始の原因たる事実及び法41条１項２号〜４号に掲げる手続開始障害事由の有無、開始前会社の業務及び財産の状況その他更生手続開始の申立てについての判断をするのに必要な事項並びに更生手続を開始することの当否）並びに法39条２号に規定する事項のうち法40条に定める役員の財産に対する保全処分及び法100条１項に定める役員等責任査定決定を必要とする事情の有無及びその処分等の要否についても、調査報告を求めている。

　この調査報告書は、更生手続開始の申立てに対する決定をするに当たっての重要な資料となる。現行法においては、旧法より開始要件が緩和され、報告書の作成も容易になり、保全管理期間の短縮をもたらしている。

(3)　**スポンサー候補の発掘等**

　スポンサーとは、更生計画において更生会社に対する出資を引き受けることを予定しつつ、更生手続中においても、必要に応じて、更生会社に対し、管財人、管財人代理等の人材を派遣したり、融資や手形割引に応じるなどして資金的な協力をしたり、原材料の供給や製品の買上げ等の取引面で協力し

たりするなどの支援を行うことによって、更生会社の更生を確実にする役割を果たす企業である。

　現在の実務の運用では、保全期間が短縮化されていることから、保全期間中にスポンサーの確保にまで至る場合は少ないが、事案によっては資金繰り等の関係からスポンサー選定を急ぐ必要がある場合もあり、開始決定後の手続進行を迅速にするために保全期間中からスポンサー選びに着手することもある。

9　保全管理人の任務の終了

　保全管理人の任務は、更生手続開始の申立てに対する決定による保全管理命令の失効並びに保全管理人の解任、辞任及び死亡によって終了する。保全管理人が辞任するには、正当な理由と、裁判所の許可を要する（会社更生規則17条1項、20条5項）。

　保全管理人の任務が終了したときは、保全管理人は、遅滞なく裁判所に計算の報告をしなければならない（法34条1項、82条1項）。ただし、任務終了に当たり保全管理人が欠けた場合の計算報告は、後任の保全管理人がする（法34条1項、82条2項）。また、保全管理人の任務が終了した場合でも、急迫の事情があるときは、保全管理人又はその承継人は、後任者が財産の管理をすることができるに至るまで、必要な処分をしなければならない（法34条1項、82条3項）。

（池下　朗・高橋　貞幹）

〔参考文献〕
　条解更生法（上）404頁
　瀬戸英雄「保全管理命令・保全管理人」瀬戸ほか・新理論と実務62頁
　伊藤・更生法78頁

Q28 保全管理人代理

保全管理人代理はどのような地位及び権限を有するのか

1 保全管理人代理の意義

　保全管理人は、必要があるときは、裁判所の許可を得て、その職務を行わせるため、自己の責任で一人又は数人の保全管理人代理を選任することができる（法33条）。保全管理業務は膨大で集中的であるから、保全管理人が一人で遂行することは通常困難である。そこで、保全管理人は、倒産実務に明るい弁護士の中から数人の保全管理人代理を選任するのが通例である。

　保全管理人代理は、保全管理人の常置の包括的な任意代理人である。特定の権限行使について個別的に選任された代理人は、保全管理人の代理人ではあるが、保全管理人代理ではない。

2 選　任

　保全管理人が、必要があると認めたとき選任するが、裁判所の許可を得なければならない。員数は一人でも数人でもよい。法人を選任できるか否かについては、法34条1項は法67条2項を保全管理人代理につき準用しておらず、保全管理人とは別に法人をその代理に選任する必要が生じるとは考え難いから、自然人に限ると解すべきである。

　役員等責任査定決定を受けるおそれがあると認められ、保全管理人に選任することのできない者は、保全管理人代理に選任することもできない（法33条1項ただし書）。

3 権限と地位

　保全管理人代理は、保全管理人がその権限と責任において選任するものであるから、その権限は、保全管理人の権限の範囲内である。

　保全管理人代理は、費用の前払及び裁判所が定める報酬を受ける権利を有

する（法34条1項、81条1項）。裁判所は、保全管理人代理の報酬を定めるに当たっては、その職務と責任にふさわしい額を定める（会社更生規則17条1項、22条）。費用の前払及び裁判所が定める報酬を受ける権利は、共益債権となる（法127条4号）。

保全管理人代理は、保全管理人が、その責任で選任する任意代理人であるから、保全管理人に対し善管注意義務を負う（民法644条）。裁判所の直接の監督には服さないが、裁判所は保全管理人代理選任の許可を取り消すことができる。

また、収賄罪が規定されている（法272条）。

4 終　任

保全管理人代理の地位は、保全管理人の地位に依拠するから、保全管理命令の取消し、変更又は失効により保全管理人がその地位を失えば、保全管理人代理の地位も失われる。また、保全管理人は保全管理人代理を解任することができ、保全管理人代理は辞任することができる（民法651条1項）。

5 保全管理人補佐

実務上、保全管理人が弁護士などの中から包括的な代理権を有しない補助者を選任することがあり、保全管理人補佐と称している。また、保全管理人、保全管理人代理及び保全管理人補佐を併せて、保全管理人団と称している。

（池下　朗・高橋　貞幹）

〔参考文献〕
条解更生法（上）418頁
瀬戸英雄「保全管理命令・保全管理人」瀬戸ほか・新理論と実務62頁

Q29 開始前会社の業務及び財産に関する保全処分

開始前会社の業務及び財産に関する保全処分はどのような場合に発令されるか。その種類及び効力はどのようなものか

1 制度趣旨

　更生手続開始の申立てがあった場合、提出された資料のみから直ちに申立てにつき決定が可能なことはまれであって、通常は、裁判所は更生手続を開始すべきか否かを審理する必要があり、そのためには一定の時日を要する。ところで、更生手続開始の申立てがあっただけでは、開始前会社の財産処分や現経営陣の権限は制約されないし、利害関係人の個別的権利行使も制限されないから、不適切な会社経営が継続し、また抜け駆け的な権利行使が多発して、混乱や不公平な事態が生じ、会社財産が散逸して、企業の存続が困難になるおそれがある。このような事態を防止し、更生し得る企業の更生を確実にするべく、会社更生法は更生手続開始の申立てに伴う種々の保全措置を定めた。

　そのうち、開始前会社の権限を制約して、不適切な事業運営や不当な財産管理を防止するのが保全管理命令（法30条）及び監督命令（法35条）であり、組織法上の保全措置ということができる。また、開始前会社に対する債権者等の法的手続による個別的権利行使を制限して、開始前会社の財産の散逸を防止するのが他の手続の中止命令及び取消命令（法24条）並びに包括的禁止命令（法25条）である。そして、それら以外の形態で開始前会社の財産の散逸と不当な業務執行とを防止する保全措置が、開始前会社の業務及び財産に関する保全処分（法28条）である。

2 昭和42年改正の経緯

　旧法が制定された当初は、組織法上の保全措置の制度はなく、他の手続の中止命令以外は、専ら開始前会社の業務及び財産に関する保全処分が用いら

れていた。実務上は、債務弁済禁止、会社財産の処分禁止、借財禁止の3類型からなる保全処分のセットが、定型的保全処分として発令されていた。ところで、このような保全処分の申立ては、開始前会社自身が更生手続開始の申立てと併せて行うことが多く、弁済禁止の保全処分が開始前会社にとって一方的に有利なものであるため、これを得た現経営陣が債権者の追及をかわしつつ手形の不渡処分を免れる手段として用いる傾向があった。そして、同保全処分を梃子にして債権者に譲歩を迫り、目的を達すると更生手続開始の申立て自体を取り下げるという濫用的事態も見られ、会社更生法に対する批判を招いていた。

　そこで、昭和42年改正において、保全管理命令及び監督命令の制度を創設して（旧法39条1項後段）、これにより現経営陣も厳しい制約を受けることとした上で、従前からの会社の業務及び財産に関する保全処分についても、これを公示する手段を設けた（旧法39条5項、18条の2第3項）。また、保全管理命令、監督命令又は開始前会社の業務及び財産に関する保全処分の発令後は、裁判所の許可がないと更生手続開始の申立てを取り下げることができないこととして（旧法44条）、保全処分の濫用を防止することとした。

　以上のような経緯で、旧法39条1項前段（法28条1項）による定型的保全処分は、保全管理命令にその主要な役割を譲ったが、同条による開始前会社の業務及び財産に関する保全処分は、他の保全措置では対応できない不定形な事態にも対処し得る基本的な保全措置として、なおその意義を失っていない。

3　法的性質

　法28条1項は、「開始前会社の財産の処分禁止の仮処分その他の必要な保全処分」として、民事保全法と同じ用語を用いているが、会社更生法28条1項による保全処分は民事保全法上の保全処分（民事保全）ではなく、会社更生法に基づく特殊保全処分であって、民事保全法の規定が全面的に適用されるものではない。重要な相違点としては、常に本体である更生手続開始の申立てを審理している裁判所が担当すること、必ずしも申立てによらず職権に

よっても発令され、職権によって変更・取消しがされ得ること、個別の被保全権利なるものを必要とせず、本案訴訟を前提とする必要もないこと、申立人に対する相手方が存在するとは限らないこと等がある。

4　発令時期

　開始前会社の業務及び財産に関する保全処分は、更生手続開始の申立ての時からその申立てにつき決定があるまでの間に発することができる。同決定の確定までではない。というのは、更生手続開始決定があれば、更生会社の業務及び財産は直ちに管財人の管理下に入り（法41条2項、72条1項）、保全処分の必要は失われるし、更生手続開始の申立てを棄却する決定後その確定前に会社財産の散逸を防止する必要がある場合には、破産法に基づく保全処分が可能となり（法253条1項1号、破産法28条1項）、それと重複する保全処分を発する必要がないからである。

5　保全処分の対象

　法28条1項の保全処分は、開始前会社の業務及び財産に関して発することを要する。

　抽象的には、業務とは事業経営の全般をいい、財産とは申立ての時において開始前会社に属する財産をいうが、両者の厳密な区別は実際上困難であり、その実益もない。

　対象となる財産は開始前会社の財産でなければならないから、取締役の責任追及のために取締役の財産に関して仮差押え等をしたり、他人に移転済みの元会社財産に関して否認権行使のために処分禁止の仮処分をすることはできない。それらは、それぞれ法40条、法39条の2によるべきである。一方、形式上は開始前会社以外の者に所有権が移転された財産であっても、その所有権移転が実質的には債権担保の意義を有しているような場合（非典型担保）には、当該債権は更生手続開始により更生担保権として処遇すべきものであるから、例えば当該目的物に対する実質的な担保権実行行為を禁止する保全処分を、開始前会社の業務及び財産に関する保全処分として発することがで

きる。

6 保全処分の手続

(1) 申立て

開始前会社の業務及び財産に関する保全処分は、利害関係人の申立てにより又は職権で発令される（法28条1項）。利害関係人とは、法文上特段の制限がなく、この申立てには裁判所の職権行使を促す意味もあるから、開始前会社、個々の債権者又は株主を広く指すと解する。更生手続開始の申立てをした者に限らず、その申立権を有する必要もない。実務上は、更生手続開始の申立てをする者が同時に申し立てるのが通例である。

申立ての時期は、更生手続開始の申立ての時からその申立てにつき決定があるまでの間である（法28条1項）。更生手続開始の申立てがないのに、保全処分のみの申立てをすることはできない。

申立てをする者は、自己の申立資格及び保全の必要性を明らかにしなければならない。更生手続の開始原因の存在は、申立ての適法要件としては必要ではないが、発令のためには更生手続開始の見込みにつき裁判所が一定の心証を得ることを要する。

発令のために担保を立てさせることは、この保全処分が総債権者の利益のためのものであること、被保全権利との関連性がないために担保の額を定めることが困難であること、立担保と担保取消しに関する手続規定がないことから、実務上は行われていない。

この保全処分の申立ての取下げは、保全処分の発令までは可能だが、発令後は許されないと解する。保全処分は申立人のみならず総債権者の利益のためのものであり、また、これを許すと、更生手続開始申立ての取下げを保全処分発令後は制限した法（法23条）の趣旨が潜脱されるからである。

(2) 裁　　判

開始前会社の業務及び財産に関する保全処分の管轄は、本体である更生手続開始の申立てを審理している単独体又は合議体の裁判所が有する（法28条1項、2条5項）。

審理は、口頭弁論を経ることを要せず（法8条1項）、裁判所は職権で必要な調査をすることができる（法8条2項）。

裁判の形式は、決定である（法28条3項参照）。名宛人は、通常は開始前会社（保全管理命令が発令されているときは、保全管理人）であるが、特定の債権者に対して債権の取立てや相殺、非典型担保権の実行等を禁止する場合は、当該債権者もまた名宛人となる。

裁判書は、当事者に送達する（法28条5項）。当事者とは、申立人及び名宛人である。裁判の効力は、送達しなくとも告知によって生じる（法13条、民事訴訟法119条）。債権仮差押えにおける第三債務者等、名宛人ではないが保全処分により影響を受ける者があるときは、その者に対しても告知する。

(3) 裁判の公示

開始前会社に属する権利で登記・登録がされたものに関し、この保全処分があったときは、裁判所書記官は、職権で遅滞なく当該保全処分の登記を嘱託しなければならない（法260条1項1号、265条）。

(4) 不服申立て

法28条1項の保全処分に対しては、即時抗告をすることができる（法28条3項）が、執行停止の効力を有しない（法28条4項）。保全処分の申立てを却下する裁判に対しては不服申立てはできない（法9条）。民事保全法の保全異議の制度の適用はない。

(5) 変更・取消し

裁判所は、一旦発令した法28条1項の保全処分を変更し又は取り消すことができる（法28条2項）。変更・取消しの裁判に対しても、即時抗告をすることができる（法28条3項）。民事保全法の保全取消しの制度の適用はない。

(6) 保全処分の失効

法28条1項の保全処分は、法28条2項による取消し及び抗告審による取消しのほか、更生手続開始の申立てに対する裁判があったときは、効力を失う。

(7) 保全処分の執行

弁済禁止及び借財禁止の保全処分は、執行行為を必要としない。執行行為

を要する保全処分は、これを発した裁判所自身が執行裁判所としての権限を有する。

7　開始前会社の業務及び財産に関する保全処分の諸類型

法28条1項の保全処分は、必要に応じて柔軟で多様な処分がなされ得るが、次のような分類が可能である。

(1)　処分禁止型保全処分

この類型の保全処分は、開始前会社の財産の隠匿や債権者による持出し等の事実上の処分や、権利の譲渡や担保の設定等の法律上の処分によって、開始前会社の財産が減少し、更生に支障を来すことの防止を目的とする。処分禁止の対象となる財産の特定の仕方によって、個々の財産についての保全処分、一定の種類の財産についての保全処分、全財産についての保全処分に分類できる。

特定の仕方がどのようなものであれ、処分禁止の対象が開始前会社に属する権利で登記・登録がされたものであれば、登記・登録により公示される（法260条1項1号、265条）。第三債務者又はそれに相当する者があるときは、その者に告知することによって公示することができる。動産については、封印執行により公示することができる。その他の権利については、一般に公示する方法がない。公示されない保全処分に反してされた処分行為の効力については、善意の相手方はその有効性を主張し得るものと解する（法28条6項類推）。

(2)　業務制限型保全処分

この類型の保全処分は、開始前会社に対し一定の業務をしないという不作為を命じるもので、例えば弁済禁止・借財禁止の保全処分がこれに当たる。現在は、保全管理命令等で目的を達成し得ることから、発令されることはまれとなった。

業務制限型保全処分は、開始前会社に対する命令であるため、一般に公示する方法がない。そこで、弁済禁止の保全処分に反してされた弁済の効力が議論されたが、平成16年改正により、善意の更生債権者等は弁済の有効性を

主張し得るものとされた（法28条6項）。

(3) 対第三者型保全処分

第三者が開始前会社の財産に対して個別的権利行使をする場合、それが法的手続の形を取る場合は、担保権の実行を含め、他の手続の中止命令及び取消命令（法24条）で対処できる。それが多発する場合は、包括的禁止命令（法25条）により、広範に禁止することができる。ところで、少数特定の債権者による個別的権利行使を事前に禁止する必要がある場合には、中止命令では事前対応ができず、包括的禁止命令では対象が広過ぎて適当でない。かかる場合、当該債権者を名宛人として、法28条1項に基づき、特定個別の権利行使を禁止する保全処分を発することがある。非典型担保権の実行禁止保全処分が、その例である。

（池下　朗・高橋　貞幹）

〔参考文献〕
条解更生法（上）355頁
畑瑞穂「開始前会社の業務及び財産に関する保全処分」瀬戸ほか・新理論と実務60頁
伊藤・更生法69頁

Q30　他の手続の中止命令・取消命令

他の手続の中止命令・取消命令の発令の要件、中止・取消しできる手続の種類及び命令の効力は、どのようなものか

1　趣　旨

更生手続開始の申立てがあった場合、申立てに際して提出された資料のみから直ちに開始決定の可否の判断が可能なことはまれであって、通常は、裁判所は手続開始をすべきか否かを審理する必要があり、そのためには一定の時日を要する。ところで、更生手続開始の申立てがあっただけでは、開始前

会社に対する債権者等の個別的権利行使は制限されず、係属中の他の法的倒産手続や強制執行等は影響を受けない。保全管理命令や監督命令があったところで、現経営陣の権限が制約されるだけであるから、債権者による個別的権利行使は、任意の履行の範囲では禁止されるけれども、法的手続による場合は妨げられない。そのために、更生手続開始までの間に開始前会社の財産が散逸して、事業の維持更生が困難になるおそれがある。このような事態を防止するため、法は他の手続の中止命令の制度を設けている（法24条）。

2　中止命令の対象

裁判所が中止命令によって中止を命じることができる開始前会社についての他の手続は、以下の7種類である（法24条1項各号、2項本文）。
① 　開始前会社についての破産手続、再生手続又は特別清算手続
② 　更生債権等に基づく強制執行、仮差押え、仮処分若しくは担保権の実行又は更生債権等を被担保債権とする留置権による競売（強制執行等）の手続で、開始前会社の財産に対して既にされているもの
③ 　開始前会社に対して既にされている企業担保権の実行手続
④ 　開始前会社の財産関係の訴訟手続
⑤ 　開始前会社の財産関係の事件で行政庁に係属しているものの手続
⑥ 　共助対象外国租税の請求権に基づき国税滞納処分の例によってする処分（外国租税滞納処分）で開始前会社の財産に対して既にされているもの（共益債権を徴収するためのものを除く。）
⑦ 　国税滞納処分及びその例による処分で開始前会社の財産に対して既にされているもの（共益債権及び共助対象外国租税の請求権を徴収するためのものを除く。）

開始前会社に対する個々の権利は、更生手続が開始されれば、更生手続の中で公平・公正に実現すべきものであり、それに先立って個別的に行使されれば不公平な結果を招くとともに、会社財産の流出を招いて更生手続の障害となる。また、他の法的倒産手続は、更生手続と重複するものであり、最も強力な手続である更生手続が開始されれば不要になる。中でも、破産及び特

別清算は、いずれも企業の解体と清算を目指すもので、更生手続と両立しない。したがって、これらの手続が更生手続と無関係に進展することは、更生手続にとって支障がある。

　これらの中止対象手続は、いずれも既に申し立てられて現に係属しているものでなければならない。いまだ申立てのない手続を含めた個別的権利行使全体の禁止を命じるためには、包括的禁止命令（法25条）によらねばならない。

3　中止命令の要件

　他の手続の中止命令を発するための共通の要件は、更生手続開始の申立てがあった場合において、裁判所が必要があると認めることである（法24条1項本文）。中止の必要性とは、上記各手続について述べた更生手続に対する支障が、中止しようとする当該手続について具体的に認められることを意味する。

　強制執行等又は外国租税滞納処分を中止する場合は、中止の必要性のほか、その手続の申立人である更生債権者等又はその処分を行う者に不当な損害を及ぼすおそれがないことが必要である（法24条1項ただし書）。不当な損害とは、中止によって受ける開始前会社の利益よりも、その手続の申立人である更生債権者等又はその処分を行う者の受ける損害が著しく大きい場合をいい、具体的には、当該強制執行等を続行させなければ、当該更生債権者等が倒産するおそれが強い場合などが想定される。

4　中止命令の手続

　国税滞納処分等以外の中止命令は、利害関係人の申立てにより又は職権で発令されるが、実際には保全管理人の申立てによることが通例である（法24条1項本文）。

　国税滞納処分等に対する中止命令は、これを申し立てることはできず、常に職権によって発する（法24条2項本文）。とはいえ、職権発動を促す趣旨の申立ては可能であろう。また、あらかじめ、徴収の権限を有する者の意見を

聴かなければならない（法24条2項ただし書）。意見を聴けば足り、同意を得ることは要しないが、規定の趣旨からすれば、徴収権者の意見は十分尊重すべきであろう。

5 中止命令の効果

中止命令の効果は、当該中止命令の対象となった特定の法的手続の中止である。中止とは、手続をその現状において凍結することである。係属中の当該手続は進行することができなくなり、中止命令に反して進行させれば違法となる。

中止命令の効力は以上にとどまり、係属中の手続を無効ならしめるものではない。そのためには、独立の取消命令（法24条5項）を要する。また、新たな手続の申立てを禁じる効力もない。そのためには包括的禁止命令（法25条）等を要する。

6 中止命令の失効

国税滞納処分等以外の中止命令の効力は、更生手続開始の申立てについての裁判がされるまで存続する。更生手続開始の申立てについての裁判がなされれば、その裁判の確定を待たず、中止命令は何らの手続も要せずに即時に失効する（法24条1項本文）。裁判が更生手続開始申立ての却下又は棄却であれば、中止されていた手続は当然に続行されるが、裁判が更生手続開始決定であれば、開始決定の効力としての中止・失効の効力に引き継がれることになる（法50条1項）。なお、中止命令自体に存続期間が定められていた場合は、その中止命令は存続期間の経過により失効するが、必要があれば改めて中止命令を発することができる。

国税滞納処分等の中止命令は、上記のほか、中止命令があった日から2か月を経過したときは、当然にその効力を失う（法24条3項）。

7 中止命令の変更・取消し

裁判所は、一旦発令した中止命令を変更し、又は取り消すことができる

（法24条4項）。変更・取消しの事由は、発令後に事情が変更した場合に限らず、発令自体が不当であったことが判明した場合を含む。

8　取消命令

　例えば商品や原材料に対する差押えや仮差押えなど、係属中の手続によっては、その手続を中止しただけでは、なお開始前会社の事業継続に障害となる場合がある。かかる場合に対応するため、法は、中止した手続に対する取消命令の制度を設けている（法24条5項）。

　その対象たる手続は、中止命令で中止された法24条1項2号の強制執行等、法24条1項6号の外国租税滞納処分及び法24条2項の国税滞納処分等である（法24条5項本文）。中止命令の対象手続の中でも、特に取消しの必要の強いものに限られている。また、現に中止中のものに限られ、中止命令なしにいきなり取消命令を発することはできない。

　要件は、裁判所が、開始前会社の事業の継続のために特に必要があると認めるときであり（法24条5項本文）、中止命令自体より加重されている。

　手続は、保全管理人（保全管理人が選任されていない場合は開始前会社）の申立てによる。また、取消命令を受ける者の将来の損害に備えて、担保を立てさせなければならない（法24条5項本文）。国税滞納処分の取消しを命じる場合は、中止命令を発した際の意見聴取とは別に、さらに、あらかじめ、徴収の権限を有する者の意見を聴かなければならない（法24条5項ただし書）。

9　不服申立て

　中止命令、中止命令を変更し又は取り消す命令、並びに取消命令に対しては、利害関係人は即時抗告をすることができる（法24条6項）。この即時抗告は、執行停止の効力を有しない（法24条7項）。

10　送　　達

　中止命令、中止命令を変更し又は取り消す命令、取消命令、並びにそれらの決定に対する即時抗告についての裁判の裁判書は、当事者に送達しなけれ

ばならない（法24条8項）。

(池下　朗・高橋　貞幹)

〔参考文献〕
　条解更生法（上）329頁
　加藤哲夫「他の手続の中止命令・包括的禁止命令」瀬戸ほか・新理論と実務56頁
　一問一答更生法54頁
　伊藤・更生法55頁

Q31　包括的禁止命令

包括的禁止命令はどのような場合に発令されるのか。その効力はどのようなものか

1　包括的禁止命令の意義

　更生手続開始の申立てがあってから更生手続開始決定がされるまでの間には、申立てによる信用の劣化により多数の更生債権者等による無秩序な権利行使が頻発する場合があり得る。個別的な中止命令及び取消命令は、他の手続が申し立てられてからの事後的対応であるため、開始前会社の財産に対して多数の強制執行等の手続が繰り返されるような場合、その都度中止命令を発していたのでは手続負担が過大で、開始前会社の事業の継続に支障を来すおそれがある。このような事態を防止するため、法は包括的禁止命令（法25条）の制度を設けている。

　会社更生法上の包括的禁止命令は、民事再生法上の包括的禁止命令と比較して、担保権者や租税債権者の権利行使も制約する点で、より強力である。

2 要 件

　更生手続開始の申立てがあった場合において、法24条1項2号、6号又は2項の規定による中止の命令によっては更生手続の目的を十分に達成することができないおそれがあると認めるべき特別の事情があることである（法25条1項本文）。個別的な中止命令等では対応できない場合のために設けられた、特に強力な手段であるからである。

　包括的禁止命令は、更生債権者等が本来有する権利の行使に対する強い干渉であるから、開始前会社の役員が権限を従前どおり行使し得るままではバランスを失すると考えられ、したがって、発令前又は発令と同時に、開始前会社の主要な財産に関し法28条1項の規定による保全処分をした場合又は保全管理命令若しくは監督命令をした場合に限り発することができることとされている（法25条1項ただし書）。

　包括的禁止命令を発する場合において、裁判所が相当と認めるときは、一定の範囲に属する強制執行等、外国租税滞納処分又は国税滞納処分を包括的禁止命令の対象から除外することができる（法25条2項）。したがって、逆に、一定の範囲に属する手続のみを禁止の対象とすることもできる。包括的禁止命令によって類型的に不当な損害を受ける更生債権者等がいる場合に、あらかじめ包括的禁止命令から除外しておくことによって、更生債権者等に与える不利益を最小限にしておくとともに、個別的に包括的禁止命令の解除（法27条1項）を行う必要を無くすためである。

3 手 続

　利害関係人の申立てにより発するのが通例であるが、職権により発することもできる（法25条1項）。迅速を要するため、個別的な中止命令とは異なり（法24条2項ただし書）、国税滞納処分について徴収権限者の意見を聴くことは要求されていない。

4 効 果

　包括的禁止命令が発令されると、全ての更生債権者等は、更生手続開始の

申立てにつき決定があるまでの間、法24条1項2号に規定された強制執行等、法24条1項6号に規定された外国租税滞納処分又は法24条2項に規定された国税滞納処分に新たに着手することが禁止される（法25条1項）。

また、既に着手された強制執行等、外国租税滞納処分及び国税滞納処分も中止する。中止の期間は、強制執行等及び外国租税滞納処分については更生手続開始の申立てについての決定があった時まで、国税滞納処分については更生手続開始の申立てについての決定があった時又は当該包括的禁止命令の日から2か月が経過した時のいずれか早い時までである（法25条3項）。

包括的禁止命令が発せられた場合は、更生債権者等は権利行使ができなくなるのであるから、包括的禁止命令の対象となった権利についての時効の完成は停止する（ただし、当該包括的禁止命令により法24条1項2号に規定された強制執行等又は法24条2項に規定された国税滞納処分が禁止されているものに限る。法25条8項）。期間は、当該包括的禁止命令が効力を失った日の翌日から2か月を経過する日までの間である。ただし、包括的禁止命令が効力を失う前に、特定の権利について包括的禁止命令の解除があった場合は、当該権利については解除があった日の翌日から2か月を経過するまでの間となる（法27条3項）。

5 変更・取消し

裁判所は、一旦発令した包括的禁止命令を変更し、又は取り消すことができる（法25条4項）。

6 包括的禁止命令に伴う取消命令

さらに、裁判所は、開始前会社の事業の継続のために特に必要があると認めるときは、保全管理人（保全管理人が選任されていない場合は開始前会社）の申立てにより、包括的禁止命令により中止された着手済みの強制執行等、外国租税滞納処分又は国税滞納処分の取消しを命じることができる。取消しまで命じるためには、申立人に担保を立てさせることを要する。国税滞納処分の取消しを命じる場合は、あらかじめ、徴収権限者の意見を聴かなければ

ならない（法25条5項）。

7　不服申立て

　包括的禁止命令、これを変更し又は取り消す決定並びに包括的禁止命令に伴う取消命令に対しては、即時抗告をすることができる。ただし、その即時抗告に執行停止の効力はない（法25条6項・7項）。

8　公告・送達等

　包括的禁止命令及びこれを変更し又は取り消す決定があった場合には、裁判所は、その旨を公告し、その裁判書を保全管理人（保全管理人が選任されていない場合は開始前会社）及び申立人に送達し、かつ、その決定の主文を知れている更生債権者等及び開始前会社（保全管理人が選任されている場合に限る。）に通知する必要がある（法26条1項）。これらの決定の効力の発生時期は、開始前会社に対する裁判書の送達がされた時である（法26条2項）。また、即時抗告についての裁判（包括的禁止命令を変更し又は取り消す旨の決定を除く。）又は包括的禁止命令に伴う取消命令があった場合には、その裁判書を当事者に送達しなければならない（法26条3項）。

9　包括的禁止命令の解除

　裁判所は、包括的禁止命令を発した場合において、強制執行等の申立人である更生債権者等に不当な損害を及ぼすおそれがあると認めるときは、当該更生債権者等の申立てにより、当該更生債権者等に限り当該包括的禁止命令を解除する旨の決定をすることができる（法27条1項）。発令の時における類型的除外では対応できない場合に、事後的に対処するための規定である。当該規定は、外国租税滞納処分又は国税滞納処分を行う者についても準用される（法27条2項）。

　包括的禁止命令の解除の申立てについての裁判に対しては、即時抗告をすることができるが、執行停止の効力を有しない（法27条4項・5項）。包括的禁止命令の解除の申立てについての裁判及びその裁判に対する即時抗告につ

いての裁判があった場合には、その裁判書を当事者に送達する。この送達は公告をもって代えることができない（法27条6項）。

（池下　朗・高橋　貞幹）

〔参考文献〕
加藤哲夫「他の手続の中止命令・包括的禁止命令」瀬戸ほか・新理論と実務56頁
伊藤・更生法64頁

Q32　更生手続開始前における商事留置権の消滅請求

更生手続開始前における商事留置権の消滅請求の要件及び命令の効力は、どのようなものか

1　はじめに

法は、更生手続開始前において、倉庫業者や運送業者が商事留置権に基づいて会社の商品や半製品等を留置している場合など、開始前会社の事業の継続に欠くことができない財産について商事留置権がある場合に、留置権の目的物の価額に相当する金銭を留置権者に弁済することによって、商事留置権を消滅させる制度を設けている（法29条1項）。

旧法においても、更生手続開始決定後における商事留置権消滅請求手続が規定されていた（旧法161条の2）。しかし、商事留置権に基づいて留置されている会社の商品や半製品等を取り戻す必要性は、申立て直後の保全段階の方が高いとの指摘を受け、新設されたものである。

2　商事留置権の消滅請求の許可

(1)　許可申立て

商事留置権を消滅させるためには、開始前会社（保全管理人が選任されている場合にあっては、保全管理人。以下同じ。）は、①留置権の目的物の価額に相

当する金銭を留置権者に弁済すること及び②留置権者に対して留置権の消滅請求をすることにつき、裁判所の許可を得なければならない（法29条3項）。

(2) 許可の要件

　裁判所は、商事留置権の目的物が、開始前会社の事業の継続に欠くことができないものであると判断された場合に、開始前会社又は保全管理人の弁済及び消滅請求を許可することができる。これは、商事留置権者は、本来であれば、被担保債権の全額が弁済されるまで目的物を留置できるにもかかわらず、被担保債権に満たない価額の弁済を受けることで商事留置権が消滅させられるという、商事留置権者の不利益に配慮するとともに、早期の弁済という、他の債権者との関係では有利に取り扱われることの双方を考慮する必要があるからである。

　「事業の継続に欠くことができないもの」とは、当該財産を使用、収益又は処分することが会社の事業の継続に不可欠な場合を意味し、商品、半製品、工作用の機械等が商事留置権の対象となっている場合などが該当する。

　なお、この裁判所の許可においては、弁済予定額が商事留置権の目的物の価額に相当するものであるか否かについての判断は行われず、価額についての争いは、後記3の商事留置権の目的物の返還請求訴訟の中で解決されることになる。

3　消滅及び返還請求

　裁判所の許可を得た上で、開始前会社が商事留置権の目的物の価額に相当する金銭を商事留置権者に対して弁済し、かつ、商事留置権の消滅を請求すると、商事留置権は消滅する（法29条4項）。

　しかし、商事留置権者が弁済額に満足しない場合には、目的物を開始前会社に引き渡さないことがあり得る。その場合には、開始前会社は、商事留置権が消滅したことを前提に、所有権に基づく当該目的物の返還請求訴訟を提起することになる。この訴訟において、消滅請求の要件である弁済額が目的物の価額に相当するものであるか否かが判断されることになる。

　弁済額が目的物の価額を満たさない場合には、商事留置権は消滅しないた

め、引渡請求は認められないことになり、改めて不足額を弁済して再訴を提起しなければならないことになる。しかし、これでは、事業の継続に必要な財産の迅速な取戻しを実現しようとする商事留置権の消滅請求制度を設けた趣旨が没却されることになる。そこで、商事留置権が消滅したことを原因とする目的物の返還請求訴訟においては、弁済額が目的物の価額を満たさない場合であっても、原告の申立てがあり、当該訴訟の受訴裁判所が相当と認めるときは、当該受訴裁判所は、相当の期間内に不足額を弁済することを条件として、留置権者に対して当該財産を返還することを命じることができるものとされている（法29条5項）。これにより紛争の一回的解決が図られることになる。

4　適用範囲

　商事留置権消滅制度は、被担保債権額が留置権の目的物の価額を超える場合に利用されることが想定されている。

　なぜならば、被担保債権額が留置権の目的物の価額を下回る場合には、保全段階では債権者に対する弁済は一般に禁止されていないため（法47条1項参照）、被担保債権額の全額を弁済して商事留置権を消滅させることができるし、弁済禁止の保全処分が発令されていたとしても、その一部取消し（法28条2項）を受けることによって、被担保債権額の全額を弁済して商事留置権を消滅させることができるからである。

（新田　和憲・高橋　貞幹）

〔参考文献〕
深山卓也ほか「新しい会社更生法の概要(2)」金法1665号30頁
一問一答更生法61頁以下
伊藤・更生法74頁

Q33 監督命令

監督命令はどのような場合に発せられるのか

1 意　義

　裁判所は、更生手続開始の申立てがあった場合において、更生手続開始の申立てにつき決定があるまでの間、監督委員による監督を命じる処分をすることができる。これを監督命令という（法35条1項）。保全管理命令と同様に、会社の管理権限を制約する保全措置の一つである。

2 要　件

　更生手続開始の申立て後、更生手続開始の申立てにつき決定があるまでの間に、裁判所が更生手続の目的を達成するために監督命令を発する必要があると認めることである（法35条1項）。監督命令の必要性は、具体的には裁判所の総合的な裁量によって判断されるものであるが、東京地裁の実務においては、①いわゆるDIP型の会社更生手続の運用を希望する会社申立ての事案において、現経営陣に不正行為等の違法な経営責任の問題が存在することが明らかとはいえない場合には、監督命令を発令して、現経営陣の経営権を留保しつつ、裁判所の監督の下で手続開始の当否や現経営陣の管財人としての適性等について調査を進めることとしているほか、②債権者が更生手続開始の申立てをした場合など、開始前会社についての情報が十分ではない状況において、保全管理命令を発して現経営陣を直ちに排除すべきことが明らかとまではいえないが、現経営陣が会社資産の流出など何らかの濫用的行為・妨害的行為をするおそれが否定できない事情がある場合にも、監督命令を発令して、裁判所の監督の下で一定の権限制約を行いながら手続開始の当否等について調査を進めることとしている。なお、監督命令を発令する場合は、調査命令と併せて発令し、同一人を監督委員兼調査委員に選任している。

3 手　続

　監督命令は、裁判所の職権で発令することもできるが、利害関係人の申立てにより発令されることが通常である（法35条1項）。

4 内　容

　監督委員による監督とは、開始前会社の代表者が一定の行為をする場合には監督委員の同意を得なければならないこととし、さらに必要がある場合には、一定の行為について監督委員に対する事後的報告を要することとすることである。したがって、裁判所は、監督命令において、監督委員を選任し、かつ、その同意を得なければ開始前会社がすることができない行為を指定しなければならず（法35条2項）、必要があると認めるときは、開始前会社が監督委員に対する報告を要する行為を指定することができる（会社更生規則17条2項、民事再生規則22条）。

　同意事項及び報告事項は、裁判所がその裁量によって自由に定めることができる。これを定めるに当たっては、開始前会社の業種・業態及び規模並びに監督命令を発することとした理由等が考慮されるが、管財人についての許可事項（法72条2項各号）が参考になろう。

5 効　力

　保全管理命令と異なり、現経営陣の権限を奪うことはないが、監督命令において定められた監督委員の同意を要する行為を、開始前会社がするときは、事前に監督委員の同意を要する。監督委員の同意を要する行為を、開始前会社が同意なくして行った場合、その行為は無効であるが、取引の安全のため、その無効は善意の第三者には対抗することができない（法35条3項）。

　監督命令において開始前会社が監督委員に対し報告を要する行為が指定された場合は、開始前会社はその報告をしなければならない（会社更生規則17条2項、民事再生規則22条）。行為自体の効力には影響はない。報告事項以外の報告を求められた場合も同様である。監督委員が、開始前会社の帳簿、書類その他の物件を検査するときも、それに応じなければならない。開始前会

社の子会社についても同様である（法38条、77条1項・2項）。

6 監督命令の変更・取消し

裁判所は、発令した監督命令を変更し、又は取り消すことができる（法35条4項）。監督命令の取消しは、例えば監督命令の発令後に、保全管理命令を発すべき事情が判明した場合などが考えられる。

7 不服申立て

監督命令、監督命令を変更し又は取り消す決定に対しては、利害関係人は即時抗告をすることができる（法35条5項）。この即時抗告は、執行停止の効力を有しない（法35条6項）。

8 公告及び送達

監督命令、監督命令を変更し又は取り消す決定は、官報にその旨公告しなければならず（法36条1項、10条1項）、また、それらの決定及び即時抗告についての裁判は、当事者に送達しなければならない（法36条2項）。この公告には、一切の関係人に対して裁判の告知があったものとみなす効果はない（法36条3項）。

（池下　朗・高橋　貞幹）

〔参考文献〕
旧法の監督員につき条解更生法（上）355頁、420頁
腰塚和男「監督命令及び監督委員」瀬戸ほか・新理論と実務66頁
伊藤・更生法83頁

Q34　監督委員

監督委員はどのような地位及び権限を有するのか

1　意　義

　更生手続における監督委員とは、裁判所が監督命令を発する場合に、その監督命令の中で選任される会社更生法上の機関である（法35条2項）。開始前会社について保全管理命令を発して現経営陣を排除する必要までは認められないが、なおその権限に一定の制約を行いながら調査を進めることが適切である場合に選任される。旧法において監督員と呼ばれていたものである。民事再生法上の同名の機関に類似した性格を持つが、民事再生法上の監督委員は再生手続開始後も権限を行使し得る（民事再生法54条1項）のに対し、会社更生法上の監督委員は更生手続開始前だけの機関である（法35条1項）。

2　選　任

　監督委員は、監督命令において裁判所が選任する（法35条2項）。
　監督委員の員数は、法が一人又は数人としているように特別な制限はなく、裁判所は、事案に応じて適切な員数の監督委員を選任することになる。監督委員は、保全管理人とは異なり、開始前会社の指定行為に対して同意を与えることを主たる職責とする機関であり、複数の監督委員から同意を得なければならないこととする必要が生ずることはまれであると考えられるが、後記の調査権限を行使する上では、より多くの人的資源を要する場合もあろう。このような場合、複数の監督委員を選任することもできるし、監督委員自体は一人としておき、補助者を用いることも考えられる。監督委員が数人あるときは、共同してその職務を行うが、裁判所の許可を得て、それぞれ単独にその職務を行い、又は職務を分掌することができる（法38条、69条1項）。
　監督委員の資格については、特段の制限はない。調査委員のように利害関係がないことを要求されていないし（会社更生規則32条1項参照）、保全管理

人のように役員等責任査定決定を受けるおそれがあると認められる者は選任できないともされていない（法30条2項ただし書、67条3項参照）。しかし、開始前会社の役員の権限行使を監督するという監督委員の権限の性質上、開始前会社の役員を兼ねることはできないと解する。

保全管理人の場合と同様、法人も監督委員となることができる（法38条、67条2項）。法人が監督委員に選任された場合には、当該法人は、役員又は職員のうちから監督委員の職務を行うべき者を指名し、指名された者の氏名を裁判所及び開始前会社に通知しなければならない（会社更生規則17条1項、20条2項）。

裁判所は、監督委員を選任するに当たっては、その職務を行うに適した者を選任することとされている（会社更生規則17条1項、20条1項）。監督委員の職務を行うに適した者とはどのような者かであるが、監督委員は、開始前会社が指定行為をする場合に同意を与え、また報告を受けるとともに、一定の事項について調査をすることを職責とする者であって、保全管理人のように開始前会社の業務執行権及び財産管理権を自ら行使するわけではないが、要求される判断の内容は保全管理人と同じく高度であり、更生手続開始決定があれば管財人に選任されることも想定されていることから、倒産実務に精通した弁護士の中から選任されるのが通常である。

3　地　位

監督委員は、裁判所の監督に服する（法38条、68条1項）。

監督委員は、その職務を行うにつき善管注意義務を負い、その義務を怠れば、利害関係人に対する損害賠償義務を負うことがある（法38条、80条）。

監督委員は、費用の前払及び裁判所が定める報酬を受ける権利を有する（法38条、81条1項）。報酬は、監督委員の職務と責任にふさわしい額でなければならない（会社更生規則17条1項、22条）。報酬決定に対しては、即時抗告をすることができる（法38条、81条4項）。費用の前払及び報酬を受ける権利は、共益債権となる（法127条4号）。

監督委員が、その選任後、開始前会社に対する債権又は開始前会社の株式

若しくは持分を譲り受け、又は譲り渡すには、裁判所の許可を得なければならず、許可を得ないで譲受け又は譲渡しをしたときは、費用及び報酬の支払を受けることができなくなる（法38条、81条2項・3項）。

　監督委員が開始前会社の業務及び財産の管理を適切に行っていないとき、その他重要な事由があるときは、裁判所は、利害関係人の申立てにより又は職権で、その監督委員を審尋の上、解任することができる（法38条、68条2項）。

　また、監督委員には収賄罪の規定がある（法272条）。

4　権　　限

(1)　同意権限

　監督委員は、裁判所が監督命令において監督委員の同意を要すると指定した開始前会社の行為につき同意を与える権限を有し、また監督委員に対する報告を要すると指定した開始前会社の行為につき報告を受ける権限を有する（法35条2項、規則17条2項、民事再生規則22条）。保全管理人のように開始前会社の業務執行及び財産管理を自ら行う権限は有しない。

　監督委員は、開始前会社の行為につき同意を与えるに当たっては、当該行為の適法性、事後的に否認対象とされる可能性の存否、開始前会社の資金繰り等、一切の事情を考慮して、同意を与えるかどうかを判断することになる。

　監督命令において監督委員の同意を要することとされているのに、監督委員の同意を得ないでした開始前会社の行為は無効であるが、取引の安全のため善意の第三者には対抗できない（法35条3項）。

(2)　調査権限

　監督委員は、開始前会社の取締役、会計参与、監査役、執行役、会計監査人、清算人及び使用人その他の従業者並びにこれらの者であった者並びに発起人、設立時取締役及び設立時監査役であった者に対して開始前会社の業務及び財産の状況につき報告を求め、又は開始前会社の帳簿、書類その他の物件を検査する権限を有する（法38条、77条1項）。この報告若しくは検査を拒

み、又は虚偽の報告をした者は刑罰に処せられる（法269条1項～3項、275条）。

　また、監督委員は、その職務を行うため必要があるときは、開始前会社の子会社（会社法2条3号）に対しても、その業務及び財産の状況につき報告を求め、又はその帳簿、書類その他の物件を検査することができる（法38条、77条2項）。この報告若しくは検査を拒み、又は虚偽の報告をした開始前会社の子会社の代表者等もまた刑罰に処せられる（法269条4項、275条）。

　加えて、裁判所は、開始前会社の現経営陣を管財人又は管財人代理に選任することを検討するに当たり、監督委員に対し、その者が管財人又は管財人代理の職務を行うに適した者であるかどうかについて調査・報告を命じることができる（法37条）。

　監督委員の調査権限は、保全管理人のそれと本来同等であるが、監督委員は開始前会社の業務を自ら執行する権限がなく、開始前会社の協力を得ないと調査を進めにくい立場にあることから、東京地裁では、監督委員を選任する際には同一人を重ねて調査委員にも選任して、調査権限の行使に対する関係者の協力を得やすいようにしている。

5　終　任

　監督委員の地位は、更生手続開始の申立てについての決定がされたことによって監督命令が失効し、又は監督命令が取り消された場合は終了する。解任された場合も同様である。

（池下　朗・高橋　貞幹）

〔参考文献〕
　旧法の監督員につき条解更生法（上）355頁、420頁
　腰塚和男「監督命令及び監督委員」瀬戸ほか・新理論と実務66頁
　一問一答更生法66頁
　伊藤・更生法83頁

Q35　更生手続開始前の調査命令

更生手続開始前の調査命令はどのような場合に発せられるのか

1　趣　　旨

　更生手続開始の申立てがされた場合、直ちに申立てに対する決定をすることができる場合はまれであり、通常は開始決定又は棄却決定までの間、さらに開始前会社に対する情報収集をする必要がある。保全管理命令が発せられた場合には、保全管理人が裁判所による追加の情報収集を補助するが、保全管理命令の発令要件を判断するだけの情報が不足している場合、あるいは、直ちに保全管理命令を発令して役員の権限を失わせるべきとまでは認められないが、引き続き調査を要する場合がある。かかる場合に発せられるのが調査命令である（法39条）。

　なお、監督委員も、保全管理人と同等の調査権限を有する（法37条、38条、77条）が、監督委員は開始前会社の業務を自ら執行する権限がなく、開始前会社の協力を得ないと調査を進めにくい立場にあることから、監督命令を発令する場合は、併せて調査命令も発令し、同一人を監督委員兼調査委員に任命するのが通常である。

2　要　　件

　裁判所が必要があると認めるときは、調査委員による調査又は意見陳述を命じる処分（調査命令）を発することができる（法39条柱書、125条1項柱書）。

3　手　　続

　職権により発することもできるが、利害関係人の申立てにより発するのが通例である（法39条柱書）。

4 調査委員の選任

調査委員は、調査命令において、一人又は数人が選任される（法39条柱書、125条2項）。数人の調査委員が選任されたときは、共同してその職務を行う（法39条柱書、126条、69条1項本文）。

調査委員は、その職務を行うに適した者で利害関係のないものでなければならない（会社更生規則32条1項）。調査報告の客観性を担保するためである。

法人も調査委員に選任することができる（法39条柱書、126条、67条2項）。法人が調査委員に選任された場合には、当該法人は、役員又は職員のうちから調査委員の職務を行うべき者を指名し、指名された者の氏名を裁判所及び開始前会社に通知しなければならない（会社更生規則32条2項、20条2項）。

5 調査委員の権限

調査委員は、調査報告事項につき裁判所に調査報告することを任務とし、開始前会社を代理又は代表する権限は有しない。

調査委員が調査報告事項につき裁判所に調査報告するためには、開始前会社に対する広範な調査権限を有する必要がある。したがって、調査委員は、開始前会社の取締役、会計参与、監査役、執行役、会計監査人、清算人及び使用人その他の従業者並びにこれらの者であった者並びに発起人、設立時取締役及び設立時監査役であった者に対して開始前会社の業務及び財産の状況につき報告を求め、又は開始前会社の帳簿、書類その他の物件を検査することができる。また、その職務を行うため必要があるときは、開始前会社の子会社（会社法2条3号）に対してその業務及び財産の状況につき報告を求め、又はその帳簿、書類その他の物件を検査することができる。（法39条柱書、126条、77条1項、2項）。これは、管財人及び保全管理人の調査権限と同等である。保全管理人がいる場合には、調査委員は、その職務を行うために必要な限度において、保全管理人に対し、資料又は情報の提供その他の協力を求めることができる（会社更生規則33条）。

6　調査委員の地位

調査委員は、善管注意義務を負い、それを怠ったときは利害関係人に対する損害賠償義務を負う（法39条柱書、126条、80条）。

調査委員は、費用の前払及び裁判所が定める報酬を受けることができ、それは予納金から支払われる。報酬決定に不服があるときは、即時抗告をすることができる（法39条柱書、126条、81条1項・4項）。

調査委員は、裁判所の許可を得なければ、開始前会社に対する債権又は開始前会社の株式若しくは持分を譲り受け、又は譲り渡すことができず、許可を得ないでこれらの行為をしたときは、費用及び報酬の支払を受けることができない（法39条柱書、126条、81条2項・3項）。

7　調査委員の監督

調査委員は、裁判所が監督する（法39条柱書、126条、68条1項）。調査委員に対する監督に関する事務は、裁判所書記官に命じて行わせることができる（会社更生規則32条2項、21条）。

8　調査報告事項

更生手続開始前の調査委員に調査報告させる事項は、以下の各事項のうち全部又は一部である。

① 更生手続開始の原因となる事実（法17条1項）及び更生手続開始の申立てを棄却すべき事由（法41条1項。ただし、1号の費用の不納付は裁判所に顕著なので不要）の有無、開始前会社の業務及び財産の状況その他更生手続開始の申立てについての判断をするのに必要な事項並びに更生手続を開始することの当否（法39条1号）

② 開始前会社の業務及び財産に関する保全処分（法28条1項）、保全管理命令（法30条1項）、監督命令（法35条1項）、否認権のための保全処分（法39条の2）、更生手続開始前の役員等の財産に対する保全処分（法40条1項）又は役員等の責任の査定決定（法100条1項）を必要とする事情の有無及びその処分、命令又は決定の要否（法39条2号）

③ その他更生事件に関し調査委員による調査又は意見陳述を必要とする事項（法39条3号）

9 調査委員の終任

調査委員の地位は、裁判所に対する調査報告義務を履行することにより終了する。

調査委員は、正当な理由があるときは、裁判所の許可を得て辞任することができる（会社更生規則32条2項、20条5項）。

裁判所は、調査委員がその職務を適切に行っていないとき、その他重要な事由があるときは、利害関係人の申立てにより又は職権で、調査委員を審尋した上で、当該調査委員を解任することができる（法39条柱書、126条、68条2項）。

10 調査報告書の取扱い

調査委員が裁判所に提出する調査報告書は、原則として利害関係人による閲覧等の対象となるが（法11条1項）、開始前会社の営業秘密が含まれる等のために、閲覧等により開始前会社の事業の維持更生に著しい支障を生じるおそれ又は開始前会社の財産に著しい損害を与えるおそれがあることにつき調査委員から疎明があった場合には、裁判所は、調査委員の申立てにより、支障のある部分の閲覧等の請求をすることができる者を、調査委員、保全管理人（保全管理人が選任されていないときは開始前会社）、管財人に限ることができる（法12条1項本文）。

（池下　朗・高橋　貞幹）

〔参考文献〕
条解更生法（中）266頁
中村清「調査命令・調査委員」瀬戸ほか・新理論と実務69頁
森倫洋「調査委員制度の活用方策」瀬戸ほか・新理論と実務51頁
伊藤・更生法86頁

Q36 更生手続開始前の役員等の財産に対する保全処分

更生手続開始前の役員等の財産に対する保全処分の要件及び効力は、どのようなものか

1 趣 旨

　会社が更生手続開始の申立てをするに至る原因の中には、放漫経営など役員等の過失が寄与している場合がしばしばある。かかる場合に役員等の責任を追及し、更生手続における弁済原資の増大を図ることは、管財人の重要な職務である（法39条2号、84条1項3号参照）。そのために、法は、訴訟より簡易迅速な役員等の責任追及手段として、役員等の責任の査定手続（法100条以下）を置き、それに先立ち責任財産の散逸又は隠匿を防止するために、役員等の財産に対する保全処分を設けている（法99条）。しかし、査定の手続は、更生手続開始の決定があった場合に管財人の申立てにより又は職権で開始するものであり、法99条の保全処分もまた同様であるから、更生手続開始前には利用することができない。すると、更生手続開始前においては、民事保全法による通常の仮差押え・仮処分によるほかなく、開始前会社の乏しい資金の中から担保を提供する等の必要があり、事実上不可能な場合もある。そこで、法は、更生手続開始前においても、緊急の必要がある場合には、役員等の財産に対する保全処分をすることができることとした（法40条）。民事保全法の手続によらない特殊仮処分である。

2 手続の開始

　この保全処分は、保全管理人の申立てによってするのが通例であるが、保全管理人が選任されていない場合には開始前会社も申し立てることができる。申立てを待たず、裁判所の職権をもってすることもできる（法40条1項）。

　この保全処分をすることができるのは、更生手続開始の申立てがあった時から当該申立てについての決定があるまでの間である。更生手続開始申立て

以前には、することができない。

3 被保全権利
この保全処分における被保全権利は、以下の2種類である。
① 発起人、設立時取締役、設立時監査役、取締役、会計参与、監査役、執行役、会計監査人又は清算人（役員等）の責任に基づく損害賠償請求権（法40条1項、99条1項1号）
② 役員等（設立時監査役、会計参与、監査役、会計監査人及び清算人を除く。）に対する現物出資の目的である財産又は会社の成立後に譲り受けることを約した財産の価額の不足額の支払請求権（法40条1項、99条1項2号）

4 保全の必要性
裁判所が緊急の必要があると認める必要がある（法40条1項）。職権による発令も可能であるように、法文上は申立人による疎明が必要とはされていないが、裁判所自身による判断資料の収集は困難であるから、実務上は申立人が疎明する運用である。

5 保全処分の内容
この保全処分は、決定でされる。その内容は、責任のある役員等の財産に対する保全措置である（法40条1項、99条1項各号）。金銭債権の引当てとなる財産の散逸又は隠匿を防止するという趣旨からは、実際上、仮差押えが主となるが、特殊保全処分であるから、それに限定されず、他に適切な保全手段があれば、それによることもできる。

6 変更・取消し
裁判所は、自らした保全処分を、職権で変更し又は取り消すことができる（法40条2項、99条2項）。

7　不服申立て

　この保全処分又はそれを変更し若しくは取り消す決定に対しては、即時抗告をすることができるが、執行停止の効力はない（法40条2項、99条3項・4項）。

8　送　　達

　この保全処分又はそれを変更し若しくは取り消す決定並びにそれらの裁判に対する即時抗告についての裁判の裁判書は、当事者に送達しなければならない。この送達は公告をもって代えることができない（法40条2項、99条5項）。

（池下　朗・高橋　貞幹）

〔参考文献〕
　条解更生法（上）612頁
　高田昌宏「更生会社役員の責任の追及」瀬戸ほか・新理論と実務160頁
　伊藤・更生法91頁

4

開始決定

Q37　更生手続開始決定の手続

更生手続開始決定はどのような手続で行われるのか

1　更生手続開始決定

裁判所は、更生手続開始の申立てがあった場合において、更生手続開始の原因となる事実（法17条1項。Q17参照）があると認めるときは、申立棄却事由に該当する場合（Q38参照）を除き、更生手続開始の決定をする（法41条1項）。

2　更生手続開始申立ての審理

(1)　審理方法

更生手続に関する裁判は、口頭弁論を経ないですることができ（法8条1項）、裁判所は、職権で、更生事件に関して必要な調査をすることができる（法8条2項）。裁判所は、必要があるときは、開始前会社又は更生会社の事業を所管する行政庁及び租税等の請求権（共助対象外国租税の請求権を除く。）につき徴収の権限を有する者に対して、更生手続について意見の陳述を求めることができ（法8条3項）、これらの行政庁及び徴収の権限を有する者は、特に裁判所から求められない場合でも、更生手続について意見を述べることができる（法8条4項）。裁判所は、相当と認めるときは、法17条1項に規定する更生手続開始の原因となる事実又は法41条1項各号に掲げる開始申立棄却事由に係る事実の調査を裁判所書記官に命じて行わせることができる（会社更生規則14条）。

更生手続開始要件を満たす限り、開始決定が速やかに行われることは、開始前会社の事業の維持・再建に有益であるので、裁判所が、事案や状況に応じて適当な審理方法を選択できるよう規定されている。

(2)　代表者の審尋

債権者又は株主が更生手続開始の申立てをした場合には、裁判所は、当該

申立てについての決定をする前に、開始前会社の代表者を審尋しなければならない（法22条2項）。開始前会社が自ら申立てをした場合と異なり、債権者又は株主が申立てをした場合には、開始前会社内部の状況に関する判断資料は、必ずしも裁判所に十分提出されているとは限らず、また、手続保障という観点からも、会社の利益の擁護のため開始前会社の代表者に反論の機会が与えられるべきであるので、代表者審尋が必要とされている。

　審尋の方法は、裁判所が口頭で審尋する方法に限らず、書面による審尋でもよい。審尋の機会を与えれば足り、開始前会社の代表者がこれに応じないときは開始決定をして差し支えない。また、代表者が数人いるときは、少なくとも一人を審尋すれば足りる。

(3) 労働組合等の意見聴取

　裁判所は、更生手続開始申立てを棄却すべきこと又は開始決定をすべきことが明らかである場合を除き、更生手続開始申立てについての決定をする前に、開始前会社の使用人の過半数で組織する労働組合があるときはその労働組合、このような労働組合がないときは開始前会社の使用人の過半数を代表する者の意見を聴かなければならない（法22条1項）。裁判所は、労働組合等の代表者から直接聴取し、又は保全管理人や調査委員を通じて聴取するなど、事案に応じた適切な方法で行う。

(4) 東京地裁における運用

　裁判所は、申立資料により開始前会社の特徴や状態をおおまかに把握し、手続進行についての見通しを立てることになる。保全管理命令が発令された事案では、申立資料に加えて保全管理人の報告書が重要な判断資料となる。保全管理命令の発令がない事案では、法39条の調査命令を発して、開始原因となる事実等についての調査を命じることが多いが、その場合には調査委員の調査報告書が重要な判断資料となる。

　その他必要に応じて、開始前会社の代表者、債権者及びスポンサー候補等の関係人を審尋する場合がある。債権者又は株主申立ての事案では、開始決定又は申立棄却決定の前に開始前会社の代表者の審尋が必要であるが、保全管理命令を発令すべき事案では、密行性の観点から代表者の審尋は発令前に

は行わず、保全期間中（保全管理命令発令後から開始決定前までの期間）に行うのが通常である。労働組合等に対しては、意見照会書を送付して、書面で意見を聴取することが多い。

　以上のような書面による報告や意見聴取のほかに、裁判所は、随時、保全管理人や調査委員から口頭報告等を受け、営業の状況や従業員の動向を含む開始前会社の状態についての情報を得ており、それらの情報も開始決定又は申立棄却決定に向けての判断資料となっている。

　これらの資料に基づき、企業の収益力、資金繰りの見通し、担保権の額及び対象物と事業との関係、大口債権者の態度、スポンサー就任の見通し、従業員の協力姿勢等の事情を総合的に勘案し、更生手続開始の原因となる事実が認められるとともに、合理的な再建策の基本的枠組みを描くことができ、他に申立棄却事由に該当することがなければ更生手続を開始してよいと解している。その結果、現行法施行後の申立事件の実際の開始決定の時期を見ても、早い事件では申立てから1週間程度、全体の9割の事件は1か月前後に更生手続が開始されている。

3　開始申立てについての裁判

　更生手続開始の決定は書面で行い、決定の裁判書には決定の年月日時を記載する（会社更生規則18条）。決定の効力は即時に生じる（法41条2項）。

（名雪　泉・矢作　健）

〔参考文献〕
　条解更生法（上）293頁
　河本晶子「更生手続開始申立ての審理・裁判」瀬戸ほか・新理論と実務78頁

Q38 更生手続開始の条件

更生手続開始申立ての棄却事由には、どのようなものがあるのか

1 はじめに

　更生手続開始の申立てがされた場合、裁判所が更生手続開始の決定をするためには、①更生手続開始原因事実が存在すること、すなわち、(i)破産手続開始の原因となる事実（破産法15条〔支払不能〕、16条1項〔債務超過〕）が生じるおそれがある場合（法17条1項1号）、又は、(ii)弁済期にある債務を弁済することとすればその事業の継続に著しい支障を来すおそれがある場合（法17条1項2号）のいずれかに該当すること、及び、②更生手続開始申立ての棄却事由が存在しないことが必要である（法41条1項）。これらの更生手続開始原因事実の存在及び申立棄却事由の不存在はいずれも更生手続開始条件であるが、従来一般に更生手続開始条件として論じられているのは、更生手続開始申立ての棄却事由のことである（石川明「更生手続開始の条件」青山ほか・実務と理論74頁、徳田和幸「更生手続開始条件」瀬戸ほか・新理論と実務74頁など参照）。会社更生法は、その41条1項において、四つの申立ての棄却事由を定めており、その具体的な内容は、次のとおりである。

① 更生手続の費用の予納がないこと
② 裁判所に破産手続、再生手続又は特別清算手続が係属し、その手続によることが債権者の一般の利益に適合すること
③ 事業の継続を内容とする更生計画案の作成・可決の見込み又は事業の継続を内容とする更生計画の認可の見込みがないことが明らかであること
④ 不当な目的で更生手続開始の申立てがされたこと、その他申立てが誠実にされたものでないこと

　なお、法41条1項では「次の各号のいずれかに該当する場合を除き、更生手続開始の決定をする」と規定されており、旧法38条や民事再生法25条のように「申立てを棄却しなければならない」と明示されてはいないが、これら

は更生手続開始申立ての棄却事由であると解されている（宮川勝之＝須藤英章編・新会社更生法解説65頁以下［花沢剛男］、徳田・前掲論文75頁など参照）。

2 更生手続開始申立ての棄却事由

(1) **更生手続の費用の予納がないこと（法41条1項1号）**

更生手続開始の申立てをするときは、申立人は、更生手続の費用として裁判所の定める金額を予納しなければならない（法21条1項）が、この更生手続の費用の予納がないときは、旧法と同様、申立てを棄却するものとされた。国庫の負担において手続を進行させるべきではなく、また、いつまでも申立てを不確定な状態に置くのも適当でないので、手続を打ち切る意味で申立てを棄却するものとしたのである。旧法下では、本号による申立ての棄却は、他の各号の場合と違って、本案の審理に入る前の門前払いであり、実質的には不適法却下と見るべきであるとする見解が有力であったが（条解更生法（上）344頁、石川・前掲論文74頁、徳田・前掲論文75頁など参照）、現行法41条の改正については、立案担当者において旧法38条の棄却事由を民事再生法25条と同様の内容に整備するものと考えており（法務省・要綱案補足説明109頁参照）、棄却事由を却下事由に改める意思はうかがわれないことから、旧法におけるのと同様棄却事由と解すべきである（徳田・前掲論文75頁参照）。もっとも、本号による棄却は形式的不備に基づくものであるから、棄却の裁判前にこの不備が解消すれば、たとえ予納命令に定められた期間を徒過していても、申立てを棄却すべきではない。開始決定前に費用が不足したときは追納命令を発し得ると解されるが、これに従わないときも本号の適用がある（条解更生法（上）344頁参照）。

(2) **裁判所に破産手続、再生手続又は特別清算手続が係属し、その手続によることが債権者の一般の利益に適合すること（法41条1項2号）**

更生手続開始申立てについての裁判当時、裁判所に破産手続、再生手続又は特別清算手続が係属し、その手続によることが債権者の一般の利益に適合するときも、旧法と同様申立てを棄却するものとされた。法は、他の集団的債務処理手続と更生手続との関係については、更生第一主義の建前を採って

いる（法50条、条解更生法（上）576頁参照）が、企業の規模・形態・業種、財産状態、その手続の進捗状況等から、今更、更生手続を開始するよりも、当該他の手続による方が債権者に有利になる場合には、更生手続の申立てを棄却すべきものとした。ここに「債権者の一般の利益」とは、特定の債権者ではなく債権者全体を一つのグループと見た場合、これにとって利益になることである。裁判所に係属する破産手続等は、必ずしもそれぞれの手続開始の決定があることを要しないし、更生手続開始申立て後にそれらの手続開始が申し立てられたものであっても差し支えない（条解更生法（上）346頁参照）。

　裁判例には、預託金債権の償還が困難となったゴルフ場を経営する債務者が再生手続開始の申立てをし、そのゴルフ会員権預託債権者が更生手続開始の申立てをして両手続が競合したが、その後、再生手続において再生計画が可決・認可されたケースで、更生裁判所が、再生手続によることが債権者の一般の利益に適合するとして更生手続開始の申立てを棄却した事例が複数見られる（東京地決平20.5.15判タ1272号301頁、同平20.6.10判時2007号96頁、大阪高決平18.4.26判時1930号100頁、大島義孝「会社更生手続と民事再生手続の競合―大阪高決平成18・4・26を題材として」NBL855号21頁参照）。

　その他、旧法下の裁判例であるが、競合する再生手続において認可決定がされるに至っていない段階のケースで、ゴルフ場を経営する債務者Yの再生手続において、議決権の30％の債権を取得しているスポンサーAは、既存のゴルフ場会員のプレー権を追加の経済的負担なく保護する意向であり、Yの債権者のうち議決権の40％を占める会員の大部分は再生計画案に賛成する見込みが高く、また、Yの各ゴルフ場はいずれも円滑に運営され大多数の取引業者との取引も継続されており、一般債権者の大多数が再生計画案に賛成する見込みが高いことから、同再生事件においては、Yについて更生手続開始の申立てをした債権者Xを除く大多数の賛成により再生計画案が可決される見込みが高い、という事案がある。なお、当該事例において裁判所は、旧法38条7号の棄却事由（不誠実申立て）も認定している（後記(4)参照）。

(3) 事業の継続を内容とする更生計画案の作成・可決の見込み又は事業の継続を内容とする更生計画の認可の見込みがないことが明らかであること（法41条1項3号）

①事業の継続を内容とする更生計画案の作成の見込みがないことが明らかであるとき、②事業の継続を内容とする更生計画案の可決の見込みがないことが明らかであるとき、又は、③事業の継続を内容とする更生計画の認可の見込みがないことが明らかであるときは、申立ては棄却されるものとされた。旧法下では、「更生の見込みがないとき」が申立ての棄却事由とされていたが、「更生の見込み」とは、会社が継続して収益を上げながら、これによって債務の相当部分を相当期間内に弁済できるか否かについての予測を意味し、そのような企業経営に関わる事項についての専門的知見を有しない裁判所が的確な判断をするためには多大の時間を必要とする結果、更生手続開始の決定が遅延する要因となっているとの批判がされていた。そこで、現行法は、事業の継続を内容とする更生計画が成立する見込みがあるかどうかという手続的事項を裁判所の判断の対象とし、かつ、見込みがないことの明白性を要求することによって、迅速に更生手続開始の申立てについての裁判がされることを確保すべく棄却のための要件が民事再生法と同様に改められたものである（深山卓也ほか「新しい会社更生法の概要(3)」金法1666号64頁参照）。なお、開始決定がなされる前の段階で想定する更生計画が事業の継続を内容とするものに限定されているのは、更生手続が、事業の維持更生を目的とする手続であることに鑑み、更生会社の事業の全部の廃止を内容とする更生計画案を作成できるのは、更生手続開始後に裁判所の許可を得た場合に限られていること（法185条）によるものと考えられる（徳田・前掲論文76頁参照）。

　ア　事業の継続を内容とする更生計画案の作成の見込みがないことが明らかであるとき

事業の収益力が乏しく、スポンサーが見いだされる可能性もないため、企業の諸経費を賄うのが精一杯であり、更生債権等の弁済資金が捻出できそうもないときや、さらに、企業の経営を続けていくための運転資金すら確保できないときは、これに該当する（注釈再生法（上）88頁［須藤英章］、徳田・前

掲論文76頁など参照)。しかし、事業の収益力が低くても、遊休資産等の換価可能資産がある場合や、スポンサー候補が幾つか現れているというような事情がある場合には、必ずしも、更生計画案の作成の見込みがないことが明らかであるとはいえないであろう（条解更生法（上）349頁参照）。

　イ　事業の継続を内容とする更生計画案の可決の見込みがないことが明らかであるとき

　更生計画案が可決されるためには、①更生債権者については、議決権総額の２分の１を超える議決権を有する者の同意が、②更生担保権者については、(i)期限の猶予の定めをする場合には、議決権総額の３分の２以上の議決権を有する者の同意が、(ii)減免等の定めをする場合には、議決権総額の４分の３以上の議決権を有する者の同意が必要である（法196条５項）。更生計画案が作成できたとしても、その可決の見込みがないことが明らかな場合は、手続を開始することは適当ではなく、申立ては棄却される。問題になるのは、申立てから開始決定に至るまでの段階で大口債権者が更生手続に強硬に反対する意思を表明しており可決要件を満たさないおそれがあるというような事情がある場合に、更生計画案の可決の見込みがないことが明らかであるかどうかの判断に当たって、このような事情をどのように考慮すべきかである。旧法における「更生の見込み」（旧法38条５号）の判断においては、大口債権者が反対すれば、一旦手続を開始してみても更生計画案が可決される可能性はなく、結局目的を達することができないことを理由に更生の見込みがないとし、この棄却事由を肯定する説と、債権者が反対すれば将来更生計画案が否決され手続が廃止されるかもしれないが、それはその段階の問題であり更生の見込みなしとして最初から申立てを棄却すべきではないとする説とがあった（条解更生法（上）349頁以下参照）。申立てから開始決定当時は感情的に反対していた者が、手続が開始され更生計画案が提出されると賛成に回ることはよく見られることで、手続の進行に応じて状況は変化し（スポンサーが付き、また破産配当率に比べて更生計画案で定める弁済率が大幅にアップする等）、それによって、債権者の意向は変化し得るから、この段階で「可決の見込みがないこと」の判断は慎重になされなければならないものと考え

る（須藤・前掲注釈88頁、徳田・前掲論文76頁など参照）。

　ウ　事業の継続を内容とする更生計画の認可の見込みがないことが明らかであるとき

　更生計画案が可決されても、更生計画認可決定をするためには次の要件を具備する必要がある（法199条2項）。

　すなわち、①更生手続又は更生計画が法令及び最高裁判所規則の規定に適合するものであること、②更生計画の内容が公正かつ衡平であること、③更生計画が遂行可能であること、④更生計画の決議が誠実かつ公正な方法でされたこと、⑤他の会社と共に合併、会社分割、株式交換又は株式移転を行うことを内容とする更生計画については、更生計画認可決定のときにおいて、当該他の会社が当該行為を行うことができること、⑥行政庁の許可、認可、免許その他の処分を要する事項を定めた更生計画については、法187条の規定による当該行政庁の意見と重要な点において反していないことという要件を具備する必要がある。

　仮に更生計画がこれらの要件のいずれかを具備していないときは、裁判所は、更生計画不認可の決定をする（法199条2項・4項。ただし、199条3項参照）。そして、不認可となることが明らかである更生計画を策定するために更生手続を進行させることは手続経済に反することから、更生手続開始前に上記要件を具備する見込みがないことが明らかであるときは、申立てが棄却される。

(4)　不当な目的で更生手続開始の申立てがされたこと、その他申立てが誠実にされたものでないこと（法41条1項4号）

　旧法で棄却事由に当たる場合として挙げられていた、①債権者又は株主が更生手続開始の申立てをするためにその債権又は株式を取得したとき（旧法38条2号）、②破産回避又は企業担保権の実行の回避の目的で申立てをしたとき（旧法38条3号）、③租税債務の履行を回避し、その他租税債務の履行につき利益を受けることを主たる目的として申立てをしたとき（旧法38条6号）及び④その他申立てが誠実にされたものでないとき（旧法38条7号）を、現行法において実質的に統合したものである（深山ほか・前掲論文64頁以下参

照)。したがって、現行法の下においても、例えば、租税回避等を主たる目的とする申立ては、更生手続開始による租税債権の制約(法50条参照)を利用して利益を得ようとする不当な目的での申立てに当たり許されないと考えられ、また、真に更生手続の開始を求める意思や更生手続を進める意思がないのに、専ら一時的に債権者からの取立てを回避し、時間稼ぎを図る等の目的で、更生手続開始の申立てがされているような場合も、不当な目的で申立てがされていると考えられる(深山卓也ほか・一問一答民事再生法53頁、徳田・前掲論文77頁など参照)。さらに、一般論としては、申立てが更生手続開始以外の目的でなされている場合は、不誠実な申立てとして棄却されるといえ、更生手続開始の申立てをした上で一時的に保全処分や他の手続の中止命令を得て、その間の時間を利用して資金繰りをつけ、申立てを取り下げようとする場合などがこれに当たると考えられる(条解更生法(上)353頁参照)。

　前記(2)で紹介した旧法下の裁判例は、裁判所が旧法38条4号の棄却事由のほかに旧法38条7号の棄却事由(「その他申立てが誠実にされたものでないとき」)を認めて、更生手続開始の申立てを棄却した事例である。その事案の内容は、債務者Yの再生手続において、スポンサー候補として競争していたAとXは、「Yが、民事再生手続において公正かつ透明性ある手続によりスポンサーを選定すべく、監督委員の監督の下に置いてその選定手続を行っていることを十分理解しており、スポンサーに選定されるか否かを問わず、かかる枠組みを逸脱した行為もしくは民事再生手続の円滑な進行の妨げになるような行為(会社更生手続開始の申立て等)は行わないこと」「貴社から一定金額の弁済による担保権の抹消を求められ、または、選定されたスポンサーから上記債権の一定金額による買取りを求められた場合、かかる貴社またはスポンサーからの申入れに対し誠実かつ迅速に対応すること」等の誓約書をYに提出していたところ、Aがスポンサーに決定すると、Xは急に態度を変え、上記誓約書に反して、Aからの債権買取りの申入れにもYとの別除権協定の交渉にも誠実に応じず、逆に担保権の買増しを進め、更生手続開始の申立てをした、というものであった。

(木村　史郎・矢作　健)

〔参考文献〕
伊藤・更生法38頁

Q39　更生手続開始

更生手続開始決定には、どのような事項が記載されるのか。開始と同時に定める事項にはどのようなものがあるのか

1　更生手続開始決定の記載事項

　裁判所は、更生手続開始の決定と同時に、①決定と同時に定めるべき事項（同時決定事項）と②決定と同時に裁判所の裁量で定めることができる事項（裁量的決定事項）を定め、決定書を作成しなければならない（会社更生規則18条1項）。

　この決定書には、①更生手続を開始する旨及び理由、②決定の年月日時（会社更生規則18条2項）、③同時決定事項、④裁量的決定事項を記載する（別紙「開始決定書」参照。なお、別紙「開始決定書」の6(6)及び(7)は、DIP型特有の決定事項である。）。

　決定の年月日のみならず、時刻まで記載するのは、更生手続開始が、公告や送達を待たずに即時に全ての関係人に対する関係で効力を生じる（法41条2項）ので、その時点を明らかにするためである。

2　同時決定事項

(1)　開始決定と同時に定めるべき事項（法42条1項）は、①管財人の選任、②更生債権等届出期間、③更生債権等調査期間である。

　現行法では、更生債権等の調査・確定の手続を迅速化するため、旧法下の調査期日方式ではなく期間方式が採用され、債権届出期間及び調査期間について会社更生規則で期間制限を設けた上で、開始決定と同時に債権届出期間

及び調査期間を定めることとされている。そして、管財人は、債権調査期間に先立ち、裁判所が定める期限内に、全部の債権について認否書を作成して裁判所に提出することとされた。会社更生規則では、更生債権等の届出期間を開始決定の日から2週間以上4月以下の範囲内で（会社更生規則19条1項1号）、更生債権等調査期間を、届出期間の末日と調査期間の初日との間に1週間以上4月以下の期間を置いて、1週間以上2月以下の範囲内で（会社更生規則19条1項2号）、それぞれ定めるものとしているが、東京地裁では、債権調査の標準的スケジュールとして、債権届出期間の終期を開始決定から2か月後（短縮型又はDIP型は6週間後）、認否書の提出期限を開始決定から5か月後（短縮型又はDIP型は14週間後。認否書の提出期限は3⑴の裁量的記載事項）、債権調査期間を認否書提出後の2週間（短縮型又はDIP型は1週間）として運用している。

⑵　知れている更生債権者等の数が1,000人以上であり、かつ、相当と認めるときは、裁判所は、更生手続開始決定と同時に、債権者に個別の通知をしなければならないとされている裁判（管財人の変更、債権届出期間の変更、更生手続開始決定の取消決定）について知れている更生債権者等に対する通知をせず、かつ、届出をした更生債権者等を関係人集会の期日（更生計画案の決議をするためのものを除く。）に呼び出さない旨の決定をすることができる（法42条2項）。

3　裁量的記載事項について

東京地裁においては、通例、開始決定と同時に以下の裁量的記載事項を定めている。

⑴　認否書の提出期限

東京地裁では、標準的スケジュール（Q1参照）として、認否書の提出期限（法146条3項）は開始決定から5か月後（短縮型又はDIP型は14週間後）として運用している。

(2) 更生会社、更生債権者等、株主、労働組合等が、管財人の選任について書面により意見を述べることができる期間

　裁判所が財産状況報告集会を開催しない場合に、更生会社、届出をした更生債権者等、株主及び労働組合等は、管財人の選任について裁判所の定める期間内に書面により意見を述べることができる（法85条4項）こととされているため、その提出期限を定めるものである。東京地裁では、通常、財産状況報告集会を開催していないので（開始前会社又は保全管理人による関係人説明会を開催している。）、開始決定の通知の発送後2週間としている例が多い。なお、財産状況報告集会を開催する場合には、管財人の選任についての意見聴取は、財産状況報告集会で行われることとなる（法85条2項）。

(3) 更生計画案の提出期間

　管財人は、裁判所の定める期間内に、更生計画案を作成し、提出しなければならないこと（法184条1項）、また、更生会社、届出をした更生債権者等又は株主は、更生計画案を提出することができること（法184条2項）から、双方の提出期限を定めるものである。東京地裁では、標準的スケジュールとして、管財人の計画案提出期間を開始決定後9か月（短縮型は6か月、DIP型は18週間）、更生会社、届出をした更生債権者等又は株主の提出期間を管財人の提出期間の終期の数週間前としている。

(4) 法84条1項の定める報告書の提出期限

　法84条1項に規定する調査報告書は、更生会社の業務や財産状況等を利害関係人において把握するための基本的な資料となるものである。東京地裁では、通常、財産状況報告集会又はその代替措置としての管財人による関係人説明会開催の前まで（通常開始決定から6週間程度）としている。

(5) 更生会社の業務及び財産の管理状況に関する報告書の提出及び提出期限

　東京地裁では、毎月の業務及び財産の管理状況について、翌月末日までに月間報告書として提出するように求めている。

(6) 更生手続開始時における財産評定前の貸借対照表の提出

　財産評定による貸借対照表との比較のため、もともとの会社の帳簿に基づ

く更生手続開始時における貸借対照表の提出を求めるものである。
  (7) 財産評定による貸借対照表及び財産目録の提出及び提出期限
　管財人は、更生手続開始後遅滞なく、更生会社に属する一切の財産につき、その価額を評定することとされており（法83条1項）、この財産評定による貸借対照表及び財産目録の提出を求めるものである（法83条3項）。財産評定は、通常、認否の基準となるものであることから、東京地裁では、認否書の提出に遅れることなくその提出を求めている。
  (8) 更生計画案作成時における清算価値及び継続企業価値による資産総額
　東京地裁では、更生計画案作成時における清算価値及び継続企業価値による資産総額を明らかにする書面の提出を求めている（会社更生規則51条1項）。清算価値による資産総額とは、企業の解体清算を前提とした場合の評価であり、継続企業価値による資産総額とは、企業の存続を前提とした場合の評価である。更生計画が清算価値保障原則（Q134参照）を遵守しているかという判断の基準となる。
  (9) 更生手続開始後更生計画案作成時に至るまでの期間損益計算書の提出及び提出期限
　期間損益計算書とは、ある期間に費用、収益がどれだけ発生したか、つまり、損益がどれだけ増減したかという会社の経営成績を示すものであり、更生計画が遂行可能性（Q134参照）を有しているかという判断の資料となる。そこで、東京地裁では、更生手続開始後更生計画案作成時に至るまでの期間損益計算書の提出も求めている（会社更生規則51条1項）。
  (10) 管財人が裁判所の許可を得なければすることができない行為の指定
　更生手続開始の決定後は、更生会社の事業の経営権及び財産の管理・処分権は管財人に専属する（法72条1項）。ただし、裁判所は、必要があると認めるときは、管財人がする一定の行為につき、裁判所の許可を得なければならないものとすることができる（法72条2項）。管財人が裁判所の指定した行為について許可を得ないでした行為は無効であるが、善意の第三者に対抗することはできない（法72条3項）。東京地裁では、おおむね法72条2項各号に列挙されている行為を定めているが、その際、管財人が更生会社の事業の経営

を行う上で、機動性に欠けることのないように、会社の業態等事案に応じた配慮をしており、例えば、法72条2項1号に例示されている財産の処分についても、対象となる財産の範囲を一定額以上に限定したり、債権である場合には管財人による取立てを除いたりするなどの定め方をしている（詳細については、Q80参照）。さらに、同様な観点から、許可事項について裁判所の許可を出す場合にも、具体的に想定される範囲においては包括的な許可を与えることも行っている。

開始決定書

```
平成　　年（ミ）第　　号　会社更生事件
                決　　　定

        当事者の表示　　別紙当事者目録記載のとおり
                主　　文
1　開始前会社○○株式会社について更生手続を開始する。
2　管財人に次の者を選任する。
        東京都○○区○○○丁目○番○号
                ○　　○　　○　　○
3　更生債権等の届出をすべき期間等を次のとおり定める。
 (1) 更生債権等の届出をすべき期間
        平成　　年　　月　　日まで
 (2) 認否書の提出期限
        平成　　年　　月　　日まで
 (3) 更生債権等の一般調査期間
        平成　　年　　月　　日から同年　　月　　日まで
4　更生会社、更生債権者等、株主又は労働組合等が、管財人の選任について書面により意見を述べることができる期間を次のとおり定める。
        平成　　年　　月　　日まで
5　更生計画案の提出期間を次のとおり定める。
 (1) 管財人が更生計画案を提出すべき期間
        平成　　年　　月　　日まで
 (2) 更生会社、届出をした更生債権者等又は株主が更生計画案を提出する
    ことができる期間
        平成　　年　　月　　日まで
```

6 管財人は、会社更生法及び会社更生規則に定めるもののほか、次の行為をしなければならない。
 (1) 会社更生法84条1項に規定する報告書を平成　年　月　日までに裁判所に提出すること。
 (2) 毎月、更生会社の業務及び財産の管理状況について、報告書及び損益計算書を作成し、翌月末日までに、報告書に損益計算書の写しを添付して裁判所に提出すること。
 (3) 更生手続開始時における財産評定前の貸借対照表を作成後速やかに裁判所に提出すること。
 (4) 会社更生法83条3項の規定による貸借対照表及び財産目録を作成後速やかに裁判所に提出すること。
 (5) 更生計画案作成の時における清算価値及び継続企業価値による資産総額を記載した書面並びに更生手続開始後更生計画案作成時に至るまでの期間における損益計算書を作成して、更生計画案とともに裁判所に提出すること。
 (6) 上記(1)から(5)までに定める文書を裁判所に提出したときは、その写しを調査委員に交付すること。
 (7) 会社更生法若しくは会社更生規則の規定又は次項により裁判所の許可を求める場合に、あらかじめ、調査委員の意見を聴いてその概要を許可申請書に付記すること。
7 管財人は、次の行為をするには、裁判所の許可を得なければならない。
 (1) 更生会社が所有又は占有する財産に係る権利の譲渡、担保権の設定、賃貸その他一切の処分（○○万円以下の価額を有する財産に係る取引及び常務に属する取引に関する場合を除く。）
 (2) 更生会社の有する債権について譲渡、担保権の設定その他一切の処分（管財人による取立てを除く。）
 (3) 財産の譲受け（商品の仕入れその他常務に属する財産の譲受けを除く。）
 (4) 貸付け
 (5) 借財（手形割引を含む。）又は保証
 (6) 会社更生法61条1項の規定による契約の解除
 (7) 訴えの提起若しくは保全、調停、支払督促その他これらに準ずるものの申立て又はこれらの取下げ
 (8) 和解又は仲裁合意
 (9) 債務免除、無償の債務負担行為又は権利の放棄
 (10) ○○万円を超える共益債権を生じさせる行為で常務に属しないもの
 (11) 更生担保権に係る担保の変換（更新された火災保険契約に係る保険金請求権に対する担保変換としての質権の設定を除く。）
 (12) 更生会社の事業の維持更生の支援に関する契約又は当該支援をする者

の選定業務に関する契約の締結

　　　　　　　　　　　　理　　　由
　一件記録によれば、開始前会社には、会社更生法17条1項所定の更生手続開始の原因となる事実があると認められ、他方、同法41条1項各号に掲げる事由があるとは認められない。
　よって、本件申立ては理由があるので主文第1項のとおり決定し、併せて、会社更生法42条1項、72条2項、84条2項、85条4項、146条3項、184条1項及び2項並びに会社更生規則51条1項の規定に基づき、主文第2項から第7項までのとおり決定する。

　　　　　　　　　平成　　年　　月　　日午　　時
　　　　　　　　　東京地方裁判所民事第8部
　　　　　　　　　　　裁判長裁判官　○　○　○　○
　　　　　　　　　　　　　裁判官　　○　○　○　○
　　　　　　　　　　　　　裁判官　　○　○　○　○

　　　　　　　　　　　　　　　　　　（市川　惠理子・矢作　健）

〔参考文献〕
　条解更生法（下）126頁、138頁
　林潤「更生手続開始決定に伴う措置」瀬戸ほか・新理論と実務86頁
　伊藤・更生法93頁

Q40　更生手続開始（DIP型）

DIP型での更生手続開始は、管理型と異なる点はあるか

1　はじめに

　更生手続開始決定の手続や開始条件は、管理型かDIP型かで異なるものではない（Q37からQ39まで参照。開始決定の記載事項も、調査委員が付されることに伴う後記4の追加事項を除き、管理型の開始決定と同様である。）。DIP型が管理型と異なるのは、主として、開始決定と同時に現経営陣の中から管財人を選任する点にあり、それに伴って、後記2のDIP型4要件を前提条件とする

点、調査命令を発令する点という運用上の差異が生じる。

2 DIP型で開始する要件

東京地裁では、現経営陣が自ら再建に当たる意欲を有している会社申立ての事案において、次の要件（DIP型4要件）を満たす場合には、現経営陣の中から管財人を選任して再建に当たらせるDIP型での更生手続の運用が可能となる。

なお、DIP型4要件を満たさないと判断された事件では、管理型での開始決定がされ、通常は、保全段階に監督委員兼調査委員に選任した者を管財人に選任するのが一般的である。以後は、管理型での申立ての事件と同様の進行となる。

(1) **要件①「現経営陣に不正行為等の違法な経営責任の問題がないこと」**

役員等責任査定決定を受けるおそれがあると認められる者については、管財人や管財人代理に選任することはできないものとされている（法67条3項、70条1項ただし書）。したがって、DIP型更生手続の運用を行うには、上記要件①を満たす必要がある。現経営陣の中から管財人を選任するとすれば、代表者がその候補者となるのが通常であるから、代表者について上記要件①を満たすかどうかを検討するのが一般的である。もっとも、代表者に経営責任が認められる場合であっても、現経営陣の中には、経営責任の問題がなく、代表者に代わって経営の中心となり得る求心力を有する者が存在することもあり、このような事案では、この者について上記要件①を検討することになる。

(2) **要件②「主要債権者が現経営陣の経営関与に反対していないこと」**

現経営陣に従前どおり経営を任せて再建を担わせるのが相当かどうかは、この点に強い利害関係を有する主要債権者のよく知るところである。また、主要債権者が現経営陣による再建にあえて反対していない場合には、必ずしも現経営陣の退陣を求める必要はなく、その反対に、主要債権者が現経営陣の経営関与に反対している場合には、その協力が得られず、更生計画案可決の見通しを立てるのが困難になる。このような意味から、DIP型更生手続の

運用において上記要件②の充足が求められている。

(3) 要件③「スポンサーとなるべき者がいる場合はその了解があること」

　DIP型更生手続の運用を求める会社申立ての事案においては、申立ての段階で会社が第三者とスポンサー契約を締結しているケース（いわゆるプレパッケージ型申立て）もあると思われる。このようなケースにおいて、大多数の債権者が当該スポンサーの選定に反対していない場合には、更生手続の進行に当たってこれを尊重することには合理性がある。そのような場合には、手続の円滑な進行を期するため、上記要件③を満たすことが必要である。

(4) 要件④「現経営陣の経営関与によって会社更生手続の適正な遂行が損なわれるような事情が認められないこと」

　上記①から③までの要件を満たしている場合であっても、保全段階において、現経営陣が保全処分に違反したり、監督委員の同意事項を無視したり、調査委員の調査に非協力的な言動に出るなどの事態が発生することもあり得る。このような事情がある場合に、現経営陣が更生手続開始後に経営に関与することを認めるならば、更生手続の公正を害し、その適切な遂行を妨げることになりかねない。このような観点から、上記要件④を満たすことが必要とされている。

3　現経営陣の中からの管財人の選任

　DIP型で開始決定する場合には、現経営陣の中から事業家管財人を選任する。事案によっては、申立代理人の中から、法律家管財人を併せて選任する。

　なお、DIP型の管財人であっても、管理型の管財人であっても、その任務や地位に特段の違いがあるわけではない。すなわち、現経営陣も管財人に選任された以上、更生会社やその現経営陣とは別個の更生手続上の機関として、裁判所の監督の下、利害関係人全員のために善管注意義務を負いつつ、更生会社の事業の運営や更生計画の策定・遂行に当たる職責を負うものであり、この点は、DIP型更生手続との名称は付称されていても、債務者が手続遂行の主体となり、事業経営権及び財産管理処分権を保持する本来的な意味

でのDIP型の手続ではないことには留意が必要である（Q75参照）。

4 調査命令の発令

　DIP型で開始決定する場合には、併せて、調査命令（法125条）を発令し、更生事件の管財人を務めたことがあるような経験豊富な弁護士を調査委員に選任することとしている。調査委員には、事情をよく理解し立場の一貫性も保てることから、保全段階に監督委員兼調査委員に選任した者を選任するのが一般的である。DIP型更生手続では、通常、管財人が現経営陣の中から選任されることから、その職務の遂行が更生会社とこれを取り巻く多くの利害関係人の利害を適切に調整して行われているかを客観的に担保するため、開始決定後も、調査委員を選任し、次のとおり、管財人の業務遂行に積極的に関与することが期待されている。

　調査委員は、中立的な立場から、管財人業務の当否を調査する。具体的には、①管財人の報告書、財産評定、認否書、更生計画案等の当否の調査、②管財人が裁判所に対し要許可事項の許可申請をする場合に意見を付すなどである。許可の当否についての意見は、許可相当であれば結論のみで、許可不相当であれば簡潔な理由を付す程度の簡単なもので足りる。更生計画案の当否の結果及び意見の提出期間は、管財人の更生計画案提出から、通常、1週間後である。DIP型での開始決定と併せて行う調査命令の例は後掲の決定例を参照されたい。また、上記の調査を円滑に行うことができるよう、開始決定において、管財人に対し、上記①の文書（具体的には、Q39掲記の開始決定の主文6項(1)から(5)までに定める文書）を裁判所に提出したときは、その写しを調査委員に交付すること、裁判所の許可を求めるときは、あらかじめ、調査委員の意見を聴いてその概要を許可申請書に付記することを定めている。

　調査委員は、管財人団会議に出席するなどして日常業務の報告を受けることに加え、財産評定、更生担保権者等との交渉、スポンサー選定、更生計画案策定などの方針についても報告を受け、その意見を述べるなどして更生手続の進行に積極的に関与する。なお、管財人の更生計画案に対する付議決定後、投票のために債権者に対して同計画案を送付する際には、原則として、

調査委員の同計画案の当否に関する意見書（又はその要旨）を同封する扱いとしている。

（高橋　貞幹）

Q41　更生手続開始決定後の手続

開始決定はどのようにして公示されるのか

1　公　告
(1)　公告事項、公告方法

　裁判所は、開始決定後直ちに、次の事項を官報に掲載する方法によって公告しなければならない（法43条1項、10条1項）。ただし、⑤の社債管理者等がないときは、⑤の公告は不要である。

① 　更生手続開始の決定の主文
② 　管財人の氏名又は名称
③ 　更生債権等の届出期間及び調査期間
④ 　財産所持者等（更生会社の財産の所持者及び更生会社に対して債務を負担する者をいう。）は、更生会社にその財産を交付し、又は弁済をしてはならない旨
⑤ 　更生会社が発行した社債について社債管理者等がある場合における当該社債についての更生債権者等の議決権は、法190条1項各号のいずれかに該当する場合（社債権者自身が更生債権等の届出をするか、又は議決権を行使する意思がある旨を申し出た場合等。ただし、同条3項が掲げる更生計画案の決議における議決権の行使についての社債権者集会の決議が成立した場合等を除く。）でなければ行使できない旨

　また、裁判所は、知れている更生債権者等の数が1,000人以上であり、かつ、相当と認めるときは、債権者に個別の通知をしなければならないとされ

ている裁判（管財人の変更、債権届出期間の変更、更生手続開始決定の取消決定）について知れている債権者等に対する通知をせず、かつ、届出をした更生債権者等を関係人集会の期日（更生計画案の決議をするためのものを除く。）に呼び出さない旨の決定をすることができるが、その場合には、その旨の公告をしなければならない（法43条2項、42条2項）。また、裁判所は、この決定をしたときは、管財人に対し、上記の通知すべき内容及び関係人集会の期日について、日刊新聞紙に掲載し、又はインターネットを利用する等の方法であって裁判所の定めるものにより、更生債権者等に周知する方法を採ることを命じることができる（会社更生規則19条2項）。

なお、開始決定は、公告や通知を待たずに、その決定の時から効力を生じる（法41条2項）ので、その時点を明らかにするために実務上は、決定の年月日時について公告している。

(2) 公告の効果

公告は、官報に掲載があった日の翌日にその効力が生じ（法10条2項）、前記(1)の公告により一切の関係人に対して更生手続開始決定の告知があったものとみなされ（法10条4項）、更生手続開始の事実の知又は不知によって効力の異なる行為（法56条～58条）については、同公告の効力発生後においては更生手続開始の事実を知ってなされた行為と推定されることになる（法59条）。

2 通　　　知

(1) 通知先、通知事項

管財人、更生会社、知れている更生債権者等、株主及び財産所持者等、保全管理命令、監督命令又は法39条の規定による調査命令があった場合における保全管理人、監督委員又は調査委員には、前記1(1)の公告事項を通知しなければならない（法43条3項）。ただし、更生会社がその財産をもって約定劣後更生債権に優先する債権に係る債務を完済することができない状態にあることが明らかであるときは知れている約定劣後更生債権を有する者に対し、また、更生会社がその財産をもって債務を完済することができない状態にあ

ることが明らかであるときは知れている株主に対しては通知することを要しない（法43条4項）。これらの約定劣後更生債権者や株主は、実質的に更生会社に対する権利を失っていると考えられるためである。

(2) 通知方法

この通知は、「相当」と認める方法によることができる（法13条、民事訴訟法3条、民事訴訟規則4条1項）が、東京地裁においては、通常、更生債権者等に対しては書留郵便又は普通郵便で通知している。

なお、裁判所は、更生手続の円滑な進行を図るために必要があるときは、管財人の同意を得て、管財人に書面の送付その他通知に関する事務を取り扱わせることができる（会社更生規則3条の2）。

(3) 通知の効果

開始決定を通知すべき者に対して通知がされなかったとしても、その者に対する更生手続開始の効力の発生は妨げられない。

3　許可官庁等への通知

官庁その他の機関の許可（免許、登録等を含む。）がなければ開始することができない事業を営んでいる株式会社、又はこれらの許可がなければ設立することができない株式会社について開始決定があったときは、その旨を当該機関に通知しなければならない（会社更生規則7条2項）。

4　登　　記

(1) 登記事項

更生手続開始の決定があったときは、裁判所書記官は、職権で、遅滞なく、更生手続開始の登記を更生会社の本店（外国に本店があるときは日本における営業所）の所在地の登記所に嘱託しなければならない（法258条1項）。その他の登記事項は、①管財人の氏名又は名称及び住所、②複数の管財人の選任された場合において、それぞれ単独で職務を行う許可があったときはその旨、職務を分掌する許可があったときはその旨及び各管財人が分掌する職務の内容である（法258条2項）。

(2) 登記の効力

更生手続開始の登記は、対抗要件としての効力を有するものではなく、更生会社と取引をしようとする第三者に対する警告的な意味を有するにとどまる。行為の効力が第三者の善意・悪意で決められる場合（法56条～58条）については、第三者の善意・悪意の推定が更生手続開始の公告の前後で決められる（法59条）。こうしたことから、現行法では、更生手続開始等の登記については、商業登記のみをすることとし、会社に属する権利で登記がされたものについては登記の嘱託が廃止されている。

（名雪　泉・矢作　健）

〔参考文献〕
伊藤・更生法95頁

Q42 更生手続開始申立てに関する裁判に対する不服申立て

不服申立権者は誰か。即時抗告の手続はどのようなものか

1　更生手続開始の申立てについての裁判に対する不服申立権者

更生手続開始の申立てについての裁判に対しては、即時抗告をすることができる（法44条1項）。

即時抗告ができる者は、更生手続に関する裁判につき利害関係を有する者であるので（法9条）、即時抗告権者が誰であるかについては、更生手続開始申立てに対する裁判の結果に応じて検討する必要がある。

(1) 申立てが却下された場合

申立人が申立適格を欠くなど申立ての適法要件を具備していないため不適法として却下された場合は、即時抗告権者は申立人である。

(2) 申立てが棄却された場合

申立てが開始原因がなく又は棄却事由があるため理由なしとして棄却さ

た場合は、①即時抗告権者は申立人に限るとする説、②申立人に限らず、自ら手続開始の申立資格を備える者（会社、法17条2項に定める債権額・株式数を有する債権者又は株主）も即時抗告ができるとする説、③全ての債権者・株主に即時抗告権を認める説がある。自ら手続開始の申立資格を備える者であれば自ら申立てをすれば足りるし、申立資格を備えない者に即時抗告権を認めることは申立要件を限定した法の趣旨に反するから、即時抗告権者は申立人に限ると解すべきである。

(3) 更生手続開始の決定がされた場合

更生手続開始の決定がされた場合の不服申立権者は、更生会社、債権者、株主のうち、申立人以外の者である。債権者及び株主については開始申立てに必要な債権額・株式数は問わない（東京高決昭29.12.22金法66号11頁、東京高決昭35.10.11金法256号10頁）。これらの者はいずれも更生計画によって、その権利を減額、消滅させられる可能性があるからである。

(4) 更生手続開始の決定が再度の考案により取り消され、改めて申立てが棄却された場合

更生手続開始決定の取消決定は、開始決定により全ての利害関係人に対する関係で生じた手続を遡及的に消滅させるものであるから、利害関係人に与える影響は大きく、更生会社、管財人、債権者及び株主は即時抗告の申立てができると解することができ、その有する債権額や株式数は問わない。

2 即時抗告の申立期間

(1) 更生手続開始の決定がされた場合

更生手続開始の決定がされた場合の即時抗告期間は、開始決定の公告が官報に掲載された日の翌日から起算して2週間（公告が掲載された翌日を算入）である（法9条後段、10条2項）。

(2) 更生手続開始の申立てが棄却された場合

申立てが棄却された場合の即時抗告期間は、裁判の告知を受けた日から1週間（告知を受けた日は不算入）である（法13条、民事訴訟法332条）。

3 即時抗告の手続

　更生手続開始の申立てについての裁判に対する即時抗告は、抗告状を当該裁判をした裁判所に提出して行う（法13条、民事訴訟法331条、286条1項）。抗告裁判所は、必要に応じて口頭弁論に代わる審尋ができ、速やかに当該抗告に対する裁判をし、抗告人に対し裁判書の謄本を送達する方法をもって告知する。

　更生手続開始の決定をした裁判所は、当該決定に対する即時抗告があった場合において、当該決定を取り消す決定が確定したときは、直ちにその主文を公告し、かつ、管財人、更生会社、知れている更生債権者等及び株主並びに財産所持者等（更生会社の財産の所持者及び更生会社に対して債務を負担する者）にその主文を通知する（約定劣後更生債権者については、これに優先する債権を完済できないことが明らかな場合において、株主については債務超過の場合において、それぞれ更生手続開始の通知を受けなかった者には、通知を要しない。）（法44条3項本文）。更生手続開始の決定時において、法42条2項の決定（知れている更生債権者等が1,000人以上の場合に開始決定を取り消す決定についての通知をしない旨の決定）をした場合にはその通知を要しない（法44条3項ただし書）。

4 開始決定の効力の発生時期と即時抗告

　更生手続開始の決定は、その決定の時から効力を生じる（法41条2項）とされており、この即時抗告は執行停止の効力を有しないと解されている（条解更生法（上）143頁）。更生手続開始の決定に対する即時抗告に執行停止の効力を認めると、一旦生じた手続開始の効果が停止され、抗告審の裁判があるまでの間に更生会社の財産が散逸し企業価値が著しく毀損されるおそれがあるからである。したがって、抗告審において即時抗告が認められ開始決定が取り消され、これが確定した場合に初めて、手続開始の効果が遡って消滅することになるが、その場合でも、開始決定後に管財人がその権限に基づいて行った行為の効力は存続する。

5　申立棄却決定に対する即時抗告と保全措置

　更生手続開始申立てを棄却する決定に対して即時抗告がされた場合には、将来更生手続が開始される場合に備えて、更生会社の財産が散逸し企業価値が著しく毀損されることがないように、裁判所は、更生手続開始の申立てに伴う保全措置（法24条～40条）を採ることができる（法44条2項）。

（村松　忠司・山本　佐智子）

〔参考文献〕
　条解更生法（上）461頁
　小林茂雄「会社更生手続における不服申立ておよび抗告審の審理・裁判」青山ほか・実務と理論87頁
　伊藤・更生法99頁

5

開始決定の効果

Q43 更生手続開始決定の更生会社の組織に対する効力

更生手続開始決定がされた場合、更生会社の組織はどのような影響を受けるのか

1 概　説

　更生手続開始決定がされた後も、会社そのものは存続し、事業を続けることになる。そして、更生手続開始決定後も、取締役、監査役、取締役会、株主総会、委員会設置会社における各委員会や執行役という会社の機関は存続することになる。しかし、更生手続開始決定は直ちに効力を生じ（法41条2項）、更生手続開始決定と同時に管財人が選任され（法42条1項）、管財人が選任されると、更生会社の事業の経営並びに財産の管理及び処分をする権利が管財人に専属することになる（法72条1項）ため、更生手続開始決定により、従前の法人機関（取締役、監査役、取締役会、株主総会等）は、法72条4項前段の規定によりその権限が回復されない限り、組織法上の事項に関する権限のみを行使することができるにとどまる（破産手続につき、最判平16.6.10民集58巻5号1178頁、最判平21.4.17裁判集民事230号395頁参照）。もっとも、組織法上の事項であっても、法が更生手続上で処理することができるとしているものについては、管財人がその資格に基づいて扱うことが許される（伊藤・更生法115頁）。

2　株主総会の権限について

(1)　法45条1項が定める事項について

　ア　法45条1項により制限されている事項

　前記のとおり、従前の法人機関（取締役、監査役、取締役会、株主総会等）の権限は、組織法上の事項に関するものに限定されるとしても、これらの事項のうち、会社の基礎に関わる事項については、会社更生法により、変更が禁止されている。

すなわち法45条1項は、更生手続開始後その終了までの間においては、①株式の消却、併合若しくは分割、株式無償割当て又は会社法199条1項に規定する募集株式を引き受ける者の募集、②会社法238条1項に規定する募集新株予約権を引き受ける者の募集、新株予約権の消却又は新株予約権無償割当て、③資本金又は準備金（資本準備金及び利益準備金）の額の減少、④剰余金の配当その他の会社法461条1項各号に掲げる行為、⑤解散又は株式会社の継続、⑥会社法676条に規定する募集社債を引き受ける者の募集、⑦持分会社への組織変更又は合併、会社分割、株式交換若しくは株式移転は、更生計画の定めるところによらなければすることができないとしている。

　これらの行為は、会社の事業の維持更生という会社更生法の目的（法1条）と密接に関連する事項であり、更生計画とは無関係に行うことができないため、更生計画の定めるところによらなければ行うことができないとされたものである。

　イ　株主総会決議の要否

　法45条1項により制限されている事項のうち、株式の併合（会社法180条2項、309条2項4号）、募集株式の発行（会社法199条2項、201条1項、199条3項）、募集新株予約権の発行（会社法238条2項、240条1項、238条3項）、剰余金の配当（会社法454条1項）、株式交換（会社法783条1項、795条1項、782条1項3号）、株式移転（会社法804条1項、803条1項3号）、合併（会社法783条1項、795条1項、782条1項1号、804条1項、803条1項1号）、会社分割（会社法783条1項、782条1項2号、795条1項、804条1項、803条1項2号）、資本金の額の減少（会社法447条1項）、解散（会社法471条3号）は、会社法において、株主総会決議を必要としている。

　しかし、会社更生法上、更生計画によって株式の消却、併合若しくは分割又は株式無償割当て、資本金又は準備金の額の減少、会社の継続等をする場合には、更生手続が行われていない場合に当該行為を行うとすれば株主総会の決議その他会社の機関の決定が必要となる事項を定めなければならないと規定され（法174条）、また、募集株式を引き受ける者の募集（法175条）、募集新株予約権を引き受ける者の募集（法176条）、募集社債を引き受ける者の

募集（法177条）、更生債権者等の権利の消滅と引換えにする株式等の発行（法177条の2）、解散（法178条）、組織変更（法179条）、合併（法180条、181条）、分割（法182条、182条の2）、株式交換（法182条の3）、株式移転（法182条の4）、新会社の設立（法183条）についても同様に、株主総会決議又は取締役会決議で定められる事項を更生計画に定めなければならないとされている。

　上記の株式の併合等について、会社更生法の規定により更生計画に条項を定める場合には、これらの行為は更生計画の遂行に当たり、更生会社の株主総会の決議その他の機関の決定を要しない（法210条1項）。

(2) **定款変更について**

　ア　会社更生法の規定

　定款変更について、法は、更生手続が終了するまでの間は、更生計画の定めるところによるか、裁判所の許可を得なければならないとしている（法45条2項）。

　定款変更も、会社の事業の維持更生という会社更生法の目的（法1条）と密接に関連する事項であり、更生計画とは無関係に行うことはできない。他方、会社の目的の変更や、会社の本店所在地の変更などのように、定款で定められている事項であるが、これを変更しても、会社の事業の維持更生とは矛盾せずに行うことができる事項がある。したがって、定款変更については、更生計画の定めるところによるほか、裁判所の許可を得て行うことが認められたのである。

　イ　株主総会決議の要否

　会社更生法は、更生計画によって定款の変更を行う際には、更生手続が行われていない場合に当該行為を行うとすれば、株主総会の決議その他の会社の機関の決定が必要となる事項を定めなければならないと規定している（法174条5号）。この規定によると、更生計画により定款変更を行う場合には、株主総会決議は不要と解される。

　しかし、更生計画によらないで定款を変更する場合に、裁判所の許可のほか、株主総会決議を要するかどうかについては、争いがある（注解更生法181

頁〔中村勝美〕参照）。

(3) **事業譲渡について**

ア　会社更生法の規定

　更生会社の事業の全部の譲渡又は重要な一部の譲渡（当該譲渡により譲り渡す資産の帳簿価額が当該更生会社の総資産額として会社法施行規則134条に定める方法により算定される額の5分の1（これを下回る割合を定款で定めた場合にあっては、その割合）を超えないものを除く。）についても、会社更生法は、更生手続が終了するまでの間は、更生計画の定めるところによらなければならないが、更生手続開始後更生計画案を決議に付する旨の決定がされる間であれば裁判所の許可を得て更生計画によらない事業譲渡ができると規定している（法46条）。事業譲渡は、更生会社の事業の維持更生に極めて重大な影響を与える行為であるため、原則として更生計画によらなければできないとされているが、事業のより良い維持更生のためには、更生計画作成以前に事業譲渡をする必要がある場合もあるため、更生計画によらない事業譲渡も一定の要件の下で認められたのである。

イ　株主総会決議の要否

　法174条6号は、更生計画により事業譲渡等をする際には、更生手続が行われていない場合に当該行為を行うとすれば株主総会の決議その他の会社の機関の決定が必要となる事項を定めなければならないと規定している。この規定によると、更生計画により事業譲渡を行う場合には、株主総会決議は不要と解される。

　更生計画によらない事業譲渡については、従前、更生手続開始決定後は、事業経営権や会社財産の管理処分権は管財人に専属し（法72条1項）、従前の会社の機関はこれらの権限を失うとされているため、財産の管理処分権の一種である事業譲渡についてのみ、株主総会が決定権限を有すると解することはできないことから、株主総会の特別決議は不要であると解するのが相当であるとされてきたところ（田村諄之輔「更生手続と合併・営業譲渡」金商554号183頁、田原睦夫「更生計画とM&A」高木ほか・事典746頁）、平成17年の会社法の制定に伴う改正（平成17年法律第87号）により、法46条に新たに10項が追

加され、会社法第2編第7章の規定は適用しないとして、株主総会の決議が不要であることが明文で規定された。

なお、更生手続開始後更生計画案を決議に付する旨の決定がされるまでの間にされる更生計画によらない事業譲渡については、裁判所の許可の時点において更生会社がその財産をもって債務を完済することができない状態にある場合等を除き、管財人は、事業譲渡の相手方等について公告又は株主に通知しなければならず、総株主の議決権の3分の1を超える議決権を有する株主が書面をもって管財人に譲渡に反対の意思を有する旨の通知をしたときなどにおいては、裁判所は事業譲渡の許可をすることができないとされており（法46条4項〜8項）、株主に対する配慮がなされている。もっとも、東京地裁における近時の更生事件を見ると、上記時点において更生会社が債務超過状態であったため、公告又は株主に対する通知をした例はない。

(4) その他の権限について

その他、株主総会の権限としては、会計監査人設置会社以外の会社における計算書類の承認（会社法438条2項）があるが、これについては、計算書類の作成権限等も財産管理に関する事項として管財人に専属するため、これに関して株主総会が権限を有することはない。

また、株主総会の権限として、役員報酬の決定があるが、更生会社の役員は更生手続開始後その終了までの間は、更生会社に対して報酬請求をすることができず、更生計画によって役員の権限が回復されてもその報酬は管財人が裁判所の許可を得て定めるとされているため（法66条1項・2項）、これに関して株主総会が権限を有することはない。

以上から、株主総会に残された権限は、役員の選任程度となる。

3 取締役会の権限

(1) 法45条1項により制限されている事項

取締役会は、会社の業務執行を決し、取締役の職務の執行を監督する権限を有する機関であるが、前記のとおり、更生手続開始後は会社に残された組織的活動に関する活動をなし得るだけであり、さらに法45条1項により組織

的活動に関する活動も制限されている。
  (2) 取締役会決議の要否
 会社法では、取締役会設置会社においては、株式の消却（会社法178条2項）、株式の分割（会社法183条2項）、募集株式の発行（会社法201条1項、199条2項）、募集新株予約権の発行（会社法240条1項、238条2項）、中間配当（会社法454条5項）、募集社債の発行（会社法362条4項5号、676条1号）をする際に取締役会決議が必要とされているが、会社更生法は、更生計画によって株式の消却、分割等をする場合には、更生手続が行われていない場合に当該行為を行うとすれば株主総会の決議その他の会社の機関の決定が必要となる事項を更生計画の条項において定めなければならないと規定し（法174条）、また、募集株式の発行（法175条）、募集新株予約権の発行（法176条）、募集社債の発行（法177条）についても、株主総会の決議その他の会社の機関の決定が必要な事項を同様に定めなければならないとしているため、更生計画によって株式の消却、分割、募集株式や募集新株予約権の発行、中間配当、募集社債の発行をする場合には、取締役会決議は不要である。
  (3) その他の権限について
 以上から、取締役会に残された権限は、代表取締役の選定（会社法362条2項3号）、株主総会招集の決定（会社法298条4項）、譲渡制限株式の譲渡の承認（会社法139条1項）等となる。

4 取締役、代表取締役の権限
  (1) 法45条1項により制限されている事項
 代表取締役は、会社の代表者として会社の業務執行を担当し（会社法349条）、株主総会の招集（会社法296条3項）等の権限を有する機関であるが、更生手続開始決定により、更生会社の事業経営権及び財産の管理処分権が管財人に専属するため、代表取締役の代表権（会社法349条）は原則として停止すると解される（伊藤・更生法115頁）。代表取締役に残った権限は、更生手続開始決定等に対する抗告（法30条4項、44条）（注解更生法（上）378頁）、更生計画案の提出（法184条2項）、債権者集会への出席及び意見陳述（法115条

（注解更生法（下）10頁）等の会社更生法上の更生会社の権限のほか、株主名簿の書換（会社法130条）、株主名簿の管理（会社法121条）、株主名簿の基準日（会社法124条1項）、株主総会の招集（会社法296条3項）等となる（山口和男「更生手続開始決定の効果」金商719号45頁、根本真「企業の整理・再建と清算」井関浩編・実務法律大系401頁）。

　ただし、株主名簿の名義書換、株主名簿の管理については、更生手続の参加者たる地位を有する株主の範囲を画するという意味では、更生手続の一環ともいえるし、そもそも株主名簿管理人との契約、監査法人との契約等は、費用面において更生会社の利害と密接に関連しており、その反面、これらの権限を取締役に保留しておくべき実際上の必要は認められないとして、管財人の権限であるとする説もある（四宮章夫「債務者の機関と再建型倒産手続の管理機関との関係」判タ910号34頁）。この点、旧法下においては、更生手続に参加できる株主は株主名簿の記載によるとされ（旧法130条1項）、株主の確定のために株主名簿等を閉鎖すべき場合には、管財人ではなく会社にそれが命じられていたこと（旧法130条2項）から、株主名簿に関する事務は会社が権限を有すると解するのが相当とされていた（川畑正文「更生会社及び会社整理・特別清算と訴訟の帰趨」現代裁判法大系20・84頁）。

　しかし、現行法では、更生手続に参加できる株主は株主名簿等の記載又は記録によることとされ（法165条2項）、裁判所は相当と認めるときは、更生計画案を決議に付する旨の決定と同時に、一定の日（以下「基準日」という。）を定めて、基準日における更生債権者表、更生担保権者表又は株主名簿に記載又は記録されている更生債権者等又は株主を議決権者と定めることができるとのみ定められ（法194条1項）、株主名簿の閉鎖について旧法の規定（旧法130条1項）を廃止したこと、株主名簿の記載又は記録はまさに更生手続に参加する者を画する意味があることから、管財人において株主名簿を管理し、株主を把握する必要が高いといえるのであって、管財人の権限と解する余地もあり得よう。

(2)　取締役の権限回復

　更生計画の定め又は裁判所の決定で、更生計画の認可決定後の更生会社に

対しては、更生会社の事業経営権及び財産の管理処分権が管財人に専属する旨の規定（法72条1項）等を適用しないとすることができる（法72条4項前段）。

　この場合には、更生会社の機関はその権限を回復し、管財人は、更生会社の事業の経営及び財産の管理処分を監督する地位に就くことになる（法72条4項後段）。そして、取締役は、競業行為については管財人ではなく取締役会等の承認を得なければならなくなり（法65条1項ただし書、会社法356条1項1号、365条1項）、取締役は更生会社に報酬を請求できるようになり（法66条1項ただし書）、さらに、新たに提起される更生会社の財産関係の訴えについては、取締役等が代表する更生会社が当事者適格を有する（法74条2項）等の効果が生じることになる。

5　監査役の権限

　監査役は、公開会社でない株式会社においてその監査の範囲を会計に関するものに限定する旨を定款で定めた場合（会社法389条1項）を除いて、会計監査の権限のほかに業務監査の権限も有し、取締役の職務執行を一般的に監査する権限を有する（会社法381条）。しかし、監査役が有していた計算書類等の監査の権限（会社法436条1項）は更生手続開始によって会社の事業経営権及び財産の管理処分権の一つとして管財人に帰属すると解され、監査役の会計監査の権限は及ばないと解される。また、業務監査についても、実際に取締役や取締役会に残された権限が限定されているため、必要とされる場面はほとんどない。したがって、監査役の権限はほとんど残されていないといえる。

6　実務上の扱い

　旧経営陣の役員が辞任しても、後任の取締役等がいない場合には会社法346条1項、351条1項によりこれらの者はなお取締役等としての権利義務を有することになるが、実際には取締役等として業務を行う者がいない状態になっていることになる。そのため本来は取締役等の選任のため、取締役会や

株主総会を開催する必要があるが、それには費用が掛かるところ、管財人がその支出を必要と認めない限り実際には開催できない（中村・前掲注解180頁）。したがって、更生会社において取締役等の選任のために取締役会や株主総会が開催されることはほとんどないのが現状である。

なお、会社の機関がその残された組織法上の事項に関する権限を行使するに当たっては、そのような権限の行使も更生手続の目的である会社の事業の遂行のために認められるものであることを考えれば、管財人の指示に従うことが必要と考えられる（伊藤・更生法115頁）。

（真鍋　美穂子・氏本　厚司）

Q44　計画外事業譲渡

事業譲渡に関する裁判所の許可は、どのようにして行われるのか

1　旧法下の状況

更生手続開始の申立てがされた場合、管財人は会社の事業の維持更生のために、会社の事業の全部又は重要な一部を譲渡をすることが多い。

旧法では、更生計画による「営業の譲渡」は認めていたが（旧法211条2項）、更生計画によらない「営業の譲渡」をし得るかどうかについて明確に規定していなかったため、その可否について議論があった。

実務上は、旧法下においても、「更生手続開始決定後その終了までの間は、更生手続によらなければ…合併、解散…をすることができない」と規定する旧法52条1項に「営業の譲渡」が含まれていないこと、旧法52条1項は会社の組織法的活動を禁止するものであるが、営業の譲渡又は譲受けは会社財産の管理処分権に属するものであり、旧法52条1項が禁止する行為の類型には入らず、まさに管財人の財産の管理処分権（旧法53条）に属するものであるとの解釈により、裁判所の許可によって更生計画によらない営業の譲渡

がされていた。そして、その場合には、管財人が更生債権者等関係者の意見を聴くなどした上で、裁判所の許可を得ており、利害関係人の意向を確認するという配慮がされていた。

2　現行法下の状況
(1)　計画外事業譲渡の規定

　現行法でも、更生会社の事業の全部又は重要な一部の譲渡（当該譲渡により譲り渡す資産の帳簿価額が当該更生会社の総資産額として法務省令で定める方法により算定される額の5分の1（これを下回る割合を定款で定めた場合にあっては、その割合）を超えないものを除く。）は、株式交換、株式移転、会社の分割、会社の合併等の他の事業再編行為と同様に、更生会社の重要な事業再建手法の一つであるため、更生計画の定めによらなければ事業の全部又は重要な一部を譲渡することができないと定めている（法46条1項）。もっとも、会社更生法は、当該譲渡が更生会社の事業の維持更生のために必要と認める場合に限り、更生手続開始後更生計画案を決議に付する旨の決定がされるまでの間であれば、裁判所は更生計画によらない事業譲渡（以下「計画外事業譲渡」という。）を許可することができるとしている（法46条2項以下）。

　更生計画案を決議に付する旨の決定があった後に計画外事業譲渡が許されないのは、この時点に至れば更生計画によるべきであるという判断が基礎にあるためである（山本克己「営業譲渡─計画前の営業譲渡における株主保護手続を中心に」金法1673号7頁）。

(2)　計画外事業譲渡の手続
ア　更生債権者等の意見聴取

　計画外事業譲渡をする場合には、裁判所の許可に先立ち、知れている更生債権者（更生会社が更生手続開始の時において、その財産をもって約定劣後債権に優先する債権に係る債務を完済することができない状態にある場合における当該約定劣後債権を有する者を除く。）、更生担保権者及び労働組合等の意見が聴取される（法46条3項）。もっとも、更生債権者委員会（法117条1項）があるときは、更生債権者委員会の意見を聴けば、知れている更生債権者の意見を

聴く必要はなく（法46条3項1号ただし書）、更生担保権者委員会（法117条6項）があるときも同様である（法46条3項2号ただし書）。

　この意見聴取の方法は特に定められておらず、東京地裁では、書面照会の方法によっており、具体的には、管財人の同意を得て、裁判長名の照会書、回答書用紙及び封筒を裁判所から管財人に交付し、その発送事務を管財人が取り扱うことが多い。意見聴取に要する期間は、通常、2～3週間程度である。

　　イ　公告又は株主への通知、株主による異議

　計画外事業譲渡の許可の時点において、更生会社が「その財産をもって債務を完済することができない状態にある場合」を除き、管財人は、裁判所の許可により計画外事業譲渡をしようとする場合には、あらかじめ、法定事項を公告又は株主に通知する必要がある（法46条4項・8項）。

　これは、会社法でも株式会社の事業譲渡には原則として株主総会の特別決議を要求している（会社法467条1項1号・2号、309条2項11号）ことから、更生会社の事業譲渡についても株主の意向を反映させるべきであるが、更生会社が債務超過の場合は、株主は残余財産分配請求権等を有しないため、あえて手間や費用を掛けて株主の意向を聴く必要がないとして、その両者の利害の調整を踏まえて置かれた規定である。もっとも、東京地裁における近時の更生事件を見ると、事業譲渡の許可の時点において更生会社が債務超過状態にあったため、公告又は株主に対する通知をした事例はない。

　　ウ　裁判所の許可

　裁判所は、更生債権者等から聴取した意見の内容を踏まえ、許可の申立てに係る計画外事業譲渡が更生会社の事業の更生のために必要であるかどうかを判断し、必要と判断すればこれを許可することになる。計画外事業譲渡の必要性は、事案により様々であり、更生会社の事業の内容、当該事業を取り巻く環境、更生会社の資金繰りの見込み、事業譲渡を受ける者の選定プロセスの公正性その他の事情を総合して判断する。東京地裁の最近の更生事件を見ると、事業譲渡をする事案のうち計画外事業譲渡によるものが少なくない。早期に事業譲渡をしなければ事業が著しく劣化するおそれが高いこと

や、更生会社の資金繰りが逼迫していることなどの事情を考慮し、計画外事業譲渡を許可している。

なお、更生会社が債務超過でない場合において、公告若しくは株主に対する通知があった日から1か月経過後に事業譲渡の許可の申立てがあったとき、又は当該日から2週間以内に更生会社の総株主の議決権の3分の1を超える議決権を有する株主が書面をもって管財人に事業譲渡に反対の意思を有する旨を通知したときは、裁判所は許可をすることができない（法46条7項・8項）。

会社法では事業譲渡には原則として株主総会の特別決議が必要であるとされているが（会社法467条1項1号・2号、309条2項11号）、計画外事業譲渡の場合にはそれを要求せず（法46条10項による会社法第2編第7章の規定の不適用）、裁判所の許可の時点において更生会社が債務超過でない場合に、総株主の議決権の3分の1を超える議決権を有する株主が、書面をもって事業譲渡に反対の意思を有することを通知したことを、裁判所が計画外事業譲渡の許可ができるときの例外として規定したものである。

エ　譲渡対象の事業に係る債務の取扱い

通常の事業譲渡においては、当該事業に係る債務を譲受人に引き継がせることが多いと考えられる。しかし、計画外事業譲渡において、更生計画による権利変更が想定される一般更生債権に係る債務を譲受人にそのまま引き継がせることは、債権者平等の原則に照らし問題があるといえる。すなわち、更生計画による権利変更前の一般更生債権に係る債務を譲受人にそのまま承継させることとすれば、当該債務に係る一般更生債権者は将来100％の満足を受ける一方、当該一般更生債権の権利変更による免除がなくなる分だけ、事業譲渡の対価が減額され、結果として更生会社に残る更生債権等の弁済原資が減少することとなるといえる。

したがって、共益債権のほか、更生計画上100％弁済が予想される更生担保権及び優先的更生債権、法47条2項又は5項により弁済許可がされている更生債権等については、譲受人に承継させることに問題はないものの、一般更生債権（法47条2項又は5項により弁済の許可がされているものを除く。）を

そのまま承継させることは、衡平の観点から、原則として許されず、減額措置など適当な措置を採る必要があると解される。

もっとも、譲渡対象の事業に係る一般更生債権をそのまま承継させないことが、取引先を失わせることとなり、その結果、当該事業価値を低下させるなどの事情がある場合には、別途考慮することが可能であろう。

(3) 裁判所の許可を得ないで行った事業譲渡の効力

裁判所の許可を得ないで行った事業譲渡は無効であるが、善意の第三者に対抗できないとされている（法46条9項）。

3 保全段階における事業譲渡

(1) 問題の所在

現行法においては、開始決定後の事業譲渡については明文で定められたが、開始決定前の保全段階における事業譲渡については何ら定めがなされていない。そこで、保全管理命令が発令された際に、事業譲渡ができるかどうかが問題となる。

(2) 検　討

保全管理命令は、更生手続開始の申立てがあった場合において、更生手続の目的を達成する場合に必要があると認めるときに、更生手続開始の申立てにつき決定があるまでの間になされるもの（法30条1項）であるが、保全管理命令の発令には、事業の継続を内容とする更生計画案の作成若しくは可決の見込み又は事業の継続を内容とする更生計画の認可の見込みがないことが明らかであるときに該当しないこと（法41条1項3号）という要件は不要である（法17条1項参照）。したがって、保全管理命令が発令された場合では、いまだ、当該会社について更生手続により事業の更生を図ることが相当でないのかどうかについて判断されていないことになる。

そして、事業譲渡は開始前会社の再建計画にも大きな影響を与えるものであり、それがされた場合の開始前会社やその債権者、株主に与える影響も極めて大きいものであることを考慮すると、明文規定がない以上、保全管理命令の段階で、法46条に基づいて事業譲渡をすることはできないと解するのが

相当であると思われる（片山英二ほか「座談会　改正会社更生法と金融実務（下）」金法1675号37頁〔松下発言〕）。

　保全段階では更生手続は正式に開始されていないため、会社は会社法が定める手続を経れば事業譲渡はできるし、保全管理命令が発令されているケースでも「会社の常務に属しない行為」として裁判所の許可により保全管理人が事業譲渡できるという見解もあるが、保全段階という混乱時に株主総会を開催することや、保全管理人が事業譲渡の当否を検討し、裁判所もその当否を判断した上で許可をするというのはそれほど現実的ではないため、この方法が採られることもそれほど多くないと考えられる（田頭章一「営業譲渡・更生計画」ジュリスト1241号34頁）。

　現行法では更生手続開始決定の要件が緩和され、東京地裁が策定している標準スケジュールでは、更生手続開始の申立てから開始決定までの期間が1か月とされているため、早期の事業譲渡が必要であるときには開始決定を早めることが考えられ、保全段階での事業譲渡を認めなくても、それほど不都合は生じないと考えられる。

4　更生計画認可後の事業譲渡

(1)　更生計画認可後に事業譲渡を行う方法

　更生計画認可後の事業譲渡については、法46条2項の適用がないため、更生計画に基づいて行うことが必要であり（法46条1項）、更生計画に事業譲渡に関する定めがない場合には、更生計画を変更することが必要である（深山卓也ほか「新しい会社更生法の概要(3)」金法1666号66頁、深山卓也ほか「新会社更生法の要点(3)」NBL755号60頁、田頭・前掲論文38頁）。

(2)　更生計画変更と株主の議決権について

　更生計画の変更により事業譲渡をする場合、更生計画の変更が更生債権者等又は株主に不利な影響を及ぼすと認められるときは、更生計画案の提出があった場合の手続に関する規定が準用され（法233条2項本文）、関係人集会による決議又は書面決議により可決され、それを裁判所が認可することになる。ただし、更生計画の変更によって不利な影響を受けない更生債権者等又

は株主は手続に参加させることを要せず、また、変更計画案について議決権を行使しない者であって従前の計画案に同意したものは、変更計画案に同意したものとみなされる（法233条2項ただし書）。他方、更生会社が更生手続開始の時においてその財産をもって債務を完済することができない状態にあるときは、株主は議決権を有しないとされているため（法166条2項）、更生計画によっていわゆる増減資スキームが取られ、従来の株主が100％減資を受け、スポンサー等が株主となっている場合であって、この変更計画案の決議時に債務超過状態が解消されていたときに、株主はどのように扱われるか問題となる。これについては、法166条2項は、債務超過状態の会社には株主に残余財産分配請求権もないため、権利変動に関する定めを置いた更生計画案の可決・否決に関する議決権を有しないとした趣旨であると解されるところ、更生計画案の可決・認可によって新たな株主となり、更生会社に利害関係を持った者について、更生会社の事業の維持更生に重要な意味を有する事業譲渡に関して、債務超過状態が解消されているときにも法166条2項を適用するのは相当ではない。更生計画認可後の事業譲渡について、更生計画の変更をする場合には、株主にも議決権はあると解するのが相当であろう（条解更生法（下）972頁）。

（真鍋　美穂子・氏本　厚司）

〔参考文献〕本文掲載のほか
　田村諄之輔「更生手続と合併・営業譲渡」金商554号183頁
　田村諄之輔「結合企業における倒産法上の問題点(2)」NBL179号34頁
　田原睦夫「会社更生手続中の会社の更生計画によらない営業譲渡の問題点」今中利昭先生還暦記念・現代倒産法・会社法をめぐる諸問題105頁
　山本弘「利害関係人の手続関与のありかた」ジュリスト1241号15頁
　神作裕之「更生計画外の営業譲渡」瀬戸ほか・新理論と実務91頁
　大橋正春「更生計画認可後の営業譲渡」瀬戸ほか・新理論と実務273頁
　東弁・更生法200頁［相澤光江］
　伊藤眞ほか「研究会・新会社更生法第2回」ジュリスト1254号151頁

Q45　更生債権等の弁済の禁止

更生手続が開始された場合、更生債権等の弁済はどのように制限されるのか

1　更生債権等の弁済の禁止
(1)　趣　旨
　更生債権等は、更生手続開始後は、更生手続、すなわち更生計画によって定められた方法によらなければ、弁済をし、弁済を受け、その他これを消滅させる行為（免除を除く。）をすることができない（法47条1項）。破産手続においては、抵当権等の被担保債権は、別除権として、破産手続外でその満足を受けることができるが、更生手続においては、そのような債権についても、更生手続外でその満足を受けることはできない。これは、更生債権等の弁済を禁止しなければ、会社の積極財産が取り崩され、事業の維持ができなくなることに加え、一部債権者への弁済は債権者間の公正・衡平を害することとなるからである。

(2)　禁止の対象となる債権
　禁止の対象となるのは、更生債権等である。共益債権については、弁済は禁止されず、随時弁済が可能である（法132条1項）。

(3)　例外的に許される行為
　ア　更生会社財産からの出捐を伴わない行為
　更生債権者等による免除は許される。また、更生債権者等が、主たる債務者・保証人・連帯債務者など更生会社（管財人）以外の債務者から弁済を受けることも許される。

　イ　更生会社財産からの出捐を伴う行為
　更生計画の定めるところによらない弁済を認めても実質的に利害関係人間の公正、衡平を害さない場合には、管財人は、更生計画認可の決定前でも、裁判所の許可を得て弁済をすることができるとされており、次の二つの例外

が規定されている。
① 更生会社を主要な取引先とする中小企業者の有する債権の弁済（法47条2項）
② 少額債権の弁済（法47条5項）
　ウ　租税債権についての行為
　租税債権については、一定の場合に弁済その他の債権を消滅させる行為が認められている（法47条7項）。
① 法24条2項に規定する国税滞納処分（共益債権を徴収するためのものを除き、国税滞納処分の例による処分（共益債権及び共助対象外国租税の請求権を徴収するためのものを除く。）を含む。以下同じ。）（当該国税滞納処分又はその続行が許される場合に限る。）（法47条7項1号）

　　ただし、更生手続開始決定の日から1年間（1年経過前に更生計画が認可されることなく更生手続が終了し、又は更生計画が認可されたときは、その終了又は認可の時までの間）は、更生会社財産に対する国税滞納処分はすることができず、既にされている滞納処分は中止される（法50条2項）。
② 法24条2項に規定する国税滞納処分による差押えを受けた更生会社の債権（差押えの効力の及ぶ債権を含む。）の第三債務者が当該国税滞納処分の中止中に徴収権者に対して任意にした給付（法47条7項2号）
③ 徴収権者による還付金又は過誤納金の充当（法47条7項3号）
④ 管財人が裁判所の許可を得てした弁済（法47条7項4号）

2　更生会社を主要な取引先とする中小企業者の有する債権
(1)　要　　件
　更生会社を主要な取引先とする中小企業者が、その有する更生債権等の弁済を受けられないと事業の継続に著しい支障を来すおそれがあるときは、管財人は、裁判所の許可を得て債務を弁済することができる（法47条2項）。
　更生会社を主要な取引先としている下請等の中小企業者が弁済を受けられず窮地に陥り、連鎖倒産することを防止することを目的とするものである。
　中小企業者の規模については、法に定めはなく、更生会社の規模に応じて

相対的に判断することになる。また、更生会社の主要な取引先であるか否かについては、中小企業者の全取引高に占める更生会社の順位・割合等を勘案して判断することになる。

(2) 手　　続

裁判所は、管財人の申立て又は職権でその全部又は一部の弁済を許可することができる（法47条2項）。裁判所は、弁済の許可をする場合には、更生会社と当該中小企業者との取引の状況、更生会社の資産状態、利害関係人の利害その他一切の事情を考慮して決定する（法47条3項）。更生手続開始後は、更生会社自体が資金繰りの困難な状況にあることから、裁判所は、中小企業者の事情のみではなく、弁済による更生会社の資金繰りへの影響、当該中小企業者との取引が更生会社の再建に不可欠か否かを考慮して許可の判断をするという趣旨である。具体的には、中小企業者が作成した資料を管財人を通じて提出させるなどして、当該中小企業者の全取引高に占める更生会社の順位や割合から見て「主要な取引先」（法47条2項）といえるか、当該中小企業者の資金繰りの見込みから「その有する更生債権等の弁済を受けなければ、事業の継続に著しい支障を来すおそれがある」（法47条2項）といえるかを検討するとともに、当該弁済が更生会社の資金繰りに与える影響、他の更生債権者等である中小企業者が同様の弁済要請をする見込みなどを総合考慮して（法47条3項）、判断することになる。

更生債権者等には申立権はないが、管財人は、更生債権者等に弁済の申立てをするように求められたときは、直ちにその旨を裁判所に報告し、申立てをしないと決定したときは、遅滞なくその事情を裁判所に報告しなければならない（法47条4項）。

なお、管財人が、法47条2項の規定する許可を得て中小企業者に対し更生債権等を早期弁済したときは、更生計画案を提出する際、当該弁済をしたことを記載した報告書を併せて提出しなければならない（会社更生規則51条2項1号）。

3　少額債権

少額債権については、次のような一定の場合には、その弁済を更生計画によらないで行うことが認められている。詳細についてはQ46を参照されたい。

①　少額の更生債権等を早期に弁済することにより更生債権者等の数が減少して更生手続が円滑に進行する場合（法47条5項前段）
②　少額の更生債権等を早期に弁済しなければ更生会社の事業の継続に著しい支障を来す場合（法47条5項後段）

（鹿子木　康・氏本　厚司）

〔参考文献〕
条解更生法（中）371頁
注解更生法384頁［上原敏夫］
上野正彦「更生債権等の弁済許可」瀬戸ほか・新理論と実務179頁

Q46　少額債権の弁済

少額債権の弁済はどのような場合に行われるのか

1　少額弁済の制度

更生債権及び更生担保権は、更生手続開始後は、更生計画によらなければ、弁済を受けることができないのが原則であるが、次の二つの場合には、管財人は、更生計画認可の決定前でも、裁判所の許可を得て弁済をすることができるという少額弁済の制度が設けられている。

①　少額の更生債権等を早期に弁済することにより、更生債権者等の数が減少して更生手続が円滑に進行する場合（法47条5項前段）
②　少額の更生債権等を早期に弁済しなければ、更生会社の事業の継続に著しい支障を来す場合（法47条5項後段）

2　少額弁済制度の趣旨

　旧法においても、少額債権については裁判所の許可を得て、管財人が更生計画によらないで弁済することができる方式が認められていた（旧法112条の2第4項）。これは、少額の債権者に対する弁済を行って債権者数を減少させ、手続的煩瑣を省略することを目的とするものであった。

　現行法では、更生手続の円滑な進行を要件とする同様の制度（法47条5項前段）に加えて、少額債権等を早期に弁済しなければ事業の継続に著しい支障を来すときが弁済許可の要件として追加されている（法47条5項後段）。これは、更生債権者のうち少額債権者であっても取引を継続する上で重要な債権者が存在することが実務上指摘されていたことに基づいて、事業継続の観点からもかかる取扱いを採用したものである。

　法47条5項の前段と後段とでは同じ「少額」との表現が使用されているが、前段が債権者数を減少させるため一定の金額以下であれば、債権の属性や種類に関係なく全て弁済を一律にするという趣旨の規定であるのに対し、後段は早期に弁済しなければ事業の継続に支障を来すような種類の債権であって、債権の属性に注目して弁済を行う趣旨の規定であることから、少額の意味も、このような制度趣旨を反映しておのずから異なると理解されている。

　後段がこのように特定の債権者への弁済を認める制度であることからすると、この制度と債権者平等原則との関係が問題となるが、基本的な考え方としては、その債権を弁済することによって、更生会社全体の継続企業価値が高まり、弁済しない場合に比較すると、他の債権者に対する弁済率も高まるので、結果として誰も損をしないような場合が想定されている。ただし、債権者平等の観点からは問題が残ることは否定できないので、負債総額との相対的な関係で少額であることを要件とすることにより、弁済による不平等さの程度が一定程度に収まることを要件とすることとされたと指摘されている（伊藤眞ほか「研究会・新会社更生法第2回」ジュリスト1254号162頁〔深山発言〕）。

　なお、管財人は、法47条5項に規定する許可を得て更生債権等を早期弁済

したときは、更生計画案を提出する際、当該弁済をしたことを記載した報告書を併せて提出しなければならない（会社更生規則51条2項1号）。これは、手続的に、少額弁済許可の合理性を担保するという観点から、管財人作成の更生計画案提出時に、随時弁済された更生債権等にどのようなものがあったのかを開示することとし、少額債権の弁済の必要性、妥当性等について事後的に更生計画によって権利変更を受ける更生債権者等による検証を受けることとしたものである。通常は、管財人提出の更生計画案に弁済状況が記載される。

3 手続の円滑な進行を図るためにする少額債権の弁済（法47条5項前段）

(1) 法47条5項前段にいう少額の意義

　少額債権の弁済を行って債権者数を減少させ、事務手続の煩瑣を防止することを目的とする。一定金額以下のものであれば、債権の属性や種類に関係なく一律に弁済することが特徴である。

　許可の対象となる債権の額を定めるに当たっては、更生会社の規模、負債総額、更生会社の資金繰りや更生債権者等が有する一人当たりの債権額の分布状況を考慮することとなるし、また、衡平の観点から、そこで定めた少額債権の額については、将来更生計画案作成の際にも最低そこまでの額は支払う必要があることを考慮する必要がある。最近の例としては、中規模会社で資金に余裕がないときは30万～50万円というところが多いが、会社の資金需要が許す場合には、債権者の数を絞り込むために300万円とか、例外的に1,000万円という例もあり、少額という言葉にとらわれない弾力的な運用が行われている。

　弁済許可をし得るのは更生計画認可決定までであり、その後は更生計画に従った弁済をするほかないこととなる。また、弁済許可に基づいて更生債権等に対する弁済がされれば、当該更生債権等は消滅するが、他方、弁済許可がされても、これにより当該更生債権等の内容や更生債権等としての性質が変わるものではない（期限の利益を喪失させるものではなく、共益債権となるも

のでもない。）から、弁済許可に係る更生債権等が弁済されず、かつ、届出がされないまま更生計画認可の決定がされれば、当該更生債権等は法204条1項により失権する。したがって、更生計画認可決定までに弁済期が到来しないなどの理由で弁済されない少額債権については、債権届出が必要である点に留意する必要がある。

(2) 手続ないし運用

実際の事件の運用においては、保全段階において、弁済禁止の保全処分を発令するに当たって、一定額の限度で少額弁済を認めるため、保全処分に穴を開ける（弁済禁止の保全処分の除外事由として「金〇〇万円以下は除く。」と規定する。）のが通例である。

本制度は、弁済により債権者数の減少を図るものであるから、債権者の債権の一部を少額債権として弁済することはできない。このようなことから、決定主文は、「総額〇〇円以下の更生債権等の弁済を許可する。」とし、債権の総額を基準にすることを明示している。したがって、例えば、50万円までの少額債権を弁済することとした場合、80万円の債権を有する債権者に対し、50万円を弁済し、30万円を残債権とすることはできない。この場合に、当該債権者が30万円の請求を放棄して50万円の支払を求めてくることがある。管財人が少額弁済の許可を得ても債権者に少額弁済を求める権利が発生するものではないので、このような放棄弁済を認めるか否かの方針決定は、資金繰りの状況を考慮した管財人の合理的な判断に委ねられ、このような枠組みで弁済許可をすることは可能であり、この場合には、決定主文を「総額〇〇円以下の更生債権等（更生債権者等が〇〇円を超える部分を放棄する場合を含む。）の弁済を許可する。」とすることとなる。この場合であっても、管財人は上記の更生債権等を弁済する義務を負うわけではないし、更生債権者等がその履行を請求できるわけでもない。

4 事業の継続に必要なためにする少額債権の弁済（法47条5項後段）

(1) 法47条5項後段にいう少額の意義

少額債権を早期に弁済しなければ更生会社の事業の継続に著しい支障を来

す場合に、これを回避することを目的とする。一定の債権の属性に注目して弁済を行う趣旨の制度である。

　更生手続開始決定がされ、更生会社が更生債権等に係る債務の弁済を停止すると、取引先は、更生会社との取引を打ち切ったり、取引継続のために高額の保証金（デポジット）の預託を求めることがある。そうすると、更生会社としては、例えば、原材料、商品等の確保が困難となり生産、販売等ができなくなったり、資金繰りが圧迫されるなどして、その事業価値を毀損してしまい、場合によっては破産に至ることになりかねない。このような場合に、少額の更生債権等を弁済することにより、事業の継続に著しい支障を来す事態を回避しようとするのが、法47条5項後段の弁済許可の趣旨であり、更生会社の事業の継続に支障が生じるかどうかに着目する点で、更生債権者等である中小企業者の事業の継続に支障が生じるかどうかに着目する法47条2項の弁済許可と異なり、また、更生債権等の個別の属性に着目する点で、更生債権等の金額のみを基準としその属性を考慮しない法47条5項前段の弁済許可とも異なる。

　弁済の許否は、許可申請に係る更生債権等が少額といえるか（少額性）、当該更生債権等を早期に弁済しなければ更生会社の事業の継続に著しい支障を来すと認められるかどうか（事業継続支障性）という要件が満たされているかどうかにより判断するが、法47条5項後段の趣旨から考えれば、同項後段にいう「少額」は、同項前段の「少額」に比べてかなり多額になることもあり得ると解されている。また、法47条5項後段に基づく弁済が許可された更生債権等の額より少額の更生債権等であっても、事業継続支障性の要件を欠くことを理由に弁済の許可がされない場合があることは当然であるし、更生計画上、同項後段に基づく弁済が許可された更生債権等の金額以上の弁済をすることが求められるものでもないという点は、法47条5項前段の弁済許可とは異なる。弁済許可をし得るのは更生計画認可決定までであり、その後は更生計画に従った弁済をするほかはないこととなること、弁済許可に係る更生債権等が弁済されず、かつ、届出がされないまま更生計画認可の決定がされれば、当該更生債権等は法204条1項により失権すること、更生計画認

可決定時までに弁済期が到来しない少額債権については債権届出が必要である点に留意する必要があることは、法47条5項前段の場合と同じである。

(2) 商取引債権の包括的弁済許可の運用

ア 総説

東京地裁に係属した近時の事案においては、法47条5項後段の規定に基づく少額債権の弁済許可がされたものが少なくない。特定の更生債権等に対する弁済を個別に許可するものもあるが、資金繰り上支障がないなど特段の事情がある事案については、更生手続開始後直ちに、一般の商取引債権の弁済を包括的に許可する事案もある。一般の商取引債権を更生計画外で弁済することは、更生会社の事業価値を維持したまま更生手続を進めるための有力な手段であるとの認識が広まってきていること（腰塚和男ほか「会社更生における商取引債権100パーセント弁済について」NBL890号28頁、難波孝一ほか「会社更生手続における調査命令を活用した商取引債権保護モデル（調査命令活用型）の提言に対する東京地裁民事第8部（商事部）の検討結果」NBL890号47頁）や、これとも関連するが、私的整理手続から会社更生手続に移行する事案において商取引債権の弁済が要請されることがあること（多比羅誠ほか「「私的整理ガイドライン等から会社更生への移行」への提案」金法1842号78頁）などが背景にあるといえる。近時、裁判外紛争解決手続の利用の促進に関する法律（いわゆるADR法）上の認証紛争解決事業者としての認証を受け、かつ、産業活力の再生及び産業活動の革新に関する特別措置法（当時。現在は産業競争力強化法。）上の特定認証紛争解決事業者としての認定を受けた事業再生実務家協会が行う事業再生ADR手続から、会社更生手続に移行する事案が見られるが、いずれの事案においても、更生手続開始直後に一般の商取引債権の包括的弁済許可がされている。

イ 事業継続支障性

法47条5項後段の規定は、債権者平等の原則の例外として、更生会社から見た更生債権等の弁済の必要性に応じて、一定の更生債権等について、裁判所の許可による早期弁済を許容したものである。このような例外が認められる正当性の根拠は、前述のとおり、更生債権等である商取引債権を早期弁済

することにより、商取引先との間で従前どおりの商取引の継続が可能となり、その結果、更生会社の事業価値の毀損防止ないし維持向上が図られ、ひいては、更生計画による他の更生債権者等に対する弁済率も向上するという関係が認められることに求めることができる。したがって、早期弁済をしなければ事業の継続に著しい支障が生じ、早期弁済をすれば、従前のとおりの条件で、すなわち、従前の正常取引先としての取引条件で取引が継続されることが必要となる。これを債権者の側から見ると、早期弁済を受ける債権者としては、更生会社の信用リスクを引き受けながら、支払サイトその他の取引条件を正常取引先としての条件のまま取引を継続することにより、更生会社の事業収益の増大に貢献し、他方、他の債権者としては、更生計画上の弁済率の向上という形でその利益を享受するといえるのである。このようなことからすると、法47条5項後段の規定により商取引債権の弁済を許可できるのは、それが債権者全体にとって利益になるからであり、商取引債権という属性のみに着目してこれを保護するものではないのであって、商取引債権者であっても、更生会社の信用リスクを引き受けない者に対する弁済は許されないことになる。

具体的にどのような場合に事業継続支障性が認められるかについては、事案ごとに、更生会社の資金繰りの余裕の程度を前提とした上で、更生会社の事業内容、信用状況、当該取引の重要性及び代替性の有無及び程度、代替取引開始の緊急性の程度と代替取引先探索に要する時間、取引先の属性、取引先の有する更生債権等の早期弁済の有無による更生会社の事業価値ひいては他の更生債権者等に対する弁済率への影響等を総合考慮して、前述の法47条5項後段の正当性の根拠に照らし、債権者全体にとって利益となるか否かという観点から、その許否を判断することになる。例えば、①代替性のない原材料の特定の仕入先に対して弁済しなければ、当該原材料の納入が止まり、原材料の在庫がなくなる数日前には製品を製造できなくなるというような場合には、事業継続支障性が当然認められよう。また、②大規模小売商等が少量多品種の多数の仕入先を有しているときなどに、それらの弁済をしなければ、全体的な取引停止によって事業の継続に支障があるときは、当該多数の

取引債務全部について、事業継続支障性の要件を満たすといえる場合もあろう。したがって、個々の取引を単独で見れば、単独の取引停止によって直ちに事業継続支障性を認めることができない場合であっても、一定範囲のものにつき包括的に事業継続支障性を認めることができるときもあり得る。同様に、③現在の多数の取引先との商取引がそのまま有機的に継続されることによって、初めて更生会社による製品等の安定的供給や顧客サービスの安定的提供に対する信頼が確保され、顧客層を維持できるような更生会社であれば、当該商取引一般について、弁済しないことによる事業継続支障性が認められる場合もあろう。このように、事案に応じて様々な事態が起こり得るのであって、事業継続支障性の要件を一律に論じることは困難な面が多い。

　また、一般の商取引債権の弁済は、後述するように、まず、更生手続開始申立てと同時に発令される弁済禁止の保全処分又は保全管理命令において弁済につき裁判所の許可を要しないこととする方法で実施することとなるが、更生手続開始申立てには密行性が要請されること（私的整理手続が先行していても同様である。）からすると、申立て時までに商取引債権者の取引継続に関する意向を確認することは不可能であり、他方で、更生手続開始申立て後、一旦、全面的に商取引債権の弁済を禁止した上、弁済停止に対する商取引債権者の態度を見てから個別に対応を決めることとするのでは、長期間にわたり事業毀損するのを放置することとなり、遅きに失して現実に事業継続に著しい支障が生じかねない。事業継続支障性の有無は、このような状況の下で判断する必要がある点には、留意が必要である。

　　ウ　少額性
　法47条5項後段の弁済許可は、債権者平等の原則の例外に当たることから、「少額」という枠をはめたものであり、「少額」といえるためには、更生会社の規模や事業態様、負債総額、資金繰りの状況等を踏まえて、相対的であっても、当該債権が少額であるということができる必要があるが、具体的には、例えば、1,000万円であっても「少額」と言い難いこともあれば、10億円であっても「少額」ということができる場合もあろう。事案を離れて、幾らであれば、また、負債総額に占める割合がどの程度であれば、「少額」

であるということができるかを一定の数値をもって示すことは困難である。

　もっとも、商取引債権の弁済額が多額になればなるほど、それ以外の債権者の反発が強まる可能性も否定できないので、このような観点からは、関係当事者から、「商取引債権の早期弁済により、商取引債権者以外の債権者への弁済率も向上する。」ことに対する理解を十分に得るよう努めることが必要である。

　　エ　弁済許可の対象範囲と弁済許可に付される条件
　東京地裁で、一般の商取引債権の弁済を許可する場合の主文は、「貸付金債権、社債、リース料債権、損害賠償債権及び○○債権を除く一般の商取引債権（ただし、更生債権者等が更生会社との間で従前の正常取引先としての取引条件で取引を継続する場合に限る。）」などとするのが通例である。

　弁済許可の対象から除外するものとしてどのような債権を掲げるかは、類型的に、その弁済を停止しても事業の継続に著しい支障が生じるとはいえない債権であるかどうかを検討し、判断することになる。なお、事業再生ADR手続等の私的整理手続から会社更生手続に移行する事案においては、私的整理手続の対象債権者（通常は銀行等の金融債権者のみ）以外の債権者に対する弁済を許可すべきという主張がされることもある。しかし、一般の商取引債権の弁済許可は、あくまで、法47条5項後段に基づくものであり、先行する事業再生ADR手続等の対象でなかったとの理由のみで弁済を許可することはできない。このような観点からすると、社債やファイナンス・リース債権等は、事業再生ADR手続等の対象とならないことが一般的であると考えられるが、これらの債権については、いずれも、特段の事情がない限り、その弁済をしないことによる事業継続支障性を認めることは困難であろう。

　また、東京地裁では、一般の商取引債権の弁済を許可する場合、前述のように「ただし、更生債権者等が更生会社との間で従前の（正常取引先としての）取引条件で取引を継続する場合に限る。」旨の条件を付している。前述のとおり、商取引債権者が弁済を受ける正当性は、当該商取引債権者が更生会社の信用リスクを引き受けて、その事業価値の維持向上に寄与することに求められることからすると、当該条件は必要不可欠である。したがって、商

取引債権者が当該条件を満たさない限り、管財人は当該商取引債権者に弁済をしてはならず、弁済後、当該条件に反する事態が生じたときは、許可を得ない弁済となるから無効であり、管財人としては、弁済金の返還を求めることになろう。いかなる場合に条件違反となるかは、信用リスクの負担という弁済許可の正当化根拠との関係で判断することとなり、更生手続開始申立ての原因となった更生会社の信用不安や、更生手続による更生会社の事業再建過程において生じる取引通念上一般的に予想される範囲の更生会社の信用不安を前提として、支払サイトを短縮したり、保証金の預入れを求めることは、条件違反となろう。他方、更生手続開始後、更生会社に上記とは異なる新たな信用不安が生じた場合や、商取引債権者と更生会社との取引の内容が従前の取引とその質及び量において同一性・連続性がないと認めるべき場合には、従前の取引条件とは異なる取引条件を定めることは条件違反とはならないといえよう。

オ　保全段階での取扱い

東京地裁では、更生手続開始後に一般の商取引債権の弁済を法47条5項後段に基づき許可をする事案においては、保全段階から、弁済禁止の保全処分や保全管理命令を発令するに当たって、一般の商取引債権を裁判所の許可なく弁済できる旨の決定をすることとしている。商取引債権を弁済する必要性は、更生会社に対する信用不安が最も高まる更生手続開始申立て時点が最も強いといえることによる。

　　　　　　　　　　　　　　　　　　（鹿子木　康・氏本　厚司）

〔参考文献〕
　条解更生法（中）371頁
　注解更生法384頁［上原敏夫］
　上野正彦「更生債権等の弁済許可」瀬戸ほか・新理論と実務179頁
　菅野博之「東京地方裁判所における会社更生事件の運用の実情と今後の展望」
　　法の支配159号29頁
　事業再生迅速化研究会第3PT「商取引債権の保護と事業再生の迅速化」
　　NBL923号14頁
　東京三弁護士会倒産法部会共催シンポジウム「事業再生をめぐる今日的課題
　　（3・完）」NBL940号34頁

Q47　相殺権

更生手続が開始された場合、反対債権を有する更生債権者等の相殺はどのように制限されるのか

1　相殺の計画外弁済の実質

　法47条1項は、更生手続開始後は、更生債権等については更生計画の定めるところによらなければ、弁済をし、弁済を受け、その他これを消滅させる行為（免除を除く。）をすることができないことを定めている。したがって、更生債権等を用いた相殺は許されない。これは、管財人及び更生債権者等の双方に宛てられた規定である。

　しかし、この例外として、一定の場合には、相殺により更生債権等を消滅させることが認められている。この更生債権等を用いた相殺に関しては、法47条の2が管財人による相殺を、法48条以下が更生債権者等による相殺をそれぞれ規定している。なお、更生債権者等において、更生手続中に相殺をすることができる地位を相殺権と称している。

2　更生債権者等による相殺

(1)　相殺の一般的な要件

　まず、更生債権者等による相殺について概観する。法48条1項は、更生債権者等が更生手続開始当時に、更生会社に対して債務を負担している場合に更生債権等を自働債権とする相殺を行うことを認め、法47条1項の定める計画外弁済禁止の例外を設けている。しかし、法48条1項は、法138条1項に規定する債権届出期間（以下「債権届出期間」という。）の満了前に相殺適状が形成された場合に、当該債権届出期間内に限って相殺できるものとし、相殺の要件及び行使時期を時期的に限定している。

　この相殺適状は、更生債権者等において、受働債権となる債務の期限の利益を放棄することによっても作出可能である。受働債権が条件付きのもので

ある場合には、その条件が解除条件であれば、債務者である更生債権者等において条件成就の利益を放棄することによって、その条件が停止条件であれば条件不成就の利益を放棄することによっても作出することができるとする見解がある（中井康之「相殺権行使の要件」高木ほか・事典911頁、民事再生につき中山孝雄・破産・民事再生の実務〔新版〕（下）198頁、破産手続開始後に停止条件が成就した債務を受働債権とする相殺を認めた最判平17.1.17民集59巻1号1頁）。一方で、停止条件付きの債務については、会社更生法には破産法67条2項後段に相当する規定がない以上、停止条件不成就の利益を放棄することによる相殺も、債権届出期間満了前に条件が成就した場合の相殺も、認められないとする見解もある（条解更生法（中）892頁、伊藤・更生法343頁、同「再生手続廃止後の牽連破産における合理的相殺期待の範囲」門口正人判事退官記念・新しい時代の民事司法207頁、パネルディスカッション「倒産と相殺」事業再生と債権管理136号28頁〔鹿子木発言〕〔中本発言〕、なお、最判昭47.7.13民集26巻6号1151頁は、旧会社整理につき手続開始後に停止条件が成就した債務による相殺を認めなかった。議論の状況については、岡正晶「倒産手続開始時に停止条件未成就の債務を受働債権とする相殺」田原睦夫先生古稀・最高裁判事退官記念論文集・現代民事法の実務と理論下138頁を参照）。

　自働債権である更生債権等に付された更生手続開始の申立て等を原因とする期限の利益喪失約款の効力については、最判昭45.6.24民集24巻6号587頁を根拠として無条件に相殺適状を肯定するのが多数説である（中井・前掲論文912頁）。

　相殺の意思表示は、裁判所ではなく管財人に対して行う。また、相殺の前提として債権届出を行う必要はなく、債権届出期間前の相殺も許される（条解更生法（中）887頁）。

　なお、賃料債務を自働債権とする相殺の例外については、後記4で概観する。

(2)　**相殺が禁止される債務及び更生債権等**

　更生手続において更生債権者等に相殺権が承認されているのは、相殺に対する合理的な期待を保護し、その担保的機能を尊重しようとする趣旨に出る

ものである。そうすると、更生債権者等にその期待を超えて過大かつ不当な利益を与えることは適切ではない。相殺を認めることは、更生債権者等に対する平等かつ比例的な満足の例外的な事態の発生を承認することでもあるため、限定的な許容にとどめるべきだからである。そこで、このような正当な相殺の期待がない場合として、法49条1項は受働債権である債務の負担時期に、法49条の2第1項は自働債権である更生債権等の取得時期にそれぞれ着目し、相殺が禁止される範囲を規定している。更生債権者等が危機時期（支払停止・支払不能に陥り又は更生手続開始の申立て等をした以降の時期）においてその有する更生債権等の額面額に見合う債務を負担して更生債権等の実質的な回収を図り、あるいは、更生会社の債務者が危機時期にあって価値の下落した更生債権等を安価に入手して相殺することで債務を免れるなど、相殺権を濫用的に行使する途を防ごうとするものである。相殺に供することができない債権債務は、①更生手続開始後に更生会社に対し負担した債務（法49条1項1号）又は取得した他人の更生債権等（法49条の2第1項1号）、②(ⅰ)支払不能（更生会社が、支払能力を欠くために、その債務のうち弁済期にあるものにつき、一般的かつ継続的に弁済することができない状態をいう。）になった後に、そのことを知って、契約によって負担する債務を専ら更生債権等をもってする相殺に供する目的で更生会社の財産の処分を内容とする契約を更生会社との間で締結し、又は更生会社に対して債務を負担する者の債務を引き受けることを内容とする契約を締結することにより更生会社に対して負担した債務（法49条1項2号）、あるいは、(ⅱ)支払不能になった後に、そのことを知って、取得した更生債権等（法49条の2第1項2号）、③支払の停止後（ただし当該支払の停止があった時に支払不能であった場合に限る。）に、そのことを知って、更生会社に対し負担した債務（法49条1項3号）又は取得した更生債権等（法49条の2第1項3号）、④更生手続開始、破産手続開始、再生手続開始、又は特別清算手続開始の申立て（以下「更生手続開始の申立て等」という。）があった後に、そのことを知って、更生会社に対し負担した債務（法49条1項4号）又は取得した更生債権等（法49条の2第1項4号）である。

なお、①の更生債権等は、更生手続開始後に自ら直接的に取得することは

あり得ないため、他人から取得した更生債権等に限定されている。また、②の支払不能の後に負担した債務又は取得した更生債権等による相殺の禁止は、平成16年改正により、現行破産法の制定に対応して新たに設けられたものである。②(i)の債務については、通常の時期にされていれば実質的には代物弁済であるといえ、更生会社財産に対する不利益を与えるものではないと考えられることから、明確に更生債権者等を害する結果をもたらす支払不能となった後の時期に、そのことを知って負担した債務に限定している。また、支払不能は債務者の客観的状態であって支払停止に比して外部からは必ずしも明確ではないため、支払不能を相殺禁止の基準とすることは相殺の担保的機能に対する信頼を害し、信用取引に対する萎縮効果を生じることへの懸念が改正法の立案過程で示されたことを受けて、「契約によって負担する債務を専ら更生債権等をもってする相殺に供する目的」（専相殺供用目的）で締結した契約に基づく債務に限定された（山本和彦「相殺権」・伊藤ほか・新会社更生法199頁）。このように、(i)の債務の範囲は、(ii)の債権の範囲に比較して限定的なものとなっている。

(3) 相殺禁止の例外

もっとも、法49条1項又は49条の2第1項の規定する債務又は更生債権等を一方債権として行う相殺であっても、例外的に相殺に供することが許される場合がある。すなわち、法49条2項は、受働債権が前記(2)の②～④に係る債務であっても、その債務の負担が①法定の原因、②支払不能であったこと又は支払の停止若しくは更生手続開始の申立て等があったことを更生債権者等が知った時よりも前に生じた原因、③更生手続開始の申立て等があった時よりも1年以上前に生じた原因のいずれかに基づく場合について、法49条の2第2項は、自働債権が前記(2)の②～④に係る更生債権等であっても、その更生債権等の取得が①法定の原因、②支払不能であったこと又は支払の停止若しくは更生手続開始の申立て等があったことを更生会社に対して債務を負担する者が知った時よりも前に生じた原因、③更生手続開始の申立て等があった時よりも1年以上前に生じた原因、④更生会社に対して債務を負担する者と更生会社との間の契約のいずれかに基づく場合について、それぞれ相

殺を可能としている。

　そして、法49条2項及び49条の2第2項に共通する①の法定の原因とは、相続、合併、事務管理及び不当利得等の法律の規定により当然に債権債務が発生し帰属する場合をいう。なお、不法行為に基づく損害賠償請求権は、法定の原因により発生するものであるが、民法509条により相殺の受働債権とすることはできない。

　また、②及び③の前に生じた原因にいう原因とは、債務の負担又は更生債権等の取得に関する具体的・直接的原因をいう。基準時後に成就した条件に係らしめられた基準時前の条件付法律行為、基準時後に発生した事後求償権の基礎となる基準時前の保証契約が好例とされる。また、金融機関において、危機時期となる以前に締結された銀行取引上の当座勘定契約、代理受領、振込指定、手形取立委任に基づいて設定された預金口座に危機時期以降に入金され成立した預金債権を受働債権、その有する更生債権等を自働債権とし、更生会社との間の相殺をすることができるかという問題がある。当座勘定取引契約（最判昭52.12.6民集31巻7号961頁）及び普通預金契約（最判昭60.2.26金法1094号38頁）については前に生じた原因性が否定され、手形取立委任契約において債務者が債務の履行をしなかったときには、金融機関の占有する債務者の手形の取立て又は処分をして、その取得金を債務の弁済に充当することができる旨の条項が含まれる場合については前に生じた原因性が肯定されている（最判昭63.10.18民集42巻8号575頁）。代理受領（横浜地判昭35.12.22判タ122号18頁）及び振込指定（名古屋高判昭58.3.31金法1029号38頁）についても、前に生じた原因性を肯定する裁判例がある。信託受益権の管理委託契約については、更生会社が支払停止前に銀行から購入しその管理を委託していた投資信託受益権につき、支払停止の後更生手続開始の申立て前に信託契約が解約され、受託者である信託会社から銀行に解約金が振り込まれた場合、管理委託契約に基づく更生会社の銀行に対する解約金の支払債権は、前に生じた原因性が否定され、これを受働債権とする相殺は許されない（民事再生につき、最判平26.6.5裁判所ウェブサイト）。また、金融機関がその取引先から手形割引等により手形を取得した場合に、当該取引先以外の手形

義務者が支払停止又は更生手続開始を申し立てる事態に陥ったとき、金融機関において当該取得先に対する買戻請求をすることなく、当該他の手形義務者の預金及び手形金等を相殺する同行相殺も可能と解されている（最判昭53.5.2金法861号31頁参照。なお、手形の取得が相殺相手とされた手形義務者の危機状況の発生前である必要があると主張する見解もある〔中井康之「更生手続と同行相殺」高木ほか・事典920頁〕）。

さらに、平成16年改正により追加された法49条の2第2項4号に基づく④は、他人の更生債権等を取得するものでない場合は、通常は同時交換的行為による債権取得がされたと評価できるものと考えられ、そこでの相殺の期待を保護することが適切であるし、相殺の期待を保護することで経済的危機に瀕した債務者に取引の機会を確保することも可能になると考えられたことによる相殺禁止の例外事由である。

(4) 相殺合意との関係

ここで論じられた相殺禁止の規定は、民法上の法定相殺を直接の対象とするが、その性質は強行規定であって、合意による相殺にも特段の事情がない限り適用があると解されている（前掲最判昭52.12.6参照）。ただし、管財人が後記3に述べる法47条の2による相殺をすることができる場合は除かれるものと解する。

(5) 相殺権の濫用

相殺権の行使が前記(2)の法49条1項又は49条の2第1項の相殺禁止の規定に直接抵触しない場合であっても、相殺を認めることが著しく信義則に反し、債権者間に不公平な結果を招来するなどの特段の事情が存在する場合には、相殺権の行使は権利の濫用となり許されない。どのような場合に相殺権の濫用となるのかについては、個別の事案の中で判断される。なお、前記(3)で触れた同行相殺については、相殺権の濫用に関する詳細な議論がされている（前田重行「更生手続と同行相殺」青山ほか・実務と理論225頁参照）。

3 管財人による相殺

管財人が行う相殺については、従前、相殺の相手方については計画外弁済

の禁止の潜脱による早期かつ他の債権者以上の弁済率による実質的な弁済が実現され、また、更生会社から見れば更生会社財産である債権の回収率低下による更生債権者等一般の不利益が発生するといった観点から許されないと解するのが一般であり、その延長として合意相殺も無効であるとされていた（前掲最判昭52.12.6参照。中井康之「相殺権行使の時期と方法」高木ほか・事典913頁）。しかし、更生会社財産である債権の回収可能性が額面どおりであるとは限らないから、場合によっては相殺する方が更生会社財産の増殖に役立つこと、倒産会社間において相殺が禁止されると不毛な配当ないし弁済の繰返しが生じかねないことから、実情は相殺契約を和解の形で行わざるを得なかった。そこで、平成16年改正により法47条の2が新設され、管財人は、更生会社財産に属する債権をもって更生債権等と相殺することが更生債権者等の一般の利益に適合するときは、裁判所の許可を得て、その相殺をすることができることになった。

実務上、法47条の2に基づく相殺の許可申請がされるのは、更生債権者等が破産者である場合や、実質的に経営破綻している場合である。

4 賃料債務を受働債権とする相殺の特則

法48条2項及び3項は、更生債権者等の賃料債務を受働債権とする相殺の特則を定めており、平成16年改正で設けられたものである。

すなわち、法48条2項は、更生債権者等が更生手続開始の当時に更生会社に対して負担する債務が賃料債務である場合には、更生債権者等は、更生手続開始後にその弁済期が到来すべき賃料債務（債権届出期間の満了後にその弁済期が到来すべきものを含む。）については、更生手続開始の時における賃料の6か月分に相当する額を限度として、債権届出期間内に限り、更生計画の定めるところによらないで、相殺することができることを定めている。そもそも将来の賃料債務についても、更生債権者等において賃料債務に係る期限の利益を放棄しさえすれば、法48条1項により無制限の相殺が可能になるはずであるが、更生会社としては実質的に賃料収入のないままに更生会社財産を利用させる結果となり、これを不当に害することになることから、受働債

権とすることのできる債務の範囲について期間の制限を設けたものである。

次いで、法48条3項は、更生債権者等が、更生手続開始後にその弁済期が到来すべき賃料債務（債権届出期間の満了後にその弁済期が到来すべきものを含む。）について、相殺を選択することなく、更生手続開始後その弁済期に弁済をしたときは、更生債権者等が有する敷金の返還請求権は、更生手続開始の時における賃料の6か月分に相当する額（法48条2項の規定により相殺をする場合には、相殺により免れる賃料債務の額を控除した額）の範囲内におけるその弁済額を限度として、共益債権とすることが規定されている。そもそも敷金の返還請求権は、賃貸借契約に付随する要物契約である敷金契約に基づくものであって、賃貸借契約の対価的相互関係に組み込まれていないため、単なる更生債権であるだけでなく、しかも、目的物の返還等を停止条件とすること（最判昭48.2.2民集27巻1号80頁）から、これを自働債権とする相殺をすることはできないはずである。しかし、敷金を差し入れた者からすれば敷金をもって家賃の支払に充てる期待を抱いていることも否定できず、これを全く保護に値しないと切り捨てることも適切でないと考えられたことから、停止条件付きの更生債権を自働債権とする相殺処理の困難さもあわせ考えて、賃料の6か月分に相当する額の範囲内において、賃料を支払えば共益債権化させるという形で保護を与えるものである。これにより、更生会社は、更生債権である敷金返還請求権を有する賃借人から、更生手続開始後も賃料収入を得ることを期待できることとなり、更生会社のキャッシュフローを確保することが可能になる。

この賃料債務を受働債権とする相殺の特則は、法48条4項により、地代又は小作料の支払を目的とする債務についても準用されている。

（佐々木　宗啓・氏本　厚司）

Q48 破産手続等の他の手続の中止

更生手続が開始された場合、破産手続等の他の手続はどうなるのか

1 更生手続開始が他の手続に与える効果

更生手続が開始されると、他の倒産手続、保全・執行手続、国税滞納処分等は禁止され、既に係属しているこれらの手続は中止又は失効する（法50条1項・2項）。これらの手続を更生手続開始後も許していたのでは、更生手続の円滑な実施は望めないし、また、更生手続が成功すれば、これらの手続はその必要がなくなるからである。以下、中止等の対象となる手続について整理した上で（後記2）、中止・失効・禁止の効果を説明する（後記3）。

2 中止等の対象となる手続

(1) 他の倒産手続

更生手続開始の決定があった場合には、破産手続開始、再生手続開始、更生手続開始又は特別清算開始の申立ては禁止され、既に係属している破産手続及び再生手続は中止し、特別清算手続はその効力を失う（法50条1項）。更生手続は、担保権者も含む全ての利害関係人を手続に取り込み、必置機関である管財人の管理の下で事業の再建を図る強力な手続であるため、更生手続が開始された場合には、更生手続が他の倒産手続に優先することが認められているものである。これらの他の倒産手続は、更生手続開始決定時に手続が既に開始されているか、あるいは開始される前の申立て段階であるかを問わず、中止又は失効する。

更生手続開始決定が既に係属している手続に与える影響は、破産及び民事再生と特別清算で異なり、前者は中止にとどまるのに対し、後者は失効する。破産及び民事再生については、更生手続が中途で挫折した場合に、再びこれらの手続によった方がよい場合があるので、開始決定段階では中止するにとどまるのに対し（これらの中止した手続は更生計画認可により失効する。法

208条)、特別清算は、当該手続よりも強力な手続である更生手続が挫折した場合に、当該手続に戻しても無駄であると予想されることから、開始決定の段階で失効するとされたものである。

(2) **保全・執行手続等**

更生手続開始の決定があった場合には、更生会社の財産に対する強制執行等（更生債権等に基づく強制執行、仮差押え、仮処分若しくは担保権の実行又は更生債権等を被担保債権とする留置権による競売、法24条1項2号)、企業担保権の実行若しくは外国租税滞納処分（共助対象外国租税の請求権に基づき国税滞納処分の例によってする処分（共益債権を徴収するためのものを除く。)、法24条1項6号）又は更生債権等に基づく財産開示手続の申立ては禁止され、既にされている強制執行等の手続、企業担保権の実行手続及び外国租税滞納処分並びに更生債権等に基づく財産開示手続は中止する（法50条1項)。

更生手続開始決定がされると、更生債権等については、原則として、更生計画の定めるところによらなければ弁済を受けられないという弁済禁止効が働くため（法47条1項)、法50条1項は、典型的な裁判上の権利実行手続について規定を置き、これらの権利行使行為も許さない旨を重ねて明らかにしたものである。

禁止及び中止されるのは、更生会社の財産に対するものに限られ、物上保証人や連帯保証人のごとく第三者の財産に対するものは禁止・中止の対象とはならない。ただし、更生会社の債務者（第三債務者）に対する債権執行は、更生会社の財産に対する強制執行であるから、禁止・中止の対象となる。また、禁止・中止の対象となるのは、「更生債権等に基づく」ものであるから、取戻権（法64条）に基づく強制執行等や、共益債権（法127条）に基づく強制執行等は、禁止・中止の対象にはならない。共益債権に基づく強制執行については、法132条3項による個別的な中止・取消しがあり得るにとどまる。

(3) **国税滞納処分**

更生手続開始の決定があった場合には、当該決定の日から1年間は、更生会社の財産に対する国税滞納処分（国税滞納処分の例による処分を含む。ただ

し、共益債権及び共助対象外国租税の請求権を徴収するためのものを除く。法24条2項）はすることができず、既にされている国税滞納処分は中止される（法50条2項）。

　更生会社の財産に対する国税滞納処分は、租税等の請求権に基づくものではあるが、自由な処分実施を許せば更生手続の目的を阻害することになるので、禁止・中止の対象とされたものである。もっとも、国税滞納処分を無制限に禁止・中止するのは、租税等の請求権の性質上適当ではないことから、禁止・中止の期間は、更生手続開始決定の日から1年間（ただし、1年経過前に更生計画が認可されることなく更生手続が終了し、又は更生計画が認可されたときは、当該終了又は当該認可の時までの間）に限られる。裁判所は、必要があると認めるときは、管財人の申立て又は職権で、1年間の期間を伸長することができるが、この場合には、裁判所は、あらかじめ、徴収の権限を有する者の同意を得なければならない（法50条3項）。徴収権者の同意が得られる限り、期間の伸長は何回してもよいし、最長期間の制限もないと解される。

　なお、更生手続開始決定によって禁止・中止されるのは、更生債権・更生担保権たる租税等の請求権に基づいて行われる国税滞納処分であるから、共益債権たる租税等の請求権に基づく国税滞納処分は中止されず、新たに開始することも妨げない。また、禁止・中止の対象となるのは、更生会社の財産に対する国税滞納処分であるから、連帯納税義務者や第二次納税義務者といった第三者の財産に対してなされる国税滞納処分が、法50条2項によって許されなくなるわけではない（法203条2項参照）（最判昭45.7.16民集24巻7号1047頁）。

3　中止・失効・禁止の効力
(1)　中止の効力

　中止とは、係属中の手続がそのままの状態で凍結され、その続行が許されないことをいい、差押えの効力は維持される。中止された破産手続、再生手続、強制執行等の手続、企業担保権実行手続、外国租税滞納処分及び財産開

示手続は、更生計画認可決定があった段階で、その効力を失う（法208条）。国税滞納処分については、法50条2項及び3項の定める期間内に限って中止され、更生計画認可決定があっても失効しない。上記の期間経過後は、国税滞納処分に対する中止の効力は消滅するので、それ以後は従前の処分が当然に続行され、更生手続中にこれによって弁済を得ることも許される（法47条7項1号）。

(2) **失効の効力**

更生手続開始決定により失効する旨が定められている特別清算手続については、更生手続開始決定によって遡ってその手続が消滅し、これをもって手続が終了する。更生手続開始決定が確定すれば、その後に更生手続廃止又は更生計画不認可となっても、特別清算手続が回復することはない。もっとも、更生手続開始決定を取り消す決定が確定した場合には、特別清算手続は回復し、続行される（法258条9項参照）。

(3) **禁止の効力**

更生手続開始決定がされると各手続及び処分については新たに着手することができず、それにもかかわらず、新たな申立てがあった場合には、裁判所はこれを不適法として却下しなければならない。禁止の効力が続くのは、国税滞納処分については、法50条2項及び3項の定める期間であり、その後は禁止の効力が消滅するので、新たに処分に着手することが可能である。国税滞納処分以外の手続に関する禁止期間は、更生手続終了までであり、更生計画認可後であっても更生手続中は禁止の効力が続く。

4　効力を失った手続の費用等

法50条1項の規定により中止した破産手続における財団債権又は再生手続における共益債権は、更生手続において共益債権となる（法50条9項1号）。また、法50条1項の規定により効力を失った手続のために更生会社に対して生じた債権や、その手続に関する更生会社に対する費用請求権も、共益債権となる（法50条9項2号）。

（渡邉　千恵子・氏本　厚司）

〔参考文献〕
条解更生法（上）575頁
深山ほか・更生法35頁、55頁

Q49　中止された強制執行手続等の取消し

更生手続開始により中止された強制執行等の手続が取り消されるのはいかなる場合か

1　中止された強制執行手続等の取消しとは

　更生手続開始の決定があったときは、更生会社の財産に対する強制執行等（更生債権等に基づく強制執行、仮差押え、仮処分若しくは担保権の実行又は更生債権等を被担保債権とする留置権による競売、法24条1項2号）、企業担保権の実行若しくは外国租税滞納処分（共助対象外国租税の請求権に基づき国税滞納処分の例によってする処分（共益債権を徴収するためのものを除く。）、法24条1項6号）又は更生債権等に基づく財産開示の申立てをすることはできず、既にされている強制執行等の手続等は中止する（法50条1項）。また、更生会社の財産に対する国税滞納処分（国税滞納処分の例による処分を含む。ただし、共益債権及び共助対象外国租税の請求権を徴収するためのものを除く。法24条2項）についても、更生手続開始の決定があったときは、開始決定の日から1年間（1年経過前に更生計画が認可されることなく更生手続が終了し、又は更生計画が認可されたときは、当該終了又は当該認可の時までの間）は禁止され、既にされている国税滞納処分は中止する（法50条2項）。

　しかし、これらは強制執行等の手続、企業担保権の実行手続、外国租税滞納処分、国税滞納処分の現状を凍結し、その後の進行を許さないとするものにすぎず、手続の効力自体を消滅させるものではない。差押えの効力は続いており、管財人は差押えの対象となった会社財産を自由に使用・処分するこ

とはできない。

そうすると、例えば、原材料や仕掛品等を差し押さえられた場合などには、強制執行等の手続を取り消して、対象となっている財産を管財人が利用できる状態にしなければ、会社の事業を継続することができなくなる場合があり得る。そこで、法は、裁判所が、更生のため必要があると認めるときは、管財人の申立てにより又は職権で、担保を立てさせて、又は立てさせないで、中止した強制執行等の手続、企業担保権の実行手続、外国租税滞納処分、国税滞納処分の取消しを命じることができることとした（法50条6項）。

2 審　理

(1) 申立時期

更生手続開始決定後に申し立てることができる。

更生手続が開始される前に、中止命令（法24条1項・2項）又は包括的禁止命令（法25条1項）によって中止された手続又は処分を取り消すためには、法50条6項ではなく、法24条5項又は25条5項に基づく取消命令を得ることになる。

(2) 申立権者

管財人である。裁判所が職権で発令することもできる。

(3) 取消命令の要件

中止中の手続又は処分の取消しを命じることができるのは、更生のため必要があると認めるときである。具体的には、上記1で述べた場合のように、原材料・仕掛品・在庫商品といった会社の主要業務に関連する棚卸資産が差し押さえられて生産・販売活動ができない場合や、会社の売掛債権が差し押さえられて運転資金として利用することができない場合などが考えられる。また、不動産賃貸を業とする会社において、賃貸物件の賃料債権が差し押さえられた場合や、賃貸物件たる担保不動産について収益執行が開始された場合も、この要件を満たすことがある。

(4) 立担保

裁判所は、管財人に担保を立てさせて、又は立てさせないで、取消しを命

じることができる。更生手続開始前に行われる取消命令（法24条5項、25条5項）と異なり、更生手続開始決定後に行われる取消命令（法50条6項）では、担保の供与は必要的ではない。

3 取消命令の効力・不服申立て

(1) **取消命令の効力**

取消命令がされると、その対象となった手続又は処分は遡って効力を失う。差押えの効力等もこれによって消滅する。したがって、管財人は、目的財産を自由に換価することができる。

(2) **不服申立て**

取消しを命じる決定に対して、不服申立てをすることはできない（法9条）。

（渡邉　千恵子・氏本　厚司）

〔参考文献〕
条解更生法（上）592頁、593頁
永石ほか・更生法102頁〔三村仁〕

Q50　担保権の実行禁止の解除・中止された強制執行手続等の続行

更生手続開始により禁止された担保権実行の一部解除決定、中止された強制執行等の手続の続行命令がされるのはどのような場合か。その場合の配当等はどのようになるのか

1　担保権実行禁止の一部解除

(1) **制度趣旨**

法50条1項は、更生手続開始決定後に、更生会社の財産の上に存する担保権を実行することを禁止している。これは、更生担保権者の自由な権利行使

を認めると、更生会社の重要な財産が失われ、更生手続による再建が不可能となる場合があるからである。そのため、旧法では、この実行禁止を解除する方法を認めていなかった。

　しかしながら、更生会社の財産の中で、事業の更生のために必要でない遊休資産についてまで、その上に存する担保権の実行を禁止する必要性は乏しい。また、更生担保権者にとっても、更生手続開始後に担保権の目的物の価値が下落している場合には、更生手続が頓挫して破産手続へ移行した場合の不利益を避けるために、早期に換価することを望むのが一般的であると考えられる。さらに、管財人としても、事業の更生のために不要な財産を早期に換価することができれば、固定資産税等の管理コストの負担を免れることができる。

　そこで、現行法は、担保権実行禁止の一部解除の制度を新たに設け、裁判所は、更生計画案を決議に付する旨の決定があるまでの間において、更生担保権に係る担保権の目的である財産で、更生会社の事業の更生のために必要でないことが明らかなものがあるときは、管財人の申立てにより又は職権で、当該財産について担保権の実行の禁止を解除する旨の決定をすることができることとした（法50条7項）。

(2) 要　件

ア　決定時期

　担保権実行禁止の一部解除決定は、更生手続開始決定後、更生計画案を決議に付する旨の決定（法189条）があるまでの間、これをすることができる。

イ　申立権者

　担保権実行禁止の一部解除決定は、管財人の申立て又は職権により行う。更生会社の財産が事業の更生に必要か否かは、更生計画案を提出する義務を負っている管財人の判断が重視されるべきであるから（法184条1項参照）、申立権は管財人にのみ認められている。更生担保権者に申立権はない。

　しかしながら、更生担保権者から申立てをすべきことを求められたにもかかわらず、管財人が速やかに対応しないなどの弊害が生じる可能性も否定できないことから、管財人は、更生担保権者から担保権実行禁止の一部解除の

申立てをすべきことを求められたときは、直ちにその旨を裁判所に報告しなければならない（法50条8項前段）。そして、この場合において、その申立てをしないこととしたときは、遅滞なく、その事情を裁判所に報告しなければならない（法50条8項後段）。その結果、管財人が担保権実行禁止の一部解除の申立てをしないことが不当であると裁判所が判断すれば、裁判所が職権で一部解除決定を行うこともあり得る。

　ウ　対象となる財産

　担保権実行禁止の一部解除決定の対象となる財産は、更生担保権に係る担保権の目的である財産で、更生会社の事業の更生のため必要でないことが明らかなものに限られる。これは、担保権実行禁止の一部解除決定が、更生計画の内容が確定する更生計画認可より前の時点で利用されるものであり、事業の更生のため必要かどうかの判断には、予測的な判断の側面も存することから、明白性を要求することとして、更生会社の事業の再建に必要な財産が不当に失われることを防止するとともに、裁判所の判断の容易化を図ったものである。

(3)　決定の効果

　一部解除決定がされると、当該担保権については実行禁止の効果が解かれ、更生担保権者が担保権を実行することが可能となる。会社更生法は、破産法184条のように、管財人に換価権を与える旨の特別規定は置いていないので、一部解除決定後に管財人が競売を申し立てることは予定されておらず、競売の申立ては更生担保権者がその判断において行う（伊藤眞ほか「研究会・新会社更生法第4回」ジュリスト1260号175頁〔深山発言〕）。一部解除決定によって申立てが可能となった担保権実行は、更生計画が認可されても失効しない（法208条参照）。

(4)　換価後の配当等の手続

　担保権実行禁止の一部解除決定がされると、更生担保権者は、当該担保権を実行することができるが、執行機関（執行裁判所・執行官）は、競売手続において、配当又は弁済金の交付を実施することはできない（法51条1項）。更生手続開始決定後は、更生担保権者に対して、更生計画によらずに弁済す

ることが禁止されているにもかかわらず（法47条1項）、配当等まで許すと、手続を行った更生担保権者についてのみ優先的満足を与えて、更生担保権者間に不平等が生じるからである。

したがって、これらの手続（商事留置権でない留置権に基づく競売手続を除く。）において、配当等に充てるべき金銭が生じた場合には、裁判所等の執行機関は、既に更生計画認可決定がされている場合には直ちに、その時点において更生計画認可決定がない場合は当該決定があったときに、管財人に対して、当該金銭に相当する額の金銭を交付しなければならない（法51条2項）。法72条4項前段により更生会社の機関がその権限を回復した場合又は更生手続終了後は、更生会社に対し、上記金銭が交付される（法51条2項）。

管財人は、更生計画において、配当等に充てるべき金銭の額又は見込額及びこれらの使途を定めなければならず（法167条1項6号イ）、目的物の換価代金は、更生計画に定められた使途に従い使用される。

更生計画認可の決定前に更生手続が終了したときは、更生計画によらない更生担保権の弁済禁止の効力は失われ、配当等の実施を停止しておく必要性も失われるので、通常の競売手続と同様に、配当等が実施される（法51条3項）。

(5) **手続費用**

一部解除決定によって申立てが可能となった担保権の実行手続によって、更生会社に対して生じた費用請求権は、共益債権となる（法50条9項4号）。

2 中止された強制執行等の続行命令

(1) **制度趣旨**

更生手続が開始されると、更生会社の財産に対して既にされている強制執行等の手続（更生債権等に基づく強制執行、仮差押え、仮処分若しくは担保権の実行又は更生債権等を被担保債権とする留置権による競売、法24条1項2号）、企業担保権の実行手続、外国租税滞納処分（共助対象外国租税の請求権に基づき国税滞納処分の例によってする処分（共益債権を徴収するためのものを除く。）、法24条1項6号）、更生債権等に基づく財産開示手続、国税滞納処分（国税滞

納処分の例による処分を含む。ただし、共益債権を徴収するためのものを除く。法24条2項）については一律に中止の効力が生じる（法50条1項・2項）。しかし、中止された手続又は処分を個別に見れば、更生手続との関係では中止の必要がなかったり、むしろ、続行させてその結果を更生手続で利用した方が便宜である場合があり得る。

そこで、法50条5項は、裁判所は、更生に支障を来さないと認めるときは、管財人若しくは租税等の請求権につき徴収の権限を有する者の申立てにより又は職権で、中止した強制執行等の手続や、国税滞納処分の続行を命じることができるとした。

前記1の担保権実行禁止の一部解除決定が、担保権実行の新規申立てを可能とするものであるのに対し、続行命令は、更生手続開始決定により一旦中止された強制執行等の手続等、国税滞納処分の続行を可能とするものである。

(2) 要　件

続行命令の要件は、「更生に支障を来さないと認めるとき」である。例えば、当該手続又は処分が遊休資産を対象としており、それが換価されても更生手続上痛痒を感じないような場合をいう。

続行命令は、管財人若しくは租税等の請求権につき徴収の権限を有する者の申立て又は職権で行われる。更生債権者等は、更生に支障を来さないか否かの判断をするだけの資料を有していないのが一般的であるから、更生債権者等に申立権は認められていない。なお、担保権実行禁止の一部解除の場合とは異なり、更生債権者等から続行命令の申立てをすべきことを求められても、管財人が裁判所に報告する義務はない（法50条8項参照）。

(3) 決定の効果

続行命令の効果として、中止を解かれた手続又は処分は、更生手続中でも続行せしめられ、続行された手続は更生計画認可決定によっても効力を失わない（法208条ただし書）。続行命令に対しては、不服申立てはできない（法9条）。

目的財産の換価により得られた金銭の配当等については、担保権実行禁止

の一部解除決定の場合と同様の制限に服する（法51条。上記1(4)参照）。もっとも、続行された国税滞納処分における租税等の請求権に対する配当等については、この限りではない（法51条1項ただし書）。

(4) **手続費用**

続行命令によって続行された手続又は処分によって、更生会社に対して生じた費用請求権は、共益債権となる（法50条9項3号）。

（渡邉　千恵子・氏本　厚司）

〔参考文献〕本文掲載のほか
　条解更生法（上）591頁
　深山ほか・更生法56頁
　村松秀樹「担保権の実行禁止の一部解除」金法1672号13頁
　田頭章一「担保権実行禁止の一部解除」瀬戸ほか・新理論と実務84頁

Q51　訴訟手続の中断

更生手続が開始された場合、更生会社について係属している訴訟手続はどうなるのか。行政庁に係属する事件はどうか

1　更生会社についての訴訟

更生会社について係属している訴訟手続は、大きく分けて、更生会社の財産関係の訴えと、それ以外の訴えがある。また、更生会社の財産関係の訴えの中には、更生会社が当事者である訴訟と、そうではない訴訟がある。これらはそれぞれ、更生手続開始によって受ける影響が異なるので、以下、更生会社の財産関係の訴えのうち更生会社を当事者とする訴訟（後記2(1)）、更生会社の財産関係の訴えのうち更生会社を当事者としない訴訟（後記2(2)）、更生会社の財産関係の訴え以外の訴訟（後記3）、行政庁に係属する事件（後記4）の順で整理する。

2　更生会社の財産関係の訴え

(1)　更生会社を当事者とする財産関係訴訟

ア　更生手続開始決定による中断

更生手続開始の決定があったときは、更生会社の財産関係の訴訟手続は中断する（法52条1項）。更生手続開始決定によって、更生会社の財産の管理処分権は管財人に専属し（法72条1項）、更生会社の財産関係の訴えについては、管財人が当事者適格を有することになるからである（法74条1項）。

イ　中断後の取扱い（その1）――更生債権等に関しない財産関係の訴訟

管財人は、中断した訴訟手続のうち、更生債権等に関しないものを受継することができる（法52条2項）。例えば、取戻権や共益債権に関する訴訟や、更生会社が有する権利に基づいて給付又は積極的確認を求める訴訟が、これに含まれる。

受継の申立ては相手方もすることができ、管財人は、相手方からする受継申立てに対して拒絶できないのが原則である。もっとも、権利行使について会社更生法がより簡易な方法を認めている場合には、必ずしも従前の訴訟を受継する必要はない。例えば、会社が取締役に対して提起している損害賠償請求訴訟に関しては、会社更生法が役員の責任追及について簡易迅速な査定手続を特に設けているから（法100条以下）、管財人は訴訟を受継せずに査定申立てをすることも可能である。

管財人が訴訟を受継した場合には、有利・不利を問わずそのままの訴訟状態において訴訟を引き継ぐ。ただし、管財人固有の攻撃防御方法（例えば否認権の行使）を提出することは妨げられない。管財人が受継した訴訟について、相手方の更生会社に対する訴訟費用請求権は、共益債権となる（法52条3項）。

管財人が受継した後、当該訴訟係属中に更生手続が終了したときは、当該訴訟手続は再度中断し（法52条4項）、更生会社であった株式会社が受継しなければならず、相手方も受継の申立てをすることができる（法52条5項）。

ウ　中断後の取扱い（その2）――更生債権等に関する訴訟

a　受継

更生債権及び更生担保権については、債権調査手続（法138条以下）によって確定されるので、直ちに中断した訴訟を受継する必要はない。更生債権等の存在及び内容は、債権調査手続において、管財人が認め、届出更生債権者等及び株主が調査期間内に異議を述べなかったときは確定し、確定した事項についての更生債権者表・更生担保権者表の記載は、確定判決と同一の効力を有するから（法150条1項・3項）、以後、更生債権等に関する訴訟を維持する必要がなくなることとなり、受継の問題も生じない。中断中の訴訟手続は、当然に終了するものと解される（条解更生法（上）603頁、伊藤・更生法315頁）。

　債権調査手続において異議等があった場合には、当該更生債権等について執行力ある債務名義又は終局判決があるか否かで取扱いが異なる。まず、無名義更生債権等については、異議等を受けた更生債権者等が、調査期間末日から1か月以内に、異議者等（更生債権等を認めなかった管財人並びに異議を述べた更生債権者等及び株主）の全員を相手方として、中断中の訴訟手続の受継を申し立てなければならない（法156条1項・2項、151条2項）。民事訴訟法上、受継の申立ては訴訟の相手方もできることとされている（民事訴訟法126条）が、異議等のある更生債権者等について、その内容の確定を求めるか否かは会社更生法上受継の申立てをすべきとされる者の判断に係らしめるべきであるから、当該訴訟の相手方は受継の申立てをすることができないと解される。上記期間内に申立てがない場合、当該更生債権等の届出はなかったものとみなされる（法151条6項）。その結果、更生計画認可の決定がされたときは、当該異議等のある更生債権等は失権することとなる（法204条1項）。この場合における係属中の訴訟手続の帰趨については、当該訴訟が係属している受訴裁判所の判断事項であるが、更生債権等は法204条1項各号に該当しない限り失権することから、当該更生債権等に係る訴訟は係属の実益を失ったものとして、訴訟終了宣言をすることができるという考え方がある。このほかにも、更生手続終了の時点で更生会社であった株式会社が当然に訴訟を受継するという考え方、更生計画案の付議決定の日以降に管財人が訴訟を受継することができるという考え方があり、これらの考え方によれ

ば、受継後の訴訟では当該債権は既に失権していることから、請求が棄却されることになると考えられる。

これに対し、有名義更生債権等（執行力のある債務名義又は終局判決のある更生債権等。法158条1項）については、異議者等は、更生会社がすることのできる訴訟手続によってのみ異議を主張することができ（法158条1項）、調査期間末日から1か月以内に、当該更生債権者等を相手方として、中断中の当該更生債権等を訴訟物とする訴訟手続の受継を申し立てなければならず、申立てがない場合、異議者等が他の更生債権者であるときは異議等はなかったものとみなされ、異議者等が管財人であるときは管財人において更生債権等を認めたものとみなされ（法158条2項～4項、151条2項）、当該更生債権等は、届け出た内容のとおりに確定し（法150条1項）、中断した訴訟は当然終了すると解される。詳しくは、Q122を参照されたい。有名義更生債権等として取り扱われるためには、原則として、執行力ある債務名義（例えば、執行文の付与された執行受諾文言のある公正証書）の写し又は判決書の写しを添付しなければならない（会社更生規則36条4項）。

なお、法142条に規定する租税等の請求権や更生手続開始前の追徴金等の請求権等については、通常の更生債権等の調査及び確定に関する法第5章第3節第1款及び第2款の規定（更生債権者表及び更生担保権者表の作成等に関する法144条の規定は除く。）は適用されず（法164条1項）、法142条の規定による届出があった請求権（罰金、科料及び刑事訴訟費用の請求権を除く。）の原因（共助対象外国租税の請求権にあっては、共助実施決定）が審査請求、訴訟（刑事訴訟を除く。）その他の不服の申立てをすることができる処分である場合には、管財人は、当該届出があった請求権について、当該不服の申立てをする方法（具体的には、不服審査又は租税訴訟の方法）で、異議を主張することができるとされているところ（法164条2項）、当該届出があった請求権に関し更生手続開始当時訴訟が係属している場合には、当該請求権について異議を主張しようとする管財人は、当該請求権について届出があったことを知った日から1か月以内に、当該届出があった請求権を有する更生債権者等を相手方とする訴訟手続を受け継がなければならない（法164条3項・4項）。

b　受継後の手続
　更生手続開始後の債権確定訴訟の法的性質は、異議等のある事項を既判力をもって確定する確定訴訟であると解されている。ところが、更生手続開始前に提起された訴訟は、通常の民事訴訟であるから、これを確定訴訟に適合するように請求の趣旨を変更する必要が生じる場合がある。例えば、異議等のある更生債権を請求債権として給付の訴えが提起されている場合には、異議等の対象事項の確認の訴えに請求の趣旨を変更すべきであり、具体的には、「金○○万円の更生債権を有することを確定する。」と変更すべきである。また、異議等のある更生債権が優先債権として届け出られている場合において、債権の存在と優先権の有無の両方が争われているときには、「金○○万円の優先的更生債権を有することを確定する。」と変更すべきである。
　異議者等が受継した場合、更生会社による従前の訴訟行為の効果は、受継者に及ぶ。ただし、管財人が当該訴訟の当事者となる場合、管財人は、管財人としての固有の攻撃防御方法（対抗要件の抗弁や否認権の行使等）を提出できる。
　更生会社財産が更生債権等の確定に関する訴訟によって利益を受けたときは、異議を主張した更生債権者等又は株主は、その利益の限度において、更生会社財産から訴訟費用の償還を受けることができる（法162条）。なお、管財人が受継した訴訟に係る相手方の更生会社に対する訴訟費用請求権のうち、更生手続開始後に生じた費用は共益債権となるところ、更生手続開始前に生じた費用についても、民事再生法67条5項を類推適用して共益債権となると解することもできよう（なお、最判平25.11.13民集67巻8号1483頁は、更生債権に関する訴訟が更生手続開始前に係属した場合において、当該訴訟が受継されることなく終了したときは、当該訴訟に係る訴訟費用請求権は更生債権に当たるとした。）。
(2)　**更生会社を当事者としない財産関係訴訟**
ア　保全管理人若しくは破産管財人による訴訟手続
　更生手続開始決定前に保全管理人（法34条、74条1項）若しくは破産管財人（破産法80条）が、当事者として追行していた訴訟も、更生手続開始によ

り中断する。更生会社の財産関係の訴訟である限り、更生手続開始決定により当事者適格に変動が生じるからである。中断後の訴訟手続の取扱いは、上記(1)と同じである。

　イ　更生債権者による債権者代位訴訟・詐害行為取消訴訟、先行する倒産手続の否認訴訟等

　民法423条若しくは424条の規定により更生債権者の提起した訴訟、破産法若しくは民事再生法の規定による否認訴訟若しくは否認の請求を認容する決定に対する異議の訴訟も、更生手続開始決定により中断する（法52条の2第1項）。なお、取立訴訟（民事執行法157条）は、債権者代位訴訟と類似するところ、法52条の2の類推適用により中断するとの考え方と、法50条1項により中止するとの考え方がある（伊藤・更生法319頁）。

　管財人は、中断した上記の訴訟手続を受継することができ、相手方も受継の申立てをすることができる（法52条の2第2項）。もっとも、債権者代位訴訟及び詐害行為取消訴訟については、全利害関係人のために訴訟追行すべき管財人が、一債権者の提起した訴訟状態に拘束されるのは適当ではないし、否認の請求（法96条）という簡易な方法の利用を相手方からの受継申立てによって否定されるのは不合理であるから、少なくともこれらの訴訟については、管財人は、相手方の受継申立てに対し拒絶することができ、新たに否認の訴えを提起し、あるいは否認の請求を申し立てることが可能と解すべきであろう（東京地決昭49.9.19判時771号66頁参照、ただし、伊藤・前掲書317頁は、現行法では相手方の受継申立権が明定されている以上、管財人による受継拒絶を認めるべきでないとする。）。これに対し、破産法や民事再生法による否認訴訟等は、慎重な手続を経て提起されたものであるから、管財人が否認請求をなすときのみ相手方の受継申立てを拒絶することが可能であり、新たな否認の訴えを提起することはできないと解されている（注解更生法322頁［池田辰夫］）。

　ウ　更生会社の取締役に対する株主代表訴訟

　更生会社の株主が取締役に対して提起した株主代表訴訟（会社法847条）が、更生手続開始によって中断するか否かについては争いがあるが、中断を

認める見解が有力である（Q96参照）。中断した株主代表訴訟については、管財人及び相手方が、受継を申し立てることができるが、上記イの詐害行為取消訴訟等と同様に、管財人が一株主の提起した訴訟状態に拘束されるのは不合理であるから、管財人は相手方からの受継申立てを拒絶することができ、新たに損害賠償訴訟を提起したり、役員等責任査定手続を用いることができる。

　エ　会社債権者の取締役に対する会社法429条に基づく損害賠償訴訟

　会社債権者である第三者が、取締役の任務懈怠により会社財産が減少し、それにより会社債権者である自らも損害を被ったとして、取締役に対し会社法429条1項に基づく損害賠償訴訟を提起している場合に、更生手続開始決定によって当該訴訟が中断するか否かについては争いがあり、学説は肯定説と否定説に分かれている（Q96参照）。

3　更生会社の財産関係の訴え以外の訴訟

　管財人に専属するのは、更生会社の事業の経営権並びに財産の管理処分権のみであり（法72条1項）、その他の事項に関する訴訟については、更生会社が依然として当事者適格を有するから（法74条1項参照）、更生会社の財産関係の訴え以外の訴訟については、更生手続開始決定があっても中断しない。

　何が更生会社の財産関係の訴えに該当するかについては争いがあり、①更生会社の財産関係の訴えかどうかは、更生手続開始の結果、実体的に何が代表取締役の権限として残り、何が管財人に移されたかという観点から決定されるべきであるという見解（条解更生法（上）595頁）と、②当該訴訟の勝敗が結果的に会社の財産関係に影響するか否かの観点から決定されるべきであるという見解（松田二郎・会社更生法〔新版〕104頁）がある。①の見解によれば、(i)会社の解散の訴え（会社法833条）、会社の設立の無効の訴え（会社法828条1項1号）、会社の合併の無効の訴え（会社法828条1項7号・8号）、(ii)株主総会等の決議の不存在又は無効の訴え（会社法830条）、株主総会等の決議の取消しの訴え（会社法831条）、(iii)会社を被告とする株主たる地位の確認の訴え、名義書換請求の訴えについては、いずれも、管財人の権限外であり、更生会社の財産関係の訴えには該当しないことになる。他方、②の見解

によれば、(i)及び(iii)については、訴訟の結果が会社の財産に影響を及ぼすものであるから、更生会社の財産関係の訴えに該当し、(ii)については、決議の内容を個別具体的に検討して、更生会社の財産関係の訴えに該当するかどうかを判断することになる。①が多数説である。最判平21.4.7裁判集民事230号395頁は、破産の事案であるが、株式会社の取締役又は監査役の解任又は選任を内容とする株主総会決議不存在確認の訴えの係属中に、当該株式会社が破産手続開始の決定を受けても、上記訴訟についての訴えの利益は当然には消滅しないとした。

4 行政庁に係属する事件について

更生会社の財産関係の事件で、行政庁に係属するものについては、更生会社の財産関係の訴訟手続に関する法52条が準用される（法53条）。行政庁に係属する事件としては、特許庁に係属する特許等の審判事件（特許法121条～176条、商標法44条～62条）、行政不服審査法に基づく行政処分に対する不服申立事件などがある。

なお、法142条による届出があった租税等の請求権や更生手続開始前の追徴金等の請求権（罰金、科料及び刑事訴訟費用の請求権を除く。）に関して、更生手続開始当時、更生会社の財産関係の事件が行政庁に係属している場合に、当該請求権について異議を主張しようとする管財人は、当該請求権について届出があったことを知った日から1か月以内に、当該届出があった請求権に関する手続を受け継がなければならない（法164条3項・4項）。

（渡邉　千恵子・氏本　厚司）

〔参考文献〕本文掲載のほか
　谷口・倒産処理203頁
　条解更生法（上）593頁
　条解更生法（中）228頁、229頁
　菱田雄郷「更生手続開始と係属する訴訟・執行手続」瀬戸ほか・新理論と実務94頁
　川畑正文「会社更生及び会社整理・特別清算と訴訟の帰趨」現代裁判法大系20・71頁

Q52 更生手続開始後の更生会社の行為

更生手続開始後に更生会社の代表者がした法律行為の効力はどうなるのか。商業使用人の行為はどうか

1 はじめに

　更生手続開始の決定があった場合には、更生会社の事業の経営並びに財産の管理及び処分をする権利は、裁判所が選任した管財人に専属し（法72条1項）、管財人は、就職の後直ちに更生会社の業務及び財産の管理に着手しなければならない（法73条）。したがって、更生手続の開始決定後においては、会社の代表取締役や商業使用人は、会社財産を処分する権限を失うことになる。しかし、管財人が、会社財産の管理に着手する前や、管理に着手した後において、会社代表者が、会社財産について法律行為を行う可能性を否定することはできず、その場合の法律行為の効果が問題となる。また、商業使用人が、会社財産について法律行為を行う可能性についても同様である。

2 更生会社の法律行為

　更生手続開始の決定がされた株式会社である更生会社が、更生手続開始後に、更生会社に属する一切の財産に関してした法律行為は、更生手続の関係においては、その効力を主張することができず（法54条1項）、当該株式会社が、更生手続開始の決定があった日にした法律行為は、更生手続開始後にしたものと推定されている（法54条2項）。

　更生会社のした法律行為とは、会社財産に関して法律行為をする権限を更生手続開始決定までに有していた者が会社のためにした行為をいう。このような者には、更生会社の代表取締役や、会社から会社を代理する権限を与えられた任意代理人がいる。

　なお、更生会社の代表取締役が管財人に選任されている場合における管財人の法律行為の効果は、更生会社財産の管理処分権を有する者の法律行為で

ある以上、当然更生会社に帰属するのであり、法54条1項の問題にはならない。また、支配人等の商業使用人の行為は、任意代理人の行為とは異なり、更生手続開始後も当然に管財人に効力が及ぶ（後記4参照）。

　法54条の適用がある法律行為は、会社財産に関してした法律行為であり、更生会社の組織に関する基本事項の変更や事業譲渡など、会社財産に関するもの以外の法律行為については、会社更生法上別途の規定によって規律される（法45条、46条参照）。

　法律行為とは、意思表示を要素とする私法上の法律要件であるとされる（我妻榮・民法総則238頁）。したがって、厳密には、売買契約や賃貸借契約などがこれに当たることになるが、法54条にいう法律行為とは、このような厳密な意味における法律行為に限定されず、会社財産に関する権利義務に影響を及ぼすような全ての行為を含むと解されている。したがって、対抗要件の充足、債務の承認、権利の放棄及び期限の猶予なども、法54条にいう法律行為に含まれる（なお、会社の有する債権について発せられた転付命令が法54条にいう法律行為に含まれるのかについては争いがある。これを肯定する見解もあるが、法50条の手続の中止違反の問題として捉えるべきであるとする見解（松田二郎・会社更生法〔新版〕198頁）もある。）。

　また、法54条の法律行為には、会社にとって不利益な行為、例えば、会社による債務承認、会社による権利放棄、会社による期限の猶予などの行為にとどまらず、会社にとって有利な行為、例えば、会社に対する債務の承認、会社に対する権利の放棄、会社に対する期限の猶予などの行為も含まれる。後記3のとおり、会社に有利な行為を管財人の方から有効と主張することは差し支えない。

　なお、不動産に関する登記や債務の弁済、為替手形の引受け又は支払等については、法56条ないし58条の規定によって規律されている（Q54参照）。

3　更生会社の法律行為の効力

　更生会社の代表者が更生手続開始後にした法律行為は、更生手続の関係においては、その効力を主張することができない（法54条1項）。これは、この

ような行為を絶対無効とするのではなく、行為の相手方からはその行為は有効だと主張できないが、管財人からは有効であると主張し得る相対的なものとする趣旨である。すなわち、更生会社のした法律行為には、会社にとって有利なものも含まれるのであり、管財人がこれらの法律行為の効果を更生会社に帰属させることは許される。

なお、法律行為の相手方が更生手続開始の事実を知っていたかどうか、すなわち善意・悪意は問題とされておらず、相手方が善意であったとしても、会社の関係においてはその効力を主張することができない。

「更生手続の関係において」とは、更生会社の管財人に対してはという意味である。

この点について、更生手続中に更生会社の代表取締役によって締結された売買契約につき、更生手続が廃止された後に、売買契約の相手方から当該売買契約の効力を主張することが許されるかという問題がある。判例は、この場合について、法54条の規定は「更生手続の関係」において効力を主張することができない旨を定めたにすぎないとして、更生手続廃止後は、売買契約の相手方当事者からその効力を主張することができる旨の判断をしている（最判昭36.10.13民集15巻9号2409頁）。しかし、このような判断に対しては管財人が売買契約を無効と認めた場合には、その後に更生手続が廃止になってもその契約は有効にならないとの批判もある。

管財人が更生会社のした法律行為を無効とした場合には、既に履行が終わっているときは原状に回復することが必要であり、例えば、会社が売主の場合は、相手方は目的物を管財人に返還し、売買代金を共益債権（法127条6号）として返還請求できる。これによって相手方に生じた債務不履行又は不法行為による損害賠償請求権は、開始後債権（法134条）となる。

4 代理人及び商業使用人の行為

(1) 任意代理人の行為

更生会社の代表者が、更生手続開始前に代理人を選任していた場合において、更生手続開始後に代理人の行為があったときは、代理人による法律行為

の効果は本来本人である更生会社に帰属すべきものであるが、更生会社がその財産管理処分権を失う結果、更生会社自身の行為と同様、更生手続の関係においては、更生会社に法律効果が及ぶことはない。管財人が個別に承認した場合は、もとより別論である。

(2) 商業使用人の行為

これに対し、更生会社の商業使用人の行為は、訴訟行為まで含めて、更生手続開始後においても当然に更生会社に帰属する。すなわち、商業使用人の権限は、商人と商業使用人の間の雇用契約に由来し、任意代理人の場合の委任契約とは異なり、更生手続開始決定によっても影響を受けない。そして、株式会社の商業使用人の権限は営業主が任意に与えるものではなく、会社法の定めに従う（代理権に加えた任意の制限は善意の第三者に対抗し得ない（会社法11条3項、14条2項、15条)。）から、例えば支配人は、更生手続開始の前後を通じて、営業主に代わり営業に関する一切の裁判上又は裁判外の行為をなす権限を有する（会社法11条1項）。そして、商業使用人とは、商人に従属して営業の補助的活動をする者であって、その商人の営業上の代理権を有する者をいい、商業使用人からなる企業組織体は、営業主の事業活動の人的部分であると解されるところ、更生手続開始決定により更生会社の事業経営権及び財産管理処分権は管財人に専属することになる結果、管財人は商業使用人からなる企業組織体を指揮管理する権限を当然かつ完全に取得することになり、その地位は更生手続開始の前後で継続的である（物品販売店舗の使用人を想起されたい。）。したがって、商業使用人の権限は更生手続開始後も失われることなく、支配人の営業に関する裁判上の権限も含めて、更生手続開始後は管財人を営業主として存続していくことになる。

（新田　和憲・氏本　厚司）

〔参考文献〕本文掲載のほか
　条解更生法（上）513頁
　注解更生法191頁
　伊藤・更生法258頁

Q53　更生手続開始後の権利取得

更生手続開始後に更生債権者等が会社の行為によらずに、会社財産に関して権利を取得した場合の効力はどうか

1　はじめに

　更生債権者等は、更生手続開始後に、管財人又は更生会社の行為によらずに、更生債権等について更生会社財産に関して権利を取得しても、更生手続の関係においては、その効力を主張することができない（法55条1項）。そして、更生手続開始の決定があった日にされた権利取得は、更生手続開始後にされたものと推定される（法55条2項、54条2項）。

　すなわち、更生手続の開始決定があった場合には、更生会社の事業の経営並びに財産の管理及び処分をする権利は、裁判所が選任した管財人に専属することから（法72条1項）、更生手続の開始決定後においては、更生会社の財産の管理処分権は管財人に帰属することになり、会社の代表取締役は会社財産を処分する権限を失い、会社が、更生手続開始後にした法律行為は、更生手続の関係においては、その効力の主張は許されない（法55条）。これに対し、更生債権者等が、更生手続の開始決定後、管財人の行為にも、会社の行為にもよらずに、会社財産に関して権利を取得する場合があり得、この場合に、その効力をどのように考えるべきかは、別途考慮の余地があるが、法は、更生債権等について会社財産に関して権利を取得した場合に更生債権者等に更生手続上有利な地位を与える必要がないとして、上記の定めをしている。

　なお、法55条と同趣旨の規定に、破産法48条がある。ただし、破産法は、破産財団に属する財産に関する権利取得一般について規定しており、会社更生法の規定は、更生債権等に関する権利取得に限定されている点に特徴がある。

2　法55条が適用される場合

　法55条が適用されるのは、更生債権者等が、更生手続開始後に更生債権等について、管財人又は更生会社の行為によらずに権利を取得した場合である。更生債権等について権利を取得するとは、当該債権について商事留置権や特別の先取特権等の優先権を取得することを意味する。また、更生会社の行為によらずに権利を取得するとは、代理商の商事留置権（会社法20条）が法律上当然の効力として発生するような場合が例に挙げられる。

　そして、法55条が適用される結果、たとえ権利を取得したとしても更生手続の関係においてはその効力の主張をすることができないこととなる。すなわち、特別の先取特権を取得し更生債権が更生担保権となるような場合であっても、更生担保権とはならず、更生債権や更生担保権の性質や順位に変更を生じない。

3　法55条が適用されない場合

　法55条は、更生債権等につき、更生会社財産に関する権利を取得した場合について適用される。したがって、更生債権等と関連せず、更生会社の行為によらずに会社財産を取得した場合は、その権利取得は有効である。

　具体的には、会社財産につき、取得時効や加工によって権利を取得することや、更生会社以外の者から動産たる会社財産を善意取得することは有効である。また、更生会社から手形を譲り受けた者は手形上の権利を取得できないが（法54条）、その者からさらに譲り受けた者は手形を善意取得する。ただし、更生手続開始後、更生会社がした譲渡裏書は更生手続との関係では効力を主張できないから（法54条）、手形を善意取得した者は、更生会社に対して裏書人の担保責任を追及することはできず、手形取得者は、他の手形債務者に対して権利行使をし得るにすぎない。

　また、法55条は、更生債権等の譲渡による帰属主体の移転を禁じる趣旨ではなく、法も届出名義の変更の手続を設けている（法141条）。

〔新田　和憲・氏本　厚司〕

〔参考文献〕
条解更生法（上）521頁
注解更生法194頁
伊藤・更生法260頁

Q54　更生手続開始後の登記、登録、弁済等

更生手続開始後に更生債権者等が会社財産に関してした登記、更生会社の債務者が会社に対してした弁済等の効力はどうか

1　はじめに

　不動産や船舶に関して更生手続開始前に生じた登記原因に基づき更生手続開始後にされた登記又は不動産登記法105条1号に基づく仮登記は、更生手続の関係においては、その効力を主張することができない。ただし、登記権利者が更生手続開始の事実を知らないでした登記又は仮登記については、この限りでない（法56条1項）。

　また、更生手続開始後に、更生会社の債務者がその事実を知らずに更生会社にした弁済は、更生手続の関係においても、その効力を主張することができる（法57条1項）。更生手続開始後に、その事実を知って更生会社にした弁済は、更生会社財産が受けた利益の限度においてのみ、更生手続の関係において、その効力を主張することができる（法57条2項）。

2　更生手続開始後に更生債権者等が会社財産に関してした登記の効力について

　更生手続開始決定前に登記原因が生じているにもかかわらず不動産等について登記がされていない場合において、更生手続開始後、登記権利者が更生会社を登記義務者として協力させることにより、又は単独で登記申請をすることにより、登記を具備することがある。この点につき、法は、登記権利者

が更生手続開始決定までの間に登記を具備しなかったことからすれば、開始決定後の登記の効力を認めないことは、必ずしも不当ということはできず、また、更生会社財産の確保の見地からも妥当であることから、上記のとおり、更生手続開始前に登記原因が認められるとしても、更生手続開始後にされた登記は、更生手続の関係においては、その効力を主張できないとした。

　ただし、登記権利者が更生手続開始の事実を知らずにした登記（不動産登記法105条1号に基づく仮登記を含むが、同法105条2号に基づく仮登記は、含まれない。）については、更生手続の関係においてもその効力を主張することができる（法56条1項ただし書）。もっとも、後記4のとおり、更生手続開始の公告の後においては、悪意が推定される（法59条）。

　更生手続開始前に、不動産登記法105条1号に基づく仮登記（登記申請に必要な条件が具備しないための仮登記）がされている場合には、登記権利者は、更生手続開始について悪意であっても、更生手続開始後に更生会社の協力によって得た本登記に基づいてその権利を管財人に対抗できるし、また、管財人に対し更生手続開始後に本登記請求を行うことができると解されている（大判大15.6.29民集5巻9号602頁）。この場合には、既に、更生手続開始決定までに本登記請求のための実体法上の要件は具備されており、本登記がされなかったのは、登記申請に必要な要件が具備されていなかったにすぎないと解され、このような場合に本登記請求を認めないのは、登記権利者にとって酷であるからである。

　更生手続開始前に、不動産登記法105条2号に基づく仮登記（権利の設定、移転、変更又は消滅の請求権の保全のための仮登記）がされている場合にも同様の問題があり、判例（最判昭42.8.25裁判集民事88号285頁、判時503号33頁）は1号仮登記と2号仮登記を区別していないと解されているが、学説は分かれている（積極説として伊藤・更生法264頁、消極説として条解更生法（上）528頁）。なお、積極説に立つ場合でも、仮登記権利者の地位が双方未履行の双務契約を基礎としている場合には、管財人は、契約そのものを解除することによって（法61条1項）、本登記請求に対抗できるが、仮登記権利者の地位が仮登記担保権のように物権的権利に基づくものである場合には、管財人も双

方未履行の双務契約として解除することはできないが、法50条1項により管財人に対する本登記請求は認められず、仮登記権利者は仮登記のままで更生担保権者としての地位が与えられると解されている（伊藤・前掲書264頁）。

3 更生手続開始後に債務者が会社に対してした弁済等の効力について

　更生手続開始後における債務者の会社に対する弁済は、更生手続開始後には、更生会社財産の管理処分権が管財人に専属する（法72条1項）ことからすれば、弁済受領権を喪失している更生会社に対する弁済となり、民法の原則によれば、更生会社が当該弁済によって利益を受けた限度においてのみ効力を有することにならざるを得ない（民法479条）。

　しかし、債務者は、更生会社の財産状態について、常に注意を払っているわけではなく、更生手続開始の決定がされたことを知らずに更生会社に対してされた弁済についてまで、民法の原則を徹底する必要はないものと解される。そこで、法は、管財人に弁済の効力を主張できるものとし、善意の弁済者を保護している（法57条1項。これに対し、悪意の弁済者については、民法と同趣旨の規定が置かれている。法57条2項）。

　そして、法57条の規定の趣旨は、保全管理人が選任された場合にも当てはまることから、準用規定が置かれている（法34条1項）。

　また、善意者保護の趣旨は、為替手形の振出人又は裏書人である株式会社について更生手続が開始された場合における、善意の支払人又は予備支払人による引受け又は支払がされた場合も同様であることから、法は、この場合の支払人らが取得した債権について、更生債権者としての権利行使を認めている（法58条1項。この規定は、小切手及び金銭その他の物又は有価証券の給付を目的とする有価証券について準用されている（法58条2項）。なお、保全管理人選任の場合には準用されていない。）。

4 善意・悪意の推定について

　上記2及び3の場合においては、登記権利者又は債務者等が更生手続開始

の事実について善意であったか否かによって結果が異なるため、この点についての挙証責任を明確にしておく必要がある。

そこで、法は、更生手続開始の決定に伴う公告（法43条1項）を基準とし、公告前においては更生手続開始の事実について善意の推定をし、公告後においては悪意の推定をする旨定めている（法59条）。したがって、公告後にした登記や更生会社への弁済等を有効と主張するためには、登記権利者や弁済を受けた者等において善意であったことを立証しなければならないが、知れたる債権者には公告事項を通知することとされている（法43条3項）こともあり、善意の立証は困難であろう。

（新田　和憲・氏本　厚司）

〔参考文献〕本文掲載のほか
　条解更生法（上）524頁
　注解更生法196頁［中村勝美］
　条解再生法174頁［畑瑞穂］

Q55　共有物分割

更生会社が他人と共有する財産を分割することができるのか

1　法60条に基づく分割請求

一般に、共有関係においては、各共有者はいつでも共有物の分割を請求できるのが原則であるが、共有者間で5年を超えない期間は分割しない旨の定めをすることができる（民法256条1項）。法60条1項は、更生会社が共有者間で一定期間分割しない定めをしていた場合であっても、管財人は共有物の分割を請求することができるとしたものである。これにより、更生会社は、あらかじめ分割しない定めがされている共有物であっても、共有関係をそのままにして持分を処分する方法だけでなく、分割により取得したものを換価処分する方法により更生のための資金を得ることが可能となる。この場合、

分割の請求ができるのは管財人に限られ、他の共有者は分割を請求できない。分割請求の方法については、協議によるのが通常であるが、協議が調わないときには裁判所にその請求をすることになる（民法258条）。

もっとも、分割をしない定めがあるにもかかわらず管財人による分割請求を認めることは、他の共有者に不利益を与える可能性がある。この不利益を救済するため、他の共有者に対して相当の償金を支払って更生会社の持分を取得することができることとして、分割を避ける可能性を与えるのが法60条2項である。すなわち、管財人が分割請求を行った後に、他の共有者から相当の償金が更生会社に支払われると、その共有者は更生会社の持分を取得することになる。支払われた金額が「相当の償金」であるか否かについて当事者間で協議が調わないときは、裁判所で訴訟事件として争われることとなるが、この点について、非訟事件手続で持分の価額の決定をするようにすることが望ましいとする立法論をいう見解もある（条解更生法（上）536頁）。

2　特殊な共有の場合における法60条の適用

法律で分割が制限されている場合、管財人による分割請求を認める法60条1項の適用が排除されることがある。例えば、境界線上の工作物が共有関係にあっても、その分割請求は認められないし（民法257条）、建物の区分所有の場合の共有部分につき、共有者の持分はその有する専有部分の処分に従い、また共有者は原則としてその有する専有部分と分離して持分を処分することができない（建物の区分所有等に関する法律15条）が、これらの規定は、共有部分の分割を請求してそれにより取得したものを処分することを認めない趣旨と解されるから、共有者が更生会社である場合にも妥当すると考えられている（条解更生法（上）536頁）。

また、いわゆる総有とされている入会権は、性質上分割を請求することができないものであるから、更生会社が入会権を有していたとしても法60条1項に基づく分割請求はできないと解される。合有とされている民法上の組合の財産、会社法上の持分会社の財産についても、法律上その分割請求が制限されていることから（法定の退社事由等に限られる。）、更生会社が組合員又は

持分会社の社員であるとき、管財人は法60条1項に基づく分割請求をすることはできないと解される。

(大寄　久・氏本　厚司)

Q56　双務契約

更生手続が開始された場合、双務契約はどのように取り扱われるのか

1　双務契約

　法61条1項・2項・4項・5項の規定による更生手続における双方未履行の双務契約に対する特別の取扱いは、双務契約の有する特殊な性質に由来するものである。すなわち、双務契約とは、典型例である売買契約からも明らかであるように、当事者相互の債権が対価的関係にあって、法的にもその成立、履行及び存続の各局面においてその対価的関係を貫徹すべく対価的牽連性が認められている。すなわち、成立につき一方債務の不成立に伴う契約全体の不成立、履行につき同時履行の抗弁権（民法533条）及び存続につき危険負担（民法536条1項等）が手当てされるなど、当事者相互の債務間における対価的関係ないし相互に履行を担保視し合う関係が保護されている。そして、更生手続においても、このような対価的関係が存続している双方未履行の双務契約について、特別の保護を与えようとするものである。

　以下、後記2において双方未履行の双務契約として特別の保護を受けられない場合の取扱いを見た上で、後記3において双方未履行の双務契約の特別の取扱いの内容について概観する。なお、これらの特別な取扱いを定めている条項は労働協約には適用されないし（法61条3項）、継続的給付を目的とする双務契約については法62条が特則を設けていることから、これについてはQ57で、個別的な双務契約の類型ごとの取扱いについては、Q58以下で概説する。

2　一方のみ未履行の双務契約の取扱い

　更生会社が更生手続開始前に締結した双務契約であって、その契約から生じた債務の一方が既に履行済みである場合は、双務契約の対価的牽連性は考慮されず、残存している債権債務関係は、更生手続における原則に則して処理されることになる。この場合は、一方の履行の完了により、既に双務契約に特有の対価的関係が失われているためである。

　すなわち、更生手続開始時に更生会社が未履行であれば、相手方の有する債権は更生債権又は更生担保権となり（法2条8項・10項）、基本的には更生計画による弁済を受けるべきことになる（法47条1項、135条1項、138条1項、205条1項・2項）。また、相手方が未履行であれば、更生会社の有する債権は更生会社財産として、管財人の管理に属する（法72条1項）。

3　双方未履行の双務契約の取扱い

(1)　双方未履行時に特別の手当てを行う趣旨

　法61条の趣旨は、双方未履行の間における双務契約にあっては、前記1のとおり、当事者双方の債権債務が対価的牽連性を有し、相互に担保視し合っているにもかかわらず、一方の当事者について更生手続が開始されると、相手方は自己の債権については更生債権として更生計画に従った平等的満足に服さなければならないのに、自己の債務についてはこれを完全に履行しなければならないという不均衡が生じることから、このような更生手続開始に伴う対価的関係の喪失を回避し、かつ、管財人の立場からすれば、更生手続にとって有利なものはその効力を承認し、不利益なものはその拘束力から免れさせ、企業再建目的の達成と更生手続の円滑化を図るところにあるとされる（中村清「双務契約の履行請求及び解除権行使の実際」青山ほか・実務と理論195頁）。仮に双務契約について特別の手当てをしないとすれば、何ら対価的牽連性のない債権債務が対抗しているだけでも相殺が可能なことと不均衡を来すものともいえる。

(2)　双方未履行といえる場合

　会社更生法は、双務契約における対価的牽連性に着目し、「双務契約につ

いて更生会社及びその相手方が更生手続開始の時において共にまだその履行を完了していないとき」の取扱いについて特則を設けている（法61条1項）。ここでいう双務契約が民法533条等において規定されている「双務契約」と同義であることに問題はない。

　しかし、「共にまだその履行を完了していない」の意味については検討を要する。未履行の状態については、全部又は一部の別を問わないし、従たる債務が未履行の場合や給付した目的物に瑕疵があった場合を含むだけでなく、その未履行状態が適法であるか違法であるかも問題ではないとされていた（清水正憲「未履行双務契約」高木ほか・事典178頁）。しかし、法61条1項に対応する旧破産法59条1項（現行破産法53条1項）に関し、最判平12.2.29民集54巻2号553頁は、破産宣告（現破産手続開始決定）当時双務契約の当事者双方に未履行の債務が存在していても、契約を解除することによって相手方に著しく不公平な状況が生じるような場合には、破産管財人は旧破産法59条1項に基づく解除権を行使することができないのであり、相手方に著しく不公平な状況が生じるかどうかは、解除によって契約当事者双方が原状回復等としてすべきことになる給付内容が均衡しているかどうか、旧破産法60条（破産法54条、法61条5項に対応）等の規定により相手方の不利益がどの程度回復されるか、破産者側の未履行債務が双務契約において本質的・中核的なものかそれとも付随的なものにすぎないかなどの諸般の事情を総合的に考慮して決すべきことを判示しており、この理は法61条1項にも及ぶものと考えられる。そうすると、少なくとも対価的牽連性を肯定することのできる債務間における未履行であることが必要である。そして、単純な売買等の典型契約を対象とする限り適用の可否を判断するについて問題はないが、契約自由の原則から、複雑な内容の契約が生み出され、一つの契約から多数かつ多様な債権債務が発生する現代の取引関係にあっては、当該債権債務関係のうちいずれの部分が対価的牽連性をもって双務関係にあるかを検討することが必要となってくるが、双務関係にある債権債務を確定することは、必ずしも容易な作業ではない。

(3) 双方未履行の場合の取扱い

前記(2)で検討したところに従って、双務契約について更生会社及びその相手方が更生手続開始のときにおいて共にまだその履行を完了していないと認められるときは、管財人は、契約の解除をし、又は更生会社の債務を履行して相手方の債務の履行を請求することができる（法61条1項）。この選択権の行使は、相手方に対する意思表示によって行う。選択の意思表示には、民法93条以下の適用がある。また、選択権の行使には時的制約はない（条解更生法（中）304頁）。そして、このように管財人が時的制約のない解除権を取得することで不安定な立場に立つ相手方については、その地位の可及的な安定化を図るため、管財人に対し、相当の期間を定め、その期間内に契約の解除をするか、又は債務の履行を請求するかを確答すべき旨を催告することができるものとされ、管財人がその期間内に催告に対する確答をしないときは、契約の解除権を放棄したものとみなされる（法61条2項）。もっとも、催告を受けない場合には、管財人において履行又は解除の選択をすることは義務ではない（福岡高判昭55.5.8金法909号1157頁）から、いずれの選択もしないままにしておくことが可能である（ただし、後述する同時履行の抗弁権の問題がある。）。

管財人が解除を選択した場合、双務契約は契約当初に遡ってその効力を失うと解されており、その場合の法律関係については、破産法54条の規定が準用されて処理される（法61条5項）。ただし、当該双務契約の性質上将来に向かっての効力しか生じない解約告知の場合もある（賃貸借契約、雇用契約等）。ともあれ、相手方は、管財人による解除により損害を被った場合、その損害に係る賠償請求権を更生債権として行使することができる。その趣旨については、相手方にとっては故のない解除であるため管財人をして損害を賠償させることが公平の見地に適うとして本来は開始後債権であるものを更生債権として処遇するもの（条解更生法（中）324頁、325頁）か、管財人の行為による共益債権を解除の容易化の観点から更生債権とするものである（伊藤・更生法272頁）のかなど争いがある。東京地裁の実務では、原則として、管財人が法61条1項の規定による契約の解除をすることを裁判所の要許可事

項としている（法72条2項4号）。なお、管財人による解除が債権届出期間経過後に行われた場合は、相手方が有する損害賠償請求権は上記のとおり更生債権として扱われることとなるから、相手方は、解除後1か月の不変期間内にその届出を行うべきこととなる（法139条3項）。また、更生会社の受けた反対給付が更生会社財産中に現存するときは、その返還を請求することができる（その性質は取戻権の行使である。）。現存しないときは、その価額について共益債権者としてその権利を行使することができる。

　管財人が相手方の債務の履行を選択した場合、相手方が有する請求権は、共益債権となる（法61条4項）。ここで、履行を選択した場合には、解除権の放棄が擬制された場合も含まれると解する。

　管財人が解除又は相手方の債務の履行のいずれも選択しない場合であって、相手方も催告権を行使しないときは、相手方の債権は更生債権となり、管財人の管理に係る債権は前記更生債権との間に成立する同時履行の抗弁権によってその行使が阻止されることになる（清水正憲「未履行双務契約の相手方の権利」高木ほか・事典178頁参照）。同時履行の抗弁権は、相手方の不履行の適法・違法を問わずに、行使可能なためである。

　なお、旧法においては、相手方の催告について定められた相当期間について、30日という法定の期間を設定していた関係から、裁判所が、管財人若しくは相手方の申立てにより又は職権で、その期間を伸長し、又は短縮することができることが規定されていたが（旧法103条3項）、法定の期間を設けていない現行法には対応する規定がない。当事者間の合意で相当期間を定めることは可能であるし、伸長又は短縮の和解をすることも可能であるが、期間の相当性について争いがある場合は、客観的に見て相当の期間が経過したときに催告の効果が生じるものと解する。

4　保全管理人が締結した双務契約の取扱い

　保全管理人は、開始前会社の常務行為、常務外行為を行う権限を有し（法32条1項・3項、72条2項）、このような権限に基づいて締結した双務契約であっても、法61条の適用を排除する規定はないから、管財人の解除又は履行

選択の対象となる。仮に、保全管理人の締結した双務契約によって相手方に生じた債務が更生手続開始時に残存していれば、相手方は当該債務について共益債権として権利行使することができる（法128条1項）。また、更生会社のみに残存していれば、更生会社財産として、管財人の管理に服する（法72条1項）。なお、保全管理人には、法61条が規定する管財人の権限に対応する権限は与えられていない。

（佐々木　宗啓・氏本　厚司）

Q57　継続的給付を目的とする双務契約

更生手続が開始された場合、継続的給付を目的とする双務契約はどのように取り扱われるのか

1　継続的給付を目的とする双務契約

継続的給付を目的とする双務契約は、これが更生手続開始時に存続中であれば、双方未履行であるのが通常であり、法61条1項が適用されることになる。そして、継続的給付を目的とする双務契約について、管財人が法61条1項に基づいて履行を選択した場合に生じるであろう紛争に備えて、法62条は、相手方の履行拒絶権や共益債権とされる権利の範囲について規定している。

ここで、法62条の適用対象となる「継続的給付を目的とする双務契約」とは、当事者の一方が一定の期間又は期限の定めなく回帰的・反復的に種類をもって定められた給付を行う義務を負い、他方が給付ごとにあるいは一定の期間を区切って、その期間にされた給付を一括してそれに対する対価を支払う義務を負うものをいう。反復的・回帰的給付を内容とする契約であっても、契約の性質又は当事者の意思により、個々の給付が全て履行されなければ契約をした目的を達することができないなど給付に可分性がないものはこ

れに当たらない（東京高判昭51.12.1判時842号110頁）。また、継続的な売買や請負の関係にあったとしても、更生会社がその都度、品質・数量等を指定し、あるいは、工法を指示して注文しなければならない場合は、継続的給付が義務付けられているとはいえない（宮脇＝時岡・更生法189頁）。継続的給付を目的とする契約の具体的な例としては、電気、ガス、水道の供給契約、電話加入契約、原材料や完成品の供給契約、人材派遣契約等々がある。ただし、労働契約については、その性質上継続的給付を目的とする双務契約であるが、労働者の有する同時履行の抗弁権（更生手続下でのストライキ権等）が制約されるように解釈されるおそれを回避すべく、法62条1項及び2項の適用が排除されている（法62条3項。宮脇＝時岡・前掲書196頁）。また、賃貸借契約、リース契約及びライセンス契約等も継続的債権関係を内容とするが、継続的供給契約とはされていない（伊藤眞「更生手続開始と継続的供給契約」青山ほか・実務と理論119頁）。

2 相手方による履行拒絶の制限

　一般に双務契約である継続的供給契約においては、同時履行の抗弁権と同様の趣旨から、過去の給付に対応する対価の支払がされていない場合には、供給者は、将来の給付の履行を拒むことができる（我妻榮・債権各論中巻1（民法講義）324頁）。しかし、更生手続が開始された場合に、このような履行拒絶権が無制限に認められるとすると、会社の再建に著しい障害を来すおそれがある。そこで、法62条1項は、更生会社に対して継続的給付の義務を負う双務契約の相手方は、更生手続開始の申立て前の給付に係る更生債権等について弁済がないことを理由としては、更生手続開始後は、その義務の履行を拒むことができないことを規定している。

　もっとも、相手方による履行拒絶の問題は、更生手続開始の申立て後、更生手続が開始される前において先鋭に立ち現れてくる。法62条1項の反対解釈により、相手方は、開始前会社の履行がないことを理由とする反対給付の履行拒絶をすることができると解されているからである。このことは、開始前会社に保全管理人が選任されている場合でも同様である。もっとも、弁済

禁止の保全処分が発令されている場合には、その効果として、申立て前の履行遅滞を理由とする履行拒絶が制限されるか否かが問題となる。保全処分は、その発令後の不履行につき開始前会社の責めに帰すべからざる事由によるものとし、履行遅滞を理由とする解除権ないし解約権の発生を阻止するだけであって（最判昭57.3.30民集36巻3号484頁参照）、発令以前に生じている履行遅滞の効果を解消するものではないから、相手方による履行拒絶は可能と解される。

なお、東京地裁の実務においては、東京電力、NTT及びKDDIに関しては、申立て前の未払料金（申立ての日を含む料金計算期間に係るものを除く。）について、裁判所の許可によりその2分の1の弁済を受け、残額は更生債権として届け出るものとし、前記許可に係る2分の1の弁済を受けたときは、電力の供給又は通話等のサービスの提供を停止することはしないとする取扱いがされている（内田実「更生手続開始と継続的給付の義務を負う双務契約」瀬戸ほか・新理論と実務106頁）。その他の場合でも、一般的に、和解契約が活用されるべき場面であろう。

3 相手方による解約権行使の制限

法62条1項は、相手方による履行拒絶の制限を定めるだけであって、相手方による解約権行使については、何ら触れるところがない。そして、相手方としては、履行の拒絶ができなくとも解約が可能であれば解約することを選択し、契約関係から離脱することを欲することも考えられる。しかし、更生手続が開始されると、更生債権者等は更生手続によらずその権利の行使を個別的にすることができなくなる（法47条1項）から、相手方は、その更生債権等の履行遅滞を理由とする解約ができなくなる。そして、そのことは、更生手続開始の申立て後、開始決定前に弁済禁止の保全処分が発令され、その後に履行期が到来した場合も同様である（前掲最判昭57.3.30）。また、更生手続開始申立ての原因事由の発生を解除事由とする特約も無効とされる（前掲最判昭57.3.30）から、更生手続開始の申立て又は開始決定のあったことを当然の解除事由とする約定も無効となる。

もっとも、更生手続開始決定前又は保全処分の発令前においては、更生債権等となるべき債権の行使は何ら妨げられない。そこで、これらの時期にあっては、更生手続開始申立て時に既に開始前会社の履行遅滞が生じ、相手方において解約権を取得していた場合に、相手方において契約を解約することの可否が問題となる。この点については、履行拒絶権が制限されている以上、これと実際上同様の効果を有する相手方の解除権行使も制限されるとの議論もある。しかし、法62条1項は、相手方が有する同時履行の抗弁権類似の抗弁権の行使を制限しているものであって、それ以上の意味はないとして、解約することが可能であると解されている（伊藤・前掲論文121頁）。ただし、更生手続開始決定前又は保全処分の発令前において解約権を取得していたというためには、解約に必要な要件を全て具備している必要がある。そして、相手方が解約を求める契約を継続する必要がある場合には、和解により履行遅滞分の支払をするか、解約を認めた上で再度契約を締結し直すなどの手当てをする必要がある。

4　共益債権となる範囲

　継続的給付を目的とする双務契約の相手方が、更生手続開始の申立て後、更生手続の開始前にした給付に係る請求権（一定期間ごとに債権額を算定すべき継続的給付については、申立ての日の属する期間内の給付に係る請求権を含む。）は、共益債権とされる（法62条2項）。更生手続が開始されるか否かが不明な状況の中で、場合によっては破産手続に移行し破産債権として取り扱われる危険性を甘受しながら、契約に基づく給付を継続するという相手方の不利益な地位を解消するものである。

　ところで、ここで括弧書にいう「一定期間ごとに債権額を算定すべき継続的給付」であるか否かは、個別の契約条項の解釈によって定められるべきこととなるが、その解釈に当たっては、双務契約の相手方にとっては必ずしも更生手続開始の申立ての日を確知することができないため、申立日以降の給付の債権額を算定するのが困難であるという不都合を回避する括弧書の立法趣旨（宮脇＝時岡・前掲書186頁、194頁、195頁）を逸脱しないように解釈すべ

きものとされる。例えば、ビルの管理契約における管理委託料について、その役務給付の対価が純然たる期間の長さによって定まっているような場合には、一定期間ごとに債権額を算定すべき継続的給付と解すべきでない（内田・前掲論文105頁）。

（佐々木　宗啓・氏本　厚司）

〔参考文献〕
　伊藤・更生法278頁

Q58　更生手続と不動産賃貸借契約

不動産賃貸借契約は更生手続においてどのように取り扱われるのか

1　賃貸借契約

　不動産の賃貸借を含め、賃貸借契約は、賃貸人において賃借人に目的物の使用収益をなさしめ、賃借人において賃貸人に使用収益の対価としての賃料を支払うことを内容とする双務契約であり（民法601条）、継続的契約関係を内容とするものである。

2　賃貸借契約の解約の可否

　賃貸借契約は、これが更生手続開始決定時に存続していれば、双方未履行の双務契約となる。そこで、法61条1項及び2項の適用の有無が問題となる。そこで、更生会社が賃貸人である場合と賃借人である場合を分けて考える。

(1)　更生会社が賃貸人である場合

　平成16年改正により設けられた法63条は、破産法56条1項の規定を準用し、賃借権その他の使用収益を目的とする権利を設定する契約について更生会社の相手方が当該権利について登記、登録その他の第三者に対抗すること

ができる要件を備えている場合には、法61条1項及び2項の規定を適用しないことを定めている。不動産賃貸借の対抗要件は、原則として、登記（民法605条）であるが、そのうち土地については登記建物の所有（借地借家法10条、建物保護に関する法律1条）、建物については引渡し（借地借家法31条、借家法1条）も対抗要件となる。

　その上で、法63条は、破産法56条2項の規定を準用することにより、このように管財人からの解約が封じられた対抗要件を具備する賃借権等について、相手方が有する権利は共益債権となることを定めている。すなわち、更生会社の相手方が対抗要件を具備する賃借権を有する場合、当該賃貸借契約等は管財人の意思とは関係なく当然に継続されるものとし、相手方の有する請求権は双方未履行契約の履行が選択された場合の法61条4項と平仄を合わせた形で共益債権となる。このような法63条の規定内容は、旧破産法59条に関する最判昭54.1.25民集33巻1号1頁が、対抗要件を具備する不動産賃貸借について、賃貸人である更生会社の管財人の解除権を否定することを前提とした判断を行っていること（最高裁判所判例解説民事篇昭和54年度〔1事件〕4頁〔篠田省二〕）から、更生手続においても、このような場合には、管財人の解除権を否定されていたことを踏まえて、その考え方を賃借権等一般に拡大したものである。また、このように制度設計することにより、将来の賃料債権の証券化等による有効活用が図られることにもなる。負担のみが更生会社財産に帰することもやむを得ない（小川秀樹ほか「新破産法の解説(3)」NBL790号25頁）。

　また、相手方において対抗要件を具備していない賃貸借契約については、法63条により準用される破産法56条の規定の適用がないため、原則どおり、法61条の適用を受けることになる。すなわち、管財人は、解約又は履行の選択をすることができる。解約が選択されたとき、賃借人である相手方は、解約によって生じた損害に係る賠償請求権を更生債権として行使することになる。この際の解約の効力は継続的契約である賃貸借契約の性質から、将来に向かって発生する。また、法62条の適用については、賃貸借契約は目的物の占有が賃借人に移転しているため、継続的給付とは言い難いとして、消極に

解されている（宮脇＝時岡・更生法189頁）。

　なお、更生会社が開始前会社である時点において、既に相手方の債務不履行があって、解約の正当事由が発生していた場合には、管財人は賃貸借契約を解約することができる。

(2) 更生会社が賃借人である場合

ア　更生会社による解約の可否

　更生会社が賃借人である場合、更生会社の相手方が対抗要件を具備する賃借人である場合に関する法63条の規定の適用はないため、契約の存続が法律上強制されるわけではない。そうすると、原則に戻って、法61条の適用により、管財人は、当該賃貸借契約の解約又は履行の選択を行うことができ、賃貸人である相手方は、解約又は履行の選択を行うべき旨の催告を行うことができることとなる。ただし、賃借権の中には相当の財産的価値が存するものがあることから、管財人において解約を選択し実質的にこれを放棄することについては、善管注意義務違反による損害賠償責任を問われないように検討しておくことが必要である（法80条1項・2項）。なお、解約されようとする契約が賃貸借契約を構成要素の一つとする無名契約である場合、事案によっては、最判平12.2.29民集54巻2号553頁の示した解釈により解約を制限されることもあり得よう。

　ところで、賃貸借契約が法61条1項の規定に基づいて解約された場合、相手方の有する更生手続開始前の未払賃料は更生債権となり（法2条8項）、その上で不動産賃貸の先取特権（民法311条1号、312条）が成立する範囲では更生担保権となる（法2条10項）。また、更生手続開始後の未払賃料及び賃料相当損害金は共益債権となる（法127条5号・7号）。さらに、相手方は、管財人に対し、損害の賠償につき更生債権者としてその権利を行使することができるし、反対給付である賃貸借の目的物が現存するときはその返還を求めることができる（法61条5項）。なお、目的物を原状に回復するための費用は共益債権と考えられる（桃尾重明「会社更生手続と不動産賃貸借」瀬戸ほか・新理論と実務100頁、破産につき東京地判平20.8.18判時2024号37頁）。

　管財人が履行を選択した場合、賃貸人の賃料債権は共益債権となるが（法

61条4項)、更生手続開始前の原因による未払賃料債権が共益債権となるか更生債権となるかについては争いがある(伊藤・更生法281頁)。

　イ　更生会社の相手方による解約の可否

　賃貸人である相手方において当該賃貸借契約を解約することの可否が問題となるが、賃借人に更生手続が開始された場合に賃貸人による解約申入れを可能とする規定が存在しないため、消極に解される(なお、平成16年法律第76号による改正前の民法621条は、賃借人が破産した場合に賃貸人は解約申入れができる旨を定めていたが、現行破産法の制定に伴い削除された。)。また、賃貸借契約上、賃借人についての更生手続開始の申立てがされたこと又は更生手続開始決定がされたことが同契約の解約事由と定められている場合に、賃借人につき更生手続開始の申立て等がされたとしても、契約の解除か履行かを選択する管財人の権利(法61条1項)を保障する意味でも、上記の改正前の民法621条に相当するような規定がないことを考えても、このような解約事由の定めは無効であり(伊藤・前掲書281頁、破産につき東京地判平21.1.16金法1892号55頁)、賃貸人は契約を解除できないと解される(最判昭48.10.30民集27巻9号1289頁は、借地契約の事案で解約には正当事由が必要とし、一方、最判昭45.5.19裁判集民事99号161頁は、借家契約の事案で解約に正当事由は不要としたが、いずれも上記の改正前の民法621条による解約申入れの事案であり、先例価値はないものと思われる。)。

3　賃貸人である更生会社の受け入れた敷金の処理

(1)　敷金契約

　家屋賃貸借契約における敷金は、賃貸借終了後、明渡義務履行までに生じる賃料相当の損害金債権その他賃貸借契約により賃貸人が賃借人に対して取得する一切の債権を担保するものであって、敷金返還請求権は、賃貸借終了後、家屋明渡完了の時においてそれまでに生じたこれらの被担保債権を控除し、なお残額がある場合に、その残額について具体的に発生するものであり(最判昭48.2.2民集27巻1号80頁)、このような敷金に関する契約は、賃貸借契約に付随するが、これとは別個の要物契約と解されている。また、未払の賃

料債権は、賃貸借契約が終了し、目的物が明け渡されたときは、敷金の充当がされることにより、その限度で消滅することになる（最判平14.3.28金法1646号35頁）。

(2) **敷金返還請求権の更生債権性**

敷金返還請求権に関しては、これを共益債権とする特別の手当てをする法規定は、法48条3項を除いて存在しないため、法48条3項の規定の対象となるものでない限り、原則どおり、更生債権として取り扱うべきこととなる。そして、敷金返還請求権は、前記3(1)の定義に照らし、停止条件付更生債権となる（東京地判平14.12.5金商1170号52頁）。

(3) **賃料債務を受働債権とする相殺等の特則**

賃料債務を受働債権とする相殺の特則として、法48条2項は、更生債権者等が更生手続開始の当時に更生会社に対して負担する債務が賃料債務である場合には、更生債権者等は、更生手続開始後にその弁済期が到来すべき賃料債務（債権届出期間の満了後にその弁済期が到来すべきものを含む。）については、更生手続開始の時における賃料の6か月分に相当する額を限度として、債権届出期間内に限り、更生計画の定めるところによらないで、相殺することができることを定めている。また、法48条3項は、更生債権者等が、更生手続開始後にその弁済期が到来すべき賃料債務（債権届出期間の満了後にその弁済期が到来すべきものを含む。）について、相殺を選択することなく、更生手続開始後その弁済期に弁済をしたときは、更生債権者等が有する敷金の返還請求権は、更生手続開始の時における賃料の6か月分に相当する額（法48条2項の規定により相殺をする場合には、相殺により免れる賃料債務の額を控除した額）の範囲内におけるその弁済額を限度として、共益債権とすることが規定されている。これらの規定の趣旨等については、Q47を参照されたい。

（佐々木　宗啓・氏本　厚司）

Q59 更生手続とライセンス契約

ライセンス契約は更生手続においてどのように取り扱われるのか

1 ライセンス契約

ライセンス契約とは、特許権、著作権、商標権、ノウハウ（トレード・シークレット）等について、ライセンサーがライセンシーに対しその実施ないし使用を許諾し、ライセンシーがその実施ないし使用の対価として実施料ないし使用料（ロイヤリティー）を支払うことを基本的内容とする双務契約である（田淵智久「更生手続開始とライセンス契約」青山ほか・実務と理論116頁）。

2 ライセンサーについて更生手続が開始された場合の法律関係

(1) ライセンシーの管財人に対する権利の主張の可否

ア 登録制度のある権利

特許権、実用新案権、意匠権、商標権については、いずれも登録をもって、専用実施権に関する効力発生要件と定められている（特許法98条、実用新案法18条、意匠法27条、商標法30条）。また、特許権、実用新案権、意匠権については、従前は、登録をもって通常実施権に関する対抗要件とされていたが、特許法等の一部を改正する法律（平成23年法律第63号）による改正により、通常実施権を取得したライセンシーは、法律上何らの要件なくして、自己の通常実施権を対抗することができることとされている（当然対抗制度、特許法99条、実用新案法19条、意匠法28条）（神田雄「平成23年特許法改正・当然対抗制度における実務上の留意点」NBL969号37頁参照）。なお、商標権については、通常実施権に関する当然対抗制度の導入が見送られ、従前のまま、登録が通常実施権の対抗要件とされている（商標法31条）。ライセンシーが管財人に通常実施権を主張するために対抗要件を備える必要があるかについては、管財人の地位（第三者性）との関係で問題となり得るところであるが、

上記の法改正により、商標権を除く工業所有権の通常実施権は、当然対抗制度が適用されるから、いずれにしてもライセンシーは管財人に通常実施権を主張できることになる。

　イ　登録制度のない権利

著作権にあっては、権利の移転について登録を対抗要件とするが（著作権法77条）、利用の許諾については登録制度を設けていないため、著作権の利用権については、管財人において自由に処分することが可能であり、ライセンシーに対し、当該著作物の複製・翻案等を禁止することができるという結論になりそうであるが、使用そのものについては、著作権法が「使用」を著作権者の専有するものとしていない（著作権法113条参照）ため禁止することができないと解する余地があるとされる（田淵・前掲論文117頁）。

なお、権利性の確立していないノウハウ（トレード・シークレット）については、対抗問題を観念することができないため、法61条の適用の有無のみが問題になるとされる（田淵・前掲論文117頁）。

(2)　双方未履行の双務契約の解約の可否

　ア　法63条の規定の適用の可否

ライセンシーが管財人に通常実施権を主張できるとしても、ライセンス契約の継続について、同契約が双務契約であることから、管財人が法61条1項の規定による解除又は履行の選択権を有しているのかが問題となる。この点については、前提として双方未履行状態にあることを認めて差し支えないものと考えられるが（伊藤・更生法286頁）、当然対抗制度の対象となる特許権等の通常実施権及び対抗要件としての登録をした商標権の通常実施権については、法63条（破産法56条の準用）によって、法61条1項及び2項の規定が適用されないことになって、ライセンサーの管財人からは解除ができないことになるとともに、ライセンシーの権利は共益債権化される（伊藤・前掲書287頁）。

なお、ライセンシーの債務不履行等によって当該ライセンス契約の解除事由が既に発生していたのであれば、管財人は、法61条1項の規定とは別に解除することができる。

イ　法61条の規定の適用の可否

　法63条の規定が定める要件を具備していないライセンス契約は、原則に立ち返って、法61条の規定が適用されるが、平成23年の特許法等の改正による当然対抗制度の導入により、法61条が適用される場面は極めて少なくなったものと思われる。

3　ライセンシーについて更生手続が開始された場合の法律関係
(1)　法61条による解約の可否

　ライセンス契約も前記のとおり双務契約であるから、法61条の適用がある。管財人は、ライセンス契約が双方未履行の状態にあれば、法61条1項の規定により解除又は履行の選択を行うことができる。すなわち、ライセンシーとして当該ライセンス契約が有益であれば履行の選択をし、特許権等の実施ないし使用を継続しながら、ロイヤリティー請求権を共益債権として支払うことになる。更生会社にとって継続が有益でないと判断されれば、解除を選択し、解除によって相手方であるライセンサーに損害が生じた場合は、更生債権として処遇することになる。

(2)　更生手続開始の申立て等を解約の原因とする特約の効力

　ライセンス契約上に更生手続開始の申立てを解約の原因とする特約が設けられている場合に、ライセンシーについて更生手続が開始されたとき、相手方において、更生会社に対する当該ライセンス契約の解約を主張することの可否が問題となる。仮に当該ライセンス契約上のライセンシーとしての権利が更生会社の営業の基盤となっていた場合には、更生の可能性を左右することになりかねない。この点については、所有権留保付売買契約に関する最判昭57.3.30民集36巻3号484頁は、更生手続開始の申立てを解約の原因とする特約の有効性について、買主たる株式会社に更生手続開始の申立ての原因となるべき事実が発生したことを売買契約解除の事由とする旨の特約は、債権者、株主その他の利害関係人の利害を調整しつつ窮境にある株式会社の事業の維持更生を図ろうとする更生手続の趣旨、目的（法1条参照）を害するものであると述べてその有効性を否定しており、その判示する内容はライセン

ス契約においても変わるところがないといえるから、ライセンス契約上も同様の特約の有効性が否定されると解する。

(佐々木　宗啓・氏本　厚司)

Q60　更生手続と労働契約

労働契約は更生手続においてどのように取り扱われるのか

1　労働契約（雇用契約）

労働契約（雇用契約）とは、当事者の一方が相手方に対して労務に服することを約し、相手方がこれにその報酬を与えることを約することを内容とする双務契約であり（民法623条）、継続的給付を目的とするものである。

2　個別的な労働契約の取扱い

(1)　管財人による解雇の可否

ア　法61条1項及び2項の適用の有無

労働契約も双務契約であり、これが更生手続開始決定時に存続していれば、双方未履行の双務契約となる。そこで、法61条1項及び2項の適用の有無が問題となるが、法61条3項は労働協約に関する適用除外を規定するだけであるから、労働契約についても、管財人による解除又は履行の選択権が認められる。この解除は、当該労働契約に期間の定めがあるか否かを問わず可能である。管財人の選択権により不安定な地位に立つ労働者は、管財人に対し、相当期間を定め、その期間内に契約の解除をするか、又は債務の履行を請求するかを確答すべき旨を催告することができる。この場合において、管財人がその期間内に確答をしないときは、法61条1項の規定による解除権を放棄したものとみなされる。ここで、相当期間とは、後述する労働基準法20条の趣旨に照らして30日以上とするのが相当であろう。なお、管財人による

解雇に関する法律構成として、解雇権自体は使用者である更生会社に帰属し、管財人はこれを行使することができる権限を有するにすぎないと説明する見解（小西國友「企業の倒産時における労働組合等の活動」実務民事訴訟講座13・299頁以下）があるが、解雇権も管財人に帰属する更生会社の事業の経営権及び財産の管理処分権（法72条1項）に属すると解して差し支えない。

　イ　管財人の解雇権に対する労働法の適用の有無

　法61条1項に基づく管財人の解雇権について、労働基準法及び労働契約法による規制が及ぶかという問題があり、積極に解されている（上原敏夫「会社更生手続開始と労働契約」青山ほか・実務と理論122頁）。労働組合法の適用についても同様である（上原・前掲論文123頁）。そうすると、管財人は、業務上の負傷又は疾病により療養のため休業中の従業員、産前産後のため休業中の女性従業員等を原則として解雇することができない（労働基準法19条）。また、解雇をするには、少なくとも30日前に予告をするか、30日分以上の平均賃金（解雇予告手当）を支払うことが必要である（労働基準法20条）。この予告手当は、共益債権となる（法127条2号）。なお、これらの解雇に関する規制については、除外事由として「天災事変その他やむを得ない事由により事業の継続が不可能になった場合」（労働基準法19条1項ただし書、20条1項ただし書）が定められているが、更生手続の開始はこの除外事由に該当しないと解されている（条解更生法（中）313頁、上原・前掲論文122頁。なお、東京高判昭31.2.10高民集9巻1号13頁は、経済界一般の不況のために使用者が事業に失敗するに至ったという場合は含まれないとする。）。

　労働基準法20条による解雇をするについても、解雇に客観的に合理的な理由を欠き、社会通念上相当と認められない場合には、解雇権の濫用となり当該解雇は無効となる（労働契約法16条）。具体的には、この解雇権濫用法理の派生法理である整理解雇法理が適用されることとなる（水元宏典「更生手続開始と労働契約」瀬戸ほか・新理論と実務108頁）。東京地判平24.3.29労働判例1055号58頁（更生会社である航空会社がパイロット等を解雇した事案）及び東京地判平24.3.30判時2193号107頁（同じく客室乗務員を解雇した事案）においても、整理解雇法理（いわゆる4要素である①人員削減の必要性、②解雇回避措置

の相当性、③人選の合理性、④解雇手続の相当性）の適用があるとされた。

また、その他の労働者保護の観点に立つ強行法規も適用されるものと解される（水元・前掲論文108頁）。そして、これらの制限規定に反してされた解雇は、強行法規に違反するものとして無効となる。

(2) **管財人が解雇を選択した場合の法律関係**

管財人が労働契約の解除を選択した場合、雇用関係は解消される。

この場合の未払給料債権については、手続開始前6か月間に支払われるべき給料債権（6か月分の給料債権という意味ではない。）は法130条1項による共益債権となり、それ以前のものは一般の先取特権を有すること（民法306条2号、308条）から優先的更生債権となり（法168条1項2号）、また、手続開始後解雇までの間の給料債権は法127条2号による共益債権である。解雇により労働者に損害が生じれば、それは更生債権として取り扱われる（法61条5項、破産法54条1項）。

また、退職手当の請求権については、管財人の更生会社の事業の経営及び財産の管理処分に係る行為である解除により生じることになるから、法127条2号の規定により共益債権となる。なお、管財人による解雇は、会社都合の解雇と見るべきである。

(3) **管財人が履行を選択した場合の法律関係**

ア　履行を選択した場合の給料債権等の取扱い

管財人が労働契約の履行を選択した場合、雇用関係は継続し、更生手続開始後の給料債権は共益債権となる（法61条4項）。更生手続開始前の給料債権は、前記(2)におけると同様に、手続開始前6か月間の給料債権は法130条1項による共益債権となり、それ以前のものは一般の先取特権を有することから優先的更生債権となる。

イ　法62条の適用の排除

労働契約は、継続的給付を目的とする双務契約であるが、継続的給付を目的とする双務契約について設けられた法62条1項及び2項の特則の適用が法62条3項により排除されている。その趣旨は、労働者の有する同時履行の抗弁権（更生手続下でのストライキ権等）が制約されるように解釈されるおそれ

を回避するものである（宮脇＝時岡・更生法196頁）。

(4) 労働者の意思による退職

労働者の意思による退職、すなわち労働者からする労働契約の解約の可否は、更生手続が開始されたことに影響を受けない。一般原則に従って、退職することが可能である（民法627条、628条）。

なお、法61条１項に基づく管財人の解雇によらず、更生計画認可の決定前に退職した使用人の退職手当の請求権は、原則として、退職前６か月間の給料の総額に相当する額又はその退職手当の額の３分の１に相当する額のいずれか多い額が共益債権となる。定期金債権であるものは、各期における定期金につき、その額の３分の１に相当する額が共益債権となる（法130条２項～４項）。ここで共益債権とならない額の部分は、優先的更生債権であるため、退職後に届出をすることを要し（法140条１項）、退職の時期が債権届出期間経過後、更生計画認可前であるときは、退職後１か月の不変期間内に行う必要がある（法140条２項）。この場合、更生計画の認可後の届出となることもあり得るところ、届出がされれば当該債権に係る更生計画案の審理及び決議を経なくとも支払が可能であるが（当該届出に係る退職手当の請求権について改めて更生計画案の審理及び決議を経ないのは、更生計画上に同種債権が存在すれば黙示的に当該同種債権と同率の弁済率による弁済を行うことが、同種債権がないときは相対的優先を示す条項がない限り絶対的優先を貫徹すべく優先的更生債権として100％弁済となる旨の条項が黙示的に含まれていると見るからである。近時の実務上は、この点を明らかにする条項を設けている。）、このような退職金の債権額が著しく多額になれば、資金繰り等の観点から更生計画を変更せざるを得ないこともあり得る（条解更生法（中）596頁）。さらに、更生手続開始前の原因に基づいて生じた使用人の身元保証金の返還請求権は共益債権となり（法130条１項）、更生手続開始前の原因に基づいて生じた使用人の預り金の返還請求権は、更生手続開始前６か月間の給料の総額に相当する額、又はその預り金の額の３分の１に相当する額のいずれか多い額が共益債権となる（法130条５項）。

3 労働協約の取扱い

(1) 労働協約の解除の可否

　労働協約とは、更生会社と労働組合との間で、相互に遵守すべき事項を定めた双務契約である。しかし、法61条3項は、法61条1項及び2項の規定の適用を排除しているため、法61条1項を根拠にする解除はできない。したがって、管財人は、既に存在している労働協約の定めに拘束される。もっとも、期限の定めのない労働協約は90日間の予告期間を置いてこれを解約することが可能である（労働組合法15条3項・4項）から、管財人は、更生会社の労働協約に期間の定めがない場合であれば、90日間の予告期間を設けて解約告知することができる。なお、労働組合の側からも同様に解約告知が可能である。

　ところで、労働協約には、組合員である従業員の解雇について労働組合との協議又はその同意を要求するいわゆる人事協議条項（協議約款、同意約款）が設けられていることがある。このような人事協議条項も、管財人を拘束するものと考えられ、これに違反する解雇は、労働協約の規範性に照らし、無効な解雇となる（東京地判昭45.12.8判夕260号252頁）。もっとも、解雇が企業の再建に不可欠な措置で他にこれに代わる再建の方法がない場合には、労働組合が管財人の申入れを真剣に検討する態度を示さず何らの応答もしないなど協議に応じないこと、又は解雇に同意しないことが権限の濫用と評価されることによって、協議又は同意なしにされた解雇が有効とされることもあり得よう（東京地判昭45.6.23労民21巻3号924頁参照）。この点、人事協議条項は、平常時における事業の継続を前提とした合意であり、会社の倒産時にはその前提を欠くことになって、その効力が停止されるという考え方もあり得るが、更生会社は倒産したとはいえ、事業を継続するための手続を行っていることに鑑みると、いまだ前提を欠くに至ったとまではいえず、更生手続の下においても効力を有すると解されている（上原・前掲論文123頁）。

(2) 就業規則の取扱い

　就業規則とは、使用者が職場の秩序、労働条件等について定めた規則であって、労働契約や労働協約のような双務契約の性質を有していない。した

がって、更生手続の開始は、就業規則の効力に何らの影響を及ぼすものではない。しかし、使用者である更生会社の管財人は、就業規則の変更権を有しており、この変更権に基づいて就業規則を改定することが可能である（上原・前掲論文123頁）。

　　　　　　　　　　　　　　　　　　　（佐々木　宗啓・氏本　厚司）

Q61　更生手続とリース契約

リース契約は更生手続においてどのように取り扱われるのか

1　リース契約の内容

　リース契約の内容は一様ではないが、実務上多数を占める典型的な形態に、ファイナンス・リース契約がある。これは、機械等の購入に際し、ユーザーと販売業者との話合いにより、これをリース会社に買い取ってもらい、その後にリース会社からリース物件を借り受けるという形とし、一定期間中にその購入代金相当額を、費用・金融利益等と共に使用料として分割払し、使用収益を終了した後には物件をリース会社に返還する契約であって、リース期間中のユーザーからの解約は認められず、リース会社は物件について危険負担、瑕疵担保責任、修繕義務等を負わないのが原則であるとされる（岡部眞純「リース契約について」金法1130号8頁以下、山本和彦「各種のリース契約」石川ほか・実務と理論239頁）。そして、その他にも多様なリース契約があり、ファイナンス・リース契約以外のものをオペレーティング・リース契約という。これらのリース契約は、いずれも双務契約である。

　オペレーティング・リース契約には、リース会社がリース物件の修繕義務を負うメンテナンス・リース契約や、ユーザーの中途解約等が認められるファイナンス・リース契約より賃貸借契約の要素が強い契約形式や、他方では、リース期間終了後にユーザーに物件が譲渡される譲渡条件付リースのよ

うに、割賦販売性が顕著で消費貸借契約の性質の強いものが存在する（山本・前掲論文239頁）。

2　ファイナンス・リース契約

　ここでは、実務上の解釈ないし取扱いの解明が進んでいるフルペイアウト方式のファイナンス・リース契約について、ユーザーについて更生手続が開始された場合を前提に概観する。

(1)　ファイナンス・リース契約の性質

　ファイナンス・リース契約については、賃貸借契約の形式を採用しながらも、実際には金融取引的な性格を有することから、そのユーザーの倒産時の取扱いについて、リース契約は双方未履行の賃貸借契約でありリース料は共益債権になるとする見解と、リース物件の使用とリース料の支払は対価関係に立つものではなく、ファイナンス・リースの金融取引的性質を重視し、リース料債権を更生担保権とする見解とが対立していた。しかし、最判平7.4.14民集49巻4号1063頁は、フルペイアウト方式のファイナンス・リース契約であって、同契約によりリース物件の引渡しを受けたユーザーの更生手続において、リース料の額の算出が、リース期間満了時にリース物件に残存価値がないものと見て、リース業者がリース物件の取得費用その他の投下資本の全額を回収できるように設定されているものであって、その実質はユーザーに対して金融上の便宜を与えるものであるとの前提の下で、リース料債権は契約と同時にその全額について発生し、分割払の約定は期限の利益を与えるものにすぎないとし、各月のリース物件の使用及びリース料の支払は対価的関係に立つものではないことを判示し、共益債権性を否定した。

(2)　更生担保権であるリース料債権の担保目的物

ア　ファイナンス・リース契約におけるリース料債権の担保目的物

　前掲最判平7.4.14以降、ユーザーについての更生手続にあっては、リース料債権を更生担保権として取り扱っているのが実務である。そこで、ファイナンス・リース契約におけるリース料債権を更生担保権であるとした場合に、担保の目的物の内容いかんが問題となる。この点については、概要、

ユーザーの有するリース物件の利用権能を端的に使用収益権と構成し、リース業者はこの使用収益権について担保的な権利を有しているとする見解があり、その担保権の性質は質権（債権質）とするもの（福永有利「ファイナンス・リース契約と倒産法」判タ507号11頁）、慣習法上の非典型担保とするもの（山本和彦「ファイナンス・リース契約と会社更生手続」NBL574号11頁）などがある。また、リース契約の金融取引的な実質を根拠として、ユーザーにリース物件の実質的な所有権が帰属すると構成し、このユーザーのリース目的物に係る実質的所有権に対して担保権的権利を有するとする見解があり（藤田耕三「東京地方裁判所における会社更生事件の現状と問題点」民事訴訟雑誌30号86頁）、この場合の担保の性質は、所有権留保ないしこれに類似するもの（竹下守夫「目的物引渡しずみのファイナンス・リース契約と会社更生法103条の適用の有無」金商813号47頁〔隠れたる動産売買先取特権者又は隠れたる所有権留保売主に準ずる。〕、田原睦夫「ファイナンス・リース契約と会社更生手続」金法1425号14頁）とするもの、譲渡担保（山内八郎「ファイナンス・リース契約と破産・会社更生—ユーザー倒産における破産法59条、会社更生法103条適用の可否を中心として—」三ヶ月章先生古希記念・民事手続法学の革新（下）387頁）とするものなどがある（大橋正春「更生手続とリース料債権」高木ほか・事典876頁、福森亮二「更生手続開始とリース取引」瀬戸ほか・新理論と実務110頁）。裁判例には、再生手続に関するものであるが、リース会社はリース物件についてユーザーが取得した利用権に対し再生債権であるリース料債権を被担保債権とする担保権を有するとしたものがある（大阪地判平13.7.19判時1762号148頁）。東京地裁では、かつて、所有権留保ないしこれに類似するものと解して運用していたが、リース期間満了時以降も物件の所有権がリース業者側にあること、契約上はリース期間満了時の残存価値がゼロとしてリース料等の算定がされているが実際は残存価値があるものも多く経済的な意味でもリース業者の所有権を無視できないことから、現在では、ユーザーの有するリース物件の使用収益権（利用権）に対する担保権と解して運用している。

　イ　リース料債権の更生担保権目的物の評価

　リース料債権を更生担保権とする場合、前記アで概観したところの更生担

保権の目的物の価額を「時価」をもって評価することになる（法2条10項）。

ここで、何を担保権の目的物として時価を評価するのか、すなわち、前記アにおいてよる見解に応じて、リース物件の所有権の価値を評価するのか、リース物件の利用権を評価するのかが問題となる。このような評価対象の問題に関連して、目的物を利用権と評価すれば、所有権とするよりも高い評価をすべきであるとする見解（山本和彦「倒産手続におけるリース契約の処遇」金法1680号12頁）もある半面、担保目的物の法的構成の違いによって、評価方法及び評価基準が直接影響を受けることはないのではないかという指摘（福森・前掲論文111頁）もされている。利用権に対する担保権であると解すれば、その時価の評価は、ユーザーにとっての利用価値を中心として、リース物件の開始決定時点の減価償却後の簿価、予想処分価額、当該物件と同等の物の再調達価格等と、リース期間満了時のこれらの価額（フルペイアウトの場合はおおむねゼロ評価となることも予想される。）の差額を総合的に考慮して算定することになろうが、例えば、市場価格のある物件については市場価格と収益還元価格を総合考慮する方法、市場価格を見いだしにくい物件については約定リース料（一定の減額を加えるのが通常とされる。）と収益還元価格を総合考慮する方法をベースに、各事案ないし物件の特殊性を加味して評価することになろうとの指摘がされている（片山英二＝中村閑「倒産手続における非典型担保・ファイナンス・リース」金法1765号30頁）。いずれにせよ、リース料債権の担保権の評価は困難な作業である。

(3) **更生手続中のリース期間満了時のリース物件の取扱い**

ア　リース業者によるリース期間満了による返還請求の可否

ユーザーの更生手続中にリース期間が満了した場合に、リース業者においてリース物件の返還請求を行うことの可否が問題となる。この点については、従前、リース期間満了により当然に返還請求をすることができるとされていた。すなわち、ユーザーの更生手続中にリース期間が満了した場合に、リース業者は、リース物件の返還請求を行うことができると解するのが多数説であるとされており、裁判例にも更生手続によることなく返還請求を認めるものがある（東京高判平2.10.25金法1273号33頁〔前掲最判平7.4.14の原審〕）。

しかし、担保目的物の理論構成を所有権的に構成すると利用権として構成するとを問わず、その実行手続はユーザーからのリース物件の返還とその清算による換価であること（最判昭57.10.19民集36巻10号2130頁）からすれば、その返還を求めることは、更生手続中に担保権者たるリース業者にその担保権の実行を認めることにほかならず、許されないとする見解がある（田原睦夫「リース料債権の更生手続における取扱い」現代裁判法大系24・291頁、292頁）。また、ユーザーの有する担保権の目的物の内容を利用権であると見れば、リース期間の約定は、使用権の存続期間となり、その約定期間の経過によりリース業者は、リース物件の返還を求めることができる。この場合の返還請求権は、更生債権である約定に基づく返還請求権ではなく、所有権に基づく取戻権の行使と構成することになる。他方、所有権留保や譲渡担保と構成する場合、ユーザーはリース物件の実質的な所有権に基づいて使用収益することになるが、その実質的な所有権の保持期間は融資の期間であることになるから、更生手続の開始によって融資期間（返済期限が法47条1項により影響を受けて事実上延長されることになる。）が変更されると保持期間も同様に変更されることになるとする分析もある（大橋・前掲論文877頁）。

イ　ユーザーによる再リース請求権の有無

ところで、リース期間経過後も更生会社においてリース物件の使用収益を希望する場合に、再リース請求権が認められるかという問題が生じる。

この点については、フルペイアウト方式のファイナンス・リース契約の事案について、リース期間満了時には、リース物件の取得費その他の投下資本の全額が回収され、基本的にはリース貸主の目的は達成されているのであるから、その時点では、リース物件の所有権が形式的にはリース貸主にあるが、実質的にはユーザーにあるとも見ることができ、ユーザーが再リースを求めた場合、リース貸主がこれを拒むことは、リース料の支払遅滞など契約上の義務懈怠があるなどの特段の事情がない限り許されないとして、ユーザーの再リース請求権を肯定した裁判例がある（名古屋高判平11.7.22金商1078号23頁）。また、ここでいう特段の事情には、ユーザーに物件管理上の保守管理義務の違反があるといった事情も挙げられる（中川潤「再リース」

裁判実務大系22・343頁、344頁)。

　仮に、リース業者に対する再リース請求権が認められないとしても、なお事情によっては、リース業者の再リースの拒絶が権利濫用となることはあり得る。

3　その他のリース契約
(1)　ノンフルペイアウト方式のファイナンス・リース
　ノンフルペイアウト方式のファイナンス・リース契約のリース料債権が更生担保権の性質を有するかについては、フルペイアウトでないからということだけで更生担保権でないとするのは相当でなく、ノンフルペイアウトであることのほか、賃貸借契約と異なる要素の有無を総合的に考慮して判断するのが相当と思われる。具体的には、リース物件の取得費その他の投下資本のごく一部しかリース料によって回収されないような場合には、賃貸借契約類似の契約として、各月の物件の利用とリース料の支払が対価関係に立つものとして双方未履行双務契約の規定が適用されることもあり得ようが、そうでない場合、特にリース物件の取得費その他の投下資本の相当部分をリース料によって回収するものである場合には、フルペイアウトの場合と同様に金融取引であるとしてリース料債権を更生担保権と解してよいと考えられる。

(2)　メンテナンス・リース
　メンテナンス・リース契約の典型例としては、カー・リース契約があり、実務上、賃借権として構成されて主張されることが多い。しかし、カー・リース契約には、リースの対価の由来としてファイナンス・リースの部分とメンテナンスに要する対価部分があるが、前者が圧倒的に多額を占めるのが普通である。したがって、ファイナンス・リース契約の性質があることは否めない。とはいえ、たとえ付随的なものではあっても、リース業者により一定のメンテナンス業務が行われるものであって、そこに社会通念上対価性が承認されるのであれば、当該カー・リース契約は、ファイナンス・リース契約とメンテナンス・リース契約との混合契約であると考えるべきである。そして、ファイナンス・リース契約部分に相当するリース料債権は更生担保権

として、メンテナンス・リース契約部分に相当するリース料債権は、双方未履行の双務契約に係る債権として処理することになる（福森・前掲論文110頁）。

なお、カー・リース契約上、自動車税等の公租負担をユーザーである更生会社が負担する約定となっている場合、このリース会社に対する負担が更生担保権であるのか、実質的に保有する財産の管理に係る費用として共益債権（法127条2号）になるのか問題があり得るが、実務上は、共益債権の承認ではなく、保有財産の維持の必要性に基づく和解契約により共益債権とした上で、直接、自動車税等の納付先に支払うことで対応している。

（佐々木　宗啓・氏本　厚司）

Q62　更生手続と更生会社資産の証券化

更生会社の資産が証券化されている場合、更生手続においてどのように取り扱われるのか

1　資産の証券化のスキームについて
(1)　証券化スキームの概略

近年、資金調達を望む企業（以下「オリジネーター」という。）が自己の保有する資産（金銭債権、不動産、知的財産等）を受け皿となる別法人（SPV、Special Purpose Vehicle）に譲渡し、当該SPVがその資産から生じる収益を引当てに、その資産の信用力のみを裏付けとした証券（資産担保証券 ABS、Asset Backed Securities）を投資家に発行して資本市場から直接資金を調達する取引が用いられることが多い。SPVとしては、特別目的会社（SPC、Special Purpose Company）や信託会社・信託銀行が利用される。このうち、特別目的会社を利用する場合には、オリジネーターが対象資産をSPCに売却し、SPCが投資家にこの資産に係るABSを発行してその資金により売却代金

を支払うというスキームが取られ、信託会社・信託銀行を利用する場合には、オリジネーターが対象資産を信託会社・信託銀行に信託譲渡し、それと引換えに得た信託受益権を担保に投資家に対してABSを発行して資金を調達するというスキームが取られることが多い。

オリジネーターがSPVに譲渡した資産（原債権等）の回収業務を行うのがサービサー（債権管理回収業に関する特別措置法に基づき特定債権の管理及び回収を許可された債権回収会社）であるが、資産の証券化スキームではオリジネーターがSPVから委託されてサービサーとなることが多い。そして、サービサーが倒産するような場合に備えて、このようなスキームではあらかじめバックアップ・サービサー（サービサーに一定の事由が生じたときに、サービサーに代わって資産の回収業務を行う者）が決められている。

(2) 証券化スキームのメリット

このような資産の証券化は、オリジネーターにとっては、資金調達方法が多様化すること、資産が流動性のある金融商品に変わること、資金調達コストが低減化すること、資産がオフバランス化することにより財務体質が向上することなどのメリットがある。オリジネーターがサービサーも兼ねている場合には、回収手数料を得られるというメリットもある。他方、金融機関にとっては、貸付けによるリスクを回避することができるというメリットがあり、投資家にとっては、企業の信用力ではなく、資産の価値を元に投資できるというメリットがある。

2 資産の証券化をめぐる問題点

オリジネーターが更生手続開始決定を受け、更生会社となった際、まず、①SPVに対する譲渡が真正売買なのか、担保設定なのか（もっとも、対象資産が債権の場合、第三債務者に対する債権譲渡通知がなければ、真正売買であっても担保設定であっても、SPVは第三債務者に対抗できないことになる。）、②真正売買である場合の否認権行使の可否、③担保設定である場合の更生担保権としての評価が問題となる。また、オリジネーターがサービサーを兼ねているときには、④更生手続開始の申立てによって、サービサー契約が解除され

ることになるのかどうかも問題となる。

　特に①については、破産法、民事再生法であれば、譲渡担保であるとしても別除権とされ、手続外での行使が可能となる（破産法2条9号、65条、民事再生法53条）が、会社更生法においては、譲渡担保権は更生担保権として手続内で処理され、その権利行使は更生計画の内容に従うことになるため（最判昭41.4.28民集20巻4号900頁）、更生事件においては深刻な問題となることが多い。

3　真正売買か担保設定か
(1)　問題の所在

　証券化スキームが真正売買であるとすれば、ABSの担保となっていた資産は更生会社の資産ではないことになり、その資産はSPVに帰属することになる。他方、譲渡担保であるとされると、通常は更生手続開始により、担保権者であるSPVに対する弁済等が禁止されることになるため、SPVによる投資家への償還ができなくなるし、更生計画によって更生担保権の内容が変更されると、やはり投資家への償還に影響が出ることになる。

(2)　検　　討

　SPVへの資産の譲渡が真正売買なのか、譲渡担保なのかについては、結局は、契約内容が融資と担保設定という組合せになっているのか、違うのかによることになる。具体的には、①契約書（スキーム）全体から読み取れる当事者の合理的意思、②資産の価値と譲渡価格の均衡性、③買戻特約の有無やその際の条件、④当該資産がオリジネーターの会計処理上、オフバランス化しているかどうか等によって判断することになると考えられる（小林秀之・資産流動化の仕組みと実務23頁、山本和彦「証券化と倒産隔離」ジュリスト1240号16頁）。

　このうち、②資産の価値と譲渡価格の均衡性は、譲渡価格が公正な市場価格であれば、真正売買の可能性が高くなるし、公正な市場価格との間に差があるときは、清算義務等を認め、担保であるとする可能性が高くなることになる。

また、③買戻特約の有無等についても、買戻金額が譲渡価格に近い数字であれば、リスクはオリジネーターに残るままで移転していないことになるので、真正売買ではなく譲渡担保である可能性が高くなる。他方、債務不履行がなくてもSPVが資産を自由に譲渡できるような場合や、オリジネーターの一方的意思による買戻しを認めていないような場合には、真正売買である可能性が高くなる。
　④当該資産がオリジネーターの会計処理上オフバランス化しているのかどうかについても、基本的にはオフバランス化している場合には真正売買である可能性が高いことになる。

4　真正売買であるとして、否認権の行使の可否

　証券化スキームによってSPVに譲渡された資産が真正売買によって権利が移転しているとすると、その移転時期によっては否認権行使の問題が生じる。管財人としては、法86条1項各号又は86条の2の規定に該当するときは否認権を主張して、否認の訴え（法95条）、否認の請求（法95条、96条）等を行うことになると考えられる。

5　担保設定であるとして、更生担保権としての評価

　SPVへの対象資産の譲渡が譲渡担保等の担保設定であるとすると、更生担保権としてどのように評価するかが問題となる（Q66参照）。
　更生担保権は、更生手続開始時の担保目的物の評価によるため、まず、更生手続開始時に存在している対象資産の価値を把握することになる。その資産が例えば貸付債権や売掛債権であるような場合には、その回収率や回収に係る費用等を考慮して、担保目的物の評価を行うことになる。
　オリジネーターがサービサーも兼ねているような場合に保全処分が発令され、弁済や担保権実行が禁止されると、保全管理人は従前の回収権限に基づいて、サービサーとして開始前会社が回収した金員を自己の管理下に置くことになる（サービサーに回収権限が残ることについては、後記6を参照）。
　前記のとおり資産の証券化スキームでは、正常な場合には、①サービサー

として回収した金員は直ちにSPVに支払われたり、又は、②新たな資産を生み出すための原資としてオリジネーター（サービサー）が利用することになることが多いが、サービサーとして回収した金員が直ちにSPVに支払われるというスキームにおいて弁済禁止や担保権実行禁止の保全処分が発令された場合には、本来、担保権が及び、SPVに支払われるべき金員が当該保全処分によって支払われず、保全管理人が管理することになるため、この現金部分についても（その全額になるのか、その一部になるのかは原契約の約定によって異なると思われる。）、更生手続開始時に当該更生担保権が実質的に把握していた価値として、担保物の評価に反映させるべきである。

　サービサーとして回収した金員が新たな資産を生み出すための原資として用いられるというスキームでは、その新たな資産もABSの担保物となっていることが多い。そのようなスキームにおいて保全管理命令によって、開始前会社の営業活動が制限され、新たな資産の生み出しが制限された場合には、弁済禁止や担保権実行禁止の保全処分と保全管理命令によってABSの目的となる資産が減少し、代わりに現金が保全管理人の管理下に置かれていることになる。そうだとすると、当該更生担保権は、更生手続開始時に現に存在していた対象資産だけでなく、保全期間中に保全管理人の管理下に置かれていた現金（その全額になるのか、その一部になるのかは原契約の約定によって異なると思われる。）も実質的に把握していたというべきであり、そのような考え方に立って、更生担保権の評価を行うべきであろう。

6　更生手続開始の申立てとサービサー契約の解除について
(1)　問題の所在

　この場合のサービサー契約は、サービサーが証券化スキームの担保目的物となっている債権について、その債権者であるSPVに代わって債権を取り立てる契約をいい、民法上の準委任契約に当たる。委任契約は、委任者又は受任者の破産によって終了するが（民法653条）、更生手続についてはこのような規定は置かれておらず、更生手続の開始決定では当然に委任契約が終了することにはならない。

しかし、サービサー契約において、オリジネーター（サービサー）の破産申立て、更生手続開始の申立て等が解除事由となっている場合がある。このような場合に、更生手続開始の申立てによってサービサー契約を解除することができるのかという問題が生じる。

(2) 検　　討

最判昭57.3.30民集36巻3号484頁は、所有権留保により売買された自動車について、売買契約では更生手続開始の申立ての原因となるべき事実が生じたことが解除事由とされていたため、売主が売買契約を解除した上、自動車を取り戻そうとした事案において、買主たる株式会社に更生手続開始の申立ての原因となるべき事実が生じたことを売買契約解除の事由とする旨の特約は、債権者、株主その他の利害関係人の利害を調整しつつ窮境にある株式会社の事業の維持更生を図ろうとする更生手続の趣旨、目的（旧法1条参照）を害するものであるからその効力を有しないとして、売主のした売買契約の解除の効力を否定した。

そもそも資産の証券化スキームにおいては、オリジネーターがサービサーとして回収金を受領することが主眼ではなく、もともとオリジネーターの資金調達の手段としてこのスキームが取られており、前記の最判の事例と比べてサービサー契約の存在が事業の維持更生に不可欠なものであるといえるかは疑問があるため、サービサー契約の解除が許されないと考えることは相当でないとする考え方もある（西村総合法律事務所編・ファイナンス法大全（下）97頁）。

しかし、資産の証券化スキームの中では、オリジネーターがサービサーになることで実際に手数料を徴収したり、サービサーとして債権を回収して新たな担保物を生み出すことが、オリジネーター（サービサー）の事業価値の維持につながり、オリジネーター（サービサー）の事業継続にとって必要であることもある。このような場合には、サービサー契約の解除は、「債権者、株主その他の利害関係人の利害を調整しつつ窮境にある株式会社の事業の維持更生を図ろうとする会社更生手続の趣旨、目的（旧法1条参照）を害する」ことになるため、前記最判の趣旨に照らし許されないとすべきであろ

う。

　もっとも、前記のようにサービサー契約が解除できないという見解を採る場合でも、実際にサービサー契約の解除が主張され、サービサーの回収権限について争われると、開始前会社・更生会社の事業価値が低下するなど開始前会社・更生会社が重大な影響を受けることになる。他方でSPVやバックアップサービサーも実際に自ら回収することになれば、その手間や費用が掛かったり、開始前会社・更生会社の事業価値の低下により更生担保権の弁済率が下がるなどの不利益を受けることになる。そこで実務では、開始前会社・更生会社が有する預金にSPVのために質権を設定し、実際にはバックアップ・サービサーを発動させない旨の合意をするなどの和解をすることが多い（Q66参照）。

（真鍋　美穂子・氏本　厚司）

〔参考文献〕本文掲載のほか
　　松下淳一「更生手続開始と証券化取引」瀬戸ほか・新理論と実務112頁
　　後藤出「資産流動化における「真正売買」（上）（下）」NBL739号62頁、740号6頁
　　伊藤眞「証券化と倒産法理（上）（下）」金法1657号6頁、1658号82頁
　　小林秀之・資産流動化の仕組みと実務
　　森・濱田松本法律事務所ほか編・企業再生の法務
　　三村藤明＝大島義孝＝出井ゆり「会社更生手続における集合債権譲渡担保とABL（2・完）」NBL821号23頁
　　永石一郎「不動産・建設業等の危機・倒産をめぐる法律問題第5回〜第10回」・銀行法務21・701号40頁、702号34頁、703号38頁、705号34頁、706号42頁、709号44頁
　　吉田光碩「資産流動化・証券化スキームにおける真正譲渡と担保としての譲渡」NBL938号28頁

Q63　更生手続と根抵当権

根抵当権は更生手続においてどのように取り扱われるのか

1　根抵当権

　根抵当権とは、一定範囲の不特定の債権を極度額の限度において担保する抵当権であり（民法398条の2第1項）、通常の抵当権が有する被担保債権との間の附従性、随伴性を有しない点に特徴がある。そして、根抵当権によって担保される被担保債権となる資格のある債権の範囲は、債務者との特定の継続的取引契約によって生じるものその他債務者との一定の種類の取引によって生じるもの、特定の原因に基づき債務者との間に継続して生じる債権、手形上又は小切手上の請求権に限定される（民法398条の2第2項・第3項）。しかし、手形上又は小切手上の請求権のうち、いわゆる回り手形・小切手に基づく請求権は、当該手形・小切手が債務者の支払停止や更生手続開始の申立後などに、その事実を知って、取得されたものである場合は担保されない（民法398条の3第2項）。根抵当権者が、被担保債権が極度額に達していない場合に、債務者が危機的な状況に陥ったことを知って、第三者から廉価で手形・小切手を買い集める弊害を防止しようとするものである。

2　開始決定による元本の非確定

　法104条は担保権消滅請求制度を採用し、法104条7項において、担保権消滅許可の決定書が根抵当権者に送達された時から2週間を経過したときは、当該根抵当権の担保すべき元本は確定することが規定された。この規定は、更生手続開始決定そのものによっては根抵当権の元本が確定しないことを前提とするものであり、更生手続の開始により根抵当権の元本が確定するか否かという従前の議論について、非確定説を採用することで終止させるものである。もっとも、実務の取扱いは、従前から非確定説を前提とし、更生計画に「根抵当権の元本は、認可決定によって確定更生担保権額に確定する」と

定めていたとされる（岡正晶「更生手続開始と根抵当権」瀬戸ほか・新理論と実務115頁）。

なお、更生手続開始の申立てやその決定を確定事由とする合意がある場合、又は管財人がその有する元本確定請求権を行使した場合（民法398条の19）に根抵当権の元本が確定することは当然である。

3 管財人による余裕枠の利用

前述のように根抵当権の元本が更生手続の開始によっては確定することがないということは、更生会社の管財人は、当該根抵当権の極度額中のいまだ被担保債権の引当てとなっていない部分（以下「余裕枠」という。）を用いて、当該根抵当権者兼被担保債権者が金融債権者であれば更なる融資を受け、あるいは、仕入先債権者であれば更なる商品等の買掛けを行うことができることを意味する。この点、従前は、被担保債権が極度額未満のことがまれであり、しかも、従前はDIPファイナンスもなかったことから、余裕枠を新規借入れに利用した事案はなかったと思われるとする感想も挙げられているが（岡・前掲論文115頁）、今後のDIPファイナンスの活用の定着とともに、余裕枠の利用に関する各種の法解釈は机上のものでなくなると思われる。

さて、このような未確定の根抵当権の余裕枠の利用は、極度額として担保価値を把握する根抵当権制度にあっては何ら問題のない適法なものである。したがって、後順位担保権者において、余裕枠の利用に異議を申し立てる術はないと考えられる（なお、後順位担保権者の更生担保権者としての取扱いについては後記4(2)において概観する。）。

4 根抵当権の被担保債権の取扱い

(1) 更生担保権の範囲

更生担保権とは、更生手続開始の当時に更生会社の財産につき存する担保権の被担保債権であって更生手続開始前の原因に基づいて生じたもの又は法2条8項各号に掲げるもの（共益債権であるものを除く。）のうち、当該担保権の目的である財産の価額が更生手続開始の時における時価であるとした場

合における当該担保権によって担保された範囲のものをいう（法2条10項）。そうすると、更生手続開始の当時における根抵当権の被担保債権は更生担保権として取り扱われるが、開始決定後に管財人が根抵当権の余裕枠を利用したことにより発生した被担保債権は更生担保権とはならず、かえって共益債権としての地位を得ることになる。すなわち、1個の根抵当権が同時に更生担保権と共益債権を被担保債権とする状態が発生することになる。

そして、共益債権については、法132条3項の規定に照らしても、これを被担保債権とする根抵当権の実行は可能であるから、余裕枠の利用に係る共益債権者も当該根抵当権の実行が可能である（条解更生法（中）526頁）。そうすると、当該根抵当権によって担保される確定更生担保権に対する配当の可否が問題となる。この点については、更生担保権は、更生計画に定めるところによらなければ、弁済をし、弁済を受け、その他免除以外にこれを消滅させる行為をすることができない（法47条1項）から、配当を受けることはできない（稲葉威雄「会社更生手続開始と根抵当権の確定」NBL116号10頁）。配当されなかった金銭は、剰余金として、管財人に交付されることになる。

(2) 後順位担保権者の更生担保権額

根抵当権に係る被担保債権の額が極度額を下回っている場合に、後順位担保権者の更生担保権額の計算を行うための時価の算出をいかに行うのかが問題となる。

具体的には、後順位担保権者の被担保債権は、更生手続開始時に先順位担保権者の被担保債権額が極度額を下回る場合には、現に実現している被担保債権額の負担のみを控除した価額の範囲で担保されていると考えるのか、極度額分は被担保債権額の多寡にかかわらず先順位担保権者に拘束されており、自己の担保の引当てと見ることができないと考えるのかという問題である。そして、会社再建のための資金調達の便宜や後順位担保権者は先順位の担保権の極度額まではその負担を予期しているはずであることから、管財人において余裕枠を利用している根抵当権に係る極度額を当該担保権の目的である財産の価額から全額控除して計算するべきであるとする見解（岡・前掲論文115頁）と、後順位担保権者の不利益に鑑みて、根抵当権自体は確定し

ないが、極度額ではなく更生担保権として届け出られた債権の範囲内では確定したものと捉えるべきであり、更生担保権となる被担保債権額のみを控除すれば足りるとする見解（稲葉・前掲論文8頁）とに分かれる。

なお、この問題は、管財人が余裕枠を利用する場合であるとしない場合であるとで帰結を異にするものではなく、この点に関する東京地裁の取扱いは、極度額を控除するというものである。裁判例（東京地判昭57.7.13判時1058号115頁）には、先順位担保権者が共同根抵当権を有する事案について、後順位担保権者の更生担保権額の算定には、担保権の目的物の価額から先順位担保権者の共同根抵当権の極度額を控除することになるが、後順位担保権者の保護と公平を図る上から、共同抵当の目的不動産全部が同時に配当に供される場合の民法392条1項を類推し、先順位の共同根抵当権の極度額を目的不動産ごとにその評価額に按分して割り付け、その評価額から割付額を控除した額をもって後順位担保権者の更生担保権の額とすべきである旨を判示するものがある。

なお、余裕枠の利用が法律上許されるとしても、後順位担保権者が多数の議決権を有しているときは、更生計画案の否決をもたらす要因ともなり得るのであり、この点を考慮しながら余裕枠の利用の適否を判断すべきものとする指摘がされている（岡・前掲論文115頁、116頁）。しかし、極度額相当額を控除した残額が後順位の更生担保権の額だと解する立場とは整合しない取扱いと思われる。

(3) **更生計画による権利変更**

更生計画では、権利変更の一つとして、認可決定時に元本が確定する旨を定めることができる。管財人が余裕枠を利用していた場合であっても同様である。ただし、余裕枠に係る部分は共益債権のための担保権であるので共益債権が弁済されていない限り、共益債権者に不当な不利益を与えることになる。不用意に根抵当権を消滅させて共益債権者である根抵当権者に損害を及ぼした場合には、管財人において損害賠償責任を負うことになりかねない。仮に、更生計画により元本が確定すべきことを定めない場合、当該根抵当権は、認可決定後も確定しないままに存続することになる。そして、その極度

額の範囲内において、管財人は余裕枠を利用し続けることができる。

(佐々木　宗啓・氏本　厚司)

Q64　更生手続と保証・物上保証

保証・物上保証は更生手続においてどのように取り扱われるのか

1　保証・物上保証に関する破産法の規定の準用

　平成16年改正に係る法135条2項は、旧破産法の下において確立した解釈を採用する形で設けられた破産法104条（全部の履行をする義務を負う者が数人ある場合等の手続参加）及び105条（保証人の破産の場合の手続参加）の規定を更生手続が開始された場合における更生債権者等の権利の行使について準用している。更生手続においても、このような局面における法律関係は基本的に破産手続と同様と考えられるためである。もっとも、更生手続では更生会社に担保権を有する者は、破産手続のように別除権として手続外に留め置かれるのではなく、更生担保権者として手続内に取り込まれることから、物上保証人について更生手続が開始された場合にも債権者による手続参加がある点において異なることになる（沖野眞已「保証・物上保証と更生手続における権利行使」判タ1132号117頁）。

2　全部履行義務者の更生手続開始と開始時現存額主義

(1)　いわゆる開始時現存額主義

　法135条2項が準用する破産法104条1項の規定は、旧破産法24条及び旧法108条の対応規定である。すなわち、数人が各全部の履行をする義務を負う場合において、その全員又はそのうちの数人若しくは一人について更生手続開始の決定があったときは、債権者は、更生手続開始の時において有する債権の全額についてそれぞれの更生手続に参加することができることを規定し

ている。この規定は、不可分債務（民法430条、441条）、連帯債務（民法432条、441条）、不真正連帯債務、連帯保証債務（民法458条）、手形・小切手上の合同債務といった複数の債務者各自が債権者に対し債権額全部の履行義務を負う関係にある場合に、このような全部履行義務者の全員又はそのうちの数人若しくは一人について更生手続が開始された場合に、債権者は、それぞれの更生手続において更生手続開始決定の時点における債権額全額について当該手続に参加することができるという原則（開始時現存額主義）を宣明するものである。一つの責任財産の不足による危険性を他の責任財産に分散させようとする人的担保に関する民法441条の趣旨を、更生手続における複数当事者の全部義務関係一般に拡張し、債権者が完全な満足を受けるに至るまで可及的に多くの満足を得させようとするものである。

(2) **一部弁済を受けた場合の債権者の地位**

法135条2項が準用する破産法104条2項の規定は、旧破産法24条等の下において確立していた解釈（和議につき最判昭62.6.2民集41巻4号769頁、破産につき最判昭62.7.2金法1178号37頁）を明文化する規定である。すなわち、法135条2項の準用する破産法104条1項の場合において、他の全部の履行をする義務を負う者が更生手続開始後に債権者に対して弁済その他の債務を消滅させる行為（以下「弁済等」という。）をしたときであっても、その債権の全額が消滅した場合を除き、その債権者は、更生手続開始の時において有する債権の全額についてその権利を行使することができることを規定している。この規定は、前記(1)の開始時現存額主義を前提としたときに導かれる帰結として、全部履行義務者である債務者の更生手続において更生手続開始時の現存額をもって手続参加したときは、債権者がその後に他の全部履行義務者から弁済等を受けて債権の一部について満足を受けたとしても、そのことは当該債務者の更生手続における債権者の権利行使に影響を及ぼさないという原則を明らかにするものである。債権の消滅原因となる弁済等の内容は、次に述べる相殺を除いて限定されない。ただし、他の全部履行義務者による債権者の債権の満足が相殺による場合であって、しかも当該相殺の相殺適状が当該債務者の更生手続開始前であるときには、相殺の効果である債権の消滅は

その相殺適状の生じた時点に遡る（民法506条2項）から、ひいて更生手続開始時の債権額が既に減少していたことになる（条解更生法（中）354頁、上原敏夫「複数破産者の一人又は数人の破産と破産債権」石川ほか・実務と理論166頁）。この場合、債権者は届出額を変更しなければならないことになる。なお、物上保証人の更生手続の場合も、法135条2項が準用する破産法104条は更生担保権についても適用されるから、開始時現存額主義が適用され、更生手続開始後に主債務者から一部弁済がされても、更生手続開始時の目的物の時価を基準とする更生担保権額が維持される（伊藤・更生法230頁）。

　仮に、他の全部履行義務者の弁済等により債権全部の満足を受けたときは、債権者の更生手続上の権利は消滅し、債権届出後であれば、更生債権等の消滅を届け出なければならない（法138条1項4号、2項4号、会社更生規則38条）が、他の全部履行義務者等が法135条2項が準用する破産法104条4項又は民法500条により債権者に代位し、更生手続上当然に権利行使をすることができるようになる場合には、代位者のために届出名義の変更届（法141条）に協力すべきである（山内八郎「更生手続と保証人・物上保証人（多数当事者のある債権関係）」青山ほか・実務と理論147頁）。

　なお、他の全部履行義務者による債権の一部満足が当該更生手続の権利行使に影響しないという手当ては、債権者と全部履行義務者との関係における債権の効力を強化するためのものであるから、全部履行義務者ではない第三者から債権の満足を得た場合には、法135条2項が準用する破産法104条2項の適用はなく、一般原則にのっとって、全部義務自体が減少したものと取り扱うことになる（条解更生法（中）354頁）。この場合、弁済の割合により代位が生じ、弁済者は、対抗要件を備えてから、その求償権を更生手続上も法139条又は141条の規定に従って行使することができるが、実体法上、原債権者に劣後することから（最判昭60.5.23民集39巻4号940頁、最判昭62.4.23金法1169号29頁）、更生計画においてもこれを反映させる（法168条3項参照）ことになろう（伊藤・前掲書222頁）。

　また、1個の担保権で担保される数口の債権について、その一部の債権の全額が弁済された場合には、被担保債権の全部について弁済がされていなく

ても、開始時現存額主義は適用されず、当該弁済に係る更生債権は消滅し、債権者は更生手続において当該債権を行使できないと解される（伊藤・前掲書223頁、破産と物上保証につき最判平22.3.16民集64巻2号523頁）。

(3) 将来の求償権による手続参加

　法135条2項が準用する破産法104条3項の規定は、旧破産法26条1項及び旧法110条1項の対応規定である。すなわち、法135条2項の準用する破産法104条1項の規定する場合において、更生会社に対して将来行うことがある求償権を有する者は、その全額について更生手続に参加することができるとした上で、例外として、債権者が更生手続開始の時において有する債権について更生手続に参加したときは、参加できないことを規定している。

　この規定は、原則として、全部履行義務者の一人又は数人若しくは全員について更生手続が開始された場合における他の全部履行義務者の更生会社に対する求償権（民法351条、372条、459条）や、民法499条又は500条により代位した場合の求償権は、既発生であるか将来行うことがあるかを問わずに、全て更生債権等になるのであって、更生手続に参加し、更生計画の定めるところによらなければ弁済を受けられない地位に置かれる（法47条1項）。そして、将来の求償権が弁済により実際に発生した時点では、もはや更生手続に参加するために必要な債権届出（法138条1項）はできなくなっているなどして求償が奏功しない事態になっているおそれもあることから、その権利行使を可能とすべく更生手続への参加を認めるものである。また、例外として、債権者が債権の全額について手続参加をした場合に将来の求償権者は手続参加をすることができないとされるのは、これを認めると、1個の債権について二重の権利行使を認めることになるからである。したがって、二重行使にならない範囲である債権額から債権者が権利行使した額を控除した残額についてのみ債権届出をすることが可能である。権利行使されている額については、債権者の取下げを停止条件とする予備的届出をすることが許されるが、この予備的届出は債権調査の対象とはならない（条解更生法（中）361頁、山内・前掲論文148頁）。

　なお、開始決定時に既に発生している求償権については、法135条2項の

準用する破産法104条3項の規定の対象ではなく、債権全額に満足を与えたか否かを問わず、その限度で行使が許される（開始時現存額主義）。この場合、民法502条の規定にかかわらず独立して権利行使ができるし、また、銀行取引約定において銀行の同意がなければ代位権を行使することができない旨の特約がある場合でも、同意の有無にかかわらず独立して手続に加入することができる（山内・前掲論文147頁）。

(4) **全額の満足を得た場合の法律関係**

　法135条2項が準用する破産法104条4項の規定は、旧破産法26条2項及び旧法110条2項の対応規定であり、これらの対応条項の下における「その弁済の割合に応じて債権者の権利を取得す（る）」との文言に関する解釈（前掲最判昭62.6.2、前掲最判昭62.7.2、名古屋高判昭60.6.26金法1101号34頁）を確認するものである。すなわち、法135条2項の準用する破産法104条1項の規定により債権者が更生手続に参加した場合において、更生会社に対して将来行うことがある求償権を有する者が更生手続開始後に債権者に対して弁済等をしたときは、その債権の全額が消滅した場合に限り、その求償権を有する者は、その求償権の範囲内において、債権者が有した権利を更生債権者又は更生担保権者として行使することができることを規定している。これは、更生手続開始後に他の全部履行義務者等が債権者に対して債権全額を弁済した場合に限って、その弁済額に応じて債権者の権利を行使することができること（法135条2項が準用する破産法104条4項・5項。民法500条、501条）を規定することで、一部弁済の場合には、その一部額と債権全額との割合に応じた債権者の権利の行使ができないことを明らかにするものである。

　そして、全部弁済による権利取得の時期が債権者の更生債権等の届出前であれば、代位者が自ら更生債権等の届出をし（法138条）、届出後であって認可決定前であれば届出名義の変更の手続（法141条）を採って、また、認可決定後は届出名義の変更ができないため、管財人に対し権利移転を届け出るとともに立証して権利行使することになる（山内・前掲論文148頁。なお、東京地判昭32.4.10下民集8巻4号736頁は、もはや更生手続上は不可争であり、譲渡当事者間において解決すべき問題とする。）。

3　物上保証人の求償に係る地位

　法135条2項が準用する破産法104条5項の規定は、旧破産法26条3項及び旧法110条3項の対応規定である。すなわち、法135条2項の準用する破産法104条2項の規定は更生会社の債務を担保するため自己の財産を担保に供した第三者（以下「物上保証人」という。）が更生手続開始後に債権者に対して弁済等をした場合について、法135条2項の準用する破産法104条4項及び5項の規定は、物上保証人が更生会社に対して将来行うことがある求償権を有する場合における当該物上保証人について準用することを規定している。この規定は、物上保証人が、更生会社の債務を任意に弁済し、又は債権者が担保権を実行したことによりその目的物の所有権を喪失した場合には、保証人と同様に更生会社に対する求償権を取得するのであり（民法351条、372条）、この求償権について法135条2項の準用する破産法104条4項及び5項の規定を準用するものである。

　なお、更生会社の債務を担保するため自己の財産を担保に供した第三者が別個に更生手続を開始した場合、物上保証を徴していた債権者は、更生担保権者となるため（法2条10項）、当該物上保証人についての更生手続にも参加することができる。

4　保証人更生時の更生債権者の地位

　法135条2項が準用する破産法105条の規定は、旧破産法25条及び旧法109条の対応規定である。すなわち、保証人について更生手続開始の決定があったときは、債権者は、更生手続開始の時において有する債権の全額について更生手続に参加することができることを規定している。この規定は、保証債務は、主たる債務と同一の給付を目的とするのを原則とするから、この関係も複数の債務者が全部義務を負う場合にほかならないが、保証人には催告（民法452条）及び検索の抗弁権（民法453条）があるため（保証人の更生手続の場合、保証人は株式会社であるから連帯の特約がなくても連帯保証となるが（商法511条2項、503条2項、会社法5条）、連帯保証としない旨の特約があればこれらの抗弁権を有する。）、保証人につき、又は主たる債務者とともに更生手続

が開始された場合、債権者が保証人についての更生手続において、直ちに債権額の全額をもって権利行使することができるのか疑義が生じる。そこで、法135条2項が準用する破産法105条の規定は、保証債務の補充性が失われることを規定するものである（条解更生法（中）356頁、357頁）。また、催告及び検索の抗弁権も失われることになる。

（佐々木　宗啓・氏本　厚司）

Q65　更生手続と所有権留保特約付売買

所有権留保特約付売買は更生手続においてどのように取り扱われるのか

1　所有権留保特約付売買

所有権留保特約付売買とは、売買契約において、売買の目的物を買主に引き渡すものの、買主が代金を完済するまでの間は、売主がその所有権を留保するという特約が付されたものをいう。

2　所有権留保特約付売買と双方未履行双務契約の関係

所有権留保特約付売買は、双務契約であることから、更生手続が開始された場合に法61条の規定の適用の可否が問題となる。この点について、債務の履行を完了したとは、履行行為を完了したことで足りるのか、履行の効果が発生することまでを要するのか見解が分かれるが、自己の債務履行行為を相手方の債務の履行行為と相互に担保視し合う関係にあることこそが法61条の規定の基盤にあるといえることに鑑みると、履行行為の完了をもって足りると解すべきである。そうすると、所有権留保特約付きで売買契約を締結した売主（以下「留保売主」という。）は、契約締結と同時に代金完済を停止条件とする所有権移転行為（意思表示）がされており、その後に履行すべき行為

（意思表示）は何らなく、留保売主のなすべき履行は完了しているから、双方未履行の状態にはないとして、法61条の規定の適用はないことになる。もっとも、登記・登録が対抗要件又は効力発生要件である場合において、買主が代金を完済しておらず、留保売主も登記・登録の移転をしていなければ、当事者双方が債務の履行を完了していないことになるから、法61条の適用があることになる（東京高判昭52.7.19判時865号52頁）。動産売買において対抗要件である引渡しがない場合も同様である（条解更生法（中）300頁、301頁）。

3　法61条の規定の適用がない場合
(1)　留保売主について更生手続が開始された場合

留保売主について更生手続が開始された場合、買主は既に代金完済を停止条件として所有権の移転を受けているのであるから、単に約定の代金支払を履行し、所有権移転のための条件を成就させれば足りる。この所有権の取得は、更生手続開始前の行為に基づくから法54条に触れるものではなく、また、更生債権等に関しないから法55条によっても妨げられない（条解更生法（中）302頁、303頁）。更生会社である留保売主の管財人は、更生会社財産として、代金支払請求権を管理することになる（法72条1項）。なお、管財人は、買主に代金支払に関する債務不履行が生じれば、債務不履行に基づく解除権の行使が可能となる（民法541条、543条）。

(2)　買主について更生手続が開始された場合
ア　留保売主の地位（取戻権又は更生担保権）

留保売主は、代金完済を停止条件として所有権の移転行為をしているが、厳密には、代金完済がされない限り停止条件の成就による所有権移転の効果は生じていない。ここで、留保売主は、取戻権者の地位を有するのか、売買代金請求権を被担保債権とする担保物権を所有権留保という法形式を利用して保留しているにすぎないとして更生担保権を有していると見るのか、見解が分かれる。所有権留保の法的構成については、第三者異議の訴えに関する最判昭49.7.18民集28巻5号743頁が引用され、判例は一般的に所有権的構成

を採用しているといわれてきたが（なお、最判昭58.3.18裁判集民事138号293頁）、最判平22.6.4民集64巻4号1107頁は、留保所有権が民事再生手続上は取戻権ではなく別除権となることを前提として、対抗要件なくしてこれを行使できないとした。学説上も、所有権留保の債権担保という実質的な機能を重視し、留保売主の権利は、取戻権ではなく、更生担保権であると解されている。この場合の担保権としての内容は、買主が代金を支払わないときは、目的物を換価して弁済を受けるという権利であり、換価のために目的物の引渡しを受けることができる権利を有するが、同時に清算義務を負っており、引渡請求権と清算金支払義務とは同時履行の関係に立つものと解されている（条解更生法（中）302頁）。東京地裁の取扱いは、更生担保権とするものである。

また、留保売主は、売買の目的物が動産であれば動産売買の先取特権（民法311条5号、321条）を、不動産であれば不動産売買の先取特権（民法325条3号、328条）を買主に対して有するから、この点においても更生担保権者となる（法2条10項）。

イ　買主の地位

更生会社である買主は、留保売主に対して代金を支払って目的物の所有権を取得することになるが、その代金支払債務は前記アにおいて述べたように更生担保権と解すべきものであるから、留保売主の債権届出を待って、更生計画によって支払えば足りることになる。仮に、留保売主が更生手続に参加せず、その更生担保権である代金請求権を失権させた場合も、買主において完全な所有権を取得することができる（条解更生法（中）302頁）。

4　法61条の規定の適用がある場合

(1)　留保売主について更生手続が開始された場合

更生会社である留保売主の管財人は、法61条1項の規定による解除又は履行の選択権を有する場合において、解除を選択したときは、当該所有権留保特約付売買契約は遡ってその効力を失い、管財人は、既払分の代金の返還をすることになる。他方、買主は、管財人に対し、未登記・未登録の既に引渡

しを受けている目的物の返還をすることになる。登記・登録のない目的物については、引渡しがないことが双方未履行の前提となるため、専ら解除により生じた損害を更生債権として受け入れるにとどまることになる（法61条5項、破産法54条1項）。

　管財人が履行を選択したときは、管財人において、登記・登録を移転し、又は目的物の引渡しを行うべきこととなる。また、相手方である買主は、残代金を約定に従って支払うことになる。

(2)　**買主について更生手続が開始された場合**

　更生会社である買主の管財人は、目的物が事業の継続に必要であれば履行の選択をすることになり、この場合の留保売主による残代金の請求権は共益債権となる（法61条4項）。相手方である留保売主は、管財人からの履行の請求を受けて、登記・登録の移転又は目的物の引渡しを行うべきことになる。

　管財人が解除を選択した場合には、留保売主に対し、既に引渡しを受けている目的物を返還することになる（法61条5項、破産法54条2項）。また、既払分の代金の返還を求めることになる。

5　更生手続開始の申立て等を解除の原因とする特約の効力

　所有権留保特約付売買においては、売主が各種の事由に基づいて当該契約の解除権を取得する旨の特約が付されており、その解除事由の中の一つに買主における更生手続開始の申立てがあったこと、又は更生手続開始決定があったことが含まれていることが少なくない。しかし、所有権留保特約付売買契約に付された更生手続開始の申立てを解約の原因とする特約の有効性について、判例は、買主たる株式会社に更生手続開始の申立ての原因となるべき事実が発生したことを売買契約解除の事由とする旨の特約は、債権者、株主その他の利害関係人の利害を調整しつつ窮境にある株式会社の事業の維持更生を図ろうとする更生手続の趣旨、目的を害するものであるとしてその有効性を否定している（最判昭57.3.30民集36巻3号484頁）。

（佐々木　宗啓・氏本　厚司）

Q66 更生手続と集合債権譲渡担保

集合債権譲渡担保は、更生手続においてどのように取り扱われるのか

1 集合債権譲渡担保をめぐる問題点

　更生会社となる株式会社が、クレジット会社や消費者金融会社のような場合、一定の期間内に発生する債権について、将来発生する債権（以下「将来債権」という。）まで含めて譲渡担保の目的とするが、同時に期限の利益の喪失事由が発生しない限り、債務者である当該株式会社がその債権を回収することが許容される旨の特約が設けられ、その結果、その資金を用いて新たな債権を発生させることが認められていることがある（この場合、特約により、前記の一定期間内であれば、この新たに発生した債権も譲渡担保の目的となることにされていることが多い。）。また、近時、金融庁は、中小企業等が経営改善等を図るための資金や、新たなビジネスに挑戦するための資金につなげるために、動産・売掛金担保融資であるABL（Asset Based Lending）の積極的な活用を唱えており（金融庁「ABL（動産・売掛金担保融資）の積極的活用について」（平成25年2月5日発表））、集合債権譲渡担保は、このような流動資産の担保の側面から注目を集めている。

　集合債権譲渡担保の場合、①当該集合債権の中の将来債権に対する譲渡担保は保全管理人や管財人に対しどのような効力を有することになるのか、②保全管理人や管財人は集合債権譲渡担保の対象となっている債権を回収し、それを利用することはできるのか、③譲渡担保が更生担保権になるとして、その評価はどのようになされるべきか、が問題となる。

　なお、集合債権譲渡担保の契約には種々のものがあるが、本問では基本的には前記のような契約内容を基にして検討することにする。

2 集合債権譲渡担保をめぐる判例、学説の状況

(1)　集合債権譲渡担保は将来債権も譲渡担保の対象とするが、このようにい

まだ発生していない債権（将来債権）を譲渡担保の対象とできるかについては、従前、争いがあった。しかし、最判昭53.12.15裁判集民事125号839頁、判時916号25頁と最判平11.1.29民集53巻1号151頁により、現在既に債権発生の原因が確定し、その発生を確実に予測し得るものであれば、特段の事情がない限り、始期と終期を特定してその権利の範囲を確定することでこれを有効に譲渡することができ、上記平成11年最判の事例では8年3か月の間に支払を受けるべき債権の譲渡も有効であるとされたため、ある程度長期にわたる将来債権も譲渡担保の対象にできると考えられるようになった。

(2)　集合債権譲渡担保は、あくまでもその集合を構成する個々の債権に成立するのか、将来発生する一定の枠内の債権群に成立するのかについては、現在では集合動産譲渡担保の「集合物論」と同様に、将来発生する一定の枠内の債権群であると考えられている（集合動産譲渡担保についての最判昭62.11.10民集41巻8号1559頁参照）。

(3)　集合債権譲渡担保については、動産及び債権の譲渡の対抗要件に関する民法の特例等に関する法律が、4条1項において「法人が債権を譲渡した場合において、当該債権の譲渡につき債権譲渡登記ファイルに譲渡の登記がされたときは、当該債権の債務者以外の第三者については、民法467条の規定による確定日付のある証書による通知があったものとみなす」とし、また、同条2項において「前項に規定する登記がされた場合において、当該債権の譲渡及びその譲渡につき債権譲渡登記がされたことについて、譲渡人若しくは譲受人が当該債権の債務者に第11条2項に規定する登記事項証明書を交付して通知をし、又は当該債務者が承諾をしたときは、当該債務者についても、前項と同様とする」とし、債権譲渡登記により第三者対抗要件を具備することができ、また、第三債務者にも登記通知をすることにより、第三債務者に対する対抗要件を具備することができる。この場合の「譲渡」には譲渡担保も含まれると解されている。これにより、集合債権譲渡担保について容易に対抗要件が具備できることとなる。

(4)　なお、譲渡担保権者は、更生担保権者に準じてその届出をなし、更生手続によってのみ権利行使をすべきであるとされている（最判昭41.4.28民集20

巻4号900頁)。

3 保全管理命令後又は更生手続開始決定後に発生した債権に集合債権譲渡担保の効力が及ぶのかどうか

保全管理命令後又は更生手続開始決定後に発生した債権に対抗要件を具備した譲渡担保の効力が及ぶのかどうかについては、更生手続開始前の会社と、保全管理人又は管財人とは法的主体が異なるので、保全管理命令後又は更生手続開始後に発生した債権には集合債権譲渡担保の効力は及ばないとする考え方もあり(伊藤眞・債務者更生手続の研究348頁、事業再生研究機構編・更生計画の実務と理論125頁)、この考え方によると、保全管理命令後又は更生手続開始決定後に発生した債権には譲渡担保の効力は及ばないことになる。

しかし、①保全管理人又は管財人の活動によって得られた財産が、別途の財産を構成するわけではなく、一体として更生会社の財産となること、②前記のとおり、集合債権譲渡担保については、集合債権を構成する個々の債権について譲渡担保が成立するのではなく、将来発生する一定の枠内の債権群について譲渡担保が成立するという集合物論を前提とするべきであり、その集合債権譲渡担保に第三者対抗要件が具備されていれば、集合債権譲渡担保設定時に既に対抗要件を備えていることになること、③動産及び債権の譲渡の対抗要件に関する民法の特例等に関する法律による第三者対抗要件が具備されている場合には、集合物論を前提としなくても、新たに発生した債権にも第三者対抗要件が具備されており、保全管理人又は管財人に対抗できることになると解されることから、前記のような有力な反対説はあるとしても、保全管理命令後又は更生手続開始決定後に発生した債権にも、債権譲渡担保の効力が及ぶことになると解することになると思われる。最判平19.2.15民集61巻1号243頁は、譲渡担保の目的債権は譲渡担保契約により確定的に譲渡され、目的債権が将来発生したときには担保権者は設定者の特段の行為を要することなく当然に当該債権を担保の目的で取得できるとしたが、このような判示は、上記の解釈に整合的である(山本和彦「倒産手続における集合債権譲渡担保の扱い」NBL854号64頁)。ただし、新たに発生する債権が、従前の

回収金を原資として生み出されたものでなく、他からの事業資金の融資により生み出されたものであるようなときに、債権譲渡担保の効力が及ぶと解するかどうかについては、譲渡担保契約の趣旨から別途検討する必要はあろう（鹿子木康「東京地裁における会社更生事件の実情と課題」NBL800号141頁参照）。

4 保全管理人又は管財人は、集合債権譲渡担保の対象となっている債権を回収し、それを利用することができるのか

(1) 前記のとおり、集合債権譲渡担保では、特約により期限の利益の喪失事由が発生するまでの間、譲渡担保の目的となった個々の債権については債務者が回収し、事業資金に充てることが認められていることが多い。しかし、通常は、更生手続開始の申立て等が期限の利益の喪失事由とされ、期限の利益が喪失した場合には債権者は担保権の実行ができ、債務者（開始前会社又は更生会社）の債権回収の権限が失われるとされていることが多く、このような場合には、期限の利益喪失条項により保全管理人又は管財人は、集合債権譲渡担保の対象となっている債権の回収権限を失うのではないかとも考えられる。

しかし、最判昭57.3.30民集36巻3号484頁は、所有権留保により売買された自動車について、売買契約では更生手続開始の申立ての原因となるべき事実が生じたことが解除事由とされていたために、売主が売買契約を解除した上、自動車を取り戻そうとした事案において、買主たる株式会社に更生手続開始の申立ての原因となるべき事実が生じたことを売買契約解除の事由とする旨の特約は、債権者、株主その他の利害関係人の利害を調整しつつ窮境にある株式会社の事業の維持更生を図ろうとする会社更生手続の趣旨、目的（旧法1条参照）を害するものであるから、その効力を有しないと判断した。

そうすると、開始前会社又は更生会社が譲渡担保の目的となっている債権の回収ができなくなり、それゆえにその事業の継続に支障を来すようなときには、前記最判昭57.3.30の趣旨に照らし、債権回収権限を喪失させることはできず、保全管理人又は管財人は債権を回収できるとするのが相当である。

(2) 更生手続開始申立て前に既に期限の利益を喪失しており、債務者の回収権限が失われているときはどうなるのか。この場合に、債権者が既に第三債務者に対し債権譲渡通知を発していれば、譲渡担保の実行として債権者に債権の回収権限が発生し、保全管理人又は管財人が当該債権を回収することはできないことになる。

債権者がいまだ第三債務者に対し債権譲渡通知を発していないときは、更生手続開始申立て後に包括的禁止命令や担保権実行禁止の保全処分が発令されれば、担保権者である債権者は担保権実行として第三債務者に対し、債権譲渡通知を発することと債権を回収することができなくなる（このような保全処分が許されることについて、「ライフ会社更生事件における保全処分等の概要」Credit & law133号39頁を参照）。そうであれば、その反射として、保全管理人又は管財人は当該債権を回収することができると解することができよう。

(3) 上記のように、保全管理人又は管財人が債権を回収できるとしても、その資金を利用することは担保権侵害となり、許されないのではないかが次に問題となる。

ア　更生手続においては、譲渡担保は更生担保権として扱われる。そして、更生担保権は、更生手続開始当時更生会社の財産につき存する担保権の被担保債権であって更生手続開始前の原因に基づいて生じたもの又は法2条8項各号に掲げるもの（共益債権であるものを除く。）のうち、当該担保権の目的である財産の価額が更生手続開始の時における時価であるとした場合における当該担保権によって担保された範囲のものをいうとされており（法2条10項）、少なくとも更生手続内においては、更生担保権は担保物と切り離されて扱われることになる（ただし、担保権を消滅させるためには担保権消滅制度（法104条以下）を利用する必要もあり、理論的には、上記の手続内の効果から当然に実質的な担保権の目的物の処分権限が管財人に委ねられることになるのかという問題がある。）。

開始前会社又は更生会社に更生手続開始時における更生担保権の価値に相当する金額の現預金等がある場合には、更生計画において更生担保権を弁済することも可能となるため、保全管理人又は管財人は、集合債権譲渡

担保の対象となった個々の債権を回収の上、それを利用することも許されると考えられる。ただし、実質的担保権の侵害という違法を避けるためには、その弁済の確保を確実にする必要があり、また、更生手続が途中で終了し、破産手続に移行した場合に更生担保権者に不利益を生じさせないようにするため、実務では、譲渡担保権者との間で、開始前会社又は更生会社に債権の回収権限を認め、開始前会社又は更生会社は回収した金額に見合う金額を預金し、これらの預金に譲渡担保権者のために質権を設定する旨の和解をしていることが多い。保全管理人又は管財人としては、まず、債権者と和解をし、このような方策を取るよう尽力すべきであろう。特に、前記(2)のように、更生手続開始申立て前に既に期限の利益を喪失しているときには、原則として債権者と和解をし、回収金を利用することが望ましい。

イ 開始前会社又は更生会社に、更生手続開始時における更生担保権の価値に相当する金額の現預金等が存在しない場合には、どう考えるべきか。

　このような場合であっても、保全管理人又は管財人が債権を回収し、それを利用して開始前会社又は更生会社の事業を継続させて将来の債権を新たに発生させることによって、開始前会社又は更生会社の事業が維持され、更生担保権の弁済が確保される見込みがあることを保全管理人又は管財人において相当ないし合理的な理由をもって予測できるような場合には、保全管理人又は管財人が債権を回収し、それを事業に利用することは、事業継続という点で会社更生法の目的に資する行為をすることになるし、担保物を毀損させないことにもなる。また、債権譲渡担保契約において、期限の利益を喪失するまでの間、債務者が回収した金員を利用して新たな債権を生み出すことを前提としているときには、保全管理人又は管財人が債権を回収し、それを利用することによって開始前会社又は更生会社の事業を継続させて将来債権を新たに発生させることにより、開始前会社又は更生会社の事業が維持され、更生担保権の弁済が確保される見込みがある場合には、保全管理人又は管財人が債権を回収し、それを用いて新たな債権を発生させることは当事者の合理的意思にも合致することになる。

そこで、債権譲渡担保契約における当事者の合理的意思により、保全管理人又は管財人はその回収金を使用することができると考えるのが相当である。更生会社が貸金業者の事案で、回収金のうち被担保債権の元本充当予定額及び利息充当予定額は別口座で管理し（質権は設定せず）、利ざやの部分は更生会社の運転資金として使用した例がある（三村藤明＝大島義孝＝出井ゆり「会社更生手続における集合債権譲渡担保とABL」NBL820号34頁）。

ウ　保全管理人又は管財人が債権を回収し、それを利用して開始前会社又は更生会社の事業を継続させて新たに債権を発生させることによって更生会社の事業が継続されたとしても、更生担保権の弁済が確保されることが明確に否定されるような場合には、そもそも更生の見込みがあるといえるのかは疑問である上、上記のような契約の当事者の合理的意思解釈も困難であるから、このような場合には、保全管理人又は管財人が債権を回収し、それを事業に利用することは担保物の毀損にもなりかねず、相当でないことになろう。

5　更生担保権の評価はどのように考えるのか

(1)　更生担保権の評価は、更生手続開始時に当該譲渡担保が把握している債権の価値とするのが原則である。したがって、債権譲渡担保の目的が例えば貸付債権や売掛債権であるような場合には、その回収率や、債権の管理費用、回収費用等を考慮して担保物の評価を行うことになる。集合債権譲渡担保における更生担保権の評価については、全体価値把握説（更生手続開始決定時に既に発生している債権に加えて、将来発生が見込まれる債権の価値に現在価値算出のための割戻しをして評価に含める。）、費用控除後価値把握説（更生手続開始決定時に既に発生している債権に加えて、将来発生が見込まれる債権の額からその価値を生み出すために必要となる費用の額を差し引いたものに現在価値算出のための割戻しをして評価に含める。）、開始時残高限定説（更生手続開始決定時に現存する債権の残高のみによって評価する。）の三つの考え方がある（籠池信宏「将来債権譲渡担保と更生担保権評価（上）（下）」銀行法務21・696号24頁、697号38頁）。

(2) 保全措置により弁済や担保権実行が禁止され、保全管理人が従前の回収権限に基づいて債権を回収し、その金額を別枠でプールしているような場合がある。そのプール金について前記のような和解により債権者のために質権が設定されているときは、その質権を考慮して開始決定時の担保権を評価することができるが、質権設定がされていないときには、その回収分を担保権の評価に当たりどのように考慮すべきかが問題となる。

保全措置により弁済や担保権実行が禁止されていない場合には、①保全管理人が回収した金員は、本来であれば、契約の条項に従って直ちに担保権者に支払われたり（その場合、回収金額と担保権者に支払う金額には差があり、その差額は債務者の当該債権の回収に要する費用や会社の営業資金として用いられることになろう。）、②譲渡担保の担保となるべき将来債権を発生させるための原資として用いられることになる。

①の場合には、正常な場合には担保権者に支払われるべき金員が保全措置によって支払われず、保全管理人が管理していたことになるため、この現金部分のうち本来であれば担保権者に支払われるべき部分についても、更生手続開始時に当該更生担保権が実質的に把握していた価値として、担保物の評価に反映させるべきである。

②の場合には、正常な場合には、開始前会社が回収した金員は新たな債権を生み出すための原資となり（この場合も、債権回収に要する費用や会社の経費等は、回収金額と新たな貸付金額等の差額の中から会社が利用できることになっていると思われる。）、その新たな債権も譲渡担保の目的となっていることが多い。そして、保全管理命令によって、開始前会社の営業活動が制限され、新たな債権の生み出しが制限されることになった場合には、包括的禁止命令や弁済禁止・担保権実行禁止の保全処分と保全管理命令によって債権譲渡担保の目的となる債権が減少し、代わりに現金として保全管理人の管理下に置かれていることになる。このような場合に現金として保全管理人の管理下に置かれた部分に更生担保権が及ばないとするならば、保全処分や保全管理命令によって担保物の毀損を認めたことになってしまうし、当事者の合理的意思にも反すると考えられる。当該更生担保権は、更生手続開始時に現に存在

していた対象債権だけでなく、保全期間に保全管理人の管理下に置かれていた現金（ただし、前記のとおり回収に要する費用等は契約の合理的解釈から控除されると解される。）にも実質的に及んでいるというべきであり、そのような考え方に立って、更生担保権の評価を行うべきである。

保全措置により弁済や抵当権実行が禁止されて譲渡担保権者の債権回収が禁止され、他方で保全管理命令が出され、開始前会社による新規の貸出等の営業活動が制限されているような場合、更生手続開始決定時には、譲渡担保の目的となっている債権は減少し、代わりに回収した現金が保管されていることになるが、実務上、これらの現金（ただし、その全額ではなく、上記のように控除すべき金額を控除した残額である。）にも更生担保権が及ぶものとして更生担保権の評価は行われている（更生会社が貸金業者の事案で、更生手続開始決定時の債権額に、保全管理中に回収した被担保債権への弁済充当予定部分を加えたものを、更生担保権の時価として評定した例がある（三村ほか・前掲論文44頁）。）。

(3)　なお、冒頭で設定した契約類型と異なり、集合債権譲渡担保において、営業活動の中で生み出される債権全てを債権譲渡担保の目的とし、譲渡担保権者が把握する債権が将来増えていくような債権譲渡担保においては、更生手続開始時に存在した債権の価値に加え、更生会社において合理的事業活動を前提とした場合に将来発生するであろう債権の額からその債権を生み出すために必要とされる費用の額を差し引いたものに、債権の現在価値を算出するための割戻しを行い、当該更生担保権が把握している価値として評価すべきである。

6　否認権行使について

集合債権譲渡担保契約の締結やその対抗要件具備が否認権の要件を満たすときには、管財人の否認権行使の対象となる。

かつては、譲渡人が健全に事業を運営している段階で集合債権譲渡担保契約を締結し、譲渡人に一定の信用不安等の事由が生じたときには譲渡人は期限の利益を喪失し、債権者に対する全ての債務について弁済期が到来すると

ともに、譲渡対象債権が確定的に債権者に移転し、債権者はその時点で第三債務者に債権譲渡通知を出すという運用がされており、譲渡人に破産法又は会社更生法が適用される場合に、その管財人から債権譲渡の効力について故意否認、危機否認や対抗要件否認といった否認権を行使されることがあった。これについては、前記のとおり、動産及び債権の譲渡の対抗要件に関する民法の特例等に関する法律が制定され、早期に債権譲渡登記がなされ、対抗要件が具備されるようになったため、従前よりは否認権が行使される事例は減ったと考えられる。

　もっとも、支払停止等を停止条件とする債権譲渡契約について、契約当事者が、その契約に基づく債権譲渡の効力の発生を債務者の支払停止等の危機時期の到来に係らしめ、これを停止条件とすることにより、危機時期に至るまで債務者の責任財産に属していた債権を債務者の危機時期が到来するや直ちに当該債権者に帰属させることによって、これを責任財産から逸出させることをあらかじめ意図し、これを目的として当該契約を締結しているときは、旧破産法72条2号（破産者が支払停止又は破産申立てのあった後にした担保の供与等他の破産債権者を害する行為で、利益を受けた者がその行為の当時、支払停止又は破産申立てがあったことを知っているとき）に基づく否認権行使の対象となるとする判例（最判平16.7.16民集58巻5号1744頁）もあり、更生手続においても同様の判断がされると思われる。

（真鍋　美穂子・氏本　厚司）

〔参考文献〕本文掲載のほか
　伊藤進「更生手続と譲渡担保」金商554号103頁
　竹内俊雄「動産・不動産の譲渡担保」金商719号149頁
　千葉恵美子「譲渡担保と倒産法」法律時報65巻9号39頁
　河合伸一「第三債務者不特定の集合債権譲渡担保」金法1186号56頁
　宮川不可止「集合債権譲渡担保の効力」NBL770号48頁
　巻之内茂「債権譲渡特例法施行後の集合債権譲渡担保取引と倒産手続における取扱い」金法1567号65頁
　パネルディスカッション「証券化取引と倒産手続に関する諸論点」NBL828号6頁
　伊藤眞「倒産処理手続と担保権」NBL872号60頁

中村廉平「再建型法的倒産手続におけるABLの取扱いに関する考察」NBL908号29頁
山本和彦「債権法改正と倒産法（上）」NBL924号13頁
伊藤眞「集合債権譲渡担保と事業再生型倒産処理手続再考」法曹時報61巻9号1頁
中島弘雅「ABL担保取引と倒産処理の交錯」金法1927号71頁

Q67　更生手続と動産売買先取特権

動産売買先取特権は更生手続においてどのように取り扱われるのか

1　総　論

　民法311条5号、321条によれば、動産売買先取特権は、動産の売買に基づき、その動産の代価及び利息に関して、その動産について存在する先取特権とされ、法2条10項によれば、更生担保権は、「更生手続開始当時更生会社の財産につき存在する担保権（特別の先取特権……に限る。）の被担保債権であって更生手続開始前の原因に基づいて生じたもの……のうち、当該担保権の目的である財産の価額が更生手続開始の時における時価であるとした場合における当該担保権によって担保された範囲のもの」とされているから、動産売買先取特権も更生担保権の基礎となるものであり、更生手続開始時に更生会社の財産中に売買目的動産が存在する場合には、動産売買先取特権の被担保債権は、更生担保権として処遇されることになる。

　以下、更生手続における動産売買先取特権の取扱いに関する実務上の問題点について検討する。

2　差押えの要否

(1)　売買目的動産に対する差押えの要否

　動産売買先取特権の被担保債権が更生担保権として処遇されるために、更

生手続開始時までに、売買目的動産に対する差押え（民事執行法192条、122条１項）がされていることが必要か否かについては争いがある。

　検討するに、担保権の目的物の差押えは、担保権の実行としての競売手続の開始に当たって行われる手続であって（民事執行法192条、122条１項）、担保権の存否や対抗力とは直接関係がないこと、担保権の存否や対抗力に関して、動産売買先取特権とその他の担保権とで差押手続に異なった機能を付与する理由はないと考えられることからすると、動産売買先取特権の被担保債権が更生担保権として処遇されるために、更生手続開始時までに、売買目的動産に対する差押えがされていることは必要でない（すなわち、更生手続開始前に、差押手続が採られていないことを理由に、動産売買先取特権の被担保債権を更生担保権として処遇しないとすることはできない）と解するのが相当である。

　もっとも、動産売買先取特権者は、会社更生手続がなかった場合には、動産競売の手続において差押手続を採らなければならず（民事執行法192条、122条１項）、動産売買先取特権者に、会社更生手続がなかった場合以上の利益を与える必要はないから、動産売買先取特権者は、更生担保権の届出をする際に、売買目的動産を差押えが可能な程度に特定して（民事執行規則178条１項、170条１項３号参照）、「担保権の目的である財産」（法138条２項２号）を記載する必要があると解される（後記３(1)参照）。

(2) **売買目的動産が転売された場合における転売代金債権に対する差押えの要否**

　更生手続開始時に既に売買目的動産が転売されていても、更生手続開始時に転売代金が更生会社に対して支払われていない場合には、動産売買先取特権に基づく転売代金債権に対する物上代位権を基礎として、動産売買先取特権の被担保債権を更生担保権として処遇することが可能となる。

　動産売買先取特権に基づく転売代金債権に対する物上代位の場合に、動産売買先取特権の被担保債権が更生担保権として処遇されるために、更生手続開始時までに、転売代金債権に対する差押え（民法304条１項ただし書、民事執行法193条２項、143条）がされていることが必要か否かについては争いが

ある（なお、更生手続開始時以降は、個別執行が禁止されることから（会社更生法50条1項）、動産売買先取特権者が転売代金債権に対する差押えをすることはできない。）。

検討するに、最判昭59.2.2民集38巻3号431頁は、債務者（買主）が破産宣告を受けた後においても、動産売買先取特権者（売主）は転売代金債権を差し押さえて物上代位権を行使することができる旨判示しているところ、上記最判は、物上代位の目的となる転売代金債権が存在すれば、民法304条1項ただし書が規定する「差押え」を経なくとも、当該転売代金債権上に、物上代位権が成立することを前提としているものと解され、この考え方は会社更生手続においても変わらないと解するのが相当であることからすると、動産売買先取特権に基づく転売代金債権に対する物上代位の場合に、動産売買先取特権の被担保債権が更生担保権として処遇されるために、更生手続開始時までに、転売代金債権に対する差押えがされていることは必要でないと解するのが相当である。

もっとも、動産売買先取特権者は、会社更生手続がなかった場合には、物上代位権を行使するために転売代金債権を差し押さえることが必要であり（民法304条1項ただし書、民事執行法193条2項、143条）、動産売買先取特権者に、会社更生手続がなかった場合以上の利益を与える必要はないから、動産売買先取特権者は、更生担保権の届出をする際に、物上代位の対象となる転売代金債権を差押えが可能な程度に特定して（民事執行規則179条、170条1項3号、179条2項、133条2項参照）、「担保権の目的である財産」（法138条2項2号）を記載する必要があると解される（後記3⑴参照）。

なお、差押えを不要とする見解を採ったとしても、更生手続開始前に当該転売代金債権が第三者に譲渡されて当該譲渡に係る対抗要件が具備されている場合には、当該転売代金債権が更生会社の財産から逸脱していると考えられるから、動産売買先取特権者としては、もはや転売代金債権に対する物上代位により動産売買先取特権の被担保債権を更生担保権として主張することはできないことになる（最判平17.2.22民集59巻2号314頁参照）。

3 更生担保権の届出及び認否
(1) 更生担保権の届出における記載の程度
　更生担保権者は、更生担保権の内容や原因、担保権の目的である財産及びその価額など、所定の事項を届け出なければならないとされており（法138条2項）、動産売買先取特権者は、売買目的動産を特定して記載することが必要である。

　更生担保権の届出における売買目的動産に係る記載の特定の程度については、動産売買先取特権者は、会社更生手続がなかった場合に、動産競売の申立てをするに当たっては、目的物を特定するに足りる事項とその所在場所を申立書に記載しなければならないところ（民事執行規則178条1項、170条1項3号）、動産売買先取特権者に会社更生手続がなかった場合以上の利益を与える必要はないから、更生担保権の届出における「担保権の目的である財産」（法138条2項2号）の記載において、目的物を特定するに足りる事項（具体的には、目的物の種類、形式、製造番号、伝票番号等）とその所在場所を記載しなければならないと解するのが相当である。また、転売代金債権に対する物上代位の場合についても、同様に、更生担保権の届出における「担保権の目的である財産」（法138条2項2号）の記載において、債権執行の際に求められる程度の特定、すなわち、債務者及び第三債務者の氏名又は名称及び住所、差し押さえるべき債権の種類及び額その他の債権を特定するに足りる事項（具体的には、契約締結の年月日、売買（転売）の目的物、転売代金等）を記載しなければならないと解するのが相当である（民事執行規則179条1項、170条1項1号・3号、179条2項、133条2項参照）。

(2) 管財人の認否等
　管財人は、動産売買先取特権の存在やその目的物の特定などについて不明な点がある場合に、認否をするために必要があるときは、届出をした更生担保権者に対してこれを明らかにする証拠書類の提出を求めることができる（会社更生規則44条1項）。

　しかし、管財人としては、更生手続開始直後の段階においては、動産売買先取特権を念頭に置いて更生会社の在庫棚卸しをする義務はなく、また、動

産売買先取特権の目的物の特定がされた更生担保権の届出が提出されていない段階においては、債権者からの動産売買先取特権の効力が及ぶ範囲の確認についての協力の求めに応じるまでの義務はないと解される。

さらに、管財人としては、更生担保権の届出がされた段階においても、更生担保権の届出の記載では売買目的動産の特定が不十分な場合や、当該売買目的動産が他の動産と区別することができる状態で更生会社に保管されていない場合であって、かつ、当該売買目的動産が更生会社に存在するか否かが不明の場合には、当該動産売買先取特権の被担保債権を更生担保権として認めない旨の認否をすることになると解される。また、管財人としては、動産売買先取特権に基づく転売代金債権に対する物上代位の場合についても、更生担保権の届出の記載において特定された転売代金債権が成立していることが確認できない場合には、当該動産売買先取特権の被担保債権を更生担保権として認めない旨の認否をすることになると解される。

4 売買目的動産の処分及び転売代金債権の回収の可否

動産売買先取特権に、売買目的動産の処分や転売代金債権の回収を禁止する効力はないから、管財人は、当該売買目的動産を処分することや、転売代金債権を回収して運転資金に回すことが可能である。なお、動産売買先取特権の被担保債権が更生担保権として処遇されるためには、更生手続開始時に会社財産中に売買目的動産又は転売代金債権が存在していれば足りるから（法2条10項参照）、その後に、更生手続開始決定後の売買目的動産の処分又は転売代金債権の回収によって動産売買先取特権又は物上代位権が消滅したとしても（民法333条、304条1項ただし書）、更生手続上、動産売買先取特権者が更生担保権者として取り扱われることに変わりはない。

そして、管財人が、債権調査において、動産売買先取特権の被担保債権について、更生担保権の届出の内容を認める旨の認否をしたことにより、更生担保権の内容が確定したとしても、そのことにより売買目的動産の処分や転売代金債権の回収が制限されることにはならないし、また、上記のとおり、管財人が当該売買目的動産の処分や転売代金債権の回収を行ったとしても、

そのことから更生手続上の更生担保権者としての地位に影響が生じるものではないから、理論上は、管財人は、更生担保権の内容が確定した後であっても、当該売買目的動産の処分や当該転売代金債権の回収を行うことは可能である。もっとも、動産売買先取特権又は物上代位権の目的であることが明白な動産又は転売代金債権について、管財人がその処分又は回収を行うことは、動産売買先取特権者の反発を招く可能性があることから、実務上は、動産売買先取特権者の承諾を得た上で、管財人が売買目的動産の処分又は転売代金債権の回収を行うこともあり、また、売買目的動産が更生会社の財産中に存在する場合には、更生計画において、動産売買先取特権の被担保債権を更生担保権として処遇した上で、当該売買目的動産の処分を一定の条件（例えば、裁判所の許可）に係らせることもある。

5　評　定

　更生会社の財産の価額の評定は、「更生手続開始の時における時価」（法83条2項）による。

　日本公認会計士協会経営研究調査会研究報告第23号「財産の価額の評定等に関するガイドライン（中間報告）」等によれば、棚卸資産の評価に関して、商品及び製品の評価については、正味実現可能価額（貸借対照表日現在の資産を通常の営業過程において販売する場合の即時換金額）から販売努力に対する合理的見積利益を控除した価額により（なお、廃止する事業に係る商品及び製品については、処分価額による。）、原材料については、再調達原価（資産又は資産グループを再取得するために通常要する購入予想額）によるとされており、動産売買先取特権の被担保債権を更生担保権として処遇する場合の当該売買目的動産の評価も上記の評価基準によるのが原則になると解される。

（鈴木　謙也）

〔参考文献〕
　伊藤・更生法201頁
　小林信明「動産売買先取特権の倒産手続における取扱い—優先弁済権の保障のあり方を中心として」田原睦夫先生古稀・最高裁判事退官記念論文集・現代民事法の実務と理論下174頁

池口毅＝木村真也「更生手続下における動産売買先取特権の取扱いについて」争点倒産実務の諸問題133頁
角紀代恵「先取特権の会社更生法上の取扱い」判タ866号260頁
山野目章夫「更生手続と動産売買の先取特権」判タ866号263頁
日本公認会計士協会経営研究調査会研究報告第23号「財産の価額の評定等に関するガイドライン（中間報告）」

Q68　更生手続と銀行取引

更生手続が開始した場合、銀行取引はどのような影響を受けるのか

1　銀行取引

　銀行取引とは、銀行の業務に関して行われる取引全てを包含するものと考えられており（信用金庫取引に関する最判平5.1.19民集47巻1号41頁は、信用金庫取引とは、法定された信用金庫の業務に関する取引を意味するとする。ここでいう銀行取引とは、商法502条8号にいう銀行取引の意味と異なる。）、銀行業といわれる銀行の営業は、①預金又は定期積金の受入れと資金の貸付け又は手形の割引とを併せ行うこと、又は②為替取引を行うことのいずれかの行為を行う営業を中核として構成されている（銀行法2条2項参照）。そして、銀行の3大業務は、預金、貸出及び為替の三つの業務をいう（銀行法10条1項参照）。以下、この3大業務のうち預金、貸出及び為替業務の前提となる当座勘定取引が、銀行の取引先について更生手続が開始された場合に受ける影響について概観する。なお、金融機関が破綻した場合に利用が想定される法的倒産手続は現状では再生手続と考えられることから（預金保険法研究会・逐条解説預金保険法の運用12頁、13頁）、銀行について更生手続が開始された場合の法律問題については触れない。

　なお、銀行取引にあっては、当事者の一方である銀行が作成し取引先に包括的合意を要求し、その後、継続的・反復的に行われる取引全てに適用され

る銀行取引約款が利用されている。

2　預金業務

　銀行の預金者について更生手続が開始された場合、更生会社の事業の経営権及び財産の管理処分権は管財人に専属するため（法72条1項）、以降の預金の払戻しは管財人に対して行うべきこととなる。代表取締役に対する預金の払戻しは、更生会社に対する弁済となるから、更生手続の開始について善意で行った弁済であれば、更生手続の中でもその効力を主張することができるが（法57条1項）、悪意であった場合には、更生会社財産が受けた利益の限度においてのみ、更生手続の関係において、その効力を主張することができる（法57条2項）。善意・悪意については推定規定が設けられている（法59条）。このことは、保全管理命令（法30条1項）が発せられ、保全管理人が選任された場合も、保全管理人に開始前会社の事業の経営権及び財産の管理処分権が専属するため（法32条1項本文）、管財人が選任された場合と同様であり、以降の預金の払戻しは保全管理人に対して行うべきこととなり、代表取締役に対して払戻しをした場合の規律も、法34条1項により準用される法57条、59条によることとなる。

3　貸出業務

(1)　貸出債権の更生手続上の地位

　銀行の貸出先について更生手続が開始された場合、銀行の既存の貸出債権は、担保権の有無に従って更生債権又は更生担保権となる（法2条8項・10項）。ただし、保全管理人が開始前会社の業務及び財産に関し権限に基づいてした資金の借入れによって生じた請求権は共益債権となる（法128条1項）。また、開始前会社の取締役が、更生手続開始の申立て後更生手続開始前に、裁判所の共益債権化の許可を得て、資金の借入れ等開始前会社の事業の継続に欠くことができない行為をしたことによって生じた請求権も共益債権となる（法128条2項・4項）。

　更生手続開始後に管財人が行った借入れに係る貸出債権も、更生会社の事

業の経営及び財産の管理処分に関する費用の請求権として共益債権となる（法127条2号）。

(2) 預貸相殺

　銀行は、その貸出先である更生会社に対する貸出債権が更生債権又は更生担保権となる場合において、更生会社から更生手続の開始当時に預け入れられた預金があるとき、これらが債権届出期間の満了前に相殺適状になれば、その期間内に限って、相殺をすることができる（法48条1項）。問題は、法49条2項2号・3号にいう「前に生じた原因」の要件に関し、金融機関において、危機時期となる以前に締結された銀行取引上の当座勘定取引契約、代理受領、振込指定、手形取立委任に基づいて設定された預金口座に危機時期以降に入金され成立した預金債権を受働債権、その有する更生債権等を自働債権とし、更生会社との間において相殺をすることができるかである（Q47を参照）。当座勘定取引契約（最判昭52.12.6民集31巻7号961頁）及び普通預金契約（最判昭60.2.26金法1094号38頁）については前に生じた原因性が否定され、手形取立委任契約において債務者が債務の履行をしなかったときには金融機関が占有する債務者の手形の取立て又は処分をしてその取得金を債務の弁済に充当することができる旨の条項が含まれる場合については前に生じた原因性が肯定されている（最判昭63.10.18民集42巻8号575頁）。代理受領（横浜地判昭35.12.22判タ122号18頁）及び振込指定（名古屋高判昭58.3.31金法1029号38頁）についても、前に生じた原因性を肯定する裁判例がある。また、金融機関がその取引先から手形割引等により手形を取得した場合に、当該取引先以外の手形義務者が支払停止に陥り又は更生手続開始を申し立てる事態になったとき、金融機関において当該取得先に対する買戻請求をすることなく、当該他の手形義務者の預金及び手形金等を相殺する同行相殺も可能と解されている（最判昭53.5.2金法861号31頁参照。なお、手形の取得が相殺相手とされた手形義務者の危機状況発生前である必要があるとする見解がある（中井康之「更生手続と同行相殺」高木ほか・事典920頁）。）。

4　為替取引中の当座勘定取引

(1)　当座勘定取引

　銀行法2条2項にいう為替取引とは、銀行において、顧客から、隔地者間で直接現金を輸送せずに資金を移動する仕組みを利用して資金を移動させることを内容とする依頼を受けて、これを引き受けること、又はこれを引き受けて遂行することを意味する（最決平13.3.12刑集55巻2号97頁参照）。この為替取引は、当初その決済の手段として為替手形が用いられるのを常としていたが、為替手形・小切手を用いるほかに電信や単なる口座振込みと同様の方法によっても目的を達することができるのであり、その方法は問われないものである（木内宜彦・金融法316頁）。そして、為替ないし決済取引のうち、内国為替決済、手形交換決済及びCDネット決済の3決済が特に重要な取引とされる。そして、内国為替決済は別段預金、手形交換決済は当座預金、CDネット決済は普通預金を原資として運用されているといえる。ここでは紙幅の都合もあり、手形交換決済に係る当座勘定取引について言及する。

　銀行が取引先からあらかじめ資金を預かっておいて、取引先の振り出す手形・小切手についてその資金で支払をすることを目的とする反復継続した取引を当座勘定取引という。当座勘定取引契約の法的性質については、取引先が振り出した手形・小切手の支払事務処理を銀行に委託することを目的とした委任契約（厳密には準委任契約）を含むことは明らかであるが、さらに支払資金の受入れに関する預金契約も付加して理解すべきであるか問題があるが、双務契約であることは問題がない。そして、法63条の規定は、破産法59条の規定を準用し、交互計算は、当事者の一方について更生手続が開始されたときは終了することを定めている。この規定が、当座貸越契約を含めて当座勘定取引契約に適用されるかという問題がある。現行の当座勘定規定では、かつてのような当座勘定残高通知書に関する制度の規定を削除していることや、約定書上でも商法上の交互計算の合意をしていないこと、取引の実際も商法上の交互計算と異なること等から、消極に解されている（田辺光政「当座預金」鈴木禄弥＝竹内昭夫編・金融取引法大系第2巻160頁以下、鈴木禄弥・金融法〔改訂版〕67頁以下）。したがって、銀行の取引先について更生手続が

開始されたとしても当座勘定取引は当然には終了しないことになるのであり、これを基にした手形・小切手取引は、法61条1項の管財人による解除又は履行の選択の対象となることになるが、管財人が履行を選択すれば継続されるべきことになる。

(2) 手形交換取引における取引停止処分との関係

更生手続開始決定がされると、更生会社に対する開始決定前の原因に基づいて生じた財産上の請求権は更生債権となり、更生手続によらなければ弁済を受けることができないし（法47条1項）、更生手続開始の申立て後に弁済禁止の保全処分（法28条1項）がされた場合、保全処分前の原因に基づく請求権については、弁済を受けることができない。したがって、更生会社が手形債務を負担している場合、当該手形債務に係る手形を手形交換に回されて呈示を受けたとしても不渡りとなる。しかし、保全処分又は更生手続開始決定によって弁済することができなくなったとしても、その呈示は法47条1項又は28条1項に違反する権利行使として適法な呈示とはならないことから、これに対する支払拒絶（いわゆる0号不渡事由となる。）をしても、手形交換所規則上、不渡届を提出することを要しないし、不渡りが2度重なったとしても取引停止処分に付されないことになる。

（佐々木　宗啓・氏本　厚司）

Q69　更生手続と委任契約

委任契約は更生手続においてどのように取り扱われるのか

1　委任契約

委任契約とは、当事者の一方が法律行為を行うことを相手方に委託し、相手方がこれを承諾することにより成立し、民法における規定上は、特約がなければ受任者は報酬請求権を有しない片務契約である（民法643条、648条1

項。我妻榮・債権各論中巻2（民法講義）654頁）。しかし、現実の委任契約は、有償委任であることが多く、この場合は、委任事務の処理と報酬の支払が対価的関係にあるから、双務契約である（条解更生法（中）317頁）。また、商人がその営業の範囲内において委任事務を受任した場合、当然に報酬請求をすることができるのであり（商法512条）、当該委任契約は双務契約となる（我妻・前掲書654頁）。

2　更生手続開始による委任契約の当然終了の有無
(1)　委任契約の消長

　破産については、委任者又は受任者が破産手続開始の決定を受けると委任契約は終了し（民法653条）、代理権は消滅する（民法111条1項2号・2項）。しかし、更生手続が開始された場合に、既存の委任契約がどのような影響を受けるのかについては、破産手続開始決定がされた場合と異なって明文の規定は設けられていない。そこで、更生手続においても、破産手続開始決定がされた場合と同様に解してよいのかが問題となる。この問題は、更生会社が受任者である場合、これが委任事務の受任が事業内容として行われているのであれば、委任契約を当然終了させることは更生会社の更生に支障を来すことになりかねないこともあろうし、逆に更生会社が委任者である場合、管財人と受任者との間の信頼関係に問題があることもあろうし、何よりも当該委任契約が受任者への代理権授与を内容としている場合、受任者の代理権行使が管財人の有する事業の経営権及び財産の管理処分権（法72条1項）と抵触しないかといった観点から生じるものである。

　この点について、通説は、破産に関する民法653条のように更生手続開始を終了原因とする明文規定が存在しないことなどから、更生手続が開始されたとしても委任契約は当然には終了しないと解している（中田裕康「更生手続開始と委任契約」判タ866号127頁、129頁）。店舗の経営委託契約を委任又は準委任契約であると解した上で、更生手続の開始後も当該契約が存続することを前提としている裁判例がある（神戸地判昭56.8.18判タ456号164頁）。もっとも、裁判例には、訴訟委任契約が委任者である会社の更生手続の開始によ

り当然に終了するとした裁判例もある（東京地判昭50.6.25判時800号72頁）。このような裁判例の状況については、前者が代理権に関する問題がない事案であり、後者は代理権に関する問題に直面したものであるところ、確かに、代理権の問題との関係で個別の委任契約ごとに民法653条の類推適用の可否を検討していくという考え方もあり得ようが、通説のように委任契約を一応は存続させながら、後記(2)において述べるように、委任契約により発生している代理権の効力については、管財人の事業の経営権及び財産の管理処分権を確保するという法律構成を取れば、前掲東京地判昭50.6.25と同様に開始決定前の代表者の授与した代理権により管財人の事業の経営権及び財産の管理処分権が制約されないとの結果を導くことができるとの指摘がある（佐長功「更生手続開始と委任契約」高木ほか・事典785頁）。

(2) **委任契約に伴う代理権授与の効力**

前記(1)に述べたように、委任契約は更生手続の開始によっても当然には終了しないと解する場合であっても、代理権授与の効力について管財人の事業の経営権及び財産の管理処分権を全うさせるという観点からその効力を限定している。すなわち、委任契約の存続を前提としながら、当該委任契約に基づいて相手方に対して授与された代理権はそもそも会社の財産管理の手段として授与されているのであるから、手続開始前に更生会社によって相手方に授与された代理権は、更生手続開始により当然に消滅するものではないが、当該代理権に基づいて開始決定後にされた法律行為に係る法律効果は、会社自身の財産管理行為と同様に、更生手続の関係では更生会社に対して主張できない（法54条1項参照）。この場合、管財人が無償委任については追認、有償委任については法61条1項の履行の選択を行うことで改めて代理権を授与したことになり、以後、相手方は管財人の代理人として有効な代理行為を行うことができるようになると解される（条解更生法（中）317頁、318頁）。

3　法61条の適用の有無

前記1で述べたように、委任契約には、無償の片務契約であるものと有償の双務契約になるものとがあり、前者については、そもそも法61条の規定の

適用の余地はないが、後者については、双方未履行の状態にあれば、法61条が適用される。もっとも、法61条の適用の有無にかかわらず、委任契約の当事者は、当該契約の有償・無償の別を問わず、民法651条によりいつでも解約可能であるから、民法651条に基づく解約を制限ないし放棄する特約が存しない限り、法61条1項の規定を適用する利益がそれほどあるわけではないとする見解もある。ただし、民法651条の規定による場合、当事者双方の利益のためにも委任がされたときには、原則として解約できないことに注意を要する（原則につき大判大9.4.24民録26巻562頁。例外につき最判昭43.9.20金法528号24頁〔受任者が著しい不誠実な行動に出たなどやむを得ない事由がある場合には、委任者は委任契約を解除することができる。〕、最判昭56.1.19民集35巻1号1頁〔受任者の利益のためにも締結された委任契約であっても、その契約において委任者が委任契約の解除権自体を放棄したものとは解されない事情がある場合は、委任者は、やむを得ない事由がなくても、民法651条にのっとり当該契約を解除することができる。〕）。

しかし、更生会社の機関を構成する取締役及び監査役の任用契約は、委任ないし準委任契約であり、仮に報酬支払が約定され株主総会決議を経ていれば双務契約でもあるが、これらの任用契約を管財人が法61条1項の規定に基づいて解約することはできない。管財人の権限は、事業の経営権及び財産の管理処分権に限定されており（法72条1項）、これ以外の範囲では、更生会社は従来の機関によってその活動を続けることが予定されているのであり、その趣旨に鑑みると、管財人が法61条1項の規定によっては取締役及び監査役の地位を失わせることはできないと解されるからである（条解更生法（中）317頁。なお、法65条、66条参照）。

そして、管財人が法61条1項の規定により更生会社を委任者とする委任契約を解約した場合、受任者である相手方は既に行った履行の結果を委任者に対して帰属させる義務を負うことになるが（民法646条、647条）、その代わり、相手方には、相手方の履行の割合に応じた報酬請求権（民法648条3項）、立替費用償還請求権（民法650条1項）、代弁済請求権（民法650条2項）及び損害賠償請求権（民法650条3項）が発生し、これらの請求権は更生債権とな

る（条解更生法（中）318頁）。また、管財人が履行を選択した場合、相手方は受任事務を遂行することとなるが、報酬請求権（民法648条）、費用前払請求権（民法649条）、立替費用償還請求権（民法650条1項）、代弁済請求権（民法650条2項）及び民法650条3項に係る損害賠償請求権は共益債権となる（法61条4項）。ただし、委任契約に基づく給付が可分な場合には、更生手続開始前の給付に係る請求権は更生債権となる。

　また、管財人が更生会社を受任者とする委任契約を解約した場合、前述の更生会社を委任者とする委任契約を解約した場合の権利関係をほぼ逆転した権利関係が成立するが、管財人において履行の割合に応じた報酬請求権を取得することの可否については消極に解すべきものである。民法648条3項は「受任者の責めに帰すことのできない事由によって履行の中途で終了した」場合に履行の割合に応じた報酬請求権の取得を規定しているところ、受任者の管財人による解除は上記要件に当たらないと解されるからである。

（佐々木　宗啓・葛西　功洋）

〔参考文献〕
　伊藤・更生法301頁

Q70　更生手続と請負契約

請負契約は更生手続においてどのように取り扱われるのか

1　請負契約

　請負契約とは、当事者の一方がある仕事を完成することを約し、相手方がその仕事の結果に対して報酬を与えることを約することを内容とする双務契約であり（民法632条）、その仕事の内容によっては、継続的な加工ないし商品の供給を内容とする継続的給付を目的とする法62条の規定の対象となる契約であることもある。

2　一方の履行が履行済みの場合の法律関係

　請負人が更生会社の場合、更生手続開始時において、請負人である更生会社が請負に係る作業を完成させていれば、請負代金請求権が更生会社財産となり、管財人がこれの管理処分権を有することになる（法72条1項）。

　また、注文者が負う報酬支払債務の支払時期は、民法上、仕事の目的物の引渡しと同時とされ、仕事の内容に物の引渡しが含まれないときは後払いとされている（民法633条）から、実際上は想定しにくいものの、注文者が任意に同義務を先履行した場合には、請負人に対する仕事の完成請求権は更生債権となる（法2条8項）。

　さらに、注文者が更生会社の場合、更生手続開始時において、請負人である相手方が請負に係る作業を完成させていれば、請負代金請求権が更生債権となる。しかし、その場合であっても相手方は、瑕疵の修補に係る担保責任（民法634条）を完全に負うべきことになる。また、注文者が任意に報酬支払債務を先に履行している場合は、請負人に対する仕事の完成請求権は更生会社財産となり、管財人がこれの管理処分権を有することになる。

3　双方未履行であって請負人が更生会社の場合の法律関係

(1)　解除の可否及び範囲

　従前、請負人が更生会社となった場合に、管財人が双方未履行であることを理由に解除することの可否が問題とされていた。すなわち、双方未履行の双務契約に係る解除の規定は適用されず、更生会社の管財人は常に会社の事業の一環としてその債務を履行すべきであるとする見解（松田二郎・会社更生法〔新版〕92頁）があり、これは、従前、破産において作為請求権（殊に不代替的作為請求権）はその性質上破産債権にはならないことが議論されていたことを受けるものと思われる議論である（条解更生法（中）315頁）。しかし、当該請負契約の目的である仕事が請負人以外の者において完成することができない性質のものでない限り、解除が可能であることは、判例（最判昭62.11.26民集41巻8号1585頁）及び通説によって肯定されている。

　もっとも、判例は、解除の範囲に関し、請負人の債務不履行を理由とする

注文者の解除の事案において、「工事内容が可分であり、しかも当事者が既施工部分の給付に関し利益を有するときは、特段の事情がない限り、既施工部分については契約を解除することができず、ただ未施工部分についての契約の一部解除をすることができるにすぎない」と解しており（最判昭56.2.17判時996号61頁）、法61条1項の規定による解除についても、同様に解すべきである。そして、解除の範囲に含まれない目的物の既施工部分は、注文者の所有に帰することになる（前掲最判昭62.11.26、最判昭53.6.23金法875号29頁参照）。

(2) **解除を選択した場合**

請負人たる更生会社の管財人が解除を選択した場合、相手方は、解除により発生した損害賠償について更生債権として権利行使をすることになる（法61条5項、破産法54条1項）。

注文者が開始決定前に前払金を支払っていれば、注文者は、前払金から既施工部分に相当する価額を控除した残額の返還を求めることができるが、当該返還請求権は、法61条5項により準用される破産法54条2項の規定の適用により共益債権とされる（前掲最判昭62.11.26参照）。また、注文者は、解除により発生した損害賠償請求権について、更生債権として権利を行使できる（法61条5項、破産法54条1項）。そして、既施工部分については、前記(1)のとおり、解除の対象にならず、注文者の所有に帰することになるから、注文者の取戻権（法64条）に服する。注文者の前渡しに係る原材料も、既施工部分と同様に注文者の取戻権に服する。

(3) **履行を選択した場合**

請負人たる更生会社の管財人が履行を選択した場合、相手方の債権は共益債権の性質を有するから、管財人は事業の遂行として請負債務を履行し、相手方にその対価の支払を請求することになる。

4 双方未履行であって注文者が更生会社の場合の法律関係

(1) **解除の可否**

注文者が更生会社の場合は、請負人が更生会社の場合とは異なり、管財人

が法61条1項の規定による解除又は履行の選択権を有することに異論はない。

ところで、注文者である更生会社の管財人は、解除又は履行の選択権を有するが、多くの請負人は注文者である更生会社の信用や将来的な解除選択に伴って被る不利益に不安を抱き、十分な報酬請求権に関する担保の提供又は既施工部分に関する報酬の支払を求めてくることがあり、場合によっては契約関係の解消を希望する事態も生じ得る。特に、更生会社がいわゆるゼネコンから注文を受けて孫請に仕事を出すサブコンの地位にある場合等には、更生会社を外した新しい契約関係の形成が企図されることも少なくない。したがって、管財人は、早急に、採算性のある現場を可及的に維持・保全するとともに不採算な現場を解消すべく、出来高の査定を速やかに行い、解除又は履行の選択権を迅速に行使することが求められる。

(2) **解除を選択した場合**

注文者である更生会社の管財人が解除を選択した場合、既に述べたように、既施工部分は、注文者である更生会社に帰属し管財人の管理下に服することになる。

しかし、相手方の既施工部分に対する報酬請求権等は、更生債権となるにとどまり、共益債権とならない（条解更生法（中）315頁）。もっとも、更生会社に帰属するに至った既施工部分を請負人である相手方が占有していれば、請負人は不動産保存の先取特権（民法325条1号、326条）や不動産工事の先取特権（民法325条2号、327条）を有し、また、場合によっては商事留置権（商法521条）を主張することが可能であるから、その範囲内では更生担保権となる（法2条10項）。このようなことから、実務では、注文者について更生手続開始決定（又は保全管理命令）があった場合には、管財人（又は保全管理人）は、直ちに、請負人との間で、出来高についての確認をしている。

(3) **履行を選択した場合**

注文者である更生会社の管財人が履行の選択を行った場合、更生手続開始決定後（又は保全管理命令発令後）の出来高に対する請負人の報酬請求権等が共益債権となること（法61条4項）は争いがないが、更生手続開始決定（又

は保全管理命令）までの出来高に対する報酬請求権等の取扱いについては、争いがある。実務上多い建物の建築工事の請負工事を念頭に置くと、出来高による報酬の分割は可能であると解されるところであり、実務では、請負契約が解除された場合と同様、請負人の有する請負報酬請求権等のうち、更生手続開始時（又は保全管理命令発令時）における既施工部分の時価相当額は更生担保権となり、その余は更生債権となるという運用が定着している（破産法218頁［松下淳一］、門口正人「ゼネコンの会社更生事件を受理して」金法1508号20頁）。

5　ジョイント・ベンチャーをめぐる問題

　更生会社がゼネコンである場合、他のゼネコンと共にジョイント・ベンチャー（建設工事共同企業体）を構成して工事を受注し、下請業者に下請をさせる例は、実務上よく見られる。この場合、ジョイント・ベンチャーの他の構成員が下請業者に下請代金を弁済した場合における当該構成員の更生会社に対する求償権をどのように扱うかは、困難な問題である。

　すなわち、ジョイント・ベンチャーは、基本的には民法上の組合の性質を有するものであり、ジョイント・ベンチャーの債務については、ジョイント・ベンチャーの財産がその引当てとなるとともに、各構成員がその固有の財産をもって弁済すべき債務を負うところ、ジョイント・ベンチャーの構成員が会社である場合には、ジョイント・ベンチャーの各構成員は、ジョイント・ベンチャーがその事業のために第三者に対して負担した債務につき、商法511条1項により連帯債務を負う（最判平10.4.14民集52巻3号813頁）。このため、更生会社を構成員とするジョイント・ベンチャーの下請業者は、更生会社以外の他の構成員に対し下請代金の支払を求めることができる。実際、下請業者が他の構成員に対し下請代金の支払を求めて訴訟を提起する場合も少なくない。他の構成員は、下請業者に下請代金全額を弁済すると、更生会社に求償できることになり、この求償請求権は、更生債権となると解される。

　しかし、当該求償請求権をそのまま更生債権として取り扱い、更生計画に

より権利変更することとすると、当該他の構成員の負担が過重となり、ジョイント・ベンチャーの維持そのものに支障が生じかねない。他方、これを共益債権として扱う理論的根拠は見いだし難い。

そこで、実務では、以上のような法的な難点を踏まえつつ、ジョイント・ベンチャーは、注文者（施主）との関係での必要から組成するものであり、下請業者の下請代金を保護するために組成するものではないから、ジョイント・ベンチャーの場合にのみ下請代金を100％弁済する実質的合理性に欠けるとの認識を前提に、中小企業者の連鎖倒産防止や、ジョイント・ベンチャーを組成できなくなることにより事業継続が困難になることの回避という要素を考慮し、最終的には、管財人、他の構成員及び下請業者との間で、下請代金の一部を管財人が下請業者に支払い、下請業者が他の構成員に請求しないといった趣旨の和解により解決することが多い（那須克己「ゼネコンの会社更生」新裁判実務大系21・225頁）。

（佐々木　宗啓・葛西　功洋）

〔参考文献〕
伊藤・更生法291頁

Q71　更生手続とゴルフ会員権

ゴルフ会員権は更生手続においてどのように取り扱われるのか

1　ゴルフ会員権の種類と権利内容
(1)　ゴルフ会員権の種類

ゴルフ場の経営形態には様々なものがあるが、基本的には、①社団法人制（ゴルフクラブ会員が、ゴルフ場を経営する社団法人の構成員となる形態）、②株主会員制（ゴルフクラブに入会する会員が、ゴルフ場を経営する株式会社の株主となり、同時にクラブの会員となって施設を利用する権利を取得する形態）、③預

託金会員制（ゴルフクラブに入会する会員が、ゴルフ場を経営する会社に預託金を預託する形態）の3種類が存在する。我が国で最も多い形態は預託金会員制であり、近時のゴルフ場経営会社破綻のほとんども、預託金を償還することができなくなったことにより、経営が行き詰まった会社である。そこで、本問では、預託金会員制ゴルフクラブの会員権が、更生手続においてどのように取り扱われるかを整理する。

(2) **預託金会員制ゴルフクラブの会員権の内容**

預託金会員制ゴルフクラブの会員権は、会員のゴルフ場経営会社に対する契約上の地位であり、債権的法律関係であって、会員権を構成する権利義務の内容は、①ゴルフ場施設の優先的利用権、②預託金返還請求権、③年会費支払義務であると解されている（最判平7.9.5民集49巻8号2733頁ほか）。預託金会員制のゴルフクラブの会員契約（以下「会員契約」という。）においては、主として、会員の預託金支払義務と、ゴルフ場経営会社の施設提供義務が対価性を有する双務契約であり、会員に年会費支払義務がある場合には年会費支払義務も対価関係の一部となる（最判平12.2.29民集54巻2号553頁）。

2 更生手続開始が会員契約に与える影響

ゴルフ場経営会社について更生手続開始決定があった場合でも、会員契約の帰趨に直接影響はなく、会員契約が開始決定によって当然に終了することは通常はない。ただし、ゴルフ場経営会社の更生手続開始によって、会員契約上、会員に与えられた約定解除権の行使が妨げられることはないから、会員は更生手続開始後も退会して会員契約を終了させることは可能である。この場合には、単に、預託金返還請求権という金銭債権を有する債権者として、更生手続上は処遇されることになる。

3 ゴルフ会員権は更生手続内でどのように取り扱われるのか

ゴルフ会員権が更生手続内でどのように取り扱われるのかについては、当該ゴルフクラブに、年会費の定めがあるか否かによって異なってくる可能性がある。そこで、以下、年会費の定めのないゴルフクラブについて検討した

上で、年会費の定めのあるゴルフクラブに特有の問題点を整理する。
(1) 年会費の定めのないゴルフクラブの場合
　ア　開始決定時において双方未履行の関係にあるか
　年会費の定めのないゴルフクラブの場合には、会員の預託金支払義務とゴルフ場経営会社の施設提供義務が対価関係に立つが、会社の更生手続開始時において、会員の預託金支払義務は履行済みであり、ゴルフ場経営会社の施設提供義務のみが未履行債務として残っているだけであるから、法61条の双方未履行債務には当たらない（最判平12.3.9判時1708号123頁参照）。したがって、年会費の定めのないゴルフクラブの場合には、法61条の適用はない。
　イ　会員権の更生債権性
　　a　預託金返還請求権
　預託金返還請求権は、据置期間が経過しかつ退会した場合に返還される金銭債権であり、更生会社であるゴルフ場経営会社に対し、更生手続開始前の原因に基づいて生じた財産上の請求権であるから、更生債権である（法2条8項）。
　その議決権額については、預託金返還請求権が、会員契約の終了を停止条件とし、かつ、据置期間徒過を期限としていることから、法136条1項3号により更生手続開始時の評価額が議決権額となる。東京地裁の実務では、預託金の額面額をそのまま議決権額とする債権届出がなされ、同金額での議決権行使が認められるのが通例である。
　　b　プレー権
　プレー権は、会員が預託金を支払って入会することによって発生しているから、更生会社に対し更生手続開始前の原因に基づいて生じた財産上の請求権であり、更生債権である（法2条8項）。
　プレー権分の議決権額は、非金銭債権として法136条1項3号ハによって決せられるが、具体的金額をどうするかについては争いがあり、①プレー権独自の評価額は考える必要がなく、預託金返還請求権額をもってゴルフ会員権の議決権額と考えればよいという見解（和議事件に関する東京高決平11.5.17金商1069号7頁）と、②プレー権の評価額を預託金返還請求権額とは

別に考え、両者を合わせた金額がゴルフ会員権の議決権額となるという見解（民事再生事件に関する東京高決平13.9.3金商1131号24頁）とがある。預託金返還請求権とプレー権は同時にその双方を行使することはできず、一つの権利が退会の前後で形態を変えて表れているにすぎないから、プレー権は預託金返還請求権に評価しつくされていると考えることが可能であり、東京地裁では、①の見解を採っている。債権届出についても、預託金返還請求権について届け出れば足り、プレー権について別途届け出なくとも、プレー権を含むゴルフ会員権についての届出があったものと取り扱われている（具体的な届出方法については、Q112参照）。

(2) **年会費の定めのあるゴルフクラブの場合**

ア 開始決定時において双方未履行の関係にあるのか

次に、年会費の定めのあるゴルフクラブの場合には、会員の預託金支払義務及び年会費支払義務と、ゴルフ場経営会社の施設提供義務が対価関係に立つが、会社の更生手続開始時において、会員の年会費支払義務とゴルフ場経営会社の施設提供義務が未履行であるから、法61条にいう双方未履行債務に該当する。もっとも、ゴルフ場経営会社の施設提供義務と主として対価関係に立つのは会員の預託金支払義務であり、会員の年会費支払義務は付随的なものにすぎないから、双方未履行債務に関する法61条の規定がどの範囲で適用されるかは、法61条が契約当事者双方の公平を目的としている趣旨に照らして判断する必要がある（前掲最判平12.2.29参照）。

イ 会員権の更生債権性

a 預託金返還請求権

上記のとおり、預託金返還請求権は本来更生債権であるが、年会費の定めのあるゴルフ会員権の場合には、会員の年会費支払義務とゴルフ場経営会社の施設提供義務が、双方未履行債務（法61条1項）の関係に立つため、管財人が履行選択をした場合には、会員が有する預託金返還請求権が法61条4項により共益債権に格上げされるのではないかが問題となる。しかしながら、施設提供義務と主として対価関係に立つのは預託金支払義務であり、年会費支払義務という付随的な義務が存するために、会員が有する預託金返還請求

権に共益債権性を付与することは、対価の保護として過ぎたる利益を供与することになり著しく不公平である。したがって、管財人が履行選択をした場合であっても4項の適用はなく、預託金返還請求権は更生債権であると解すべきである。したがって、その取扱いは、上記(1)イaと同じとなる。

　　b　プレー権

　次に、年会費の定めのあるゴルフ会員権のプレー権については、更生債権説と共益債権説の対立があるが、上記aのとおり、年会費の定めのあるゴルフ会員権について、管財人が履行選択をしても法61条4項の適用はないと解されるから、プレー権も更生債権であると解すべきである。共益債権説は、預託金会員制ゴルフクラブの契約関係を、①施設利用権の付与と預託金の支払とが対価関係にある一回的契約関係と、②施設を利用させる義務と年会費支払義務との対価関係を基本とする継続的契約関係とに分け、①の一回的契約関係については契約締結時に履行済みであるから双方未履行となることはなく預託金返還請求権は更生債権となるが、②の継続的契約関係については法61条の双方未履行債務であるから、管財人の履行選択によりプレー権が共益債権となるとする（進士肇「判批」銀行法務582号68頁、東畠敏明「ゴルフ会員権の種類と再建手続上の取扱い」銀行法務610号54頁）。しかしながら、施設利用権の付与とは施設を利用可能な状況にするということにほかならないから、施設利用権の付与と施設を利用させる義務を分断できるのか疑問であるし、前掲最判平12.2.29の判示内容とも整合しない。さらに、プレー権を共益債権と解すると、更生計画による権利変更の対象にならないという実務的な難点も生じる。したがって、年会費の定めのあるゴルフ会員権のプレー権も共益債権ではなく更生債権と解すべきであり、その取扱いは、上記(1)イbと同じである。

4　更生計画におけるゴルフ会員権の権利変更

(1)　更生計画案の内容

　上記3のとおり、ゴルフ会員権を構成する預託金返還請求権とプレー権は、いずれも更生債権であることから、更生計画による権利変更の対象とな

る。預託金返還請求権は大幅にカットされるのが通例であり、プレー権はそのまま存続することが多いが、複数種類のプレー権が存在する場合には、その整理統合を行うために権利変更の対象となる場合もある。

　弁済方法については、事業譲渡の譲渡代金やスポンサーからの出資により一括弁済する計画と、事業収益を弁済原資として分割弁済をする計画があるが、近年は前者が多く、更生手続開始申立て前からスポンサー候補の存在するプレパッケージ的な事件も見られる。ゴルフ会員権に関する更生計画の過去の記載例については、事業再生研究機構編・更生計画の実務と理論326頁に詳しいので参照されたい。

(2) **取扱いの差異と平等原則**

　ゴルフ場の更生計画の場合には、会員の権利とそれ以外の一般更生債権との間で異なった取扱いをすることがあるため、平等原則違反（法168条1項）の問題が生じることがある。平等原則は、形式的平等を意味するものではなく、衡平を害しない場合には別異の取扱いをしても許されるところ（法168条1項ただし書）、預託金返還請求権（金銭債権）とプレー権（非金銭債権）が複合したゴルフ会員権と、単純な金銭債権者である一般更生債権者との間で、全く形式的に平等な取扱いをすることはそもそも不可能であるから、ゴルフ会員権の債権の性質、債権者数、債権額等といった特質を考慮し、実質的平等が図られる限り、ゴルフ会員と一般更生債権者の取扱いに差異を設けることは可能である。もっとも、具体的にどのような計画案であれば実質的平等といえるかについて一般的基準を定立することは難しく、最終的には事案に応じて考えるほかない（再生計画に関する裁判例として、前記東京高決平13.9.3、東京高決平16.7.23金商1198号11頁参照）。

　また、更生計画認可後、一定期間内に退会するか否かの選択権を会員に与え、退会しない継続会員と、退会して単純な金銭債権者となる退会会員との間で、別異の取扱いを定める更生計画案についても、平等原則違反が問題となる場合がある。しかしながら、退会するまで預託金返還請求権を行使できないがプレー権を有する継続会員と、退会してプレー権は有しないが既に預託金返還請求権を行使できる状態になっている退会会員との間では、債権の

性質が異なるので、合理的な範囲内の差異であれば、平等原則違反となることはないと考えられる（服部弘志「ゴルフ場事業の再建手続について」銀行法務610号101頁）。

（渡邉　千恵子・葛西　功洋）

〔参考文献〕本文掲載のほか
　鈴木銀治郎「特殊な債権者を擁する破産事件（Ⅰ）――ゴルフ場経営会社の破産」新裁判実務大系10・215頁
　永島正春「複数ゴルフ場と単独ゴルフ場」ゴルフ場倒産と金融機関の対応（金商別冊）135頁
　今中利昭＝今泉純一・会員権問題の理論と実務〔全訂増補版〕401〜408頁
　富永浩明＝三森仁・ゴルフ場の事業再生
　小林信明「ゴルフ場の倒産の諸問題」講座倒産の法システム4・429頁

Q72　取戻権

更生会社に属しない財産を更生会社から取り戻す権利は、更生手続の開始により影響を受けるのか

1　取戻権の趣旨

　法64条は、「更生手続の開始は、更生会社に属しない財産を更生会社から取り戻す権利に影響を及ぼさない」旨規定する。これは破産法62条と同じ趣旨に出るものであり、更生手続開始時に会社の占有する財産は管財人の占有・管理するところとなるが、この中に他人の所有物が含まれていることがあるため、そのような場合に、そうした財産が更生会社財産を構成せず、したがって、権利者がこれを取り戻すことができる旨確認するものである。

　取戻権は更生債権や更生担保権が更生手続外でこれを行使することを禁止されている（法135条、2条13項、138条）のとは異なる。また、更生担保権は担保権消滅請求の対象となり得る（法104条以下、なお、破産法186条以下参照）のに対し、取戻権にはそのような制約がない。

2　取戻権の行使方法

更生手続の開始決定により更生会社の財産の管理処分権は管財人に専属することから（法72条1項）、取戻権は、管財人を相手として、裁判上・裁判外で行使される。その場合、更生手続による必要はなく、行使時期の制限もない。その態様は、管財人に対する給付請求の形式を取る場合と管財人の引渡請求に対する抗弁の形式を取る場合とに分けられる。

3　取戻権の種類

取戻権には、一般の取戻権（法64条1項）と、特別の取戻権（法64条2項による破産法63条、64条の準用）があるが、基本的には旧法のそれと異ならない。

(1)　取戻権の基礎となる権利

一般の取戻権（法64条1項）の基礎となる権利は、実体法によって定まるが、①所有権その他の物権（占有権、占有を権利内容とする用益物権、目的物の占有を伴う担保物権等）、②更生会社の財産の給付を求める内容を有する債権的請求権、③信託者ないし受益者の信託関係上の権利、④問屋に対する買入代金を支払っている委託者の権利（最判昭43.7.11民集22巻7号1462頁参照）等が考えられる。

(2)　非典型担保についての取戻権の成否

譲渡担保権、所有権留保特約付売買契約の売主の権利については、従来、これらが会社更生法上、取戻権として扱われるか、更生担保権として扱われるかが議論されている。

判例は、譲渡担保権について、譲渡担保権者と設定者との間に債権債務関係が存在し、所有権移転が確定的でない段階においては更生担保権者として取り扱うべきとしており（最判昭41.4.28民集20巻4号900頁）、通説もこれを支持している。

所有権留保については、その法律構成について学説上争いがあるが（停止条件説、物権的期待権説、譲渡担保説、動産抵当権説等、なお、近時は物権的期待権説が有力であるとされている。）、通説は、譲渡担保と同様、更生担保権として扱われるべきであると解している。判例は、再生手続に関するもので

あるが、自動車の所有権留保特約付売買契約について、債権担保目的のために留保された所有権を別除権と解しており（最判平22.6.4民集64巻4号1107頁参照）、東京地裁では、留保された所有権で担保された売買代金債権を更生担保権として取り扱っている。

(3) **特別の取戻権**

特別の取戻権としては、①隔地者間取引における売主の取戻権、問屋の取戻権（法64条2項、破産法63条）、②代償的取戻権（法64条2項、破産法64条）がある。

隔地者間取引における売主の取戻権は、売主の目的物発送後買主が代金全額を弁済せずかつ買主の目的物受領前に、買主につき更生手続が開始された場合に、売主がこの目的物を取り戻すことができる権利であり、正義公平の観念や隔地者間取引の安全の見地から、倒産法上特別に認められたものである。

問屋の取戻権は、物品の買入委託を受けた問屋が買い入れた物品を委託者に発送したが、委託者につき更生手続が開始された場合に、問屋がこの目的物を取り戻すことができる権利であり、その趣旨は、売主の取戻権と同様である。

代償的取戻権は、取戻権の目的物が既に更生会社又は管財人によって第三者に譲渡され更生会社に現存していない場合、もはや取戻権を行使することができなくなることから、その目的物に代わる反対給付又はその請求権が特定性を失わないで更生会社に現存している場合に限り、当該反対給付又は請求権について認められた権利である。

(4) **譲渡担保権に関する取戻権の成否**

旧法63条は、譲渡担保権者について更生手続が開始した場合に、譲渡担保権設定者が、担保目的による譲渡であることを理由に目的財産を取り戻すことはできないことを規定していた。これは、譲渡担保の目的財産が譲渡担保権者に譲渡されることにより、当該財産が譲渡担保権者の所有に属し、その責任財産を構成しているとの外形に対する譲渡担保権者の債権者の信頼を保護する趣旨であるとされたが、近時の判例、通説は、譲渡担保権の法的構成

について所有権的構成ではなく担保権的構成を取っているため（前掲最判昭41.4.28、最判昭57.9.28判時1062号81頁等）、旧法63条について、設定者に担保を継続したままでの取戻しを否定したにすぎず、被担保債権を弁済した上での受戻しを妨げるものではないと制限的に解されていた。現行法では、旧法63条に相当する規定は設けられず、譲渡担保権者について更生手続が開始された場合において、設定者は被担保債権を全額弁済して譲渡担保権を消滅させて目的財産を受け戻し得ることが確認された。

(山口　和宏・藁谷　恵美・葛西　功洋)

〔参考文献〕
条解更生法（上）538頁
遠藤功「更生手続における一般の取戻権とその行使」青山ほか・実務と理論215頁
畑宏樹「更生手続における取戻権とその行使」瀬戸ほか・新実務と理論173頁
西澤宗英「取戻権—所有権留保と会社更生」裁判実務大系3・404頁
伊藤・更生法326頁

Q73　更生会社の役員の地位

更生手続開始決定がされた場合、更生会社の役員はどのような地位に立つのか

1　会社更生法の規定

更生手続開始決定がされた後も、会社そのものは存続し、会社の機関（株主総会、取締役、取締役会、会計参与、監査役、監査役会、会計監査人、委員会設置会社における各種委員会委員や執行役）も存続することになる。

会社法では、取締役会設置会社における取締役会は、重要な財産の処分及び譲受け、多額の借財、支配人その他の重要な使用人の選任及び解任、支店その他の重要な組織の設置、変更及び廃止など会社の重要な業務執行を決定

する権限を有しており（会社法362条2項・4項）、取締役は、その取締役会の構成員として会社の重要な業務を決定することになる。また、監査役は、取締役（会計参与設置会社にあっては、取締役及び会計参与）の職務の執行を監査するものとされている（会社法381条1項前段）。

しかし、更生手続開始決定と同時に管財人が選任されることになっており（法42条1項）、管財人が選任されると、事業経営権及び会社財産の管理処分権限が管財人に専属することになる（法72条1項）。また、会社の計算書類の作成権限も、財産管理に関する事項として管財人に専属することになる。

このように、更生手続開始決定がされ、管財人が選任された場合には、会社法362条2項・4項の定める取締役会の権限、会社の計算書類の作成権限はいずれも管財人に専属することになり、従前の会社の機関は、会社に残された組織法的活動を行うことになる。

もっとも、組織法的活動のうち、会社の基礎に関わる事項については会社更生法により、変更が禁止されている。すなわち、法45条1項は、更生手続開始後その終了までの間においては、①株式の消却、併合若しくは分割、株式無償割当て又は会社法199条1項に規定する募集株式を引き受ける者の募集、②会社法238条1項に規定する募集新株予約権を引き受ける者の募集、新株予約権の消却又は新株予約権無償割当て、③資本金又は準備金（資本準備金及び利益準備金）の額の減少、④剰余金の配当その他の会社法461条1項各号に掲げる行為、⑤解散又は株式会社の継続、⑥会社法676条に規定する募集社債を引き受ける者の募集、⑦持分会社への組織変更又は合併、会社分割、株式交換若しくは株式移転は、更生計画の定めるところによらなければすることができないとしている。

また、定款変更については、更生手続が終了するまでの間は、更生計画の定めるところによるか、裁判所の許可を得なければならないとされ（法45条2項）、更生会社の事業の全部又は重要な一部の譲渡についても、更生手続が終了するまでの間は、更生計画の定めるところによらなければ（更生計画案の付議前にあっては、裁判所の許可を得なければ）できないとされている（法46条1項・2項）。

このように、更生手続開始決定後に取締役会や株主総会において決定できることは極めて限定され、役員の選任解任、株主総会や取締役会の招集、株主名簿の整備等に関し、更生会社の取締役会や株主総会の権限が存続するとするのが通説的見解である（伊藤眞「再生債務者の地位と責務（上）」金法1685号14頁、注解更生法180頁［中村勝美］、条解更生法（上）486頁）。なお、詳細はQ43を参照されたい。

2　取締役等の競業避止義務について

　更生会社の取締役は、前記のとおり会社の業務執行権限は失うが、会社の営業秘密やノウハウは知り得る立場にあるため、それらを用いて自己又は第三者のために更生会社の事業の部類に属する取引（以下「競業取引」という。）を行って、更生会社の利益を害することが考えられる。そうすると、通常の会社の場合と同様、更生会社であっても、取締役等に競業避止義務を課すことが相当である。

　旧法下においては、取締役等に競業避止義務が課されることを前提とし、取締役等が競業取引をする場合、その承認を与えるのは誰かについて、更生会社の業務執行権限を有する管財人であるとするのか、旧商法264条の規定に基づいて取締役会であるとするかについて見解の対立があった。

　現行法は、更生会社の取締役、執行役又は清算人は、更生手続開始後その終了までの間において、競業取引をするには、会社法356条1項（会社法419条2項又は482条4項において準用する場合を含む。）の規定にかかわらず、管財人に対し、その取引についての重要な事実を開示し、その承認を受けなければならないとし、また、競業取引を行った会社の取締役、執行役又は清算人は、遅滞なく、当該取引についての重要な事実を管財人に報告しなければならないとし、さらに、更生会社の取締役、執行役又は清算人が管財人の承認を受けずに競業取引を行った場合、当該取引によって取締役、執行役、清算人又は第三者が得た利益の額は、更生会社に生じた損害の額と推定するものとした（法65条1項～3項）。ただし、更生会社の機関がその権限を回復している期間中は、会社法356条1項（会社法419条2項又は482条4項において準

用する場合を含む。）の規定に戻ることになる（法65条1項ただし書）。

3　権限の回復

　更生計画の定め又は裁判所の決定で、更生計画の認可決定後の更生会社に対しては、更生会社の事業の経営並びに財産の管理及び処分をする権限が管財人に専属する旨の規定（法72条1項）等を適用しないとすることができる（法72条4項前段）。

　この場合には、更生会社の機関はその権限を回復し、管財人は、更生会社の事業の経営並びに財産の管理及び処分を監督する地位に就くことになる（法72条4項後段）。そして、取締役、執行役又は清算人は、競業取引については管財人ではなく取締役会の承認を得なければならなくなり（法65条1項ただし書）、取締役、会計参与、監査役、執行役及び清算人は更生会社に報酬を請求できるようになり（法66条1項ただし書）、さらに、更生会社の機関がその権限を回復している期間中に新たに提起された更生会社の財産関係の訴えについては、取締役等が代表する更生会社が当事者適格を有する（法74条2項）等の効果を生じることになる。

　更生手続開始決定後に更生会社の代表取締役が行った売買契約は、更生手続の廃止後は有効と解することができるとした判例（最判昭36.10.13民集15巻9号2409頁）がある。これについては、管財人が売買契約を無効と認めた場合には、その後に更生手続が廃止になってもその契約は有効にはならないと解すべきであり、前記最判はその点を考慮していない等と批判が多い（中村・前掲注解193頁、前掲条解（上）518頁、鈴木重信「更生手続中の会社の行為の廃止の効力」別冊ジュリスト52号174頁、松原弘信「更生手続中の会社の行為の廃止の効力」別冊ジュリスト163号220頁）。

　また、管財人を被告とすべきであるのに誤って更生会社を被告として提起された訴えであっても、更生会社の取締役に対する権限付与がされた場合には、その訴えは正当な当事者を相手方とした適法な訴えとなるとした判例がある（最判昭47.9.7民集26巻7号1301頁金法662号20頁）。これに対しては、更生計画認可後は企業主体が変更したのであり、こうした認可後の会社が旧経

営陣の行為に拘束されるのは適切ではないとして、これを批判する見解もある。

(真鍋　美穂子・葛西　功洋)

〔参考文献〕
伊藤・更生法113頁

Q74　更生会社の役員の報酬

更生手続中、更生会社の役員は報酬を受けることができるのか

1　更生手続開始決定の効果

　更生手続開始決定がされた後も、会社は存続し、会社の機関(株主総会、取締役、取締役会、会計参与、監査役、監査役会、会計監査人、委員会設置会社における各種委員会委員や執行役)も存続するが、更生手続開始決定と同時に管財人が選任され(法42条)、事業経営権及び会社財産の管理処分権限は管財人に専属することになる(法72条1項)ため、更生手続開始決定がなされ、管財人が選任された場合には、役員の権限は、会社の組織法的活動に限定されることになる。しかも、株式会社の組織法的活動のうち、会社の基礎に関わる事項については法45条1項により変更が禁止され、定款変更については、更生手続が終了するまでの間は、更生計画の定めるところによるか、裁判所の許可を得なければならないとされ(法45条2項)、更生会社の事業の全部又は重要な一部の譲渡についても、更生手続が終了するまでの間は、更生計画の定めるところによるか、裁判所の許可を得なければできないとされている(法46条1項)。

　このように、更生手続開始決定により、従前の会社の機関は、会社に残された組織法的活動を行うことになる(詳細は、Q73参照)。

2　報酬に関する規定

　前記のとおり、更生手続開始決定後に取締役会や株主総会において決定できることが限定されるため、現行法は、更生手続開始決定後その終了までの間において、更生会社の取締役、会計参与、監査役、執行役及び清算人は、報酬を請求できないものとした（法66条1項）。

　旧法下においては、役員報酬に関する明文が置かれていなかったが、役員報酬は職務執行の対価であり、更生手続開始決定により役員の職務権限が制限され、実際に職務執行を行っていなかったため、役員に報酬を支払わない取扱いがほとんどであった。しかし、定款又は株主総会決議に基づいて決定された取締役の報酬は、会社と取締役との間の契約内容となり、契約当事者である会社と取締役の双方を拘束するから、当該取締役の同意なく無報酬とすることはできないとされており（最判平4.12.18民集46巻9号3006頁金法1369号75頁）、当該取締役の同意がない場合に報酬を支払わないことは法律上、問題であった。現行法は、従前の取扱いが適法であることを明文で定めるものである。

　保全管理命令が発令された場合については、平成14年改正法には、明文はなかったが、保全管理人が選任されることによって会社の財産の管理処分は保全管理人が管理することになり、役員が職務権限を失うことは、更生手続開始決定がされ、管財人が選任された場合と異ならないから、保全管理命令が発令され、保全管理人が選任された場合も、役員は報酬を請求できないとされていた（法66条1項本文類推適用）。平成16年改正法は、法34条5項において、保全管理人が選任されている期間中の役員の報酬に関し、更生手続開始後その終了までの間、役員は更生会社に対し報酬を請求できないという法66条1項を準用することとしており、前記の解釈どおりの明文規定を置いた。

3　権限が回復した場合

　更生計画の定め又は裁判所の決定で、更生計画認可決定後の更生会社に対し、管財人に更生会社の事業の経営並びに財産を管理及び処分する権限を専

属させる旨の規定（法72条1項）を適用しないこととした場合には（法72条4項）、取締役等の役員が業務執行権限を回復することになる。この場合は、役員は、職務執行の対価としての報酬請求権を有することになる（法66条1項ただし書）。そして、その報酬は、管財人が裁判所の許可を得て定めることになる（法66条2項）。

（真鍋　美穂子・葛西　功洋）

〔参考文献〕本文掲載のほか
　北村雅史「取締役等の競業避止義務・報酬」瀬戸ほか・新理論と実務142頁
　渡邊顯「更生会社の機関の権限回復」瀬戸ほか・新理論と実務266頁
　関口博「更生計画認可後の取締役への権限の付与」高木ほか・事典1003頁
　伊藤・更生法113頁

6

管 財 人

Q75　管財人の選任

更生手続において、管財人や保全管理人の選任はどのように行われるのか

1　管財人・保全管理人に人を得ることの重要性

　管財人は、更生会社の事業経営権及び財産管理処分権を有する更生手続の必置の機関であり、更生手続開始の決定と同時に裁判所により選任される（法42条1項）。また、保全管理人は、更生手続開始決定前の保全処分として、裁判所によって選任・設置される更生手続上の機関であるが（法30条1項・2項）、開始前会社の中で管財人に準じる役割を果たす。管財人に誰を選任すべきかに関しては、法令は概括的な規定を置くにとどまっており、法67条3項は、役員等責任査定決定を受けるおそれがあると認められる者を管財人に選任することができないと規定し、会社更生規則20条1項は、管財人の職務を行うに適した者を裁判所が選任する旨規定している（保全管理人については、法30条2項ただし書及び会社更生規則17条1項、20条1項）。

　もっとも、管財人及び保全管理人が事業経営権及び財産管理処分権を専有する重要な機関たる地位を有することに照らし、管財人及び保全管理人に共通する一般的適任要素としては、①経営者としての資質・能力があること、②危機管理能力があること、③指導力・交渉力に富むこと、④公正・公平であること、⑤実績に基づく信用があること等が挙げられている（金築誠志「更生管財人の適任者とその選任」青山善充ほか・判夕臨時増刊号866号158頁参照）。また、法律家管財人及び保全管理人については、上記の適任要素に加えて、倒産事件に精通し、かつ、一般的な民事問題から労働法、税法等の倒産法以外の専門分野に関係する問題についても十分な実務経験を積んだ練達の弁護士でなければならないとされている（金築・前掲論文159頁参照）。

　更生手続における企業再建は、管財人（保全管理人）と多数の関係者との日々の交渉と意思決定の積重ねの上に実現するものであるから、更生手続の

成否は、適任者を管財人（保全管理人）に得ることができるか否かにかかっているといっても過言ではない。したがって、管財人や保全管理人の選任は、裁判所が行う決定事項の中で、最も重要なものといってよい。

2　経営責任のない取締役等を管財人等に選任することの是非とDIP型更生手続の導入

　旧法下においても、裁判所が管財人の職務を行うに適した者と認めれば更生会社の取締役等であっても管財人に選任することができると解されていたが、実務上は選任しない運用が定着していたと思われる。このような運用は、会社更生の濫用的な申立てを規制することなどを目的とする昭和42年の旧会社更生法の改正以降の経済社会の意識を反映したものと思われ、高度経済成長期には、現経営陣の活用によって企業価値の毀損防止を図ることよりも手続の公正性や厳格性を重視する必要があるということは、当然のこととして受け止められていたようである。

　その後、我が国の経済が低迷し、DIP型の法的倒産手続である民事再生法が平成12年4月に施行されたこともあり、現行法では、役員等責任査定決定を受けるおそれがあると認められる者は管財人に選任することができない旨を定めることによって（法67条3項、保全管理人につき法30条2項ただし書）、更生会社の取締役等であっても、経営責任等のない者は管財人に選任することができることが示された。もっとも、管財人が、債権者等の関係者の協力と信頼を得て更生手続を遂行する中心人物であることからすると、単に役員等責任査定決定を受けるおそれがないというだけでは足りず、そのような協力と信頼を得て事業の再建を進めることができる人物であることが必要であり、現行法施行後しばらくの間は、従前と同様、現経営陣を総退陣させる運用が行われていた。

　しかし、グローバル経済が進展し、企業間の競争が激しくなる中で、金融機関を含む債権者側においても、破綻した企業との関係を経済合理性に従って処理する要請が高まっており、他の先進諸国と同様、再チャレンジの機会を確保することも経済社会の発展のためには必要であるという認識も、徐々

に広まりつつあるように思われた。また、DIP型の民事再生手続により相当数の企業再建が図られてきたこれまでの経験の積重ねから、DIP型手続に対する理解が浸透し、DIP型の会社更生手続を受け入れる社会的な土壌も次第に形成されてきたように思われた。

そこで、東京地裁では、このような経済情勢や社会の意識の変化等を踏まえて、平成20年12月にDIP型更生手続の運用を導入するための方策を検討して公表し、平成21年1月から実際の運用を開始した。

3　選任の実際

(1)　**管理型更生手続**

ア　保全管理人及び法律家管財人

更生手続開始決定をするときは、裁判所は必ず同時に管財人を選任する。東京地裁においては、開始前会社の規模（上場、非上場の別、負債総額、資本金額、債権者数等）や事案の特性を考慮した上で、上記の適任要素を備え倒産事件に精通した弁護士を管財人に選任している。これが法律家管財人である。

ところで、東京地裁においては、管理型更生手続において、申立人が推薦する者や利害関係のある者を法律家管財人に選任することは一切行っていない。確かに調査委員とは異なり（会社更生規則32条1項）、管財人については利害関係のないことは要件とされていないが、物的担保権をも拘束する最も強力な法的倒産手続である更生手続においては手続の公正性・透明性の確保が強く要請されるから、それを疑わしめるような利害関係を有する者を手続の適法性を保持する役割を持つ法律家管財人に選任することは避けるべきだからである。

法律家管財人を複数選任することや、法人を法律家管財人に選任することも可能ではあるが、東京地裁では、このような例は見当たらない。

保全管理命令をした場合における保全管理人選任の実際も、同様である。特段の事情がない限り、保全管理人を引き続き法律家管財人に選任している。保全管理業務と管財業務との一貫性を持たせるためである。

イ　事業家管財人

　事業運営の面から更生会社を管理するのが、事業家管財人である。更生会社の営む事業を運営するに適した人材を選任する。更生会社の事業を維持更生するためには、更生債権等既存の債務を変更するだけでは足りず、事業内容を改善し、場合によっては事業を再構築して、企業として自立できるようにすることが必要であり、企業家ではない法律家管財人はそれを得意としないのが通常であるから、その弱点を補うため、特にスポンサー選定後又は更生計画認可決定後は、可能な限り事業家も管財人に選任するようにしている。管理型更生手続では、通常は法律家管財人のみで更生手続を遂行し、スポンサー選定後又は更生計画認可決定後に、スポンサーから派遣された企業家を事業家管財人又は事業家管財人代理に選任することが多い。なお、一般的に、法律家と事業家の組合せの型としては、①事業家と法律家の一方を管財人とし、他方を管財人代理（法70条）にする型、②事業家を管財人として法律家を法律顧問（法71条）とする型、③事業家と法律家の双方を管財人とする型、④法律家を管財人とし、事業家を管財人補佐とする型が考えられるが（注解更生法324頁［村重慶一］）、東京地裁における実務では、管理型更生手続では、認可決定前までは法律家管財人を必置とし、認可決定後は①～③の型によっており、その多くは、法律家管財人と事業家管財人を選任し（③型）、若しくは法律家管財人と事業家管財人代理を選任し（①型）、認可決定後一定期間を経過した後に、事業家を管財人として法律家を法律顧問とする②型となっている。

　ところで、現行法が施行されて以来、東京地裁に申立てがされた事件のほとんどについてスポンサーが選定されている。この場合、上記のとおり、スポンサー企業又は関連企業の経営者又は役員等の関係者を事業家管財人に選任するのが通例である。スポンサー関係者を事業家管財人に選任する場合であっても、選任決定前に当該管財人候補者の経歴書を提出してもらい、管財人としての適任要素を具備しているか否かを審査している。

　事業家管財人は、法律家管財人と異なり、利害関係を有しないことを要請されない。スポンサー関係者が事業家管財人に選任される場合は、スポン

サーとして資金を拠出する以上、常に利害関係を有することになるといってもよい。更生会社の同業他社がスポンサーとなる場合は、むしろ競業関係にあるともいえる。しかし、そもそもスポンサーが選定され、これを前提とした更生計画が認可されれば、以後、スポンサーの支援の下で事業の維持更生を図ることになる以上、更生会社がスポンサーの意向に沿った事業運営を行っていくことになることは当然に予定されている。また、管財人は、裁判所によって選任され、利害関係人全員のために更生会社の事業の運営に当たる公的な機関としての性格を有するのであるから、善良な管理者の注意をもってその職務を行わなければならず（法80条1項）、この注意を怠ったときは、利害関係人に対し、連帯して損害を賠償する義務を負う（法80条2項）。さらに、特に競業関係にあるときは、事業家管財人がスポンサーの利益のため更生会社に対し忠実でない行動を取るおそれがないとはいえないため、管財人について、会社法の定める取締役の競業避止義務と同様の規制を及ぼすこととされている（法79条。詳しくは、Q83参照）。

なお、法人も管財人となることができる（法67条2項）ところ、東京地裁においても、公的な性格を有する法人を事業家管財人に選任した例がある。この場合、当該法人は、役職員のうちから管財人の職務を行うべき者（職務執行者）を指名し、これを裁判所及び更生会社に通知することとされている（会社更生規則20条2項）。職務執行者には、管財人の職務を現実に行う実務責任者を指名すべきであり、上記の例では、弁護士の資格を有する者が職務執行者に指名された。

(2) DIP型更生手続

DIP型更生手続の申立てがされた事件において、監督委員兼調査委員の調査の結果、主要債権者が現経営陣の経営関与に反対していないなどDIP型4要件を満たすと判断した場合には、原則として現経営陣の中から事業家管財人を選任することとなる。このようにして選任された事業家管財人は、更生手続開始決定の前後を通じて、連続性をもって更生会社の経営に当たることになるから、経営陣の交替に伴う企業価値の毀損を防止し、早期の事業の維持更生を図ることが期待される。もっとも、現経営陣も管財人の地位にある

以上、利害関係人全員のために善管注意義務を負うことは管理型更生手続と異なるものではなく、この点は、DIP型との名称は付されていても、更生手続においては、本来的な意味でのDIP型の手続ではないことに留意する必要がある。東京地裁では、このことを踏まえて、DIP型更生手続での事業家管財人の選任に当たっては、候補者である現経営陣と面談の機会を設け、管財人としての職責を説明するとともに、候補者の認識を確認することとしている。

　また、DIP型で更生手続を開始する場合、申立代理人は、法律家アドバイザーとして、事業家管財人に対し、更生手続を進める上で必要となる様々な法律上の問題についてアドバイスをしたり、法律家管財人として、事業家管財人と共に更生手続を遂行する職責を負い、主に法律上の問題を担当したりする態勢を取ることとしている。申立代理人を法律家アドバイザーとするか法律家管財人に選任するかは事案ごとに検討しているが、一般的に手続上の法律問題が多岐にわたる大型の更生事件では、手続の適正かつ円滑な進行を図るために、法律家管財人として権限と責任を持って手続遂行の任に当たるのが相当であるから、特段の事情がない限り、申立代理人を、法律家アドバイザーではなく、法律家管財人に選任することが考えられよう。

　さらに、DIP型更生手続においては、その公正性を担保するため、更生事件の管財人を務めたことがあるような経験豊富な弁護士を調査委員に選任することとしている。これは、管財人は、利害関係人に対して善管注意義務を負うとともに、更生手続の遂行において広く裁判所の監督下にある（法68条1項）ものの、現経営陣の事業遂行や財産の管理処分、さらには更生手続の遂行について、より近い立場で調査をし、もって更生手続の適正かつ公正な遂行を担保するためには、同じく倒産手続に精通した経験豊富な弁護士を調査委員に選任することが相当であるという考慮に基づくものである。DIP型更生手続の申立てがされた場合、申立てと同時に、監督委員兼調査委員を選任するが、事情をよく理解し立場の一貫性も保てることから、監督委員兼調査委員に選任した者を引き続き更生手続開始後の調査委員に選任している。

　以上は、DIP型で更生手続を開始する場合の原則的な態勢であるが、事案

の特殊性や主要債権者その他の利害関係人の意向を踏まえて、監督委員兼調査委員を管財人に選任しつつ、現経営陣の中から管財人代理を選任したり、申立代理人のみを法律家管財人に選任したりした、いわゆる中間型といわれる事案もある。このほか、DIP型更生手続の申立てではないが、申立代理人という立場を踏まえ、利害関係のない弁護士を法律家管財人に選任し、申立代理人を管財人代理に選任した事案もある。東京地裁では、DIP型更生手続は、現経営陣の中から事業家管財人又は事業家管財人代理を選任するか、申立代理人を法律家管財人に選任する場合をいうものと捉えているが、DIP型更生手続ではない事案であっても、申立代理人を管財人代理に選任した場合のように、DIP型の要素があるという場合には、手続の公正性を担保する趣旨から、更生手続開始時に調査委員を選任することもある。

（押見　文哉・日置　朋弘）

〔参考文献〕
伊藤・更生法106頁

Q76　管財人の監督

管財人の監督はどのようにして行われるのか

1　管財人の職務権限

　管財人は、手続開始決定と同時に裁判所によって選任される、企業再建を目的とする更生手続における必置の機関である。そして、管財人は、更生会社の事業経営権及び財産管理処分権を専属的に有し（法72条1項）、債権認否・財産評定を実施し（法146条、83条1項）、更生計画案を作成し（法184条1項）、認可決定後に計画を遂行する権限（法209条1項）等を有している。

　管財人の基本的職務は、大別すれば、①更生会社の財産を管理し、②事業を継続し、③更生計画案を立案し、④更生計画を遂行することに分けられ、

これらの職務の遂行によって会社の事業を維持更生させることを最終目標とするものであるが、これは、裁判所の管理に服する財産の管理としての意味を持つものであるから、裁判所は、公的機関たる管財人による企業再建が適法に行われるように、管財人の職務執行を監督しなければならない（法68条1項）。裁判所は、かかる監督権行使の一環として、①管財人に対して更生会社の業務及び財産の管理状況等につき報告を命じることができ（法84条2項）、②会社財産の処分、財産譲受け、その他会社財産に重要な関係のある行為をするについて、裁判所の許可を要するものとすることができる（法72条2項）。また、管財人が更生会社の業務及び財産の管理を適切に行っていないとき、その他重要な事由があるときは、利害関係人の申立てにより又は職権で管財人を解任できる（法68条2項）。このほか、実務においては、上記のような明確な監督権行使という形にとらわれることなく、管財人の職務全般にわたって、是正を求めること等を内容とする指導及び勧告、相談を行い、もって後見的役割を果たしている。

他方、管財人は、独自の権限を持つ公的機関であり、また裁判所の下級機関ではないので一般的な指揮命令を受けるものではなく（条解更生法（中）255頁）、適法な裁量の範囲内では自らの判断で自由に職務を遂行し得る。また、更生手続における企業再建の実際は、更生手続の実質的主掌者たる管財人が多数の関係者との日々の交渉と意思決定の集積を経て実現されるものであるから、その判断の機動性が確保され、管財人が十分にその手腕を発揮できるような環境設定をすることが必要である。このため、会社更生法は、比較的重要な行為を列挙し、これらの行為をするについて裁判所の許可を必要とすることができるようにする半面（法72条2項）、特に裁判所の命令がない場合には管財人の自由な活動に任せることによって、管財人の判断の機動性が確保されるように配慮をしている（条解更生法（上）499頁）。特に、東京地裁では、①手続進行の迅速化、②多様な事案への柔軟な対応、③公正で透明な手続運用の3点に力点を置く運用を基本方針としており、管財人の行為規制緩和をその施策の一つとして位置付けていることから、管財人の経営判断を尊重し、裁判所の許可を要する事項を相当程度限定するとともに、必要

に応じて包括許可を活用して管財人の活動の機動性を確保する扱いとしている。管財人が違法行為や善管注意義務に反する行為をするおそれがある場合、又は管財人が怠慢である場合には、積極的な監督に乗り出す必要があるが、通常の状態においては、管財人の活動の機動性確保に配慮し、許可制度を始めとする裁判所の監督が更生会社の企業再建の足かせになることのないよう留意している。

2 裁判所が行う監督の実際

(1) 監督の概要

　裁判所が行う監督の実際は、大別すると、①更生会社の業務及び財産の管理状況に関する報告を受けること、②管財人が一定の行為（会社財産の処分、財産の譲受け、借財その他会社財産に重要な関係のある行為）をするについて裁判所の許可を得なければならない旨指定をした上で、許可をするか否か判断をすること、③法定の要許可事項について許可をするか否か判断をすることによって行われ、さらには④更生手続上の重要な局面において裁判所に提出される成果物（法84条1項に規定する調査報告書、法83条3項に規定する貸借対照表及び財産目録、法146条に規定する認否書、法184条1項に規定する更生計画案など）を点検し、⑤開始決定時に策定した進行スケジュールどおりに管財事務が進行しているか否かを随時点検する方法等によって実施される。また、更生手続開始後その事業の維持更生を図る大きな枠組みを決めるまでの間や、更生手続の節目の際、重要な事項の検討の際などには、裁判所が管財人に直接面談を実施した上で協議をしている（会社更生規則21条の2）が、裁判所は管財人に対する監督に関する事務を裁判所書記官に命じて行わせることができる（会社更生規則21条）ことから、日常的には書記官を介しての連絡・調整により、機動的に報告を受け、相談内容を聴取し、裁判所からの指示を伝達している。

　以下において、順次、上記各事項に関する運用の実際について概略を述べる。

(2) 管財人の報告

　裁判所の管財人に対する監督の前提として、裁判所は、管財人に対して、更生会社の業務及び財産の管理状況その他裁判所の命じる事項につき報告を求めることができ、管財人は、これに応じて報告を行う義務がある（法84条2項）。

　東京地裁の実務においては、開始決定時に管財人に対して、毎月、更生会社の業務及び財産の管理状況について、翌月末日までに損益計算書写しを添付した報告書（実務ではこの報告書を「月間報告書」と呼称している。）の提出を命じている（Q39末尾の別紙「開始決定書」参照）。開始決定時から管財人に月間報告書の提出を命じる理由は、①更生会社の業務及び財産管理状況等についての情報を得て、更生の前提となる事業継続に問題がないかを把握するためであり、②管財人に対する適切な監督権を行使するためである。なお、月間報告書は、更生計画認可後も引き続き提出させている（もっとも、事案に応じて報告書の提出頻度を落とし、四半期報告書の提出を求めることに変更することも多い。）。これは、更生計画の遂行可能性（例えば、弁済資金を事業収益に求める事案では、予定どおりの事業収益を計上しているか点検することにより、更生計画に定められた債務弁済条項に従った弁済が現実に可能であるか否かを判断することができる。また、債務弁済実行後においても、更生会社の財務の健全性を点検することにより、更生会社が事業更生を果たすことができるか否か検討することができる。）について把握する必要があるためである。提出された月間報告書から更生会社の事業及び財産状況が悪化していることがうかがえ、かつ現状を放置していたのでは更生計画の遂行に支障を来すおそれがあると認められる場合には、直ちに管財人に悪化の原因や対応策を検討させ、更生手続廃止に至るような事態を可能な限り回避するようにする。

(3) **法72条2項により裁判所の許可を要する行為**

　管財人は、更生手続の開始によって、更生会社の事業経営権及び財産管理処分権を専有する（法72条1項）が、裁判所は、必要があると認めるときは、管財人が一定の行為をするにつき、裁判所の許可を得なければならないものとすることができる（法72条2項）。管財人が裁判所の指定した行為につ

いて許可を得ないでした行為は無効であるが、善意の第三者に対抗することができない（法72条3項）。この場合の善意とは許可の有無に関してであり、過失の有無を問わない。

東京地裁では、更生手続開始決定の中で、裁判所の許可を要する行為を指定しているが、おおむね法72条2項に列挙された行為を定めている。法72条2項は、管財人が会社財産に重要な関係のある行為をするについて、裁判所の監督を確実なものとするために、裁判所の許可によるコントロールを可能としたものである。しかし、管財人が事業を行う上での判断の機動性が確保される必要性があることから、東京地裁では、会社の業態等に応じた配慮をしており、例えば、法72条2項1号に例示されている財産の処分や同項8号の共益債権の承認について、裁判所の許可事項から常務に属する取引や一定金額以下の財産に係る取引に関する場合を除くなどの定め方をしている（Q39末尾の別紙「開始決定書」参照）。

(4) その他法定の要許可事項

管財人は、例えば、①更生計画外の事業譲渡（法46条2項）、②少額債権及び中小企業債権等の弁済（法47条5項・2項）、③管財人代理の選任（法70条2項）、法律顧問の選任（法71条）、④更生会社と管財人の自己取引（法78条）、⑤担保権消滅請求（法104条）といった法定の要許可事項について、裁判所の許可を得なければならない。これらに関する許可申請に対しては、許可要件の具備や当該行為の妥当性等について、個々の事業を見ながら個別に審査・判断するという場合のほか、管財人の判断の機動性確保という観点から、会社の業態等を考慮に入れた上で、具体的に想定される範囲においては包括的許可を検討する場合もある。

(5) 調査報告書、認否書、財産評定書、更生計画案の点検

ア 法84条1項に規定する調査報告書

法84条2項に基づく月間報告書と異なり、法84条1項の調査報告書は、裁判所が当該更生事件について十分な情報を持つために、管財人に対し法文上提出を義務付けたものである。また本調査報告書の内容は、更生会社の主たる営業所等において利害関係人らに広く開示することになるので（会社更生

規則24条）、内容が正確であるとともに、関係者に誤解を与えないように配慮する必要があることから、裁判所はその内容につき点検を行っている（法84条1項の調査報告書の詳細は、Q89参照）。

イ　認否書

認否書は、法146条に基づき、開始決定時に裁判所が定める提出期限まで（東京地裁では、認否書の提出期限を、標準スケジュールにおいては開始決定から5か月後として、短縮型及びDIP型スケジュールにおいては開始決定から14週間後として、それぞれ運用している。）に提出する必要がある。届出更生債権等の認否は管財人の専権事項であるので、その適否自体については裁判所において点検を要するものではない。しかし、管財人として認めないと判断した届出債権について、その旨を認否書に記載するのを失念した結果、法146条4項・5項によって認めたものとみなされる過誤を防止する等の観点から、更生債権等届出書と認否書を照合して、形式的記載に誤りがないか確認している（認否書の詳細については、Q116参照）。

ウ　財産評定書

管財人は、開始決定後遅滞なく更生会社に帰属する財産一切について財産評定を行い（詳細は、Q87参照）、評定が完了したときは、直ちに裁判所に開始決定時における貸借対照表及び財産目録を提出しなければならない（法83条3項）。財産評定をする基準時（開始決定時）及び評価基準（時価）については法83条2項によって規定されているものの、評定自体は管財人の権限と責任において行われるものであることから、評価自体の正当性等については裁判所において点検を要するものではない。しかし、更生手続上、財産評定の持つ意味の重要性（例えば、財産評定の結果によって更生担保権の額が確定すると解されるし、また更生会社の今後の会計処理の根拠ともなる。）や、上記財産目録等は、更生会社の主たる営業所等において利害関係人らに広く開示する必要があるので（会社更生規則24条）、会社更生規則23条に基づき提出を求めている財産評定基準書と照合する等して、形式的記載に誤りがないか否か確認している。

エ　更生計画案

　管財人は、法184条1項に基づき、開始決定時に裁判所が定める提出期限までに（提出期限は、法184条3項により、開始決定日から1年以内であることを要する。）、更生計画案を作成して裁判所に提出しなければならない。更生計画案の作成は管財人の権限と責任において行われるべきものであるが、更生計画案が適法性及び妥当性を欠く場合には、法199条2項各号（4号を除く。）の要件を満たさないために更生計画案を決議に付することができず、また、付議決定がされた上で更生計画案が可決されても認可することができずに、更生手続を廃止せざるを得ないという極めて重大な事態を招来する可能性がある。東京地裁では、管財人を監督する立場として、このような事態を回避するため、更生計画案の骨子の作成段階から、更生計画案の内容について検討をし、管財人と十分な意思疎通を図っている。

(6)　事件進捗状況の点検

　東京地裁では、手続進行の迅速化を図るために、開始決定に先立って、当該事件の内容に適合した事件進行スケジュールを管財人の候補者たる保全管理人等との協議に基づいて作成し、当該事件の進捗状況を随時点検している。

3　管財人の監督期間

　裁判所の管財人に対する監督は、更生計画認可後も継続し、仮に法72条4項に基づいて取締役の権限回復がされた場合であっても、更生手続が終了するまで継続する。

4　管財人代理の監督

　管財人代理は、管財人の責任で選任される（法70条1項）ことから、裁判所の直接の監督には服さない。したがって、裁判所は、管財人に対する監督を介して間接的に管財人代理を監督することになる。また、管財人代理の選任については、裁判所の許可が必要とされていることから（法70条2項）、裁判所はこの許可を取り消すことにより、事実上、管財人代理を解任すること

が可能である。

(押見　文哉・日置　朋弘)

〔参考文献〕本文掲載のほか
中島弘雅「更生管財人に対する裁判所の監督」青山ほか・実務と理論171頁
山内八郎・実務会社更生法324頁
伊藤ほか・更生法151頁〔永野厚郎〕
伊藤・更生法116頁

Q77　数人の管財人

数人の管財人があった場合、その職務はどのように遂行されるのか。職務分掌があった場合はどうか

1　共同執行の原則

裁判所は、数人の管財人を選任することができる（法42条1項）。管財人が数人あるときは、共同してその職務を行う。ただし、数人の管財人は、裁判所の許可を得て、それぞれ単独にその職務を行い、又は職務を分掌することができる（法69条1項）。

数人の管財人がいる場合の職務の原則的共同執行は、旧法以来の原則（旧法97条1項）であり、株式会社の代表取締役が数名ある場合に単独代表が原則とされていること（会社法349条2項）とは、原則と例外が逆転している。これは、管財人の意思を全員一致させることを原則とすることにより、管財人を相互に牽制させ、手続運用の適正を確保しようとしたものと解される。数人の管財人を選任した場合には、そのうちから代表者を選任し、多数決でその職務を行うのが便利であるようにも考えられるが、管財人は少数であるのが常であり、その職務は全員の一致協力によって行うことが望まれるので、破産管財人と同様、共同してその職務を行うべきものとしたのである（位野木・要説122頁）。この原則は、管財人の損害賠償責任について、数人の

管財人がいる場合に、利害関係人の利益を保護するため連帯して損害賠償義務を負担すること（法80条2項）と符合する。

共同して職務を執行する場合の数人の管財人は、会社事業経営上の取引についても手形行為その他一切の意思表示についても共同して行うことを要し、共同でないと効力を生じない。

数人の管財人が共同して行うべき職務内容とは、管財人についてのQ76の記載と同様であるが、具体的には、①調査報告義務がある場合の報告、②要許可事項の許可申請、③財産評定、④否認権の行使、⑤管財人の一般的職務とされている利害関係人との交渉などを共同してする、などである。

2　単独職務執行・職務分掌

数人の管財人は、裁判所の許可を得て、単独にその職務を行い、又は職務を分掌することができる（法69条1項ただし書）。共同執行の原則を厳格に貫いた場合は、管財人の経営トップとしての意思決定が機動性に欠けるものとなり、会社の事業経営の遂行や財産の管理処分が遅滞する等の弊害が出てくるおそれがあることから、裁判所の許可を得て、単独にその職務を行い、又は職務を分掌することができることとされたものである。単独職務執行とは、管財人の全職務について各管財人が単独で職務を執行することをいい、職務分掌とは、管財人の職務を区分して、一定の範囲の職務について特定の管財人が単独で職務を執行することである。旧法では職務分掌だけが定められており、実務において積極的に活用されていたところであるが、これをさらに進めて、現行法では、管財人業務の機動性の確保を考慮して、単独職務執行の制度が追加されたものである。

職務分掌及び単独職務執行は、いずれも裁判所の許可によって行う。職務分掌の場合は、「職務分掌の許可」決定において、分掌すべき職務の内容を細かく定める。

旧法の下では、職務分掌の許可があった事実を登記することができず、裁判所による「許可証明」書の発行・交付により公示手段としていたもので、管財人と取引を行う第三者の保護に欠ける面があったが、現行法では、単独

職務執行又は職務分掌の許可があった場合、その具体的な内容を登記する方法により公示することとなり（法258条2項）、更生会社と取引を行う第三者の保護を図った（一問一答更生法102頁）。この登記は裁判所書記官の嘱託により行われる。

3　数人の管財人に対する意思表示

更生会社に数人の管財人がいる場合、取引の相手方は、一見してどの管財人に意思表示をしてよいか分かりにくい場合がある。このような場合について法69条2項は、管財人が数人あるときは、第三者の意思表示は、その一人に対してすれば足りると規定する。更生会社と取引等を行う第三者は、数人の管財人相互の権限関係にかかわらず、どの管財人に対して意思表示をしてもよいこととなる。

4　数人の管財人の訴訟行為

数人の管財人がいる場合、管財人が訴え又は訴えられるときは、固有必要的共同訴訟となる。したがって、数人の管財人全員が原告となり、又は被告とならなければならない。訴訟の係属中に管財人が追加選任された場合は、訴訟は中断し、数人の管財人全員において受継することになる（破産管財人について、最判昭45.10.27民集24巻11号1655頁）。

5　数人の管財人の選任についての実務

実務において、数人の管財人が選任されるケースのほとんどは、法律家管財人と事業家管財人を各1名選任するというものである。

法律家管財人は、管理型更生手続においては、更生手続開始決定と同時に選任され、更生手続の終結又は更生計画の認可までその職務を果たす。また、DIP型更生手続においても、現経営陣から事業家管財人を選任するほか、申立代理人を法律家管財人に選任することがある。法律家管財人には、弁護士を選任するが、保全管理命令が発せられていた場合には、保全管理業務と管財業務の一貫性を保つために、保全管理人を引き続き法律家管財人に

選任するのが通例である。法律家管財人は、事業家管財人が就任している場合は、法律関係の職務に専念することもあるが、一般には更生手続の法律面・事業面の双方にわたる職務を法律的観点から行う。

他方、事業家管財人は、経営面及び財務面から事業の建直しを図るために、更生会社の事業に精通した実務家が選任される。多くの場合、事業家管財人には、更生会社のスポンサー企業の経営者や関係者が選任されている。

事業家管財人の就任時期は様々であるが、スポンサー契約が締結された段階で選任されることが多い。したがって、保全管理段階でスポンサーが決まっていれば、更生手続開始決定の時に選任されるし、更生計画案作成前にスポンサーが選定された場合には、それ以降に選任される。スポンサーが付かず、収益弁済型の更生計画により更生会社の再建を目指す場合は、更生会社の外部からの招聘又は内部からの登用により事業家管財人を選任することになるが、その就任は更生計画認可時以降になることもある。

法律家管財人と事業家管財人の両者の関係は、おおまかにいって、事業家管財人が経営的な判断を主として担当し、法律家管財人が法律的な判断及びその処理を主として担当するという分掌関係になることが多い。これは、法律家管財人は弁護士であり、経営の面ではその能力に限界があるのに対し、事業家管財人も法律的な専門性には限界があるため、相互に補完し合う形になることが多いからである。

ただし、このような分掌関係が現実に職務分掌の許可の形を取ることは多くはなく、東京地裁では、共同執行の建前を維持しつつ、実際は上記の分掌関係を取ることの方が多いのが実情である。例えば、DIP型更生手続では、現経営陣から選任される事業家管財人と法律家管財人の職務分掌の許可申立ては行われないことが多いし、スポンサー契約が締結されスポンサーから事業家管財人が派遣された場合でも、当該事業家管財人の力量や信頼性、将来的な更生会社の経営方針等が必ずしも明らかでない場合は、共同執行のままとすることが多い。

なお、職務分掌を実施した事例を見ると、そのタイミングとしては、スポンサー契約締結後に分掌する例が多いが、更生計画認可決定後に分掌した例

も散見される。

(船橋　寿之・福島　法昭)

〔参考文献〕本文掲載のほか
　伊藤ほか・更生法151頁
　条解更生法（中）245頁
　伊藤・更生法109頁

Q78　管財人代理・補佐

管財人代理・補佐とは、どのような者か

1　管財人代理

(1)　選　　任

　管財人は、必要があるときは、裁判所の許可を得て、自己の責任で管財人代理を選任することができる（法70条1項本文・2項）。数人の管財人がいるときは、各管財人がそれぞれ管財人代理を選任することができる。管財人の職務は、経営、法律、会計等の多方面にわたり、かつ、地域的にも広範にわたることが多く、特に更生会社の規模が大きくなれば管財人だけでその職責を全て果たすことは事実上不可能であることから、その職務を行わせるため、管財人の責任で常置的な代理人を置くことが認められているのである。

　管財人代理は一人又は数人を選任することができ（法70条1項本文）、その員数には法律上の制限はないが、裁判所は必要と認める員数の範囲で、管財人代理の選任を許可することになる。

　管財人代理の資格については、特別な制限はない。ただし、管財人は、役員等責任査定決定を受けるおそれがあると認められる者は、管財人代理に選任することができない（法70条1項ただし書、67条3項）。管財人代理についても、管財人と同様の欠格事由を定めることにより、これに該当しない者であれば、更生会社の現経営陣であっても、適任者であれば管財人代理に選任

することができることを、条文上明らかにしている。

実務においては、裁判所に対する管財人代理選任の許可申請の際に管財人代理候補者の経歴書が添付され、裁判所は、管財人代理候補に適任要素が備わっていることを確認した上で、選任の許可をしている。法律家管財人の管財人代理には、企業再建の実務に明るい弁護士等の中から数名が選任されることが通常である。事業家管財人の管財人代理には、管理型ではスポンサー企業の役員や従業員、DIP型では更生会社の現経営陣やスポンサー企業の役員又は従業員が選任されることが多い。

なお、管財人代理の辞任については、管財人の辞任（会社更生規則20条5項）とは異なり、許可は不要である。

(2) **地位及び権限**

管財人代理は、常置的な機関であり、かつ、管財人の有する権限について包括的な権限を有する。単に管財人の職務執行を補助するにとどまるものではなく、管財人に代わって法律行為を行うことができ、管財人代理が行った法律行為は、管財人が法律行為を行った場合と同じ効果を生じる。臨時に個別的な行為を代理する権限を持つにとどまる管財人の代理人とは異なる。その意味で、管財人代理は、管財人と同様に更生手続の機関という性質を有する（伊藤・更生法110頁）。

ただし、更生会社の財産関係の訴訟については、管財人のみが当事者適格を有していることから（法74条1項）、管財人代理に当事者適格はない。

(3) **責　　任**

管財人代理は、管財人が自己の責任で選任する代理人であるから、管財人の監督に服する。管財人代理は、管財人に対して善管注意義務を負い、管財人代理の行為の適・不適は管財人の善管注意義務の問題となる。管財人代理の行為の責任は管財人が負うのであり、管財人代理が裁判所や利害関係人に対して直接責任を負うものではない。

したがって、管財人代理は、直接的には裁判所の監督に服さない。裁判所は、管財人に対する監督を介して間接的に管財人代理を監督することになる。ただし、裁判所は、相当な理由があるときは、法70条2項の管財人代理

選任の許可を取り消すことが可能と考えられる（条解更生法（中）250頁）。

(4) 報　酬　等

　管財人代理は会社更生法上の独立の公的機関であるから、その報酬は管財人の報酬とは別個に支払われ、管財人が自己の報酬の中から支払うものではない。管財人代理は、費用の前払及び裁判所が定める報酬を受けることができ（法81条1項・5項）、裁判所は、その報酬を定めるに当たっては、管財人代理の職務と責任にふさわしい額を定める（会社更生規則22条）。管財人代理が更生会社等に対する債権又は更生会社等の発行した株式を譲り受け、又は譲り渡すには、管財人と同様に、裁判所の許可を得る必要があり、許可を得ないでこれらの行為をしたときは、費用及び報酬の支払を受けることができない（法81条2項・3項・5項）。

2　管財人補佐

(1) 選　　任

　管財人補佐は、会社更生法に定められた機関ではなく、実務上、管財人が必要であると認めたときに、自己の責任で選任する補助者である。管財人補佐を選任する場合、管財人は、裁判所に対し、その旨を記載した上申書を提出する。

(2) 権限及び職務等

　管財人補佐は、上記のとおり、管財人が自己の責任で選任する管財人の補助者であり、管財人代理のように法律上包括的な代理権を有する者ではない。そして、管財人補佐についての明文上の規定はないため、個別の事件により、その地位及び職務内容も様々であるが、一般的には、管財人や管財人代理が決定したことを忠実に実行し、また、管財人や管財人代理が必要とする情報を迅速、的確に提供し、あるいは、裁判所と管財人との間、管財人及び管財人代理と更生会社の従業員との間の各意思疎通を円滑にする働きをするなどしている。

　管財人補佐は、上記のとおり、会社更生法に定められた機関ではなく、管財人の補助者にすぎないから、更生手続の中で管財人とは別に独立して報酬

を受けることはない。

（名雪　泉・福島　法昭）

〔参考文献〕
伊藤・更生法109頁

Q79　法律顧問

法律顧問とは何か。管財人とどう違うのか

1　法律顧問の意義

　法律顧問とは、更生手続において生じる法律問題（法律事件に関するものを除く。）について管財人を助言する者をいう（法71条）。更生手続において、管財人の職務を遂行するためには、破産の場合と異なり、法律的知識のみならず、経営的・経理的識見及び手腕が要求されるため、弁護士以外の事業家が管財人に選任されることもある（DIP型更生手続は、これを正面から運用として認めたものである。）。しかし、更生手続は複雑な法的手続であり、また、いろいろな利害関係が錯綜した難しい法律問題が多数生じるため、法律上の知識・経験を必要とすることが多く、また、個々の事件について、弁護士を依頼してその助力を得るだけでは不十分であるため、弁護士等の法律家に管財人を補佐させる必要が生じた。これに応じるのが法律顧問の制度である。

2　法律顧問の選任

　法律顧問は、管財人との間で委任契約を締結して選任される。更生計画認可決定前は法律事務が多いため、法律家も事業家と共に管財人として職務を行うことが多く、別に法律顧問の選任を要することは少ない。しかし、更生計画認可決定後は、スポンサー等から事業家管財人が派遣され、法律事務も減少するため法律家管財人が辞任することが多く、事業家管財人のみが更生

手続を遂行することとなることから、法律顧問を選任する必要性が高まる。もっとも、DIP型更生手続において事業家管財人が法律家アドバイザーを選任している場合は、認可後においても法律家アドバイザーが事業家管財人の更生手続遂行への助言及び補佐を行うため、法律顧問を選任する必要性は低いと思われる。

　法律顧問の選任には裁判所の許可が必要であり（法71条）、上記委任契約の締結は裁判所の許可が条件となる。複雑な法的手続を持つ更生手続について専門的立場から公平な態度で管財人に助言をし、補佐し得る者であるか否か、あるいは、一部の利害関係人に有利又は不利な運営がされるおそれがあるような不適当な者ではないかを、更生手続の監督者である裁判所において審査するためである。裁判所の許可を欠いた選任は無効である。

3　法律顧問の任務、資格

　法律顧問は、更生手続に伴う法律問題について管財人に助言し、補佐することを任務とするものであり、更生手続に付随して生起する具体的訴訟事件や査定事件等を担当するものではない。したがって、弁護士ではない法律専門家、例えば大学の法律学の教授が法律顧問になること自体は、弁護士法72条（非弁護士の法律事務の取扱い等の禁止）に触れない。しかし、法律顧問には、更生手続に関わり生起する様々な実務上の法律問題についての的確な助言が求められることからすると、その任務にふさわしい人材はおのずから限られる。実務上、更生手続に精通した弁護士以外の者が法定機関としての法律顧問に選任されることは、皆無といってよい。実際には、更生計画認可に伴い辞任した法律家管財人又は弁護士の管財人代理が、引き続き法律顧問に選任される例がほとんどである。

4　法律顧問と管財人との差違

　法律顧問は、更生手続に伴う法律問題について管財人に助言するにとどまり、管財人のように直接に更生手続上の行為を執行することはできないし、管財人代理のように管財人の代理をする権限を有するものではない。関係人

集会や更生債権者等との交渉において発言することがあるとしても、管財人の命を受けてその補助としてするもので、管財人の代理人として管財人に代わって行動するものではない。ただし、法律顧問が管財人の委任に基づき代理人として行動することは禁止されていないから、管財人の委任を受ければ、更生手続に付随して生じる具体的訴訟事件を担当することができる。しかし、それは法律顧問の資格においてするものではない。また、法律顧問は管財人が職務を行うのに必要があるときに選任するが、管財人は必置機関であるので、裁判所は必ず更生手続開始の決定と同時に選任しなければならない（法67条1項、72条1項）。

5　費用の前払及び報酬、罰則

　法律顧問は、費用の前払及び裁判所が定める報酬を受けることができる（法81条1項・5項）。法律顧問が管財人に対して助言及び補佐をしていくに当たり、旅費・通信費その他の費用を要する場合もあるが、これを法律顧問に立替払させるのは酷なので、費用の前払請求権が認められたのである。また、法律顧問には、管財人の法律相談役としての職務にふさわしい額の報酬が支給されなければならない（会社更生規則22条）。これらの支払請求権は共益債権とされる（法127条4号）から、更生計画の定めるところによらず、更生債権等に先立って随時弁済される（法132条1項・2項）。

　法律顧問がその職務に関し、賄賂を収受し、又はその要求若しくは約束をしたときは、収賄罪として3年以下の懲役若しくは300万円以下の罰金に処せられ、又はこれを併科される（法272条1項）。不正の請託を受けた場合は、加重される（法272条2項）。法律顧問の収受した賄賂は没収し、その全部又は一部を没収することができないときはその価額を追徴する（法272条6項）。更生手続の公正を確保するため、管財人に準じて規定が設けられたものである。

（宍戸　由洋・福島　法昭）

〔参考文献〕
　条解更生法（下）157頁

宮崎誠＝相澤光江＝四宮章夫編・管財実務のための新会社更生の理論・実務と書式150頁
小屋敏一編、北原弘也編集担当・法律学説判例総覧会社更生法下98頁
山内八郎・実務会社更生法〔第三版〕333頁
位野木・要説185頁
山本＝庄司・更生法757頁
伊藤・更生法130頁

Q80 管財人の権限

管財人の権限は、どのようなものか。裁判所の許可を得なければならない行為は何か

1 管財人の権限

(1) 総　説

　管財人には、更生会社の事業の経営及び財産の管理・処分をする権利が専属する（法72条1項）。すなわち、更生会社の事業経営を行う会社の代表者的な権限と、破産手続における破産管財人のような更生会社が有する財産の管理処分を行う権限を有する。更生手続において更生会社に関するこのような広範な権限を管財人に専属させたのは、究極的には更生会社の事業を再建させるためであり、管財人は更生計画案を作成し提出する権限（法184条1項）及び更生計画が認可されると計画を遂行する権限（法209条1項）を有する。

　更生計画案を作成する前提として、管財人は速やかに更生会社の事業を安定した状態に戻し、更生会社が窮境に陥った原因を究明するとともに更生会社の財産状況と負債の状況を把握する必要がある。管財人は、事業の早期安定化のために、未履行双務契約の解除（法61条1項）をし、取引先との関係で更生計画外の弁済（法47条2項・5項）をし、担保権消滅請求（法104条1項）をすることができる。また、管財人は、財産・負債の状況を把握するた

めに、更生会社の取締役等や使用人その他の従業者等に対し、更生会社の業務及び財産の状況について報告を求め、更生会社の帳簿や書類等を検査する権限（法77条1項）や子会社に対する調査権限（法77条2項）を有し、更生会社の財産については財産評定（法83条1項）を、更生会社の負債については債権調査（146条）を行う。調査の結果、更生手続開始決定前に不当な財産処分や偏頗弁済等があれば、管財人は否認権を行使することができ（法95条1項）、更生会社の取締役等に会社財産の減少や粉飾決算等についての違法行為が認められる場合には、裁判所に対し役員等責任査定を申し立てることができる（法100条1項）。

(2) 事業の経営

更生手続では、破産手続等の清算型手続とは異なり、従来からの会社の事業は継続される。継続される事業の担い手は管財人であり、会社の人格活動の面を除き、会社の経営に関し広範な権限が与えられている。管財人は、「更生会社〇〇株式会社管財人△△△△」名義で更生会社の経営を行う。もっとも、管財人は会社の代表者に類似の地位にあるが、更生会社の代表者としての資格を意味するのではなく、事業経営権及び財産管理処分権を有する更生手続の機関としての地位を表示したものであると解すべきである（伊藤・更生法115頁）。

会社が事業の継続として日常の営業活動を行うことに関しては、裁判所の監督を受けることを除けば、特段変わるところはない。もっとも、定款所定の目的の範囲を逸脱する営業活動は当然には許容されない。更生のために事業の拡張や規模の増大を意図して定款変更をすることを否定すべき理由はないが、仮に所定の定款変更の手続（法45条2項）をとったとしても、開始決定時の事業目的を転換し、全く別の業態に変更してしまうことは原則として許されないとの見解もある（条解更生法（上）496頁）。

管財人が事業経営のため第三者と取引（例えば、資金の借入れ、原料の購入、製品の販売、労働者の雇用等）をした場合、そのために生じた費用の請求権は共益債権となる（法127条2号・5号）。

従業員との関係は、更生会社は企業として存続し維持更生されるのである

から従前の会社と従業員との労働契約も維持され、管財人が使用者となると考えられている。

(3) 財産の管理・処分

更生手続開始決定により更生会社の財産の管理処分権は管財人に専属することになるので、管財人は就職後直ちに業務及び財産の管理に着手しなければならない（法73条）。同様に財産の管理処分権が専属する破産管財人の場合には、現実に財産を換価し、債権者に配当するという過程を採るのに対し、更生手続では利害関係人に対しその権利に応じた経済的利益を分与するとはいえ、事業の維持更生を目的とするため管財人によって更生会社の財産が換価配当されるとは限らない（観念的清算）点で両者は異なる。

管財人に会社財産の管理処分権が専属する効果として、更生会社自体は財産的行為をすることができなくなり、更生会社が更生手続開始後に会社財産に関してした法律行為等は、更生手続との関係ではその効力を主張することができない（法54条〜59条）。ここでいう法律行為には、狭義の法律行為、すなわち契約又は相殺若しくは免除などの単独行為のみならず、物の引渡し、登記又は登録、債権譲渡の通知又は承諾、債務の承認、あるいは弁済の受領など、更生会社財産に属する権利義務の発生、移転及び消滅に関わる行為全てが含まれる（伊藤・更生法259頁）。また、更生会社の財産関係に関する訴訟は管財人が原告又は被告となる（法74条1項）。

(4) 更生会社の業務及び財産状況に関する調査

管財人は、更生会社の取締役、執行役、監査役、会計監査人、清算人及び支配人その他の使用人等並びにこれらの者であった者に対して更生会社の業務及び財産の状況につき報告を求め、更生会社の帳簿、書類その他の物件を検査することができる（法77条1項）。この調査権は、管財人による事業の経営及び財産の管理処分を十全ならしめるとともに、更生手続開始決定後遅滞なく行わなくてはならない更生会社財産の評定の前提となる資料を得るためのものである。

なお、東京地裁の実務では、会社申立てによる管理型更生手続においては、更生手続開始決定に先立ってほとんどのケースで申立てと同時に保全管

理人による保全管理命令（法30条1項）が発令されている。保全管理人についても開始前会社につき同様の調査権が認められるが（法34条1項、77条1項）、保全管理人となった弁護士が更生手続開始決定後は引き続き管財人に選任されていることもあり、会社の業務及び財産状況に関する調査は保全段階から行われているのが実情である。債権者申立ての管理型更生手続やDIP型更生手続においては、まず、調査命令や監督命令兼調査命令が発令されることが多いが、調査委員には開始前会社の業務及び財産の調査権限があり（法39条1号）、監督委員には開始前会社及びその子会社役職員への業務及び財産の状況の聴取や帳簿等への検査権限が与えられている（法38条、77条）。このため、調査委員又は監督委員兼調査委員が更生手続開始後に法律家管財人として選任された場合、当該法律家管財人は、上記各種の調査権限の行使を通じて、会社の業務及び財産の状況を把握している。他方、DIP型更生手続であれば更生手続開始決定時に現経営陣の中から事業家管財人が選任されることとなるため、会社の業務及び財産状況の把握には、管理型更生手続と比べるとそれほど時間が掛からないことが多い。

(5) 子会社に対する調査

管財人は、職務を行うため必要があるときは、更生会社の子会社（会社法2条3号、会社法施行規則3条）に対してその業務及び財産の状況につき報告を求め、その帳簿、書類その他の物件を検査することができる（法77条2項）。本条は、実務上、更生会社が子会社を通じて資産隠しや不明朗な経理処理をしている事例が少なからずあり、管財人に子会社の業務及び財産状況に関する調査権を認めるべきであるとの指摘に応えて設けられた規定である。なお、本調査権に関する規定も保全管理人及び監督委員に準用されている（法34条1項、38条）。

(6) 財産評定

管財人は、更生手続開始後遅滞なく、更生会社に属する一切の財産についてその価額を評定しなければならない（法83条1項）。その評定は、更生手続開始時における時価によるものとする（法83条2項）。財産評定を完了したときは、直ちに更生手続開始の時における貸借対照表及び財産目録を作成し、

これらを裁判所に提出しなければならない（法83条3項）。

財産評定を行う目的は、①早期に会社の正確な財産状態を把握し、更生計画案作成に向けて更生会社の事業経営及び財産管理の方針を定める、②利害関係人に対してこれを開示し、適切な意思決定のための資料を提供する、③更生会社が債務超過の状態にあるかどうかを明らかにして、株主の議決権（法166条）など利害関係人の権利範囲を明確にする、④更生会社の資産及び負債の状況を会計帳簿上に反映し、その後の会計処理の基礎とする、の四つに整理できる（伊藤・前掲書510頁）。財産評定の詳細については、Q87を参照されたい。

(7) 債権調査

更生債権等の調査は、届出に基づいて作成される更生債権者表及び更生担保権者表に記載の各更生債権及び各更生担保権の内容等（法144条2項・3項）について、管財人が作成した認否書並びに更生債権者等、株主及び更生会社の書面による異議に基づいて行われる（法145条）。債権調査の詳細については、Q115を参照されたい。

(8) 更生計画案の作成提出

更生計画案は、更生会社が具体的にどのような再建を図るのかについて、全部又は一部の更生債権者等又は株主の権利を変更する条項、更生会社の取締役等、債務の弁済資金の調達方法、その他更生会社の事業の維持更生を図るための基本的事項（法167条）を定める重要な書面である。更生手続において、管財人は日々様々な業務を行っているが、そのような業務も突き詰めれば更生計画案を作成するためのものである。なお、最近の実務では、更生計画案を作成する前提として、スポンサーを確保することが管財人にとっての最重要課題となるケースが多い。管財人は就任直後から（企業の再建にはスピードが要求されるため保全管理の段階から着手するケースも少なくない。）、FA（フィナンシャル・アドバイザー）を積極的に活用する等して、スポンサー候補者との交渉に多くの時間を割いている。

管財人は、裁判所が定める、債権届出期間満了後の一定の期間内に更生計画案を作成して裁判所に提出しなければならない（法184条1項）。この提出

期間の末日は開始決定の日から1年以内の日でなければならないとされている（法184条3項）。東京地裁では、更生手続開始決定の中で更生計画案の提出期間を定めている。更生計画案は、更生会社、届出をした更生債権者等及び株主も裁判所の定める提出期間内に提出することができる（法184条2項）が、現実に提出されるケースは少ない。もっとも、近時、債権者の情報開示の要請とともに手続関与の要請の高まりを受け、大型の更生事件では、債権者が更生計画案を提出することも見受けられるようになっている。この場合、裁判所は、付議決定に当たり、債権者の作成提出した更生計画案の法令適合性や計画の遂行可能性を検討することになるが、事案によっては、管財人の更生計画案との一本化が図られることもないではない。

(9) 更生計画の遂行

更生計画認可決定があると、その内容に従った権利変更や組織変更などの効力が生じ、管財人は速やかに更生計画を遂行しなければならない（法209条1項）。更生計画の内容にもよるが、収益弁済型の更生計画であれば、計画どおり事業収益を上げられるよう日々事業を経営し、更生債権者等への弁済や会社の組織変更（減資や増資、合併、会社分割等）を実行する。

なお、更生計画認可決定後は、更生計画の定め又は裁判所の決定で、更生会社の事業の経営権及び財産の管理処分権が管財人に専属するとの規定等を適用せず、更生会社の取締役等の機関に権限を回復させることができる（法72条4項前段）。そのような場合には、管財人は更生会社の事業の経営及び財産の管理処分を監督することになる（法72条4項後段）が、東京地裁では、現行法が施行されてから、取締役等の機関に対する権限回復を実施した事例は存在しない。これは、スポンサーからの拠出金による一括弁済や短期の分割弁済の事案が増加し、認可後の事件の係属期間が短縮化する傾向にあることや、長期の収益弁済であっても、裁判所の監督下にある事業家管財人を中心として更生計画を遂行することで十分に対応可能であることによるものと思われる。

2 管財人が裁判所の許可を得なければならない行為

(1) 更生手続開始決定において指定される裁判所の許可を得なければならない行為

前記1で述べたとおり、更生手続開始決定により管財人が選任されると、更生会社の事業の経営及び財産を管理・処分する権限は管財人に専属することになるが、裁判所は必要があると認めるときは、管財人の一定の行為につき裁判所の許可を得なければならないものとすることができる（法72条2項）。これは、管財人が財産の処分や財産の譲受け等会社財産に重要な影響のある行為をするについて、裁判所の監督（法68条1項）を確実なものとするため、比較的重要な行為を列挙して裁判所の許可を要するものとし、特に裁判所の指定がない行為については、管財人の自由な活動に任せ、管財人による事業の経営及び会社財産の管理に機動性を持たせるようにしたものである（条解更生法（上）499頁）。東京地裁では、管財人が更生会社の事業経営を行う上で機動性に欠けることのないよう、会社の業態等に応じた配慮をしつつ、更生手続開始決定の中で裁判所の許可を得なければならない行為を定めている（決定例については、Q39末尾の別紙「開始決定書」参照）。

管財人は、許可申請に係る行為が、複雑な法律問題を含んでいたり、利害関係人に対する影響が大きいような場合には、通常、慎重を期して、許可要件の存否や当該行為をすることの当否などについて裁判所に事前に相談した上で許可申請をし、裁判所がこれを判断している。また、管財人の事業経営の機動性確保という観点からは、許可を要する行為であっても、管財人の行為が具体的に想定される範囲においては、その必要性、相当性に鑑みて、包括的に許可を与えることも行われている。

以下では東京地裁の更生手続開始決定において指定される裁判所の許可を要する行為について述べる。

ア　更生会社が所有又は占有する財産に係る権利の譲渡、担保権の設定、賃貸その他一切の処分（○○万円以下の価額を有する財産に係る取引及び常務に属する取引に関する場合を除く。）

法72条2項1号では「財産の処分」とされており、「処分」には、所有権

の移転、担保権の設定、賃貸その他一切の処分を含む。そこで、東京地裁では、財産のうち債権を除く財産の処分（ただし、下記エの貸付けを除く。）について、上記のとおり、これらを具体的に明示して規定している。従前は、管財人の事業経営の機動性を重視して、同号に係る要許可事項を固定資産の処分に限定していたが、固定資産以外の財産にも財産的価値を有する重要な資産が存在し、このような資産についても裁判所の許可を通じたコントロールを及ぼすのが相当であるため、上記のとおり改めたものである。もっとも、上記規定では、およそ更生会社の財産の処分行為一切が裁判所の要許可事項となってしまい、管財人の事業経営の機動性を著しく害することになるため、更生会社の事業として経常的に行う取引を「常務に属する取引」として、要許可事項から除外している。また、事案によっては、常務外の取引であっても、多数の財産処分行為が見込まれる事案もあり、東京地裁では、このような事案では、「〇〇万円以下の価額を有する財産に係る取引を除く。」と明示して要許可事項から除外している。なお、上記価額の設定は、事案に応じて検討している。

　イ　更生会社の有する債権について譲渡、担保権の設定その他一切の処分
　　（管財人による取立てを除く。）

　法72条2項1号の「財産の処分」のうち、債権についての処分行為について明示したものである。売掛金その他の債権については、取引の相手方からの弁済によって回収するのが通常であり、これを処分する場合は経常的な取引に含まれないと解されるから、上記アと異なり、一定価額以下の処分行為や常務に属する取引について除外規定は設けていない。もっとも、債権の処分には、文理上、管財人の取立行為も含まれるので、これを除外している。

　ウ　財産の譲受け（商品の仕入れその他常務に属する財産の譲受けを除く。）

　法72条2項2号の「財産の譲受け」をそのまま規定したものである。従前は、前記アの「財産の処分」と同様、「財産」の範囲を固定資産に限定していたが、固定資産以外にも財産的価値を有する重要な財産が存在することから、これを改めたものである。ただし、管財人の事業経営の機動性にも配慮し、「商品の仕入れその他常務に属する財産の譲受け」については、要許可

事項から除外している。

　エ　貸付け

　法72条2項1号の「財産の処分」のうち、会社財産を第三者に貸し付ける行為を許可の対象としたものである。窮境に陥った更生会社が、財産の処分行為として、第三者に会社財産を貸し付けることは少ないものの、更生会社がグループ会社である場合には、他のグループ会社に属する更生会社又は会社に対し、グループ企業として一体的に事業経営を行うために、貸付けを行うことが必要なこともある。その他、消費者金融業者や金融機関、保険会社などの金融事業を営む会社が、常務外で貸付けを行うことも想定される。

　オ　借財（手形割引を含む。）又は保証

　「借財」とは、消費貸借契約による金銭の借入れだけでなく、社会通念上これに準じるべきものを含むと解されている。この点で「借財」に手形行為が含まれるのか争いがあるが、東京地裁では、明確性の観点から、商業手形の割引によって金融を得る場合も、要許可事項として明記している。

　また、管財人の行った借入れについては、相手方の債権は共益債権となる（法127条5号）。

　なお、更生会社の再建にとって、会社の資金需要にどのように対応するかは、管財人にとって重要な問題である。最近の実務では、更生手続を進める上で、スポンサーの存在が重要であるが、スポンサーが見つかるケースではスポンサーから貸付けを受けることが多い。また、更生会社が一般の金融機関から直接貸付けを受けるDIPファイナンスは、いまだ数は少ないが、大型の更生事件では徐々に見られるようになっている。

　カ　法61条1項の規定による契約の解除

　法61条1項によれば、双務契約において、契約当事者双方が更生手続開始決定時に共に未履行の状態にある場合には、管財人は、契約を解除するか、更生会社の債務を履行して相手方の履行を請求するかの選択権を有するが、管財人が契約を解除する場合には裁判所の許可を要するとした。これは、契約の解除により相手方から更生債権として損害賠償請求権の行使を受ける可能性があることを考慮したものである。

もっとも、更生会社の業種によっては、取引の性質上、双方未履行双務契約が多く存在するものもあり、管財人の事業経営の機動性を確保するために、法61条による契約の解除を要許可事項から外す事案もある。
　　キ　訴えの提起若しくは保全、調停、支払督促その他これらに準じるものの申立て又はこれらの取下げ
　法72条2項5号では「訴えの提起」のみ規定されているが、解釈上、これと同視できる場合についても、東京地裁では許可を要する行為として明示しており、このほかにこれらに準じるものとして、控訴・上告、反訴、再審の訴え、訴訟参加、仮差押・仮処分命令の各申立てや行政庁の処分に対する不服申立ても含まれる。また、提起した訴えや保全等の申立てを取り下げる行為については法72条2項7号の「権利の放棄」に含まれるものと考えられるが、東京地裁では、更生手続開始決定において、許可を要する行為である旨明示している。
　なお、訴えの提起は管財人が行う場合であり、管財人が応訴する場合は含まれない。また、開始決定前から係属していた訴訟を受継する場合（法52条）も含まれない。
　　ク　和解又は仲裁合意
　「和解」については、裁判上の和解と裁判外の和解を含む。和解は、紛争の存在と双方の互譲が必要であるから、単なる合意はこれに含まれない。また、民事上の各種調停も紛争解決の手続である点で和解や仲裁合意の場合に準じて許可を要する。
　　ケ　債務免除、無償の債務負担行為又は権利の放棄
　債務免除は法72条2項7号の「権利の放棄」に、また、無償の債務負担行為は法72条2項3号の「借財」に、それぞれ含まれると考えることができるが、東京地裁の更生手続開始決定ではそれらの行為につき裁判所の許可を要する旨定めている。
　なお、従前は、会社財産の無償譲渡も明示していたが、これは法72条2項1号の「財産の処分」に該当することは明らかであり、特段明示の必要もないと考えられるから、これを削除している。

コ　○○万円を超える共益債権を生じさせる行為で常務に属しないもの

　法72条2項8号の「共益債権の承認」を規定したものである。共益債権（法127条各号等）は、更生債権等の弁済に先立って、更生計画の定めによらずに弁済することができるが（法132条1項・2項）、一定額以上の共益債権を生じさせる行為を許可事項とするものであり、管財人が多額の債務を負うべき行為をすることについて監督を及ぼす趣旨である。更生会社は資金繰りに窮して更生手続開始申立てをしていることが多いため、無制限に共益債権の発生を認めることは、更生会社の資金繰りを更に悪化させる可能性もあることから、裁判所は、当該更生会社の資金繰りや売上げ・仕入れの規模等、及び管財人の事業経営の機動性を著しく損なうことがないようにするという点を勘案しながら、一定額を超える共益債権を生じさせる行為で常務に属しないものについてのみ許可の対象としたものである。なお、「常務」とは、更生会社として日常行われるべき通常の業務を意味し、具体例としては、通常の程度における原材料等の仕入れ、生産及び販売等がこれに当たる。

　サ　更生担保権に係る担保の変換（更新された火災保険契約に係る保険金請求権に対する担保変換としての質権の設定を除く。）

　法72条2項9号の「更生担保権に係る担保の変換」を規定したものである。担保の変換を行うには、管財人は、裁判所の許可を得て、当該更生担保権者（同一の財産につき数人の担保権者がいる場合には、その全員）と担保変換の契約を締結する必要がある。新たに担保を設定する財産の価格が、旧担保権の設定されていた財産の価格と同じであれば問題はないが、新担保権を設定する財産の方が高くなる場合、特定の更生担保権を優遇しているとして、衡平・平等の原則に反することになる場合も考えられる。

　なお、東京地裁の更生手続開始決定では、担保の変換には、更新された火災保険契約上の火災保険請求権に対する担保変換としての質権の設定は含まない旨明示している。

　シ　更生会社の事業の維持更生の支援に関する契約又は当該支援をする者の選定業務に関する契約の締結

　法72条2項10号の「その他裁判所の指定する行為」として、東京地裁の更

生手続開始決定では、上記を要許可事項として明記している。「更生会社の事業の維持更生の支援に関する契約」とは、いわゆるスポンサー契約であり、「当該支援をする者の選定業務に関する契約」とは、いわゆるフィナンシャル・アドバイザー契約である。これは、近時、更生会社の再建手法として自主再建型のスキームが選択されることは少なく、ほとんどの事例でスポンサーを選定して信用供与を受け、従前の取引先との取引の継続等を通して再建を図っており、スポンサーの選定は再建の成否の鍵となる重要事項であること、スポンサー選定業務に関する金融機関等とのフィナンシャル・アドバイザー契約の締結もスポンサー選定の成否に大きな影響を及ぼすが、他方で、多額の費用が掛かることが想定されること等から許可事項とされたものである。なお、更生会社の事業の維持更生の支援に関する契約には、スポンサー契約のほか、スポンサー契約の変更契約や、これに関する覚書の締結も含まれると解すべきである。

(2) 裁判所の許可を得なければならない行為

法72条2項に基づき指定される事項のほか、会社更生法及び会社更生規則は個別に裁判所の許可を要する行為を定めている。

① 更生計画に定めのない定款の変更（法45条2項）
② 更生計画外の事業譲渡（法46条2項）
③ 更生計画外の中小企業者に対する更生債権等の弁済（法47条2項）
④ 更生計画外の少額の更生債権等に対する弁済（法47条5項）
⑤ 更生計画外の租税等の請求権を消滅させる弁済（法47条7項4号）
⑥ 更生債権等を受働債権とする相殺（法47条の2）
⑦ 更生計画認可決定後に、取締役、執行役及び監査役がその権限を回復した場合におけるそれらの者の報酬（法66条2項）
⑧ 複数の管財人が選任されている場合の単独での職務執行又は職務分掌（法69条1項）
⑨ 管財人代理の選任（法70条2項）
⑩ 法律顧問の選任（法71条）
⑪ 管財人の自己取引（法78条1項）

⑫　更生会社及び更生計画で設立された株式会社に対する債権やそれらの会社の株式の譲受け・譲渡（法81条2項）
⑬　担保権消滅（法104条1項）
⑭　更生債権者委員会等が更生会社の事業の更生に貢献する活動があったと認められた場合の費用償還（法117条4項）
⑮　更生会社の事業の更生に貢献した者に対する費用償還・報償金の支払（法124条1項）
⑯　社債管理者等の費用及び報酬の共益債権化（法131条）
⑰　事業の全部の廃止を内容とする更生計画案の作成（法185条1項）
⑱　更生計画案の修正（法186条）
⑲　関係人集会における更生計画案の変更（法197条）
⑳　権利保護条項を定める更生計画案の作成（法200条2項）
㉑　管財人の辞任（会社更生規則20条5項）

（森岡　泰彦・福島　法昭）

〔参考文献〕本文掲載のほか
　条解更生法（上）492頁以下
　注解更生法182頁以下［中村勝美］
　才口千晴「更生管財人の地位と権限」瀬戸ほか・新理論と実務129頁
　鈴木俊充「更生管財人の地位と権限」石川ほか・実務と理論160頁
　伊藤ほか・更生法151頁［永野厚郎］
　東弁・更生法83頁［多比羅誠］
　小林ほか・Q＆A更生法79頁
　伊藤・更生法110頁

Q81 管財人の当事者適格

管財人は更生会社の訴訟についてどのような地位を有するのか

1 管財人の当事者適格

　法74条1項は、更生会社の財産関係の訴えについては、管財人を原告又は被告とすると規定している。これは、更生会社の財産関係の訴訟について管財人の当事者適格を定めたものである。

　当事者適格とは、ある特定の権利又は法律関係について、原告又は被告として訴訟を追行して本案判決を受けることができる資格をいう。多くの場合、訴訟の目的となっている実体法上の権利義務の主体が、正当な原告又は被告としての適格を有している。しかし、実体法上の権利者・義務者といっても常に当事者適格を有するものではなく、訴訟物である権利又は法律関係について管理処分権を失ったときは、権利義務の主体ではあるが当事者適格を有しなくなる。この場合には、実体法上の権利者・義務者に代わって、訴訟物である権利又は法律関係について管理処分権を有する者が当事者適格を有することになるところ、管財人は、法72条1項により、開始決定の時から更生会社の財産の管理処分権を専有することになるから、更生会社の財産関係の訴訟においては管財人が当事者適格を有することになる。

　このように、実体法上は権利又は法律関係の主体でない第三者が、特別の理由によって本来の利益帰属主体の代わりに、その権利又は法律関係について、正当な当事者として訴訟追行権を有する場合を、訴訟担当（訴訟信託）といい、この中で利益帰属主体の意思とは無関係に、法律の規定により第三者が当然に訴訟追行権を有する場合を法定訴訟担当（法定訴訟信託）という。会社更生法上の管財人や保全管理人のほか、破産管財人、遺言執行者等がその例である。訴訟担当者が受けた判決の効力は、当事者である担当者のみならず（民事訴訟法115条1項1号）、本来の利益帰属主体にも及ぶ（同項2号）。

2 財産関係の訴訟の範囲

　更生会社の財産関係の訴訟については、更生手続開始決定によって当事者適格が更生会社から管財人に替わる結果、開始決定と同時に中断し（法52条1項）、管財人は、中断した訴訟手続のうち更生債権等に関しないものを受け継ぐことができる。この場合においては、受継の申立ては、相手方もすることができ（法52条2項）、管財人は原則として受継を拒絶することができない（伊藤・更生法312頁）。訴訟手続の中断については、詳しくはQ51を参照されたい。

　財産関係の訴訟の範囲については争いがあるが、財産関係の訴訟であるか否かは、その訴訟の勝敗が結果的に会社の財産関係に影響するか否かという観点からではなく、更生手続開始の結果、実体的に何が代表取締役の権限として残り、何が管財人に移されるかという角度から決定されるべきであると解するのが通説である。通説によれば、更生手続開始決定があっても従来の取締役・監査役・株主総会等の機関は、会社の組織法的・人格的分野においては、法45条に規定する事項を除き、会社法の各規定に従って権限を行使できることになっているから、会社の解散の訴え・設立無効の訴え・合併無効の訴え・株主総会決議無効又は取消しの訴え・新株発行無効の訴え・株主より提起された株主たる地位確認の訴えや会社に対する株式の名義書換請求は、更生会社の財産関係の訴えではないと解することになるため訴訟手続等は中断せず、更生会社の機関（代表取締役）が引き続き訴訟を追行することとなるが、更生会社の事業経営権及び財産管理処分権を専属的に行使する管財人の職務の視点から、勝訴又は敗訴の結果、あるいは訴訟追行費用の負担を考えれば、それと無関係な組織上の訴訟は考えることができず、全て中断の対象となると解すべきであるという見解もある（伊藤・前掲書311頁）。

　なお、法74条1項がいう「更生会社の財産関係の訴え」には、更生債権等に関する訴訟、法52条の2に規定されている債権者代位訴訟及び詐害行為取消訴訟はもちろんのこと、訴えに限らず、財産関係のものであれば、行政庁に係属するもの（法53条）も含まれる。財産関係の事件で行政庁に属するものとしては、例えば、租税に関する処分に対する不服審査手続、特許庁に係

属する特許等の審判事件、公正取引委員会に係属する各種審判事件、行政庁の処分に対する不服申立事件等がある。

3 管財人が複数のとき

　法69条1項は、管財人が数人あるときは、共同してその職務を行うとしている。数人の管財人がある場合は、原則として共同して訴訟の原告又は被告とならなければならないが、これは更生会社の財産についての管理処分権が数人の管財人に合有的に帰属することになるためであり、いわゆる固有必要的共同訴訟となるというのが通説の見解である。

　数人の管財人によって適法に追行されてきた訴訟の係属中に、さらに新たな管財人が追加選任されたときは、その訴訟手続が中断し、全管財人においてその訴訟手続を受継することを要する（最判昭45.10.27民集24巻11号1655頁）。これは、新たな管財人が追加選任されたとき以後は、従来の管財人だけでは訴訟を追行する権限を失い、新管財人を含む全管財人が一体として従来の管財人により追行されてきた訴訟上の地位を承継するから、民事訴訟法124条1項5号の類推適用により、その訴訟手続が中断し、全管財人においてその訴訟手続を受け継ぐことを要すると解されるからである。また、数人の管財人のうち一部の者が交代した場合も前述と同様である。しかし、訴訟代理人がいる場合には訴訟手続は中断しない（民事訴訟法124条2項）。

　反対に、数人の管財人による訴訟の係属中、資格喪失者を生じた場合は同様には解し得ないと思われる。学説も、この場合については残りの管財人に管理処分権が合有的に帰属することになるものとして、民事訴訟法30条5項を準用し、訴訟手続の中断は生じないと解するのが多数説である（最高裁判所判例解説民事篇昭和45年度（上）380頁［吉井直昭］）。資格喪失者に対する訴えは、当事者適格を有しない者に対する訴えとして不適法となるから、手続としては、原告側がその者に対する訴えを取り下げることになるのが通例である。

　法69条1項ただし書により、管財人が訴訟行為についての職務分掌の許可を得ている場合には、管財人の一部の者が単独で訴訟行為ができる。管財人

が職務分掌の許可を得ている場合は、その旨（職務分掌の場合はその旨及び各管財人が分掌する職務の内容）が登記されているため（法258条2項）、会社の登記事項証明書により確認することができる。しかし、旧法適用の更生会社では、登記事項証明書に管財人の氏名の記載はあるものの、分掌及びその内容の記載はないので注意を要する。

4　取締役への権限回復後の当事者適格

(1)　管財人の当事者適格

　法72条4項前段の規定により、更生計画認可決定後の更生会社に対し、更生計画の定め又は裁判所の決定で、更生会社の取締役が、更生会社の事業の経営及び財産の管理処分権を回復している場合は、その期間に新たに提起された更生会社の財産関係の訴えについては、管財人の当事者適格は認められない（法74条2項）。既に取締役に権限が回復された以上、訴訟の追行も取締役に行わせるのが妥当であるからである。

　しかし、取締役に権限が回復される以前から提起され係属している訴訟については、そのまま管財人が当事者適格を有する。これは、権限回復当時に係属中の訴訟事件は、否認の訴えや更生債権等査定異議の訴えのように管財人の職務とされているものや、各種の共益債権又は取戻権に関するものや役員等責任査定決定に対する異議の訴えに関するもののように、管財人をしてこれらの訴訟を最後まで追行させる方が妥当な解決を期待できるものが多いし、また、更生手続開始決定で中断・受継した訴訟について再び中断・受継が行われることを認めるのは適当でないと考えられたためである。

(2)　取締役の当事者適格

　取締役は、権限を回復した後に提起された訴えについて訴訟追行権限を有する（法74条2項）ことになる。これは、更生会社の事業の経営及び財産の管理処分権が取締役に回復されたことに基づいて認められたものである。その訴訟の追行中に権限回復に関する更生計画の定め又は裁判所の決定が取り消されると、当該訴訟手続は中断し、管財人又は相手方において受継すべきこととなる（法74条3項、52条1項・2項）。もっとも、会社の財産関係の訴

え以外の、会社の組織法的ないしは人格的活動に関する訴訟については、常に取締役が当事者適格を有するから、上記のような中断の問題は生じない。

5 管財人代理の訴訟代理権

　管財人代理（法70条）は、常置的かつ包括的権限を有し、単に管財人の補助者にとどまらず、管財人に代わって法律行為を行うのであって、その行為は管財人がしたのと同じ効果を生じる。更生会社の財産関係の訴訟については、管財人は当事者適格を有するが、管財人代理は当事者適格を有しない。しかし、管財人代理は、常置的かつ包括的権限を有するものであるから、この点で支配人に類似しており、財産関係の訴訟においては、支配人と同様に訴訟代理権を有すると解される。ただし、実務では、管財人が管財人代理を当該事件の訴訟代理人として選任し、受訴裁判所に委任状を提出している例も少なくない。

（今　玲子・福島　法昭）

〔参考文献〕本文掲載のほか
　菊井維大＝村松俊夫・全訂民事訴訟法〔補訂版〕Ⅰ・249頁
　条解更生法（上）594頁、同（中）244頁
　注解更生法326頁〔村重慶一〕
　伊藤・更生法309頁、572頁

Q82　管財人の調査

管財人は更生会社について何を調査するのか

1　管財人の更生会社について調査する事項（総論）

　管財人は、裁判所の選任により（法67条1項）、更生会社の事業の経営権及び財産の管理処分権（法72条1項）を取得し、直ちに、更生会社の業務及び財産の管理に着手しなければならない（法73条）。この経営権等の取得後の

会社の運営のために、管財人は、更生会社の債権・債務についてはもちろんのこと、あらゆる財産関係、業務に係る人員及び執務体制など会社の全てを把握する必要があることから、法77条1項は管財人の更生会社に対する調査権を規定している。もっとも、一度に全てを把握することはできないことから、一般的には、更生会社の1か月から数か月間の資金繰りと基幹事業の経営状況の把握が優先されることになる。

また、法77条2項は、旧法98条の2第1項で規定する管財人の調査権を強化すべく、管財人の調査の対象を更生会社に限らず、更生会社の子会社（会社法2条3号、会社法施行規則3条に規定する子会社）にまで拡大している。これは、グループ企業間で不適切な経理処理やグループ企業を通じた資産隠しが行われていることも少なくないとの実情から、現行法で新たに設けられたものである。

2　調査の対象

法77条1項は、管財人の調査の相手方を「更生会社の取締役、会計参与、監査役、執行役、会計監査人、清算人及び使用人その他の従業者並びにこれらの者であった者並びに発起人、設立時取締役及び設立時監査役であった者」と規定し、更生会社の経営に携わり、又は携わっていた者及び雇用者全てを調査の相手方としている。また、調査の対象として、管財人は、更生会社の帳簿・書類その他の物件を検査することができる。

さらに、管財人は、その職務を行うため必要があるときは、更生会社の子会社（会社法2条3号に規定する子会社をいう。）に対してその業務及び財産の状況につき報告を求め、又はその帳簿、書類、その他の物件を検査することができる（法77条2項）。

管財人の調査権の行使に対し、上記の取締役等が報告を拒み又は虚偽の報告をしたときは、3年以下の懲役若しくは300万円以下の罰金に処し、又はこれを併科することが規定されており（法269条）、これにより調査権の実効性が担保されている。

3 調査事項

　管財人の調査事項については、法83条及び84条に規定されている。まず、法83条において、管財人は、更生会社に属する一切の財産についてその価額を評定しなければならない（いわゆる財産評定）ことを規定し、次いで、法84条において、管財人は、後述する一定の事項について裁判所へ報告しなければならない（いわゆる84条報告）ことを定めている。更生会社の人的要因をも含んだ総則的な規定は置かれていないが、これは、管財人が更生会社の立て直しのために調査すべき事項を制約する趣旨ではなく、会社の人的・物的事項の隅々に至るまで調査することが更生会社を立て直す第一歩と考えられることから、管財人が調査することのできる調査事項については何らの制約を課さない趣旨であると解される。

　そして、財産評定（Q87参照）及び84条報告（Q89参照）は、管財人の調査すべき事項の中で最も重要なものであり、また、更生手続への影響も大きいものであるから、法が特に管財人に提出を義務付けたものである。すなわち、管財人は、財産評定及び84条報告書の提出を更生手続開始後遅滞なく行わなければならないのであり、財産評定が完了したときは、更生手続開始の時における貸借対照表及び財産目録を作成し、裁判所に提出しなければならない（法83条3項）。また、届出があった更生債権等について認否を行うために、更生債権等の調査が必要なことはいうまでもない（Q115、Q116参照）。

　具体的な調査内容は、財産評定においては、更生会社に属する一切の財産の把握及びその価額の評定であり、84条報告においては、①更生手続開始に至った事情、②更生会社の業務及び財産に関する経過及び現状、③法99条に定める役員等の財産に対する保全処分又は法100条に定める役員等責任査定決定を必要とする事情の有無、④その他更生手続に関し必要な事項、⑤裁判所の定めるところによる更生会社の業務及び財産の管理状況その他裁判所の命ずる事項である。

　なお、法84条1項の報告は、管財人が「調査報告書」を作成し、書面で報告する。この報告の中でも、更生会社の事業の経営を全うしながら、管財人の職責を果たす上で、特に重要と思われる事項は、①基幹事業の経営状況・

経営全般の再点検（経営コスト、採算部門・不採算部門の選別等）、②短期・長期の資金繰り、③役員の状況、指揮命令系統・社内の連絡関係（会社の指揮連絡系統の再構築につなげる）、④会社の資金の出入りの調査（役員への資金の流れに問題はないか）であろう。

4 調査の方法

　調査の方法ないし手順は、従業員等からの事情聴取に始まり、不動産・動産等の検証や取引先への確認作業等へと進むのが一般的であるが、その作業は、更生会社の企業規模の拡大に比例して膨大なものとなる。

　そこで、管財人は、迅速かつ正確な調査を行うため、状況に応じて管財人代理（法70条）を選任したり、会社更生法に定められた機関ではないが、必要と認めたときに、自己の責任で管財人補佐を選任するなどし、さらには、更生会社の従業員等にその作業を分担して行わせる必要がある。このとき、必要に応じて、公認会計士、土地家屋調査士等を活用することも当然に検討すべき事項である。なお、これらの調査に要する費用は不合理なものでない限り、共益債権として、更生会社の負担となる（法127条、更生会社の規模が大きく、CMBS、不動産流動化、社債等がある事件は調査に困難が伴う。）。

　また、更生会社の状況を調査する場合に、最大の情報源となるのは旧経営陣にほかならない。管理型更生手続において、いわゆる会社申立ての場合には、旧経営陣の協力を容易に得ることができると思われるが、債権者申立ての場合には、その反発が予想される。しかし、更生手続における管財人の役割は、会社・債権者のいずれかの立場に立つものではなく、裁判所の監督の下で、あくまでも会社の事業の維持更生に努めるべく、中立かつ公正に職務を遂行する公的なものであることを旧経営陣に理解してもらい、協力を得ることになる。管財人の調査権の行使に対して取締役等が報告を拒否する場合には、前述したとおり調査権の実効性の担保として罰則（法269条）が定められている。

　なお、更生会社の子会社（会社法2条3号、会社法施行規則3条に規定する子会社）についても、同様の手法により調査をすることとなる。

5　調査結果の開示

　管財人の行った調査の結果は、裁判所に対して報告・提出するだけでなく、更生債権者等及び株主に対し広く開示しなければならない。すなわち、会社更生規則24条1項は、法83条3項の貸借対照表及び財産目録並びに法84条1項の報告書に記録されている情報の内容を表示したものを、更生債権者等又は株主が更生会社の主たる営業所において閲覧できるようにすることを義務付けている。また、会社更生規則24条2項は、更生会社の主たる営業所以外の営業所において、上記の情報開示の措置を採ることのほか、適当な方法をもって、上記の情報を開示できるとしている。具体的には、債権者説明会、財産状況報告集会において配布する資料、更生会社のホームページへの掲載等が考えられる。

　なお、裁判所に提出された報告書等は、利害関係人による、事件に関する文書の閲覧等の請求（法11条）の対象となる（Q8、Q9参照）。

〔船橋　寿之・山本　健央〕

〔参考文献〕
　清水直・会社更生手続の実務85頁
　伊藤ほか・更生法151頁〔永野厚郎〕
　一問一答更生法103頁
　深山ほか・更生法61頁

Q83　管財人の自己取引・競業避止義務

管財人が更生会社と取引する場合や競業する場合、どのような規制があるのか

1　制度趣旨

　管財人は、裁判所によって選任され、利害関係人全員のために更生会社財産を管理する公的な機関としての性格を有しながらも、更生会社の事業の経

営及び財産の管理処分権が専属（法72条1項）することから、あたかも代表取締役的な側面を有している。このため、会社更生法は管財人について会社法における自己取引についての規定（会社法356条1項2号・3号、365条）や競業避止義務（会社法356条1項1号、365条）に相当する規定を置いている。自己取引については、旧法下から規定が設けられていたが（旧法54条の2）、競業避止義務については、平成14年改正により新設されたものである（法79条）。そして、管財人の行う自己取引の許可や競業取引に関する承認は、管財人に対する監督権限を有する裁判所によって行われることとされている（自己取引の許可につき法78条1項、競業取引の承認につき法79条1項）。なお、更生会社の取締役等の競業取引については、管財人を承認権者とする規制が設けられている（法65条）。

2 管財人の自己取引

　管財人は、裁判所の許可を得なければ、更生会社の財産を譲り受け、更生会社に対して自己の財産を譲り渡し、その他自己又は第三者のために更生会社と取引をすることはできない（法78条1項）。この規定は、会社法356条1項2号の取締役の自己取引に対する規制と同旨の規制を管財人にも及ぼすものである。すなわち、管財人は、利害関係人全員のために会社財産を管理しつつ、更生会社の事業毀損を防ぎ、事業価値の増殖に努めるという点において、平常時の株式会社における代表取締役と同等の性格を有する機関であって、更生会社との関係においては、その職務執行について、取締役と同様に善良な管理者の注意義務を負う（法80条1項）。他方で、平常時の株式会社における取締役と同様に、管財人がその資格を離れて個人的な取引を実行する場面、若しくは取引の相手方を代理又は代表して更生会社と相対するという場面が存在し得るところ、そのような場合に、その地位を利用して更生会社の犠牲の下で、自己又は第三者の利益を図る危険性があり得ることは取締役と変わらないことから設けられた規定である。

　裁判所の許可の対象となる行為（以下「自己取引」という。）としては、①更生会社の財産を譲り受け、②更生会社に対して自己の財産を譲り渡し、③

その他自己又は第三者のために更生会社と取引をする行為が明文で規定されている。しかし、法78条1項の趣旨に鑑みると、これらは例示列挙にすぎず、管財人と更生会社との間で利害が対立する行為一般を対象とするもの、すなわち、会社法356条1項2号・3号にいう自己取引、利益相反取引の意義と同じであり、裁量によって更生会社を害するおそれのある行為をいうものと解される。したがって、いわゆる間接取引も規制の対象となるし、逆に裁量の余地のない普通取引約款による取引は自己取引の規制の対象とならない。また、会社より金銭の貸付を受ける行為が規定にないのは、管財人と更生会社との間では発生する可能性が極めて低いため明文で規定されなかったにすぎず、やはりこれも規制の対象であると解される。なお、会社法356条1項2号・3号にいう取引に当たるとされている債務引受（最判昭43.12.25民集22巻13号3511頁）、債務保証（最判昭45.4.23民集23巻4号364頁）、手形行為（最判昭38.3.14民集17巻2号335頁、最判昭46.10.13民集25巻7号900頁）も本条にいうところの取引に含まれる。

　法78条1項の定める管財人の自己取引は、必要的許可事項であり、仮に裁判所の許可を得ないで行われたときは無効となる。ただし、これをもって善意の第三者に対抗することはできない（法78条2項）。善意の第三者とは、許可の有無につき善意であれば足り、過失の有無は問わない。なお、手形振出行為につき、相手方において裁判所の許可を得ているものと信じていた場合に、裁判所の許可を得ていないことにつき善意で取得したものというべきであって、当該行為の無効を対抗できないと判示した裁判例がある（東京地判平5.1.29金法1371号85頁）。

　法78条の規定は、保全管理人についても準用される（法34条1項）。

3　管財人の競業避止義務

　法79条は、会社法356条1項1号の取締役の競業避止義務と同様の規制を管財人に及ぼすものであり、管財人が自己又は第三者のために更生会社の事業の部類に属する取引（以下「競業行為」という。）をしようとするときは、裁判所の承認を要することを規定している。これは、法65条が取締役等の競

業行為の承認権限を管財人に帰属させていることと平仄を合わせるものである。そして、管財人は、競業取引をするには、裁判所に対し、その取引についての重要な事実を開示し、その承認を受けなければならず（法79条１項）、このような取引をした管財人は、遅滞なく、当該取引についての重要な事実を裁判所に報告しなければならない（法79条２項）。また、競業避止義務違反が行われた場合に関し、会社法の規定と同様に損害賠償請求権の額の推定（法79条３項）が規定されている。そして、これらの基本的な概念の意義は、会社法356条１項１号、423条２項におけると同様である。

　管財人の給源は、いわゆる事業家管財人については、DIP型更生手続における現経営陣のほか、スポンサーとなった同業他社の取締役等や、事業再生ビジネスを生業とする支援企業のオペレーション分野を担当する者に求めるのが通例である。このような実情にあっては、管財人の競業はしばしば起こり得るものといえる。この場合、法79条の規制の対象となるが、管財人が事前に開示し事後に報告すべき重要事実の範囲及び裁判所の承認方法は、前記のとおり、会社法上のそれと同程度であれば足りると解されている。

　ところで、会社法上、取締役の競業に対する承認は、原則として、個別具体的な取引ごとにされているが、一定の範囲を限った包括的承認も可能とされており、ある会社の取締役が同種の営業を目的とする別の会社の取締役に就任する際には、就任によって生じる利害関係を判断するに十分な資料を開示し、一旦就任について承認を得られれば、別会社の取締役として行う個別取引については承認不要とされている。このことは、法79条１項の承認に関しても妥当するものと解されている。

　このような考え方からすれば、事業家管財人について、裁判所はスポンサー選定に当たって同業他社であることを前提に厳重な審査をした上で、その役員であることをも考慮して管財人に選任したのであるから、事前に十分な情報開示を受けているのであって、裁判所が、管財人に選任したこと自体により、事業家管財人の競業を包括的に承認したものと見るべきであり、事前に開示されたスポンサーの事業形態に変化がない限り、事後報告も不要であると考えられる。

他方、法律家管財人については、裁判所は弁護士の中から選任しているが、弁護士といえども個人取引において更生会社との競業が起こる可能性がないわけではない。そして管財人である限りは競業避止義務が課せられる。そこで、東京地裁は法律家管財人を選任するに際して更生会社との利害関係についても確認し、更生会社と利害関係のない弁護士を法律家管財人に選任している。この運用は、上記の事業家管財人に対する監督も含めた公正中立な職務執行を可及的に担保するためのもので、自己取引や競業避止義務の観点にとどまらない、会社更生法の理念にも関わる意味を有するものである。

管財人が競業避止義務に違反して自己又は第三者のために取引をしたときは、当該取引によって管財人又は第三者が得た利益の額は、更生会社に生じた損害の額と推定される（法79条3項）。これは、会社法の規定と同様、競業避止義務違反によって、会社に生じた損害の立証が性質上困難であることに加えて、同種行為の抑止のために、管財人又は第三者の得た利益をそのまま損害の額と推定することを認め、損害の立証責任を転換するものである。

法79条の規定は、保全管理人についても準用される（法34条1項）。

（村松　忠司・林　純子）

〔参考文献〕
本間輝雄・新版注釈会社法(6)264条及び265条各注釈
条解更生法（上）507頁
伊藤眞ほか「研究会・新会社更生法第2回」ジュリスト1254号143頁

Q84　管財人の注意義務

管財人は職務を行うについてどのような注意義務を負うのか

1　管財人の善管注意義務

管財人は、善良な管理者の注意義務をもって、その職務を行うことを要し（法80条1項）、この注意義務を怠ったときは、管財人は利害関係人に対し連

帯して損害賠償の責に任ずる（法80条2項）。ここに利害関係人というのは、更生債権者等、株主及び更生会社を指す。

　善良な管理者の注意義務の内容は、民法上にいう概念（民法400条等）と同様のものであり、その知識・地位に応じて通常期待されている程度の、抽象的・一般的に要求される平均人の注意義務である。換言すれば管財人各個人の具体的注意能力に応じた具体的・個別的注意義務とは別の、管財人として一般的・平均的に要求される注意義務を指すものである。注意義務の程度は、具体的な各職務について、更生手続の性質から判断される。複雑かつ困難な状況下にある更生会社の経営活動は、必然的にある程度の危険性を伴うものであるから、管財人が会社の事業経営に当たって行う経営判断に関しては、管財人の注意義務を重く見ることは妥当ではないが、財産の管理・処分に関しては、経営判断よりも具体的な問題であるだけに、その注意義務についてもより具体的に把捉することができるとされている。もっとも、更生手続における企業再建の実際は、管財人が裁判所の監督の下で多数の関係者との日々の交渉と意思決定の集積を経て実現されるものであって、その判断には機動性を確保する必要性があるため、管財人の職務執行はその合理的な裁量に委ねられる部分も多い。したがって、善管注意義務違反となるか否かは、当該管財人の具体的な行為の態様に加え、事案の規模や特殊性、迅速処理の要請等を総合的に勘案して、個別的に判断されるべきものである。

2　管財人に善管注意義務違反の問題が生じる可能性がある場合

　会社更生法上の管財人に関する裁判例が極めて少ないことから、破産管財人の注意義務違反をめぐって判例・学説に表れたものもあわせ参考にしながら、更生事件における管財人の善管注意義務違反の問題を生じる可能性がある場合を考察すると、およそ一般的に次のようなものが挙げられる。

(1)　**更生会社に属する財産の管理、処分、回収に関するもの**

　更生会社の有する債権について、支払督促手続等の適切な回収手段を採らないまま、消滅時効に掛からせて回収不能とさせた場合（松田二郎・会社更生法〔新版〕121頁、破産事件における判例で東京地判昭36.9.19判時276号24頁参

照)、取締役に対する責任追及を怠り、また否認権の行使を怠った場合(松田・前掲書121頁、破産事件における判例で東京地判昭36.12.19下民集12巻12号2994頁参照)、勝訴又は回収の見込みが全くないにもかかわらず否認権を行使したり、役員等責任査定申立てに及んだ場合(条解更生法(中)257頁参照)、裁判所の許可が必要であるにもかかわらず、その許可を得ないで行為をした結果、更生会社に損害を与えた場合(前掲条解(中)257頁参照)が例として挙げられる。

(2) **更生債権等の調査・確定に関するもの**

届出のあった更生債権等について十分な調査をせずに確定させた場合(破産者が債権調査期日において強く異議を述べた破産債権につき、十分な調査をすることなくこれを承認した場合につき名古屋地判昭29.4.13下民集5巻4号491頁)が考えられる。

(3) **更生債権等の弁済に関するもの**

本来、更生債権等に該当する債権であるものについて、会社更生法に規定する特別の定めがある場合(法47条2項・5項)を除いて、更生計画の定めによらなければ弁済をすることができない(法47条1項)にもかかわらず、共益債権と誤解して随時弁済を行った場合(松田・前掲書121頁)等が考えられる。更生手続開始前に取締役名義とされていた更生会社の土地を手続開始後会社名義とした上で売却し、売得金の大部分を抵当権者及び仮差押債権者に弁済した点につき、その弁済は更生債権等の計画外弁済の禁止(法47条1項に対応する旧法112条)に違反し、かつ、管財人の弁済行為は善管注意義務に違反するとした裁判例がある(東京高決昭56.12.16判タ460号163頁)。

(4) **共益債権の弁済に関するもの**

更生会社が再倒産して取引先に対する共益債権の支払が不可能になった場合、裁判所の許可枠を大幅に上回る融通手形等を発行して、関連会社に対して資金融通を行った管財人の同取引先に対する損害賠償責任を認めた裁判例がある(東京地判平8.6.25判時1598号131頁)。

(5) **そ の 他**

取戻権や更生担保権の目的物を誤って損傷した場合にも、善管注意義務違

反となる可能性がある。

3 管財人の忠実義務

　取締役の忠実義務（会社法355条）については、取締役の善管注意義務（会社法330条、民法644条）を敷衍して明確にしたにすぎず、善管注意義務と別個の義務ではないと解するのが判例である（最判昭45.6.24民集24巻6号625頁）。しかし、忠実義務とは、特に取締役と会社との利害関係が対立した場合に、会社の利益を犠牲にして自己又は第三者の利益を図ることのないように課せられた義務と解する立場からは、明文の規定はないが管財人にも忠実義務があり、その具体的表れとして管財人の自己取引の禁止（法78条）を挙げる見解もある（前掲条解（中）258頁）。

　また、旧法では、管財人の競業避止義務に関する規定がなく、忠実義務の具体的表れとして競業避止義務を認める見解があった（前掲条解（中）258頁）が、現行法においては、更生会社と同種の営業を営む企業の取締役が管財人に就任した場合等には、管財人が競業行為をすることもあり得ることから、管財人についても、取締役に準じて、競業避止義務に関する規定が設けられた（法79条）。

4 管財人の損害賠償義務

　管財人が善管注意義務を怠ったときは、利害関係人に対して連帯して損害賠償の責に任ずる。連帯するのは共同して職務を行う場合に限られ、職務を分掌したとき（法69条1項ただし書後段）に、その分掌した範囲内で損害を生ぜしめた場合には、その管財人のみが責任を負い、他の管財人は連帯責任を負わない（松田・前掲書121頁）。この点は、単独で職務執行することが認められた場合（法69条1項ただし書前段）も同様と考えられる。管財人代理が注意義務違反によって与えた損害については、管財人が責任を負う（法70条1項）。管財人の責任消滅については特別の規定は存しないが、立法論としては、更生手続終結決定又は更生手続廃止決定が確定した場合には、管財人に不正行為がない限り、その責任は解除されたものとみなす旨規定すべきであ

るとする見解（松田・前掲書123頁）があり、解釈論としてこれを支持する見解もある（前掲条解（中）259頁）。

（押見　文哉・林　純子）

〔参考文献〕本文掲載のほか
　倒産法判例研究会・判例倒産法2・2292頁
　小屋敏一編・學説判例總覧会社更生法中Ⅰ・113頁
　園尾隆司＝深沢茂之編・破産・民事再生の実務上103頁
　第一東京弁護士会編・破産管財の実務16頁
　注解更生法335頁［村重慶一］

Q85　管財人の報酬

管財人の報酬は、どのように定められるのか

1　はじめに

　管財人及び管財人代理の報酬に関しては、法81条1項によって「裁判所が定める報酬を受けることができる。」と規定され、その報酬額については、会社更生規則22条によりその職務と責任にふさわしい額を定めるものとされている。このことは、管財人代理（法81条5項・1項、会社更生規則22条）、保全管理人及び保全管理人代理（法34条1項、81条1項、会社更生規則17条1項、22条）、監督委員（法38条、81条1項、会社更生規則17条1項、22条）、調査委員（法126条、81条1項、会社更生規則32条2項、22条）、法律顧問（法81条5項・1項、会社更生規則22条）についても、同様である。もっとも、報酬額の具体的な算定は、実務の運用に委ねられており、そのための具体的な規定は設けられていない。管財人の報酬は、法127条4号に基づく共益債権であり、更生債権等に先立って随時弁済される（法132条1項・2項）。

2　管財人の報酬

　管財人は、更生債権者等の利害関係人全体のために会社財産の管理と事業継続を委託された一種の公的機関としての地位を有し、善良な管理者の注意をもって職務を遂行しなければならない（法80条1項）。そして、管財人の職務は、要言すれば、更生会社の事業の再建を行うことであるが、そのために行うべき職務は極めて多岐多様な範囲にわたる。管財人の報酬は、管財人が更生事務を処理した行為に対するものであり、個々の事務処理又は単なる労務に対する対価ではない。その額は、管財人がその職務を遂行するに当たって、精神的、肉体的に費やした労務、その特殊な知識及び経験、事務処理の難易、結果の良否、責任の程度等諸般の事情を斟酌した結果として定められる（注解更生法1025頁［舟越昭八］）。

(1) **法律家管財人（弁護士である管財人代理を含む。）の報酬算定とその実情**

　法律家管財人報酬は、一般に月額報酬と退任報酬とに分けて定められる。月額報酬に加えて、退任報酬が支給されるのは、更生会社の財務状況が必ずしも潤沢でないことから、必ずしも職責に見合った月額報酬額になるとは限らないため、まずはこの不足分を補塡するという意味がある。また、複雑多岐にわたる職務を適切に遂行するためには、退任時まで当該管財業務に事実上専念せざるを得ないことが通常であり、退任後、通常の弁護士業務が軌道に乗るまでの間の手当を保障するという趣旨もある。

　東京地裁では、上場・非上場の別、負債総額、資本金額、債権者数等の要素により、過去の事例を4ランク程度の規模に分けた上、集積した報酬額データを参考にランクごとに月額報酬基準額を設けている（ただし、企業規模の非常に大きな特大案件については、上記4ランクとは別の扱いをしている。）。各事案の報酬算定においては、この月額報酬基準額に、事案ごとの特殊性による修正要素を考慮して具体的な月額報酬額を算出して決定している。この月額報酬は、管財人の業務が減少した時点、例えば、更生計画認可決定がされたり、更生計画遂行中に担保不動産の処分にめどがついたりした時点で減額することもあり、また、管財人団の規模を縮小して月額報酬総額を減額す

ることもある。東京地裁では、更生計画認可決定後、直ちに一括弁済をして終結する事案を除いては、おおむね更生計画認可決定後に、管財人団の規模を縮小するとともに、管財人の月額報酬を減額することが多い。さらに、長期の収益弁済型の事案では、法律家管財人を退任して法律顧問に就任することが多い。

退任報酬額については、更生手続開始時に決定した月額報酬額に、事案ごとに決定した一定の係数を乗じて算出する。係数の決定に当たっては、①事務量や事務の繁閑と月額報酬総額とのバランス、②事案の困難度（スポンサー選定作業や利害関係人との交渉等における労苦の程度、権利関係の複雑さ等）、③債権者への弁済率向上についての貢献度（管財人の手腕により高い評価額でスポンサーへの事業譲渡がされたことなど）、④更生手続開始決定時に想定されたスケジュールに沿って円滑な手続進行がされたか否か、⑤関連する更生会社が多数あり複数の更生計画案の策定を要した事案、又は一つの更生計画案であっても、これに準じる多大な労力を要した事案であったか否かなどを総合的に考慮する。

なお、報酬決定に対しては即時抗告ができる（法81条4項）。

(2) 事業家管財人（事業家である管財人代理を含む。）の報酬算定とその実情

事業家管財人は、スポンサーからの派遣により選任されるのが一般的であるが、スポンサーがいない自主再建の場合には、同じ業界に属する外部の企業等から招聘して選任したり、また、DIP型更生手続では現経営陣の中から選任することがある。

このうち、スポンサー派遣の事業家管財人については、スポンサーがその報酬を負担することが多いのが実情であり、この場合、裁判所では報酬決定をしない。ただし、スポンサー契約の内容等から見て、スポンサーが当該事業家管財人の報酬を実質的に負担すると評価できるような場合であれば、スポンサーの意向を踏まえて月額報酬額を決定することもある。事業家管財人の派遣は、スポンサーの利益にも資するところであり、更生会社の財産維持の観点から、実質的にはスポンサー側の負担とされているのが実情である。

DIP型更生手続における事業家管財人や、自主再建を進める更生会社に事業経営のプロとして招聘された事業家管財人については、月額報酬額を定めている。この場合、当該事業家管財人がそれまで得ていた収入額や更生会社の状況等を総合し、法律家管財人の意見も参考にしつつ、事案ごとに報酬額を決定している。

3　報酬請求権の排斥

　管財人は、その選任後、更生会社若しくは更生計画の定めにより設立された株式会社に対する債権又は更生会社若しくは当該会社が発行した株式を譲り受け、又は譲り渡すには、裁判所の許可を受けなければならず（法81条2項）、この許可を得ないでこれらの行為をした場合には、費用及び報酬の支払を受けることができない（法81条3項）。もともと管財人は、その職務又は地位に基づき更生会社の内部情報を得ることができるが、そのような情報を利用して債権や株式譲渡行為をすることは不当であるから、そのような行為があった場合には、費用及び報酬の支払を受けられないとしたものである（上谷ほか・実務3・658頁参照）。

（押見　文哉・林　純子）

Q86　管財人の任務終了

管財人は、任務終了に際して何をしなければならないのか

1　管財人の任務終了の意義

　管財人の任務終了とは、更生手続の終了（法234条2号～5号）により地位を失う場合のほか、辞任（会社更生規則20条5項）、解任（法68条2項）、死亡及び法人を管財人に選任した場合において当該法人が合併により消滅したときをいう。

(1) 更生手続の終了

更生手続の終了事由としては、①更生手続開始の申立てを棄却する決定の確定、②即時抗告（法44条1項）があった場合の更生手続開始の決定を取り消す決定の確定、③更生計画不認可決定の確定、④更生手続廃止決定の確定及び⑤更生手続終結決定がある（法234条）。このうち、①を除く各終了事由が生じることにより管財人の任務も終了することになる。

(2) 辞任・解任

裁判所は、管財人が更生会社の業務及び財産の管理を適切に行っていないとき、その他重要な事由があるときは、利害関係人の申立てにより又は職権で、管財人を解任することができる（法68条2項）。

また、辞任については、管財人は、正当な理由があるとき、裁判所の許可を得てすることができる（会社更生規則20条5項）。会社更生法は管財人の解任につき規定する一方で、その辞任については規定しておらず、これは、基本的には管財人の辞任を許容する趣旨であると考えられる。しかし、管財人は、更生会社の事業の経営や財産の管理に当たる者であり、辞任する場合には裁判所は後任者の選任等の検討をする必要があることから、手続の円滑な進行を確保するため、正当な事由があるときに限り裁判所の許可を得て辞任することができるものとした（条解会社更生規則71頁）。

(3) 法人管財人の合併

法人管財人は、合併により消滅する場合には、管財人としての地位を失うとされている（条解更生法（中）261頁）。この場合、新設会社又は存続会社に消滅会社の権利義務が包括的に承継される（会社法750条1項、752条1項、754条1項、756条1項）が、法主体としては別の法人となるからである。

(4) 法人管財人の代表者死亡等

法人が管財人の場合（法67条2項）で、その代表者が死亡したり、その法人における地位を喪失した場合は、単に法人の機関の人的構成が改められたにすぎないから、管財人が任務終了したことにはならない。このような場合は、代表者の交代の手続を採って、その旨の上申をすれば足りる。法人が管財人に選任された場合には、当該法人は、役員又は職員のうちから管財人の

職務を行うべき者を指名し、指名された者の氏名を裁判所及び更生会社に通知しなければならないのであり（会社更生規則20条2項）、このような手続に準じる。

2 計算報告義務

(1) 任務終了時における計算報告の手続

管財人の任務が終了した場合には、管財人は、遅滞なく、裁判所に計算の報告をしなければならない（法82条1項）。

計算の報告は、計算報告書を裁判所に提出する方法により行われる。計算報告書は、単に収支の計算書にとどまらず、管財人の業務全般の概要を確認できるようなものでなければならない。ただし、管財人がいわゆる月間報告書（法84条2項）において、実質的にそのような報告をしている場合には、任務終了時までの計算を加えて、それらを要約したもので足りよう。更生手続の途中で退任するときは、事務の引継ぎに必要な重要書類を提出すべきことは当然である。裁判所は、必要があれば、その計算報告について、調査委員に調査させることができる（法125条）。裁判所が計算報告書を正当なものと認め、後任の管財人からも異議がなかった場合には、管財人に不正な行為があった場合は別として、管財人はその責任を解除されたものと考えてよいとされる（前掲条解（中）263頁）。

(2) 計算報告義務者

管財人が欠けたとき、計算の報告は、後任の管財人がしなければならない（法82条2項）。平成16年改正前は、計算報告義務を負う者は「管財人又はその承継人」（旧法99条）とされ、更生手続の終了や辞任・解任の場合には管財人が義務者であり、死亡又は合併による消滅の場合には管財人の承継人が義務者に当たり、死亡の場合は相続人が計算報告の義務を負うと解されていた。しかし、管財業務の専門性からすると、更生事件に関する専門的な知識又は経験を有しない相続人に管財業務につき計算の報告義務を負わせることは、管財業務の適正さを確保するという観点からも適切ではなく、相続人にとっても負担が大きい。そこで、平成16年改正法は、明文の規定をもって、

管財人が欠けたときの計算報告義務を負う者は、管財人の承継人ではなく、後任の管財人であるとした。

(3) 取締役の権限回復時の取扱い

更生計画において又は更生計画認可後に、管財人の申立てにより又は職権で会社の事業経営及び財産の管理・処分権を取締役が回復した場合（法72条4項前段・5項）は、必ずしも管財人の任務終了に当たらない。しかし、取締役の権限回復の場合、管財人が事業経営権や財産の管理処分権を失い、更生計画遂行の監督者的地位にとどまる（法72条4項後段）ことになることに鑑みれば、その後の計算報告は、事業経営権や財産の管理処分権を取得する取締役が行うべきものと解するのが合理的である。そして、権限回復に際して本条の計算報告をした場合には、権限回復の取消しがある場合（法72条6項）を除いて、任務終了の際に計算報告する必要がないと解される。ただし、法82条1項の形式的文言からして、権限回復に際して計算報告をせず、任務終了の場合に計算報告をすることも許されるものとの見解もある（前掲条解（中）262頁）。

3 緊急処分義務

管財人の任務が終了した場合において、急迫の事情があるときは、管財人又はその承継人は、後任の管財人又は更生会社が財産を管理することができるに至るまで必要な処分をしなければならない（法82条3項）。

(1) 法82条3項の趣旨

これは、管財人の任務が終了するときに、急迫の事情があるにもかかわらず、任務が終了したからといって管財人において必要な処分をしなければ、それによって更生会社が損害を受けることもあることから、そのような事態を防ぐために、管財人の任務終了の場合に行うべき緊急処分を定めたものである。破産管財人及び民事再生法における管財人についても同趣旨の規定があり（破産法90条1項、民事再生法77条3項）、また、委任に関する民法の規定にも同趣旨のものがある（民法654条）。

(2) 急迫の事情

管財人又はその承継人に緊急処分義務があるのは、急迫の事情があるときに限る。急迫の事情とは、管財人等が直ちに何らかの措置を採らなければ、更生会社に著しく不利益を及ぼすような事情を指し、例えば、管財人が管理処分権を有する権利が、任務終了の際に、まさに時効によって消滅するおそれがある場合等がこれに当たる。このような場合には、管財人等は任務終了後といえども、時効中断の手続をして、更生会社の損害を防止しなければならない（前掲条解（中）264頁）。

(3) 管財人の承継人

管財人の承継人とは、死亡の場合は相続人であり、合併による消滅（法人管財人の場合）の場合は存続会社又は新設会社であると解されている。しかし、相続人に複雑な義務を課しているのは疑問であり、この場合は「管財人又はその承継人」の意味を広く解すべきであろう。例えば、管財人代理が選任されているときは、管財人が自己の責任で選任することになっているため、管財人が死亡すれば、管財人代理の権限も消滅すると一般的に解されるが、急迫の事情があるときは、その管財人代理が緊急処分義務を負うと解すべきであろう。

(4) 緊急処分の期間

管財人又はその承継人が緊急処分をする必要があるのは、任務終了後、後任の管財人又は会社が財産の管理をすることができるまでである。会社が財産の管理をすることができるまでとは、更生手続の終了の場合を指す（前掲条解（中）265頁）。

(5) 費用及び報酬

管財人又はその承継人が緊急処分をしたとき、そのために要した費用については当然償還を受け得るものと解すべきであるが、報酬請求権も有すると解すべきである。法文の上では、管財人側の義務の面からのみ規定しているが、立法の趣旨からして、任務終了前と同様の権限を管財人又はその承継人に与えるものであり、それに伴う報酬請求権もあると見るのが妥当であろう（前掲条解（中）265頁）。

（宍戸　由洋・林　純子）

事項索引

*上は上巻を、下は下巻を示す。

あ

按分説 …………………… 下222

い

異議の撤回 ………… 下191、下193
移送 ……………………… 上76
一般更生債権 ………… 上81、下253
一般調査期間 … 下171、下179、下282
一般の先取特権 ………… 上287、
　　　　　　下104、下107、下149、
　　　　　　下248、下291、下310、下322
一般の優先権がある債権 …… 下127、
　　　　　　下149
委任契約 ………………… 上337

う

請負契約 ………………… 上341

え

閲覧謄写 … 上48、上51、下17、下116
閲覧等の制限 …………… 上52

お

オペレーティング・リース …… 上290

か

外国管財人 ………… 上66、下381
外国租税滞納処分 ………… 下229
外国倒産処理手続 ………… 下380
開始後債権 ……………… 下96
開始時現存額主義 ………… 上307
価額決定の申立て …… 下207、下224

確定判決と同一の効力 ……… 上251、
　　　　　下38、下50、下122、
　　　　　下172、下177、下183、下189、
　　　　　下193、下199、下205、下227、
　　　　　下247、下259、下338、下354、
　　　　　下365、下372、下378
株主委員会 ……………… 下20、
　　　　　下66、下71、下236
株主代表訴訟 ………… 上254、下52
仮登記 ………… 上263、下28、下107
関係人集会 ……………… 上23、
　　　　　下66、下75、下235、下279、
　　　　　下288、下293、下317、下363
管財人 ……………… 上364、上370、
　　　　　上377、上387、上400、上404、
　　　　　上408、上412、上416、上419
管財人代理 ……………… 上376、
　　　　　上381、上404、上417
管財人補佐 ……………… 上383
監督委員 ………………… 上162
監督委員兼調査委員 ……… 上115
監督命令 ……… 上115、上159、下385
監督命令兼調査命令 ……… 上115
管理型 …………………… 上13、
　　　　　上28、上108、上190、上366

き

議決権 …………………… 下111
議決権の額 ……………… 下128、
　　　　　下143、下161、下292、下295
議決権の不統一行使 …… 下284、下288
期限の猶予 ……………… 下312
基準日 ……… 下284、下287、下300

給料債権‥‥‥‥‥‥‥‥‥‥上287
共益債権‥上24、上56、上102、下88
競業避止義務‥‥‥‥‥上357、上408
行政庁の意見‥‥‥‥‥‥‥‥上182、
　　　　　下275、下283、下323
許可官庁等への通知‥‥‥‥‥‥上196
銀行取引‥‥‥‥‥‥‥‥‥‥上333

く

組分け‥‥‥‥‥‥‥‥下291、下310
訓示的記載事項‥‥‥‥‥‥‥‥上92

け

経営責任調査委員会‥‥‥‥‥‥下54
計画外事業譲渡‥‥‥‥‥‥‥上210、
　　　　　　　　　下237、下279
計算報告書‥‥‥‥‥‥上421、下16
継続的給付を目的とする双務契約
　　‥‥‥‥‥‥‥‥上273、上287
月間報告書‥‥‥‥‥‥‥‥‥‥下14
決議に付する旨の決定‥下282、下286
権限の回復‥‥‥‥‥‥‥‥‥上358
権利変更‥‥‥‥‥‥‥‥‥‥上306、
　　　　　　　　上350、下239、
　　　　　　　　下247、下254、下334
権利保護条項‥‥‥‥‥‥‥‥下325
権利保護条項の事前設定‥‥‥‥下331

こ

更生会社財産‥‥‥‥‥‥‥‥上217、
　　　　　　　下31、下94、下107
更生計画‥‥‥‥‥‥‥‥‥‥下242、
　　　　　　　　　下247、下254、
　　　　　　　　　下258、下260、下339
更生計画案‥‥‥‥‥‥‥‥‥上186、
　　　　　　　下282、下286、下292

更生計画案の可決‥‥‥‥‥‥上21、
　　　　　　　上181、下310、下353
更生計画案の修正‥‥‥‥‥‥下271
更生計画案の提出‥‥‥‥‥‥上6、
　　　　　　　上21、下264、下267、下363
更生計画案の変更‥‥‥‥‥‥下289、
　　　　　　　　　下315、下330
更生計画の遂行‥‥‥‥‥‥‥上8、
　　　　　　　上392、下346、下388
更生計画の認可‥‥‥‥‥‥‥上24、
　　　　　上182、上215、下62、下90、
　　　　　下150、下163、下231、下238、
　　　　　下256、下281、下319、下330、
　　　　　下332、下349、下366、下386
更生計画の変更‥‥‥‥下270、下349
更生計画不認可決定‥‥‥‥‥下353
公正・衡平の原則‥‥‥‥‥‥下249
更生債権者委員会‥‥‥‥‥‥下20、
　　　　　　　　　下71、下88
更生債権者表‥‥‥‥‥‥‥‥下165、
　　　　　下200、下205、下371、下373
更生債権等査定異議の訴え‥‥下203、
　　　　　　　下225、下355、下369
更生債権等査定決定‥‥‥‥‥下199、
　　　　　　　下200、下203、下213
更生債権等査定申立て‥下197、下224
更生債権等の届出‥‥‥下120、下125、
　　　　　　　下135、下149、下153、下160
更生担保権者委員会‥‥‥‥‥下12、
　　　　　　　下20、下66、下71
更生担保権者表‥‥‥‥‥‥‥下200、
　　　　　　　下205、下371、下373
更生手続開始決定‥‥‥‥上3、上174、
　　　　　上184、上194、上202、上359
更生手続開始の原因‥‥‥‥‥上87
更生手続開始の申立て‥‥‥‥上64、

　　　　　上67、上69、上78、上87、
　　　　　上103、上128、上174、上197、
　　　　　上300、上316、下234、下273
更生手続開始申立書 …… 上91、上96
更生手続開始申立ての棄却事由
　………………………………… 上177
更生手続の終結 …… 上8、上22、下373
更生手続の終了 ……… 上420、下362
更生手続の廃止 ………… 下362、下366
国税滞納処分 … 上239、下229、下274
ゴルフ会員権 …………… 上346、下153

さ

再建型 ………… 上13、上31、上79
債権者代位訴訟 ………… 上254、下42
債権者平等 ………………… 上213、
　　　　　上221、下22、下256
債権調査期間 ……………… 上185、
　　　　　下103、下111、下121、下190
債権届出期間 ……… 下122、下151、
　　　　　下174、下179、下184、下186
債権届出期間経過後の届出 …… 下144
財産関係の訴訟 …………… 上250、
　　　　　上401、下42、下354、下368
財産評定 ……………………… 上6、
　　　　　上23、上186、上292、上374、
　　　　　上390、下2、下14、下176
財産目録 ………… 上187、下8、下14
債務超過 …………………………… 上89
詐害行為 ……………………………… 下22
詐害行為取消権 ………… 下21、下42
詐害行為取消訴訟 ……… 上254、下42
詐害行為否認 ……………………… 下22

し

時価 ……………………………… 下5

敷金返還請求権 ……… 上281、下254
事業家管財人 … 上192、上367、上418
事業継続支障性 ………………… 上225
事業再生ADR …………………… 上57
事業譲渡 ……… 上205、上214、下75、
　　　　　下117、下263、下345、下351
資金繰り表 ……………………… 上85
自己取引 ………………………… 上408
事前相談 …………………… 上2、上78
執行行為の否認 ………………… 下29
私的整理ガイドライン …… 上13、上30
支払の停止 ……………………… 下23
支払不能 ………………………… 上88
社債管理者 …………… 下94、下304
社債権者集会 …………………… 下305
終結決定 ………………………… 下373
集合債権譲渡担保 ……………… 上317
受継 …… 上250、下216、下218、下226
ジョイント・ベンチャー ……… 上345
少額債権の弁済 ………………… 上220
証券化 …………………………… 上296
商事留置権の消滅請求 ………… 上156
商取引債権 …… 上57、上225、上228
情報開示 ………………………… 下12
職務分掌 ………………………… 上377
処分価額連動方式 ……… 下251、
　　　　　下313、下330
書面等投票方式 ……… 下284、下290

す

遂行可能性 ……………………… 下250
随時弁済 ………………………… 下94
スポンサー ……………… 上31、
　　　　　上83、上137、上192、下9

せ

清算型 ………… 上13、上79、下267
清算価値保障原則 ……… 上187、下250
清算的更生計画 ……………… 下267
全部履行義務者 ……………… 上307

そ

早期終結 ………………………… 下375
相殺 …… 上26、上230、上281、上335
相殺禁止の例外 ………………… 下233
相殺権の濫用 …………………… 上235
双方未履行の双務契約 ……… 上269、
　　　　　　　　上283、上313、下91
双務契約 ………………………… 上268
訴訟費用 ……………… 下200、下206
租税等の請求権 ……………… 上80、
　　　　　　　下174、下183、下227

た

対抗要件の否認 ………………… 下28
貸借対照表 ……… 上186、下8、下14
退職手当の請求権 …… 下149、下186
退任報酬 ………………………… 上417
代理委員 ……………… 下77、下236
担保権実行禁止の解除 ………… 下109
担保権消滅請求 … 下55、下110、下389
担保の変換 ……………………… 上397

ち

中止中の手続の失効 …………… 下335
中止命令 ……… 上147、下228、下274
中小企業者の有する債権 ……… 上218
調査委員 ……………… 上167、下80
調査委員代理 …………………… 下82
調査報告書 ……… 上137、上169、
　　　　　　　　上374、下13、下19、下84
調査命令 ……………………… 上116、
　　　　　　　上166、上193、下80、下283
徴収権者 ……………… 下228、下273
賃貸借契約 ……………………… 上277

て

DIP型 ………………… 上13、上28
DIP型更生手続 ……………… 上18、
　　　　　　　上36、上114、上190、上365
DIP型4要件 …… 上37、上114、上191
定款変更 ……… 上204、上388、下345
手形 ……………… 上234、上262、
　　　　　　　　上335、上395、下7、下27
デット・エクイティ・スワップ
　（DES）……… 下262、下334、下341
デット・デット・スワップ（DDS）
　……………… 下262、下334、下343

と

登記嘱託 ……………… 上128、下384
当座勘定取引 …………………… 上336
動産売買先取特権 ……………… 上327
特別調査期間 … 下148、下173、下184
届出名義の変更 ……………… 下162、
　　　　　　　　　　　　下285、下301

に

認否書 ………………………… 上185、
　　　　　　　上374、下170、下175、下179
認否の変更 ……………………… 下178

ね

根抵当権 ………………………… 上303

は

廃止決定 ……… 下190、下362、下366
破産 ……………………… 上178、上238
84条報告書 ……………………… 上406
罰則 ……………………… 上386、下390

ひ

非金銭債権 ……………………… 下160
被担保債権 ……………… 上304、下213
必要的記載事項 ………… 上92、下242
否認権 ……………………… 上25、
　　　　上299、上325、下21、下31、下35
否認権のための保全処分 ……… 下40
否認の訴え ……………………… 下35
否認の請求 …… 下37、下356、下370
否認の請求を認容する決定に対す
　る異議の訴え … 下38、下356、下370
評価人 ……………………… 下209
平等の原則 ……………………… 下247
費用の前払 ……………………… 上386

ふ

ファイナンス・リース …. 上291、下7
フィナンシャル・アドバイザー
　……………………… 上391、下11
物上保証人 ……………… 上307、
　　　　　　　　　　　上312、下137
不認可決定 ……………………… 下190
プレDIPファイナンス … 上58、下248
プレパッケージ型 …………… 上17、
　　　上40、上83、上192、下11

へ

併用方式 …………… 下68、下284
弁済禁止等の保全処分 ……… 上115

偏頗行為否認 ……………………… 下26

ほ

包括的禁止命令 … 上24、上152、下274
法律家アドバイザー …………… 上38、
　　　　　　　　　　上369、上385
法律家管財人 …………………… 上38、
　　　　　　上192、上366、上417
法律顧問 ……………………… 上384
保証人 ……………… 上307、上312
保全管理人 ……………………… 上24、
　　　上110、上131、上253、
　　　上272、上320、上364、下89
保全管理人代理 ……………… 上139
保全管理人の報酬 ……………… 上133
保全管理人補佐 ……………… 上140
保全管理命令 …. 上3、上109、上124、
　　　　　　上129、上319、下385
保全処分 ……… 上3、上141、上171、
　　　　　　　下40、下45、下387
保全措置 ……………………… 上83、
　　　上108、上114、上120、上200

ま

前に生じた原因 ……… 上233、上335

み

未確定更生債権 ……………… 下258
みなし届出 ……………………… 下120
身元保証金 ……………………… 上288

む

無償否認 ……………………… 下24
無名義債権 …………… 下355、下368

め

免責 ………………………… 下332
メンテナンス・リース ……… 上295

も

申立権者 ……… 上42、上64、上70、
　　上125、上197、上243、上245、
　　下46、下269、下272、下350
申立ての棄却事由 ……… 上66、上177

や

役員等責任査定決定 …………… 下50
役員等責任査定決定に対する異議
　の訴え …………… 下51、下356
役員等の財産に対する保全処分
　………………………… 上170、下45
役員の報酬 …………………… 上359
約定劣後更生債権 …………… 上25、
　　　　　　　　　下105、下127

ゆ

優先説 ………………………… 下222

よ

優先的更生債権 … 上81、下104、下253
有名義債権 …… 下130、下355、下369

よ

要許可事項 …………… 上116、上372
預託金返還請求権 ……… 上348、下154
予納金 ………………… 上81、上99
予備的届出 …………… 上310、下131

ら

ライセンス契約 ………………… 上282

り

リース料債権 …………………… 上291
利害関係人 ……………… 上48、下3

ろ

労働協約 ……………………… 上289
労働組合 ……… 上175、上186、下277
労働契約 ……………………… 上285

会社更生の実務【新版】上

平成26年10月14日　第1刷発行
（平成17年6月10日　初版発行）

　　　編著者　東京地裁会社更生実務研究会
　　　発行者　小　田　　徹
　　　印刷所　図書印刷株式会社

〒160-8520　東京都新宿区南元町19
発　行　所　一般社団法人 金融財政事情研究会
　　　編集部　TEL 03(3355)2251　FAX 03(3357)7416
販　　売　株式会社きんざい
　　　販売受付　TEL 03(3358)2891　FAX 03(3358)0037
　　　URL http://www.kinzai.jp/

・本書の内容の一部あるいは全部を無断で複写・複製・転訳載すること、および磁気または光記録媒体、コンピュータネットワーク上等へ入力することは、法律で認められた場合を除き、著作者および出版社の権利の侵害となります。
・落丁・乱丁本はお取替えいたします。定価はカバーに表示してあります。

ISBN978-4-322-12575-7

好評図書

破産・民事再生の実務【第3版】
東京地裁破産再生実務研究会 [編著]

破 産 編

A5判・上製・640頁・定価（本体6,500円＋税）

第1章　破産手続一般	第11章　財団債権
第2章　破産手続の申立て・受付	第12章　破産債権
第3章　破産手続開始の決定	第13章　破産債権の届出・取下げ・変更
第4章　東京地方裁判所における管財手続の運用	第14章　債権の調査
第5章　破産管財人	第15章　債権者集会
第6章　破産管財人の業務	第16章　配　当
第7章　否　認	第17章　破産手続の終了
第8章　相　殺	第18章　渉　外
第9章　別除権	第19章　免　責
第10章　破産財団	第20章　その他

民事再生・個人再生編

A5判・上製・520頁・定価（本体5,500円＋税）

民事再生編

第1章　再生手続	第9章　共益債権・一般優先債権・開始後債権
第2章　再生手続開始の申立て	第10章　再生債務者の調査・確保
第3章　中止命令・禁止命令・保全命令	第11章　再生計画
第4章　再生手続開始の申立てについての審理	第12章　再生計画の認可
第5章　再生手続開始の効力	第13章　再生計画認可後の手続
第6章　担保権の取扱い	第14章　再生手続の廃止
第7章　再生手続の機関	第15章　他の倒産手続との関係
第8章　再生債権	第16章　簡易再生・同意再生
	第17章　国際倒産と民事再生

個人再生編

第1章　個人再生手続	第4章　再生計画
第2章　個人再生手続開始の申立て	第5章　住宅資金特別条項
第3章　個人再生手続の進行	第6章　その他